认罪认罚与企业合规

从原理到实操

李勇　著

PLEADING GUILTY AND ACCEPTING PUNISHMENT
&
CORPORATE COMPLIANCE

From Principle to Practice

法律出版社
LAW PRESS·CHINA
北京

图书在版编目(CIP)数据

认罪认罚与企业合规：从原理到实操／李勇著. --北京：法律出版社，2022
ISBN 978-7-5197-6985-7

Ⅰ. ①认… Ⅱ. ①李… Ⅲ. ①企业法-研究-中国 Ⅳ. ①D922.291.914

中国版本图书馆CIP数据核字(2022)第145827号

认罪认罚与企业合规
——从原理到实操
RENZUI RENFA YU QIYE HEGUI
—CONG YUANLI DAO SHICAO

李 勇 著

责任编辑 许 睿
装帧设计 汪奇峰

出版发行 法律出版社
编辑统筹 司法实务出版分社
责任校对 王 丰 郭艳萍
责任印制 胡晓雅
经　　销 新华书店

开本 A5
印张 17.375 **字数** 449千
版本 2022年12月第1版
印次 2022年12月第1次印刷
印刷 三河市龙大印装有限公司

地址：北京市丰台区莲花池西里7号(100073)
网址：www.lawpress.com.cn
投稿邮箱：info@lawpress.com.cn
举报盗版邮箱：jbwq@lawpress.com.cn
销售电话：010-83938349
客服电话：010-83938350
咨询电话：010-63939796

书号：ISBN 978-7-5197-6985-7
定价：80.00元
凡购买本社图书，如有印装错误，我社负责退换。电话：010-83938349

序　言

为什么书名要把“认罪认罚”与“企业合规”并置在一起呢？这是因为二者确实存在难分难舍的“奇妙的缘分”。笔者也亲历了这个缘分的形成过程。

笔者所在的单位是速裁程序和认罪认罚从宽制度改革的首批试点，笔者亲历了整个改革的过程，参与相关文件的起草和论证工作。笔者带领团队在试点期间提出并实践的“一步到庭”、认罪认罚案件“全流程简化”、附条件量刑建议、量刑建议测算表、一单式告知书、“刑拘直诉”等一系列做法在全国引起广泛关注，全国40余家政法机关前来交流学习。试点工作受到最高人民检察院领导的肯定，相关媒体进行了广泛报道。[①] 2019年4月12日，笔者在全国检察机关贯彻落实认罪认罚从宽制度电视电话会议上作为唯一一个基层检察院代表作经验交流。试点期间以及2018年刑事诉讼法修改之后，笔者还多次在最高人民检察院、国家检察官学院、各省级检察院举办的培

① 参见《最高检召开“准确适用认罪认罚从宽制度”新闻发布会》，载中华人民共和国最高人民检察院网2019年10月24日，https://www.spp.gov.cn/spp/zgrmjcyxwfbh/zqsyrzrfckzd/index.shtml；崔洁、雒呈瑞、徐晓红：《江苏南京建邺：认罪认罚案件“一步到庭”提效率也保质量》，载中华人民共和国最高人民检察院网，https://www.spp.gov.cn/dfjcdt/201708/t20170825_199056.shtml；崔洁、雒呈瑞、徐晓红：《从简不减权利　从快不降标准　南京建邺：认罪认罚案件“一步到庭”提效率也保质量》，载《检察日报》2017年8月25日，第2版；时婷婷：《南京检察机关启动认罪认罚“一步到庭”办案模式》，载《民主与法制时报》2017年7月27日，第4版。

训班上讲授认罪认罚从宽制度原理、操作方法及量刑建议问题。在认罪认罚从宽试点改革过程中，企业产权的司法保护成为同时期的热点话题，最高人民法院和最高人民检察院都发布了关于加强企业产权司法保护的相关文件，特别是最高人民检察院要求在办理涉民营企业案件过程中要落实认罪认罚从宽制度。① 在此期间，“中兴事件”发生，2018 年也被誉为“中国企业合规元年”，企业合规引起法学界前所未有的关注。

作为一名检察官，笔者在 2017 年就开始思考如何发挥检察职能加强企业产权的司法保护，关注和研究企业合规。2018 年 5 月 24 日《检察日报》刊登的《“合规计划”中须有刑法担当》是笔者发表的第一篇关于企业合规的文章，也是国内第一篇由检察官发表的关于企业合规的文章。在这篇文章里，笔者提出企业合规作为从宽事由的根基在于预防刑降低，属于合作型的刑法模式。② 该文章被人民日报官微、最高人民检察院官网等转载。同年 11 月 17 日，笔者在华东师范大学法学院于上海举办的首届企业刑事合规论坛暨企业刑事合规理论与实务问题研讨会上发表了题为《企业“合规计划”中的刑法担当》的主旨演讲，演讲的第四部分就是“合规计划与认罪认罚从宽”。笔者在演讲中提出：认罪认罚与企业合规一样，都是因为预防必要性降低而从宽，认罪认罚从宽制度没有排除单位犯罪，自然人认罪认罚（悔罪）可以从宽处罚乃至不起诉，企业（单位）的合规计划相当于认罪认罚，也可以从宽判处罚金乃至不起诉。笔者在演讲中还引用张军检察长的讲话：“对于有关部门移送的刑事案件，涉及民营企业行贿人、民营企业家的，要依法审慎采取强制措施，充分考虑保护企业

① 参见王治国、徐日丹：《充分发挥检察职能为民营企业发展提供司法保障 最高检明确规范办理涉民营企业案件执法司法标准》，载《检察日报》2018 年 11 月 16 日，第 2 版。

② 参见李勇：《“合规计划”中须有刑法担当》，载《检察日报》2018 年 5 月 24 日，第 3 版。

发展需要。要落实好修改后刑事诉讼法有关认罪认罚从宽的规定，对符合改变羁押强制措施的及时改变，对符合从宽处理的案件依法坚决从宽。要始终坚持严格规范文明司法，对包括民营企业在内的涉经济犯罪案件，不该封的账号、财产一律不能封，不该采取强制措施的一律不采取，发现问题的要敢于监督纠正，确保企业正常生产经营秩序，实现办案政治效果、社会效果、法律效果的统一。"并在演讲中呼吁："认罪认罚从宽写入刑事诉讼法，或许能够成为合规计划的刑法担当一个契机和突破口。与其批判法律不如解释法律，从认罪认罚中解释出合规计划的刑法担当"。[①] 2019 年 5 月 15 日，由中国人民大学刑事法律科学研究中心、《中国刑事法杂志》编辑部共同主办的"合规、刑事风险与单位犯罪"研讨会上，笔者作了题为《刑事合规与认罪认罚从宽制度》的主题发言，呼吁可以考虑从基层检察机关开展试点。[②] 此后，很多研讨会上提出类似观点。笔者撰写的《检察视角下中国刑事合规之构建》是国内最早全面系统阐述以认罪认罚从宽制度为基础构建中国企业合规的文章，是国内最早系统阐述认罪认罚与合规"四重"关系的文章，得到理论界和实践界广泛认同。理论界普遍认为，认罪认罚从宽制度是合规不起诉的制度基础和法律依据。[③] 之后，笔者又在《企业附条件不起诉的立法建议》一文中再次呼吁，以认罪认罚从宽制度为基础在刑事诉讼法中增设合规不起诉条款，此文也是国内最早全面系统就合规不起诉提出立法建议

---

① 参见《华东师范大学首届企业刑事合规论坛暨企业刑事合规理论与实务问题研讨会成功举办》，载微信公众号"华东师范大学法学院"2018 年 11 月 28 日，https://mp.weixin.qq.com/s/phqyLbC3lkamCwE9ACJuWQ。

② 参见陆思烨、王子悦：《"合规、刑事风险与单位犯罪"研讨会成功举办》，载微信公众号"人民大学刑事法律科学研究中心"2019 年 5 月 23 日，https://mp.weixin.qq.com/s/ZrcthXqi9UHy7sI2Zqb05A。

③ 参见李玉华：《企业合规本土化中的"双不起诉"》，载《法制与社会发展》2022 年第 1 期。

的文章。[①] 2020 年 3 月，最高人民检察院启动企业合规第一批试点，2021 年 3 月启动更大规模的第二批试点，2022 年 4 月全国范围内试点，最高人民检察院的相关文件及各试点地区文件均将认罪认罚作为企业合规适用的条件。

笔者当时所在的南京市检察机关是第二批企业合规试点单位。笔者带领团队办理的企业合规案件，既有大型企业的“普通合规”，也有小微企业的“简易合规”，还有异地协作监管。办理的某公司串通投标企业合规案被最高人民检察院《企业合规改革动态》作为典型案例推广，并被评为江苏省检察机关服务保障民营经济高质量发展典型案例。我们还办理了全国首例“企业合规 + 公益诉讼”案件。笔者带领团队先后制定《关于涉企经济犯罪案件中适用认罪认罚从宽推进企业合规的实施意见（试行）》《企业合规操作指引》《涉案企业合规办理流程图》《建邺区关于建立涉案企业合规第三方监督评估机制的实施细则》《建邺区人民检察院企业合规有效性评估办法（试行）》等文件。笔者所创立的“双听证”模式、“技术指标 + 文化指标”合规有效性双层次标准、“1 +1 +2”合规有效性评估模型、“相对不起诉 + 检察建议 + 公益诉讼”模式等，均取得积极成效。《法治日报》《检察日报》等媒体对这些经验、做法进行报道，[②]最高人民检察院的微信公众号也进行了介绍。[③]

很多地方检察机关也前来我们单位学习、借鉴这些做法。笔者

---

① 参见李勇：《企业附条件不起诉的立法建议》，载《中国刑事法杂志》2021 年第 2 期。

② 参见卢志坚、郝红梅：《企业合规改革走出“江苏节拍”》，载《检察日报》2021 年 12 月 26 日，第 3 版；丁国峰、卢志坚：《先行先试，做好企业合规“后半篇文章”——江苏检察引入第三方监督评估严防“纸面合规”》，载《法治日报》2022 年 2 月 25 日，第 4 版。

③ 参见丁国锋、卢志坚：《先行先试，做好企业合规“后半篇文章”》，载微信公众号“最高人民检察院”2022 年 2 月 25 日，https://mp.weixin.qq.com/s/l9d8Y6sOgb1sUKL6NfGQvw；邱春艳：《企业合规，“华山论剑”！》，载微信公众号“最高人民检察院”2021 年 12 月 16 日，https://mp.weixin.qq.com/s/kBk63nhXDXrrSxGwaQdybA。

也先后到国家检察官学院、江苏省工商联、安徽省检察院、杭州市检察院、安徽师范大学、山西省检察官学院等单位讲授企业合规。笔者还作为中国中小企业协会《中小企业合规管理体系有效性评价》核心起草专家组成员、第三组副组长，起草了《中小企业合规管理体系有效性评价》的部分章节。

详述上述亲历改革过程是想说明认罪认罚从宽制度改革与企业合规改革是前后相继甚至相互交叉的，笔者将二者并置在一起不仅具有理论根基（详见本书），更具实践基础。笔者一直致力于刑事实体法与程序法交叉、理论与实践交叉的第三条道路。认罪认罚从宽、企业合规是实体法与程序法交叉最典型的领域，同时这两个话题是先在实践中试点进而引发理论巨大关注，也是理论与实践交叉最典型的领域。笔者在这两个领域参与试点工作，形成了一些思考。这两年，笔者边实践、边思考、边总结，时至今日，有必要作一个系统性的总结，所以就有了这本书。

李　勇

2022年3月24日于金陵

改定于2022年7月8日

目　录

上篇　认罪认罚

下篇 企业合规

概论——认罪认罚与企业合规的关系

认罪认罚从宽与企业合规都是由实践改革试点引发的理论热点，这两项来自实践的改革试点“承前启后”“相辅相成”。理论上，认罪认罚从宽与企业合规刑事模式均系由二元对立向合作变迁中的一环，都是合作型刑事司法模式，二者在理论基础上具有同源性，在制度基础上具有同一性。

一、认罪认罚与企业合规改革试点中的“承前启后”

从认罪认罚从宽制度试点到企业合规试点，这两项新制度有着难分难舍的缘分。认罪认罚从宽制度改革为企业合规试点做了铺垫，也奠定了基础，二者承前启后。

2014 年速裁程序开始试点，2016 年认罪认罚从宽制度开始试点，2018 年刑事诉讼法修改时正式将认罪认罚从宽作为一项基本制度写入其中。2014 年、2016 年、2018 年这三年，在中国认罪认罚从宽制度改革中是具有里程碑意义的年份。认罪认罚从宽制度试点，为企业合规改革试点的孕育和诞生奠定了基础，营造了氛围。通过认罪认罚从宽制度的改革试点和立法，从官方到民间，从理论界到实践界，人们逐渐能够接受预防必要性的降低作为刑事犯罪从宽处罚的理由。

在认罪认罚从宽试点改革过程中，企业产权的司法保护也是热点话题。为此，“两高”都发布了相关文件。最高人民法院于 2014 年

12月、2016年11月、2018年1月先后发布《关于依法平等保护非公有制经济促进非公有制经济健康发展的意见》《关于充分发挥审判职能作用切实加强产权司法保护的意见》《关于充分发挥审判职能作用为企业家创新创业营造良好法治环境的通知》等文件；最高人民检察院于2016年2月、2017年1月、2017年12月先后出台《关于充分发挥检察职能依法保障和促进非公有制经济健康发展的意见》《关于充分履行检察职能加强产权司法保护的意见》《关于充分发挥职能作用营造保护企业家合法权益的法治环境支持企业家创新创业的通知》等文件。2018年11月6日，最高人民检察院召开会议，要求落实好上述服务和促进民营经济健康发展的“三个文件”，专门就如何落实刑事诉讼法有关认罪认罚从宽的规定提出要求：办理涉民营企业案件，应当根据修改后刑事诉讼法的相关规定，落实认罪认罚从宽的相关要求。一是坚持平等保护，对所有经济主体一视同仁，不能因经济主体不同而在认罪认罚从宽适用范围上有所不同。二是准确认定“认罪”“认罚”。涉案民营企业经营者承认指控的主要犯罪事实，仅对个别细节提出异议的，或者对犯罪事实没有异议，仅对罪名认定提出异议的，不影响“认罪”的认定。涉案民营企业经营者同意量刑建议，签署具结书，对检察机关建议判处的刑罚种类、幅度及刑罚执行方式没有异议的，可认定为“认罚”。三是充分体现“从宽”。对于涉案民营企业经营者能够主动配合检察机关调查取证，认罪态度好，没有社会危险性的，不采取拘留、逮捕措施。对于符合速裁程序和简易程序条件的涉民营企业案件，应当依法从速办理。① 就在刑事诉讼法修改增设认罪认罚从宽制度的这一年，“中兴事件”发生，企业合规受到前所未有的关注，2018年也被誉为“中国企业合规元年”，企业合规的研究逐渐在法学界兴起，中国企业合规试点改革“呼之欲出”。

---

① 参见王治国、徐日丹：《充分发挥检察职能为民营企业发展提供司法保障　最高检明确规范办理涉民营企业案件执法司法标准》，载《检察日报》2018年11月16日，第1版。

2020年3月，最高人民检察院在上海浦东、金山，江苏张家港，山东郯城，深圳南山、宝安6家基层检察院开展第一批企业合规改革试点，它们的共同特点都是以认罪认罚从宽制度为基础；2021年3月启动更大规模的第二批改革试点，范围涵盖北京、辽宁、上海、江苏、浙江、福建、山东、湖北、湖南、广东10个省、直辖市。2021年4月17日，最高人民检察院发布《关于开展企业合规改革试点工作方案》，再次明确要求，开展企业合规改革试点要与依法适用认罪认罚从宽制度和检察建议结合起来，“通过适用认罪认罚从宽制度等，对涉企案件，做到依法能不捕的不捕、能不诉的不诉、能不判实刑的要提出判缓刑的量刑建议，督促企业建立合规制度，履行合规承诺”。2021年6月3日，最高人民检察院等九部门联合发布的《关于建立涉案企业合规第三方监督评估机制的指导意见（试行）》第4条明确规定，将“涉案企业、个人认罪认罚”作为适用涉案企业合规第三方监督评估机制的首要条件。各试点地区的实施意见也都将认罪认罚作为企业合规适用的条件，如辽宁省人民检察院印发的《关于建立涉罪企业合规考察制度的意见》规定，涉案企业合规条件之一是“涉罪企业及直接负责的主管人员和其他直接责任人员对主要犯罪事实无异议，且自愿认罪认罚”。2021年3月，《上海市金山区人民检察院试行企业合规工作办法》也将“自愿认罪认罚”作为企业合规启动的条件。2021年7月，深圳市人民检察院发布的《深圳市检察机关企业合规工作实施办法（试行）》也将“自愿认罪认罚”作为企业合规适用的条件。江苏省张家港市人民检察院、江苏省南京市建邺区人民检察院的相关文件也均将“认罪认罚”作为企业合规启动的前提条件。

可见，从认罪认罚从宽制度改革到企业合规改革，二者可谓承前启后、一脉相承。认罪认罚从宽制度改革为企业合规试点创造了条件，奠定了基础；企业合规是认罪认罚从宽制度从自然人犯罪走向企业犯罪的必要延伸和逻辑结果。

二、域外企业合规与认罪协商的关系

首先,从企业合规的起源地来看。企业合规与辩诉交易、认罪协商从来都是相互交融的。在著名的"毕马威"案件中,联邦检察官组成一个团队与毕马威高管及其律师团体进行谈判协商,与安信达公司在谈判最后一刻选择拒绝辩诉交易不同,毕马威公司与检方最终达成暂缓起诉协议,在长达300多页的协议中,要求毕马威公司认罪,就像自然人认罪一样,公司可能会被要求承认犯罪事实,包括行为细节,才属于量刑指导原则规定的"积极承担责任",得到从轻判决。联邦检察官表示,他们总是要求被告完全承认其违法行为,无论检方与公司达成何种协议,该公司均必须充分承认自己的犯罪行为,且不能撤回认罪。公司的认罪必须通过雇员的坦白来实现。[①] "英格索兰""辉瑞""西门子"等案件均是如此。认罪与合规是合规暂缓起诉的必备条件。与我国的认罪认罚一样,认罪了原则上不能翻供。例如,2013年,渣打银行在达成暂缓起诉协议后竟然发表声明称自己的违法行为是"笔误",结果检方和银行高管召开了会议,并公开撤回了那份声明。[②] 又如,格力电器事件,美国司法部对格力公司于2012年至2013年在美国销售加湿器故意隐瞒产品缺陷一事达成暂缓起诉协议,美国检方指控格力公司根据美国《消费品安全法》(CPSA)故意不向美国消费品安全委员会(CPSC)报告消费安全信息而犯有重罪。格力美国子公司同意对重罪指控认罪并同意支付9100万美元,合规整改3年。[③] 这里对重罪及罚金的同意,其实就是"认罪"又"认

---

① 参见[美]布兰登·L.加勒特:《美国检察官办理涉企案件的启示》,刘俊杰、王亦泽等译,法律出版社2021年版,第67-71页。

② 参见[美]布兰登·L.加勒特:《美国检察官办理涉企案件的启示》,刘俊杰、王亦泽等译,法律出版社2021年版,第72、195页。

③ 参见《美国司法部关于格力电器认罪处罚的通告(全文)》,载微信公众号"国际法务"2021年11月1日,https://mp.weixin.qq.com/s/tv7ruAygVjITHeUOR7xsKg。

罚”。可见,认罪和支付罚金是暂缓起诉协议(DPA)的基本内容,可以说,企业合规与认罪认罚原本就是相辅相成的。

其次,从企业合规在大陆法系的移植和发展来看。意大利是大陆法系国家中从美国移植企业合规,从而建立完备企业合规法律制度体系的国家。意大利于 2001 年就建立企业合规制度。2001 年 6 月 8 日,意大利通过首部企业合规法令《关于法人、公司、协会及非法人组织行政责任的法令》(以下简称第 231 号法令)。根据该法令,如果企业在犯罪后的悔改表现较好,检察官可以建议对企业适用一系列激励措施,如减少经济处罚的数额,或者不再对有悔改表现的企业适用褫夺资格处罚等。如果企业在犯罪之前已经通过并有效地实施了适合于预防此类犯罪的组织、管理和控制模式(合规计划),则可以排除企业不履行监督或者管理义务的责任。该法令实施 20 余年来,不断修改和完善,规定了合规计划中辩诉交易的适用条件:第一,被告人已经形成认罪协议;第二,只有在对企业仅有经济制裁的情况下,企业的认罪协议才能被接受。①

日本的企业合规制度源于美国,始于 2006 年。2006 年日本《新公司法》施行,赋予公司董事会合规义务,2006 年也被称为日本的“合规计划元年”。② 2016 年日本刑事诉讼法修改时引入了“侦查公判协助型”的辩诉交易,增设了“合意制度”和“免责制度”。“合意制度”的适用对象就是企业犯罪,根据该制度,如果犯罪嫌疑人、被告人是某一企业的员工,可以与检察官达成协议,通过提供证言等方式配合检察官对其他行为人进行指控,这样可以对该犯罪嫌疑人、被告人不提起公诉或出减刑意见等。③ 另外,被认为是日本企业合规制度重

---

① 参见刘霜:《意大利企业合规制度的全面解读及其启示》,载《法制与社会发展》2022 年第 1 期。

② 参见[日]田口守一:《企业犯罪与制裁制度的方式》,张小宁译,载李本灿等编译:《合规与刑法:全球视野的考察》,中国政法大学出版社 2018 年版,第 257 页。

③ 参见张远煌等编著:《企业合规全球考察》,北京大学出版社 2021 年版,第 272 页。

要内容的反垄断法课征金减免制度,实施了串通投标或者卡特尔垄断的企业如果主动向公正交易委员会坦白其违法行为并协助调查的话,可以减少或者免除罚款。在公正交易委员会实施调查之前最先坦白的企业可以全额免除罚款并免于刑事追诉。第二个坦白的企业可以减少 50% 的罚款,第三个坦白的可以减少 30% 。[①] 可见,日本的企业合规源于美国,其与辩诉交易、认罪协商亦具有密切关联。

三、企业合规与认罪认罚关系的理论定位

2018 年,我国《刑事诉讼法》修改时增加了认罪认罚从宽制度,这是一种在犯罪嫌疑人、被告人自愿认罪认罚的情况下,给予从轻、减轻、甚至免除处罚待遇的制度设计,其基本特征是"程序从简"和"实体从宽"。我国的认罪认罚从宽本质上属于认罪协商,是检察官主导的一种量刑协商机制。认罪认罚从宽是《刑事诉讼法》总则中规定的"贯穿整个刑事诉讼程序的重要制度",[②]也是被告人的一种权利,应当平等地适用于所有犯罪主体,既适用于自然人犯罪也适用于单位犯罪。2018 年 11 月 6 日,最高人民检察院检察长张军在谈论保护民营企业产权时指出:对于涉企业犯罪,"要落实好修改后刑事诉讼法有关认罪认罚从宽的规定,对符合改变羁押强制措施的及时改变,对符合从宽处理的案件依法坚决从宽"。[③] 2018 年 11 月 16 日,最高人民检察院相关负责人再次就办理涉民营企业刑事案件中如何贯彻落实认罪认罚从宽制度指出,办理涉民营企业案件,应当根据修

---

① 参见[日]田口守一:《企业犯罪与制裁制度的方式》,张小宁译,载李本灿等编译:《合规与刑法:全球视野的考察》,中国政法大学出版社 2018 年版,第 259 - 260 页。

② 孙谦:《检察机关贯彻修改后刑事诉讼法的若干问题》,载《国家检察官学院学报》2018 年第 6 期。

③ 参见姜洪:《最高检党组会传达贯彻习近平总书记在民营企业座谈会上的重要讲话精神 张军强调 "三个没有变"关键在落实 着力为民营经济发展贡献检察力量》,载《检察日报》2018 年 11 月 7 日,第 1 版。

改后刑事诉讼法的相关规定，落实认罪认罚从宽的相关要求，坚持平等保护，不能因经济主体不同而在认罪认罚从宽适用范围上有所不同。[①] 2020 年 2 月 25 日，中央政法委会同最高人民法院、最高人民检察院、公安部、司法部发布《关于政法机关依法保障疫情防控期间复工复产的意见》，再次重申，在涉企业案件办理中，积极推进认罪认罚从宽制度适用，落实少捕慎诉司法理念。总之，根据我国《刑事诉讼法》及相关规范性文件的规定，单位犯罪认罪认罚的，可以从宽。这为企业合规的本土化建构创造了极佳的切入口。2021 年 4 月 17 日，最高人民检察院发布《关于开展企业合规改革试点工作方案》，正式将企业合规与认罪认罚从宽制度结合起来。这里所蕴含的企业合规与认罪认罚从宽制度的关系需要从理论上进一步揭示，包含以下四重关系：[②]

(一)刑事模式变迁中的“相辅相成”

刑法是一国文化的集中体现，也是时代的一面镜子。刑法作为社会治理的手段，随着社会变迁而发生变化。随着科学技术的快速发展以及全球化不断扩张，现代科技、交通、医疗、环境、食品卫生、金融等领域的风险无处不在。“今天的社会已经发生了根本性转变，同时，在这个转变进程当中不可避免地带来了各种各样的危险，即社会产生危险，同时危险改变社会。因此，今天的社会已经日益不能满足人们的实际安全生活需求了……在这个变动不居的社会里，刑法有理由也应当随之变动而变动”。为了应对这种风险，风险刑法(安全刑法)概念被提出。[③] 风险刑法也一度成为我国刑法学研究的热点。

---

① 参见王治国、徐日丹：《充分发挥检察职能为民营企业发展提供司法保障 最高检明确规范办理涉民营企业案件执法司法标准》，载《检察日报》2018 年 11 月 16 日，第 1 版。

② 参见李勇：《检察视角下中国刑事合规之构建》，载《国家检察官学院学报》2020 年第 4 期。

③ 参见[德]乌尔斯·金德霍伊泽尔：《安全刑法：风险社会的刑法危险》，刘国良编译，载《马克思主义与现实》2005 年第 3 期。

风险刑法以追求安全为己任，主张不以导致什么样的具体损害，而以没有促使安全状态的形成作为实施制裁的前提条件。[①] 有学者认为，我国刑法修正案近二十年来所呈现的处罚范围不断扩张、处罚日趋从严，是受到了风险刑法的影响。[②] 也有学者提出警告，认为风险刑法理论导致刑法的处罚范围不断扩大，使法益保护日益抽象化，并导致刑法介入的早期化。[③] 风险刑法将防卫线前置，对自由保障和刑事法治不力。[④] 这反映出刑法立法安全与自由之间平衡的矛盾。同时，新罪名不断增多，特别是经济犯罪、金融犯罪侦查难度大、成本高，而司法资源有限，这就产生了另外一对矛盾，即立法上的犯罪圈不断扩张与司法资源有限性之间的矛盾。上述双重矛盾推动了刑事合作模式的改变，即由传统的国家刑罚权与被告人之间、被害人与被告人之间的对立模式，转变为对立与合作并存。这种刑事合作模式一方面有利于节约司法成本，另一方面有利于犯罪预防。刑事合作模式主要体现在刑事和解（恢复性司法）、认罪协商（认罪认罚从宽）、企业合规等制度上。刑事和解体现的是被告人与被害人之间的合作，国家对这种合作给予刑罚的宽宥；认罪认罚从宽体现的是被告人与国家的合作，国家给予认罪认罚的被告人以从宽处罚；企业合规是涉罪企业与国家的合作，国家给予制订并实施了有效合规计划的企业以从宽处罚。在这个刑事合作模式变迁过程中，认罪认罚从宽与企业合规从宽相辅相成。

---

① ［德］乌尔斯·金德霍伊泽尔：《安全刑法：风险社会的刑法危险》，刘国良编译，载《马克思主义与现实》2005 年第 3 期。

② 劳东燕：《风险社会与变动中的刑法理论》，载《中外法学》2014 年第 1 期。

③ 参见刘艳红：《“风险刑法”理论不能动摇刑法谦抑主义》，载《法商研究》2011 年第 4 期。

④ 参见李勇：《结果无价值论的实践性展开》（第 2 版），法律出版社 2020 年版，第 22 页。

1. 犯罪追诉私人化到国家垄断再到部分私权化

在刑事追诉方面,人类历史经历了从私人追诉到国家垄断,再到部分私权化。人类历史上曾长期实行私人追诉主义,“不告不理”,刑民不分。随着人类社会发展,公法与私法逐步分野,刑事犯罪的私人追诉主义逐步走向国家垄断主义。中古时期盛行于欧洲大陆的纠问式诉讼模式中,法官独揽了刑事犯罪的侦查、起诉和审判的全部职权;中国封建社会地方官员也是包办了刑事犯罪的全部程序。伴随资产阶级革命的胜利,专门行使控告职能的检察官制度应运而生。13 世纪,法国国王指派代理人为其处理皇家私人事务,其后,这种代理人逐渐发展为代表国王向审判机关提起民事诉讼的人,后又不断扩大到刑事案件,由代理人作为官吏对刑事犯罪起诉,这被认为是检察制度的雏形。1789 年法国大革命胜利后,以拿破仑为代表的法国资产阶级对纠问式诉讼进行改革,逐步形成了刑事犯罪的国家追诉主义。这样,检察机关垄断了绝大多数刑事案件的追诉权(少数自诉案件除外),“国家—被告人”的关系成为刑法的核心命题,犯罪的本质被认为是个人对社会的侵犯,国家垄断了对被告人进行追诉和惩罚的权力,形成“国家—被告人”二元对立的模式。正因如此,当年美国学者帕卡所提出的“正当程序”与“犯罪控制”这两大刑事诉讼模式,也没有跳出这种以“国家—被告人”关系为中心的诉讼模式的桎梏。①

私人追诉主义中,被害人享有独立当事人的地位,但是在“国家—被告人”二元对立的刑法模式中,被害人的当事人角色被国家替代了,“使被害人丧失了其原有的角色,公共的刑罚也取代了赎罪金。受害者处在被遗忘的角落中”②。为了改变被害人的不利处境,被害

① 参见陈瑞华:《刑事诉讼的私力合作模式——刑事和解在中国的兴起》,载《中国法学》2006 年第 5 期。

② [德]托马斯·希伦坎普:《被害人教义学今何在?——对于作为立法、解释、归责和量刑原则之“被害人学准则”的一个小结》,陈璇译,载《比较法研究》2018 年第 5 期。

人复兴运动逐步开展起来。20世纪中期,被害人教义学兴起,甚至一度成为万众瞩目的焦点。欧美国家20世纪70年代兴起的“恢复性司法”,将被害人与被告人之间的谅解与合作置于刑事诉讼活动的中心,着眼于修复因犯罪行为而遭受破坏的社会关系,国家给予这种合作予以认可和鼓励,刑罚上因而从轻,犯罪嫌疑人甚至免予起诉。我国司法机关从2001年以来开始尝试刑事和解,这种自下而上的“最佳实践”取得积极成效,并得到立法机关的认可,2012年刑事诉讼法修改时正式将刑事和解写入。刑事和解程序是一种全新的合作模式。根据我国《刑事诉讼法》的规定,犯罪嫌疑人、被告人真诚悔罪,通过向被害人赔偿损失、赔礼道歉等方式获得被害人谅解,被害人自愿和解的,双方当事人可以和解。对于达成和解协议的案件,公安机关可以向人民检察院提出从宽处理的建议;人民检察院可以向人民法院提出从宽处罚的建议,对于犯罪情节轻微不需要判处刑罚的,可以作出不起诉决定;人民法院可以对被告人从宽处罚。刑事和解其实不单纯是“被告人—被害人”双方私力合作,而是“被告人—被害人—司法机关”三方合作,体现了“部分私权化的循环”。

2. 从认罪协商到认罪认罚制度的兴起

我国的认罪认罚从宽制度,在具体制度设计上虽然不同于英美法系的辩诉交易,也不同于大陆法系的认罪协商,但是,在理论上属于刑事合作模式,更具体地说,是被告人与国家之间的合作。如果说刑事和解主要是被告人与被害人的合作(更准确地说是被告人、被害人、国家三方合作),属于刑事私力合作,那么认罪认罚从宽、协商司法、辩诉交易就属于刑事公力合作。[①] 德国的协商司法程序是实践中基于案件压力“自下而上”形成的,尽管在理论界一直饱受争议,认为它违反了罪刑法定和责任主义原则,但与此形成鲜明对比的是,它在

---

① 参见陈瑞华:《刑事诉讼的公力合作模式——量刑协商制度在中国的兴起》,载《法学论坛》2019年第4期。

实务界却广受欢迎，在实践中的运用已经不可阻挡。[①] 德国的协商司法包括轻微犯罪中的协商、处刑命令程序、自白协商。通过引入协商因素，德国的刑事诉讼体制转化为“协作模式”，检察官与法官也在重新对自己的角色进行定位，对刑事司法的目标也在进行反思。[②] 美国的辩诉交易，也属于协商司法、合作司法的范畴，分为刑之协商、罪之协商、罪数之协商、上述类型组合之协商，这些是检察官与律师之间的协商。[③]

根据我国《刑事诉讼法》的规定，认罪认罚从宽是《刑事诉讼法》总则的一项基本制度，在该制度范畴之下，对被告人认罪认罚的案件，根据不同情况分别适用速裁程序、简易程序和认罪认罚的普通程序（以下简称普通程序简化审[④]），被告人可以在侦查、审查起诉和审判的任何一个环节认罪认罚，但认罪认罚从宽主要是在检察环节，由检察官主导与被告人进行协商。

3. 从认罪认罚到企业合规的发展

合规计划是针对企业犯罪而言的，由此而衍生出“企业刑法”“公司刑法”的说法。合规计划源于美国，一般是指企业为预防、发现违法犯罪行为而实施的自我管理、约束的措施体系。合规计划在美

---

① 参见[德]约阿希姆·赫尔曼：《德国刑事诉讼程序中的协商》，王世洲译，载《环球法律评论》2001 年冬季号。

② 参见[德]约阿希姆·赫尔曼：《协商性司法——德国刑事程序中的辩诉交易?》，程雷译，载《中国刑事法杂志》2004 年第 2 期。

③ 参见王兆鹏：《新刑诉·新思维》，台北，元照出版有限公司 2004 年版，第 172－174 页。

④ 普通程序简化审源于 2003 年 3 月 14 日最高人民法院、最高人民检察院、司法部发布的《关于适用普通程序审理“被告人认罪案件”的若干意见（试行）》，2012 年刑事诉讼法修改时扩大了简易程序的范围，将普通程序简化审吸收进简易程序，该意见不再适用。在认罪认罚从宽制度改革试点过程中，最高人民法院于 2017 年 2 月发布的《关于全面推进以审判为中心的刑事诉讼制度改革的实施意见》把普通程序简化审与简易程序、速裁程序一并作为认罪认罚案件的三个适用程序。因此，认罪认罚从宽制度背景下，认罪认罚的普通程序也可以简称为“普通程序简化审”。

国的迅猛发展得益于1991年的《组织量刑指南》。《组织量刑指南》是针对企业犯罪的量刑规范,赋予合规计划在法律上的地位,正式将合规计划作为对企业犯罪的起诉和量刑的重要参考因素。《组织量刑指南》列举了指定专人负责监督合规标准及计划、向员工有效普及合规的标准和流程等7项通用标准。[①] 1999年时任美国司法部副总检察长的霍尔德(Holder)发布了《企业诉讼指南》(1999年霍尔德备忘录),列举了检察官对公司提起刑事诉讼时应当考虑的8项因素,其中包括公司与调查机构合作的意愿、合规计划的存在及其充分性等。[②] 合规计划包括两个方面的基本要素:(1)企业为预防、发现违法犯罪行为建立完善的内部机制;(2)建立了“合规计划”的企业,刑法上给予鼓励回应,作为减轻或者免除其刑事责任的依据,成为阻却责任事由或抗辩事由。合规计划必须体现刑法担当。[③] 合规计划的好处在于:(1)减轻国家侦查成本。因为企业犯罪、金融犯罪调查成本高昂,通过合规计划,能够把调查成本转移给企业。一方面,通过诸如使公司以建立监督体系和开展内部调查的方式承担现行法律的义务,并因此将成本负担转嫁给公司,国家就可以降低部分刑事追诉的开销;另一方面,公司内部调查的结果,或者是中间结果,经常可以使国家层面的刑事追诉成为可能,或者至少会明显对其发挥推动作用。[④] (2)节约预防犯罪的成本和提高预防犯罪效果。因为企业特

---

① See Jay Martin, Ryan D. Mcconnell & Charlotte A. Simon, *Plan Now or Pay Later: The Role of Compliance in Criminal Cases*, Houston Journal of International Law, Vol. 33, p. 21 (2011).

② See Jay Martin, Ryan D. Mcconnell & Charlotte A. Simon, *Plan Now or Pay Later: The Role of Compliance in Criminal Cases*, Houston Journal of International Law, Vol. 33, p. 24 (2011).

③ 参见李勇:《“合规计划”中须有刑法担当》,载《检察日报》2018年5月24日,第3版。

④ 参见[德]弗兰克·萨力格尔:《刑事合规的基本问题》,载李本灿等编译:《合规与刑法:全球视野的考察》,中国政法大学出版社2018年版,第64页。

别是大型企业,内部结构复杂,业务流程复杂,外部预防难以奏效,而通过企业的自我管理和约束能更加有效地预防犯罪。(3)推动企业治理结构变革,促进合规经营。(4)树立企业形象和声誉,“通过给予企业奖励的方式,在企业内部创造并维持预防犯罪、发现犯罪、报告犯罪的良好机制”,合规管理制度的引入被认为创造了名为“良好企业公民”的新社会群体形态。[①] 可见,合规计划通过企业与国家的合作及其承诺并有效实施自主管理来换取从宽处罚,是刑事追诉的部分私权化的表现。合规计划是一种犯罪控制和治理的“家庭模型”,其“特别的魅力在于原本属于国家主权的管理责任转移给了私人”,刑事模式由“对抗模式”走向“合作模式”。[②] 当前,合规计划已成世界潮流,成为企业在国际上立足的必备要素,也是企业参与国际竞争的软实力。

现代刑事模式从对抗到合作的变迁,认罪认罚和企业合规是这个变迁过程中相辅相成的一环。从恢复性司法到刑事和解,从辩诉交易、认罪协商到认罪认罚从宽,这表明刑事司法模式从对抗走向合作的趋势。合规计划是这种变化中的一环,通过企业的自我管理代为履行国家的犯罪预防职责,配合国家的司法调查,获得从宽处罚的待遇,与认罪认罚一样,也是一种合作模式。合规计划的重要特点是自制与共制的结合,属于“规制了的自制”,是公、私规章制度之间的合作、协作。“合规计划与私人规范融入国家法律制度中,这是当前预防经济犯罪的最引人注目的方式”。[③] 可以说,这种“规制了的自制”理念是一种全新的刑事政策模式。企业合规的出现,表明刑法的

---

① 参见[日]川崎友巳:《合规管理制度的产生与发展》,载李本灿等编译:《合规与刑法:全球视野的考察》,中国政法大学出版社2018年版,第16页。

② 参见[德]托马斯·罗什:《合规与刑法:问题、内涵与展望——对所谓的“刑事合规”理论的介绍》,李本灿译,载《刑法论丛》2016年第4卷。

③ [德]乌尔里希·齐白:《全球风险社会与信息社会中的刑法:二十一世纪刑法模式的转换》,周遵友、江溯等译,中国法制出版社2012年版,第271页。

演进受到了民法协商一致原则以及在公法领域讨论已久的由国家化到私人化一般发展的影响。[1]

(二)合规从轻与认罪认罚从宽的正当性根据相同

认罪认罚案件可以实体从宽的正当性依据何在?换言之,认罪认罚的被告人为什么可以从宽?我国的认罪认罚从宽制度与德国的认罪协商制度有相同之处,德国法学界对认罪协商制度的争议焦点之一在于认罪协商与实体刑法的责任主义原则是否存在冲突问题。实体刑法上的个人罪责原则和程序法上的职权调查原则,被视为阻止类似辩诉交易制度在德国兴起的两个因素。[2] 尽管如此,"德国刑事诉讼程序正以难以想象的速度和不可阻挡的动力,发展出一种新的程序性结案方式","这种新的程序性结案方式,在德国被称作协商、协议、谅解,甚至被称作交易"[3]。

我国《刑法》第5条规定:"刑罚的轻重,应当与犯罪分子所犯罪行和承担的刑事责任相适应。"刑法理论将其概括为罪刑均衡原则,属于责任主义原则的内容之一。罪刑均衡,也称罪刑相当、罪刑相适应,其基本含义是对被告人判处刑罚的轻重应当与其所犯罪行的轻重相当。简言之,犯多大的罪应当承担多重的刑。罪刑均衡原则起源于因果报应,是一种朴素的正义观。贝卡里亚指出,"犯罪对公共利益的危害越大,促使人们犯罪的力量越强,制止人们犯罪的手段就应该越强有力。这就需要刑罚与犯罪相对称。"[4]既然罪刑均衡原则

---

① 参见[德]托马斯·罗什:《合规与刑法:问题、内涵与展望——对所谓的"刑事合规"理论的介绍》,李本灿译,载《刑法论丛》2016年第4卷。

② 参见卞建林、谢澍:《职权主义诉讼模式中的认罪认罚从宽——以中德刑事司法理论与实践为线索》,载《比较法研究》2018年第3期。

③ [德]约阿希姆·赫尔曼:《德国刑事诉讼程序中的协商》,王世洲译,载《环球法律评论》2001年冬季号。

④ [意]切萨雷·贝卡里亚:《论犯罪与刑罚》,黄风译,中国方正出版社2004年版,第17-18页。

要求犯多大的罪就应当承担多重的刑,那么,认罪认罚案件为什么可以从宽?现代意义上的罪刑均衡早已走出了“以牙还牙,以眼还眼”的报应刑观念,而走向了报应与预防折中的并合主义。根据并合主义原理,刑罚正当化根据是报应的正当性与预防目的的合理性的结合。对被告人施加刑罚以其具有罪责能力为前提,不得对没有罪责能力的人施加刑罚,罪责为刑罚的合法性奠定基础,也为刑罚划定了上限(责任刑);但是刑罚的裁量还必须考虑预防犯罪的必要性(预防刑)。“预防目的使刑罚具有必要性,罪责原则限制其合法性。”① 因此,量刑就是裁量责任刑和预防刑,具体裁量刑罚时,先根据影响责任刑的情节裁量责任刑,然后,在责任刑之下根据影响预防刑的情节确定宣告刑。② 这里的预防包括一般预防和特殊预防,而一般预防又分为消极的一般预防和积极的一般预防。消极的一般预防是为了威慑一般人使其不实施犯罪,而积极的一般预防是为了积极地强化人们对刑法规范的忠诚和对法秩序的信任。③ 裁量预防刑时,可以因预防必要性降低而从宽处罚。认罪认罚的被告人,由于其认罪并愿意接受惩罚,其预防必要性明显降低。事实上,与赔偿、刑事和解、诉讼时效等一样,“许多程序性条件中,特殊预防的需要被明显地减少了”④。因为特殊预防的必要性降低了,所以可以减轻甚至免除刑罚处罚。同时,通过对认罪认罚的被告人刑事责任的减轻、免除,激励一般人对刑法规范的忠诚和信任,进一步实现积极的一般预防。因

---

① [德]许迺曼:《罪责原则在预防刑罚中的功能》,载许玉秀、陈志辉编:《不移不惑献身法与正义——许迺曼教授刑事法论文选辑》,台北,公益信托春风煦日学术基金2006年版,第621页。

② 参见张明楷:《论预防刑的裁量》,载《现代法学》2015年第1期。

③ 参见[德]乌尔斯·金德霍伊泽尔:《刑法总论教科书》(第6版),蔡桂生译,北京大学出版社2015年版,第26页。

④ [德]克劳斯·罗克辛:《德国刑法学总论(第1卷):犯罪原理的基础构造》,王世洲译,法律出版社2005年版,第704页。

此,认罪认罚从宽的实质根据在于预防刑减少、预防必要性降低。

合规计划为什么能够成为企业犯罪减轻刑罚甚至不起诉的依据?这与认罪认罚可以从宽的正当性根据高度契合。当企业建立并有效实施了“合规计划”时,对其预防的必要性降低,从而影响预防刑,进而可以减轻甚至免除刑罚处罚;同时,通过刑事责任的减轻、免除,给予企业合规以压力和动力,从制度合规逐步形成合规文化,进一步实现积极的一般预防。企业虽然没有自然人一样的肉体和灵魂,但是作为一个组织体,企业文化、企业文脉类似于自然人的灵魂。一个企业如果有合规的企业文化,其再犯可能性降低,预防必要性降低,进而导致量刑中的预防刑降低。“如果个人刑法要求个人只在他或她的行为应受谴责的情况下才受到惩罚,那么公司刑法也应该对公司提出同样的要求”①。美国在制定《组织量刑指南》时,之所以将合规计划作为减轻处罚的因素,就在于其有利于企业犯罪预防。时任美国量刑委员会主席的威尔金斯指出,“大幅度减轻的潜力将成为促进公司行动的一种激励,从而预防和发现组织的犯罪”,即奖励该企业为防止和发现其代理人的犯罪行为而采取的行动,但对不守秩序的企业给予重大惩罚,这是“胡萝卜加大棒”的方法,即奖励“好人”,惩罚“坏人”。或许怀疑论者会质疑该目标是否能够有效实现,但常识认为,这种方法不仅有控制的潜力,而且有减少组织犯罪的潜力。② 由此可以看出,认罪认罚从宽与合规计划从宽的正当性根据都是因预防必要性降低而减少预防刑。

---

① Carlos Gómez – Jara Díez, *Corporate Culpability as a Limit to the over Criminalization of Corporate Criminal Liability*: *The Interplay between Self – regulation*, *Corporate Compliance*, *and Corporate Citizenship*, New Criminal Law Review: An International and Interdisciplinary Journal , Vol. 14:1, p. 78 – 96 (2011).

② William W. Wilkins et al. , *Sentencing Guidelines for Organizational Defendants*, Federal Sentencing Reporter, Vol. 3: 3, Sentencing Corporations (Nov. – Dec. , 1990), p. 118 – 120.

（三）企业合规所体现的合规意识与认罪认罚制度中的认罪态度互为表里

一个企业的合规计划可以表征出该企业的认罪认罚态度。根据《刑法》第31条的规定，单位犯罪实行双罚制，对单位判处罚金，对直接负责的主管人员和其他直接责任人员判处刑罚。直接负责的主管人员和其他直接责任人员的认罪认罚可以体现在其本人认罪态度上，但企业作为一个法人，其认罪认罚如何体现出来呢？直接负责的主管人员和其他直接责任人员的认罪认罚态度并不能完全反映单位的认罪认罚态度。受单位主观意思鼓励、刺激、容忍或者默许的自然人的行为，才能够被看作单位的犯罪行为。因此，在判断单位自身意志时，不能仅以单位组成人员的主观意志为基础，而应当从包括企业的结构、文化、合规计划等多方面的因素加以判断。[①] 一个企业建立了有效、完备的合规计划，积极配合调查，表明其对法规范的忠诚。这种合规意识，恰恰是企业认罪认罚的最好体现。

根据建构主义系统论，企业组织、人以及法律体系都被认为是自生系统即能够自我复制的系统，区别只在于它们实现自我复制的方式不同。企业主体通过企业决策进行自我再生产，人通过思维过程进行自我再生产，法律制度通过法律沟通进行自我再生产。公司特别是一些成熟的大型公司，能够发展出一种内部复杂性，实现自我组织和自我治理。公司的不端行为应该是某种组织行为，而不是个人行为，公司的行为是由公司（自我）随着时间的推移而组织起来的，而不是由员工在某一特定时刻的行为来揭示的。因此，要承担刑事责任，公司应该具有（自我）组织的能力。因此，我们不应该看一个公司能否采取行动，而是应该问问自己，这个公司实体是否已经达到了一

① 参见黎宏：《合规计划与企业刑事责任》，载《法学杂志》2019年第9期。

定程度的内部复杂性,能否以一种有意义的方式组织自己。① 因此,有什么样的企业文化,就会有什么样的企业行为。企业行为意图的评估应该从整体上看企业,而不是从单个员工的角度。就像个人知识是决定个人动机的关键因素一样,企业文化(组织知识)应该是形成企业动机的最重要因素。组织知识的核心不在于个人的"头脑",而在于组织内不同知识要素之间的关系和联系。这些链接构成了一个独立的组织知识。只有那些有行为能力的个人才能犯罪,也只有那些有自我组织能力的公司才能被认为负有刑事责任。② 因此,合规的企业文化是企业作为一种组织体所体现出的守法意识,有效的合规计划体现的是企业作为一种组织体对法律的敬畏、遵从,体现的是一种认罪悔罪的态度。就此而言,对建立和实施了有效合规计划的涉罪企业予以从宽处罚,就可以直接从认罪认罚从宽的法律规定中找到依据。

(四)企业合规与认罪认罚从宽在优化司法资源配置的目标上相互联通

认罪认罚从宽制度在程序上的基本特征是"从简",以诉讼经济为原则,其立法的直接目的是解决案多人少的矛盾,推进繁简分流,合理配置司法资源。③ 认罪认罚从宽制度在实体上的基本特征是

---

① See Carlos Gómez - Jara Díez, *Corporate Culpability as a Limit to the over Criminalization of Corporate Criminal Liability: The Interplay between Self - regulation, Corporate Compliance, and Corporate Citizenship*, New Criminal Law Review: An International and Interdisciplinary Journal, Vol. 14:1, p. 78 - 96(2011).

② See Carlos Gómez - Jara Díez, *Corporate Culpability as a Limit to the over Criminalization of Corporate Criminal Liability: The Interplay between Self - regulation, Corporate Compliance, and Corporate Citizenship*, New Criminal Law Review: An International and Interdisciplinary Journal, Vol. 14:1, p. 78 - 96 (2011).

③ 参见《关于授权两高在部分地区开展刑事案件速裁程序试点工作的决定》,载正义网, http://www. jcrb. com/xztpd/ZT2019/201905/RZRF/zcfg/201905/t20190509_1999657. html;周强:《关于在部分地区开展刑事案件认罪认罚从宽制度试点工作情况的中期报告》,载《人民法院报》2017 年 12 月 24 日,第 2 版。

"从宽",对于认罪悔罪的被告人给予从宽处罚,更好地实现刑罚预防犯罪的目的。它与自首一样,一方面体现了认罪悔罪的态度,另一方面节省了司法资源,因此给予刑罚从宽的奖励。正是从这个意义上讲,认罪认罚从宽制度改革,"是推动宽严相济刑事政策具体化、制度化的重要探索,对完善刑事诉讼制度、优化司法资源配置、依法及时有效惩治犯罪、加强人权司法保障具有重要意义"①。

合规计划与认罪认罚从宽制度的上述立法目的相趋一致。建立了有效合规计划的企业,其犯罪发生时配合司法机关调查并改进其合规管理,一方面体现了认罪认罚的态度,可以从宽;另一方面节约了司法资源和犯罪预防的成本,理应给予刑罚上的激励。众所周知,企业犯罪、经济犯罪侦查难度要高于一般犯罪,其侦查成本也远高于一般犯罪。例如,美国《反海外腐败法》(FCPA)起诉德国西门子公司案,案件事实涉及向 65 个国家的政府官员行贿 14 亿美元。西门子进行内部调查花了 5 亿美元的费用。② 我国企业犯罪的侦查成本极其高昂,一些环境污染案件,仅污染物的鉴定费用有时都会超过刑事判决所判处的罚金,而损失的评估费用则更高,有时甚至超过治理费用。一些经济犯罪的司法会计鉴定、审计费用极其高昂,如一些非法集资类案件的审计费用动辄数百万元。通过承诺合规计划,让企业配合调查甚至展开其内部调查,能够有效降低司法成本,提高经济犯罪的办案效率,合理配置司法资源,这与认罪认罚一样,理应得到从宽处罚。

综上所述,企业合规与认罪认罚从宽制度在理论基础上具有同源性,我国《刑事诉讼法》关于认罪认罚从宽制度的规定,可以作为构建我国企业合规的法律依据。换言之,我国现行《刑事诉讼法》规定

---

① 周强:《关于在部分地区开展刑事案件认罪认罚从宽制度试点工作情况的中期报告》,载《人民法院报》2017 年 12 月 24 日,第 2 版。

② Brandon L. Garrett, *Globalized Corporate Prosecutions*, Virginia Law Review, Vol. 97:8, p. 1775 – 1875(2011).

的单位犯罪认罪认罚从宽，与单位建立并实施合规计划从宽具有同等意义，在这个意义上也可以说“认罪认罚从宽 = 合规从宽”。这就为我国企业合规建构找到了刑事激励措施的法律基础。换言之，对于承诺建立并有效实施合规计划的涉罪企业，可以《刑事诉讼法》第15条关于认罪认罚从宽的规定作为依据给予从宽处罚；同时也可以该条规定作为激励其他未涉罪的企业建立合规计划的依据。或许有人会提出，既然企业合规与认罪认罚从宽制度具有相通之处，直接对涉罪企业适用认罪认罚从宽制度不就可以了吗？何必大费周章地引入企业合规呢？这里有必要进一步澄清二者的关系。首先，企业合规与认罪认罚从宽具有相通之处，对于单位犯罪而言，“认罪认罚从宽 = 合规从宽”，但这只是为合规从宽找到刑事法律依据，即找到刑事激励措施的依据，并不能解决如何发挥该激励措施的效用以实现预防企业犯罪和持续合规经营之目的。质言之，这只能解决企业涉罪之后的从宽处罚问题，却无法解决处罚之后如何让涉罪企业改变治理结构建立长效的内控机制，防止再次犯罪的问题；更无法解决鼓励那些没有涉罪的企业花费高昂成本建立内控机制预防犯罪的问题。认罪认罚从宽侧重于事后惩罚、消极预防，而企业合规侧重于事前合规、积极预防。其次，找到企业合规的法律依据只是建构企业合规的逻辑起点，还需要建立一系列配套制度。毕竟，认罪认罚从宽制度的立法初衷不是专门直接针对企业犯罪的，更不是为了专门预防企业犯罪的，虽与企业合规有相通之处，但是并无企业合规必备的配套制度，如单位犯罪量刑指南、单位犯罪附条件不起诉等。例如，上海市浦东新区人民检察院对上海某电气有限公司虚开增值税专用发票案，以单位认罪认罚为由对该公司作出不起诉决定。[①] 但是，不起

---

① 参见《关注|浦东新区检察院依法对一起单位犯罪案件适用认罪认罚从宽处理》，载微信公众号“上海检察”2018 年 7 月 17 日，https://mp.weixin.qq.com/s/35glgX59saf_mOUhTlCQ1A。

诉之后，如何防范该公司再次偷税、逃税？尽管不起诉理由中指出“在案发后采取有效措施加强内控”，但是如何强制其建立有效的内控措施，如何评估这些措施的有效性，如何确保这些措施在后续经营过程中得到切实执行？这些问题在未引入合规计划的情况下，单纯靠认罪认罚从宽制度都是难以解决的。

我们找到企业合规与认罪认罚从宽制度的契合之处，就找到了企业合规的基本法律依据，从而就找到了建构中国式企业合规的逻辑起点。认罪认罚从宽制度经过多年的试点，积累了大量经验，已经有了较为可行的操作模式，实践资源相对成熟；而且认罪认罚从宽制度规定在《刑事诉讼法》总则之中，这样就无须对《刑事诉讼法》总则进行大修，通过建立单位犯罪量刑指导意见、涉罪企业合规计划承诺、单位犯罪附条件不起诉等配套激励措施，就可以最经济、最便捷的方式构建起中国式企业合规。

（五）对批评者的回应

近些年，该问题在理论界出现了一些争议。有观点认为，合规不能单纯作为量刑从宽的因素，而应当作为出罪因素。认罪认罚从宽制度以效率为导向，强调节省资源、降低成本、快速处理案件，通过给予认罪认罚的犯罪嫌疑人、被告人较为宽大的处理，形成一种激励效应，使得更多的犯罪嫌疑人、被告人选择认罪认罚程序，实现刑事案件的快速办理。相比之下，合规考察制度则强调企业合规整改的有效性，要求设置足够长的合规考察期，也需要投入大量的时间和司法资源。[①] 笔者认为，这种观点失之偏颇。首先，认罪认罚从宽制度与企业合规在本质上都是“协商治理”，“协商治理”是这两项制度的最根本特征，也是二者之间的最大公约数。正是在这个意义上，我们说

---

① 参见陈瑞华：《企业合规不起诉改革的八大争议问题》，载《中国法律评论》2021 年第 4 期；李玉华：《企业合规本土化中的“双不起诉”》，载《法制与社会发展》2022 年第 1 期。

认罪认罚从宽制度改革是国家治理体系和治理能力现代化的重要内容。其次,效率是认罪认罚从宽制度的一项价值追求,而非全部。认罪认罚从宽制度的基本特点是实体从宽和程序从简,程序从简的效率目的是认罪认罚从宽制度的特征之一,更为重要的特征是实体从宽,通过实体从宽实现犯罪治理模式从二元对立向合作型司法转型。① 再次,认罪认罚从宽中的从宽既包括量刑上的从轻,也包括不起诉。事实上,不起诉就是一种程序出罪。从合规的实践试点情况看,大部分案件都是做了相对不起诉处理,这本身就是一种程序上的出罪。最后,企业合规与认罪认罚一样,都是诉讼经济原则的产物,二者在追求诉讼效率问题上具有相同的旨趣。企业合规通过控辩协商节约侦查成本、降低指控难度,进而实现诉讼经济和效率的目标。企业合规在美国诞生的重要契机之一恰恰是公司犯罪、白领犯罪侦查和指控成本高昂。正因如此,一些美国学者认为暂缓起诉协议是"天才之举",因为政府能够从暂缓起诉协议中实现通过审判达到的一切目标,通过让公司承认不当行为,从而节省调查和审判的成本。② 至于企业制订合规计划之后的考察周期长、成本高,其实已经不属于严格意义上的诉讼效率问题了。附条件不起诉决定本身就是一个诉讼程序的终结,案件的事实审查以及罪名适用等实质性的实体和程序事项均已办结。合规计划的考察评估主要是检察机关依托第三方的社会资源进行,评估考察通过,只是程序性地作出不起诉决定;评估考察不通过,则提起公诉,也无须再次审查证据。因此,与其说合规附条件不起诉的评估考察是诉讼程序事项,毋宁说是在诉讼程序"延长线"上的一个社会治理事项。事实上,在美国,认罪从来都是

---

① 参见李勇:《刑事模式变迁中的检察权》,载《人民检察》2019 年第 20 期。

② Cristie Ford & David Hess, *Can Corporate Monitorships Improve Corporate Compliance*, The Journal of Corporation Law, Vol. 34:3, p. 689(2009).

DPA 的基本前提，DPA 某种意义上也是辩诉交易。①

总之，认罪认罚从宽与企业合规原本就是难分难舍的关系，认罪认罚从宽制度无论是现在还是未来，都是我国企业合规制度的基础。

四、企业合规与认罪认罚关系的立法及实践运用

（一）刑事立法上的运用

企业合规与认罪认罚从宽制度在理论基础上具有同源性，我国《刑事诉讼法》关于认罪认罚从宽制度的规定，可以作为构建我国企业合规的法律依据。换言之，我国现行《刑事诉讼法》规定的单位犯罪认罪认罚从宽，与单位建立并实施合规计划从宽具有同等意义，在这个意义上，也可以说"认罪认罚从宽 = 合规从宽"。这就为我国企业合规建构找到了刑事激励措施的法律基础。一方面，合规从宽量刑，无须在刑事诉讼法中设计单独的程序；另一方面，合规不起诉可以增设相应的章节，对适用条件、范围、程序进行规定。那些主张在《刑事诉讼法》中增设合规不起诉，又不以认罪认罚从宽制度为总则依据的，无法在立法上解决合规从宽量刑的问题。具体的条文设计，本书将在相关章节中阐述。

（二）司法实践中的运用

从司法实践的角度来说，认罪认罚从宽已经相当成熟，司法人员操作较为容易。本书将对全部操作程序从理论与实践相结合的角度进行系统说明，主要包括：一是合规承诺。企业作出合规承诺是适用企业合规的前提，合规承诺与自愿认罪认罚具有相通之处。二是合规计划建议，与美国的 DPA 相似，检察机关拟作合规不起诉的案件

---

① 参见［美］布兰登·L. 加勒特：《美国检察官办理涉企案件的启示》，刘俊杰、王亦泽等译，法律出版社 2021 年版，第 186 - 195 页。

都会提出合规计划的建议,这与认罪认罚具结书具有相同之处。三是合规量刑建议的操作程序,与认罪认罚从宽量刑建议具有相同之处。四是合规不起诉听证程序与认罪认罚相对不起诉听证程序具有相似之处。具体的操作规则体系,正是本书的主要内容。

上篇 | 认罪认罚

第一章　认罪认罚从宽制度的认识和理解

只有真正实现繁简分流，让80%至90%的认罪认罚案件分流简化，才能让10%至20%的不认罪、疑难复杂的案件彻底、全面贯彻审判中心主义的要求。只有让法官、检察官从80%至90%的简单案件中解脱出来，才能让他们有更多的精力去办好10%至20%的不认罪的疑难复杂案件。

——题记

2018年10月26日，第十三届全国人民代表大会常务委员会第六次会议《关于修改〈中华人民共和国刑事诉讼法〉的决定》，对《刑事诉讼法》进行的第三次修正，正式将认罪认罚从宽和速裁程序写入。《刑事诉讼法》总则第15条对认罪认罚可以从宽进行了规定，在原有简易程序的基础上，在第三编第二章中增设“第四节　速裁程序”，这意味着速裁程序、简易程序、普通程序多元化的诉讼格局基本形成。认罪认罚从宽作为一种制度设计，包括速裁程序、简易程序和认罪认罚的普通程序。

认罪认罚从宽制度的基本特征是“程序从简、实体从宽”。《刑事诉讼法》第224条规定：“适用速裁程序审理案件，不受本章第一节规定的送达期限的限制，一般不进行法庭调查、法庭辩论，但在判决宣告前应当听取辩护人的意见和被告人的最后陈述意见。适用速裁程序审理案件,应当当庭宣判。"第219条规定:"适用简易程序审理案件,不受本章第一节关于送达期限、讯问被告人、询问证人、鉴定人、出示证据、法庭辩论程序规定的限制。但在判决宣告前应当听取被告人的最后陈述意见。"上述是《刑事诉讼法》关于程序简化的规定,至于实体从宽的规定,在《刑事诉讼法》上主要体现在第15条和第182条,其中第15条规定:"犯罪嫌疑人、被告人自愿如实供述自己的罪行,承认指控的犯罪事实,愿意接受处罚的,可以依法从宽处理。"第182条规定:"犯罪嫌疑人自愿如实供述涉嫌犯罪的事实,有重大立功或者案件涉及国家重大利益的,经最高人民检察院核准,公安机关可以撤销案件,人民检察院可以作出不起诉决定,也可以对涉嫌数罪中的一项或者多项不起诉。"

这些新的规定,对刑事实体法和程序法均提出一系列新的课题。认罪认罚案件为什么可以"程序从简、实体从宽",其正当性基础何在?如何进行"程序简化",其简化的路径如何?认罪认罚与以审判为中心是何关系?本章将对这些问题进行回答。

第一节　认罪认罚从宽的正当性基础

公正与效率是刑事诉讼程序追求的两大价值目标,有人对认罪认罚从宽、速裁程序改革提出疑问,认为这种以牺牲公正为代价、追求效率的做法缺乏正当性。其实,没有效率,特别是司法资源严重不足时,公正也是不可求的。因犯罪不断增加,司法资源有限,执法者利用各种不同方式与被告人协商,以求快速终结刑事案件,减少法院的负荷,已成刑事诉讼新趋势,在美国绝大多数的刑事案件都未经反复费时的审判程序,而是经由"认罪协商"迅速对被告论罪科刑。美国最高法院首席大法官Burger说,若认罪协商的案件减少10%,则法院需增加两倍的人力及设备才足以应付。[①] 也有人质疑,认罪认罚从宽与实体刑法的罪刑法定主义和责任主义存在冲突。这与认罪协商程序在德国早期的境遇相似。一开始,德国学术界几乎毫无例外地反对这种新的实践,认为它违反了宪法和刑事诉讼法的组织原则,学者们强调,协商与法治国家原则及由其引出的公正程序的基本原则不一致。与此形成鲜明对比的是,"律师、法官和检察官,面对质疑和批评,除了极少的例外,仍然明确地支持这种协商活动"[②]。时至今日,学术界也不得不承认正式的刑事审理尽管并不会从刑事司法体系中消失,但是它可能失去中心地位,并成为刑事案件行政性或者协商性处理方式的"罕见例外"[③]。

笔者认为,认罪认罚从宽制度,既有程序上的法理基础,也有实体上的正当性根据。

一、程序正当性根据

认罪认罚从宽制度的程序正当性在于诉讼经济原则。通过繁简分流,能够优化司法资源配置,推进以审判为中心的诉讼制度改革。

认罪认罚从宽制度的直接目的是提高效率,节约资源,解决案多人少的矛盾,这是诉讼经济原则的应有之义。认罪认罚从宽制度改革更深层次的程序正当性基础是为审判中心主义的真正实现创造条件。以审判为中心,又称审判中心主义(以下在同等意义上使用),其基本内涵可以概括为"一个精髓""两大支柱","一个精髓"是庭审的

---

① 参见王兆鹏:《新刑诉·新思维》,台北,元照出版有限公司2004年版,第170页。

② 参见[德]约阿希姆·赫尔曼:《德国刑事诉讼程序中的协商》,王世洲译,载《环球法律评论》2001年冬季号。

③ 参见[德]托马斯·魏根特:《德国刑事程序法原理》,江溯等译,中国法制出版社2021年版,第265页。

实质化,"两大支柱"分别是证据裁判原则和直接言词原则。[①] 庭审实质化是以审判为中心的精髓所在,这意味着发挥庭审在定罪量刑、事实认定、证据采信中的决定性作用。要改变过去那种"审者不定、定者不审""庭前沟通、庭后汇报""庭审走过场"的现象。证据裁判原则和直接言词原则是推动庭审实质化,进而促进审判中心主义落到实处的"两大支柱"。证据裁判原则要求裁判案件必须依赖于证据,具体包括以下内涵:(1)定案的证据必须是有证据能力的证据;(2)定案的证据应当是经过庭审质证的证据。直接言词原则包括直接审理原则和言词审理原则,前者要求对案件作出决定的法官必须作为合议庭成员参加庭审,听取控辩双方意见,改变"审者不定、定者不审"的积弊;言词审理原则要求提供言词证据的人,包括证人、被害人、鉴定人等原则上应当出庭作证,接受法庭和控辩双方的询问。

经验表明,完全彻底地贯彻审判中心主义所要求的证据裁判原则和直接言词原则,必然导致案件审理周期延长。然而,司法资源是有限的,要求所有案件都无例外地全面按照审判中心主义的要求进行审理,是不现实的。因此,要想真正实现审判中心主义的上述目标,就必须繁简分流。要求所有案件"平均用力",完全按照审判中心主义的要求,稍微复杂一点案件的庭审都将旷日持久,简单的案件庭审也占用大量司法资源,其结果将是审判中心主义的虚化,与改革的初衷背道而驰。以审判为中心的重点是不认罪的普通程序案件,而不是要求所有案件全部按照庭审实质化、证据裁判原则和直接言词原则进行审理。事实表明,世界上没有哪个国家能对所有的案件无差别、无例外地按照审判中心主义的要求进行办理,而是通过繁简分流,将一部分简易的认罪案件分流出去,节省出更多的司法资源对少部分案件实现彻底的证据裁判原则和直接言词原则。在美国,通过

---

① 参见李勇:《审判中心主义背景下出庭公诉的对策研究》,载《中国刑事法杂志》2016 年第 5 期。

辩诉交易程序将90%以上的案件分流出去，这90%以上的案件无须经过陪审团审理，不受直接言词原则的限制，审理的重点是量刑，因此证据裁判原则的一系列规则在这里并未被遵守。[①] 在英格兰和威尔士，每年经陪审团审判的案件远低于10%，“在被告辩诉交易的地方是不会发生审判的”[②]，何来庭审的实质化？直接言词原则和证据裁判原则也存在诸多例外。在德国，同样设置了多种简易程序，在证据裁判原则和直接言词原则的遵守上设置大量的例外。比如，德国的处罚令程序实行书面审理，自然不必严格遵守直接言词原则和证据裁判原则。德国除了处罚令程序外，还有速审程序，证人可以不出庭，法官可以向证人进行电话核证。有些案件，出现“夜间被临时逮捕，于翌日早晨就在警察局内得到判处的情形”[③]。按照德国宪法法院的见解，对于简易刑事案件的解决，“应在合乎比例的许可下，以最迅速方式解决，如此既不浪费时间，亦可节省诉讼费用，同时亦能使法院有充裕时间，审判重大案件，不至于因轻微案件受到束缚，可将焦点置于重大案件”[④]。所以，只有真正实现繁简分流，让80%至90%的认罪认罚案件分流简化，才能让10%至20%的不认罪、疑难复杂的案件彻底、全面贯彻审判中心主义的要求。只有让法官、检察官从80%至90%的简单案件中解脱出来，才能让他们有更多的精力去办好10%至20%的不认罪的疑难复杂案件，“推进简案快办、难案

① 参见[美]安吉娜·J. 戴维斯：《专横的正义：美国检察官的权力》，李昌林、陈川陵译，中国法制出版社2012年版，第45页。

② 参见[英]威廉·特文宁：《反思证据：开拓性论著》，吴洪淇等译，中国人民大学出版社2015年版，第218页。

③ 张丽卿：《刑事诉讼制度与刑事证据》，中国检察出版社2016年版，第66页。

④ 张丽卿：《刑事诉讼制度与刑事证据》，中国检察出版社2016年版，第73－74页。

精办、宽严得当”①。只有这样，才能在这10%至20%的案件中全面贯彻审判中心主义的要求。

总之，只有简案快办、简办，才有精力难案精办、细办；只有真正繁简分流，才能真正实现以审判为中心诉讼制度改革的初衷。认罪认罚从宽在程序上的正当性基础在于审判中心主义。

二、实体正当性根据

德国法学界对认罪协商制度的争议焦点之一在于认罪协商与实体刑法的基本原则是否存在冲突问题。实体刑法上的个人罪责原则和程序法上的职权调查原则，被视为阻止类似辩诉交易制度在德国兴起的两个因素。② 我国的认罪认罚从宽制度，其实体法的正当性根据也是需要论证的问题。

1. 认罪认罚从宽与罪刑均衡原则

认罪认罚从宽制度是宽严相济刑事政策的具体化，但绝非宽严相济刑事政策的“翻版”。如前所述，在程序上，认罪认罚从宽制度所承载的程序价值是宽严相济刑事政策所无法体现的。同样，在实体法上，认罪认罚从宽制度也非宽严相济刑事政策所能解释的。如前所述，认罪认罚从宽是因为预防必要性降低，也就是预防刑减少，而刑罚的量由责任刑和预防刑决定，既然预防刑减少，刑罚的量就减少，所以，认罪认罚从宽与罪刑均衡并不冲突。

2. 认罪认罚从宽与罪刑法定原则

我国《刑法》第3条规定，“法律明文规定为犯罪行为的，依照法

---

① 参见周强：《最高人民法院、最高人民检察院关于在部分地区开展刑事案件认罪认罚从宽制度试点工作情况的中期报告——2017年12月23日在第十二届全国人民代表大会常务委员会第三十一次会议上》，载《中华人民共和国最高人民检察院公报》2018年第2期。

② 参见卞建林、谢澍：《职权主义诉讼模式中的认罪认罚从宽——以中德刑事司法理论与实践为线索》，载《比较法研究》2018年第3期。

律定罪处刑；法律没有明文规定为犯罪行为的，不得定罪处刑”。理论上一般认为，该条是关于罪刑法定原则的规定。根据该条的前段规定，既然已经构成犯罪，那么就应当依照《刑法》的规定定罪处刑，如何又能根据刑事诉讼法中的认罪认罚就可以从轻、减轻甚至免除呢？这是不是意味着，认罪认罚从宽与罪刑法定原则冲突呢？

笔者认为，认罪认罚从宽与罪刑法定原则并不冲突。罪刑法定原则的基本内容是“无法律则无犯罪”“无法律则无刑罚”，也就是“法无明文规定不为罪，法无明文规定不处罚”。罪刑法定的目的是保障公民的自由，“仅当他的举止实现了之前法律规范予以确定的犯罪的构成要件要素，这个举止才是可罚的”①。可见，罪刑法定强调的是“法律没有规定，则不处罚”，而非“法律规定的，则必须处罚”。正如日本学者西田典之所言，“如果是缩小、阻却处罚范围，则不一定要有明文的规定”。例如，超法规的违法阻却事由、责任阻却事由，刑法上尽管没有规定，却依然可以作为不处罚、不构成犯罪的依据。因此“到现在，如果是倾向于不处罚，即便是无明文规定，通过对相关联法规的解释，认为可以减轻处罚或视为不可罚的事由也是得到认可的”②。

至于我国《刑法》第3条前段为什么规定“法律明文规定为犯罪行为的，依照法律定罪处刑”，有人认为这是“积极的罪刑法定原则”，是为了限制司法权；③有人认为这样的规定是画蛇添足，应当删除；④还有观点认为，该规定是针对我国《刑法》分则的特点，为了防

① ［德］乌尔斯·金德霍伊泽尔：《刑法总论教科书》（第6版），蔡桂生译，北京大学出版社2015年版，第28页。

② ［日］西田典之：《日本刑法总论》，刘明祥、王昭武译，中国人民大学出版社2007年版，第33页。

③ 参见何秉松主编：《刑法教科书》（上卷），中国法制出版社2000年版，第63页。

④ 参见刘艳红：《刑法的目的与犯罪论的实质化——“中国特色”罪刑法定原则的出罪机制》，载《环球法律评论》2008年第1期。

止司法人员随意出罪所作的规定，第 3 条的后段才是罪刑法定的规定。[①] 在笔者看来，对该条款的解释，必须回到罪刑法定的本质内涵上进行目的解释。罪刑法定内涵包含构成要件的明确性、禁止溯及既往、禁止类推和禁止习惯法，其思想基础是民主主义和自由主义。罪刑法定的内涵中从来就没有“有罪必罚”的内容，罪刑法定的根本趣旨在于“节制国家权力的发动”[②]。从这个意义上来说，我国《刑法》第 3 条后段才是罪刑法定原则的核心条款，前段仅仅是为了防止司法人员滥用权力而作出的提示性规定，并不禁止符合《刑法》规定但基于程序上理由而不处罚，例如，基于刑事和解、超过追诉时效，对原本符合《刑法》分则罪名的行为不予处罚。因此，基于认罪认罚而从宽甚至免除处罚并不违反罪刑法定原则。

三、国家治理体系现代化的正当性

治理犯罪是国家治理社会的重要内容，刑事法律是国家治理社会的重要工具。认罪认罚从宽制度作为一种合作型治理模式，推动传统犯罪治理模式由二元对立走向合作，能更加有效预防和治理犯罪。这种犯罪治理模式转型与我国社会发展密切相关。近 20 年来，我国的犯罪结构发生重大变化，社会治安状况长期向好，轻罪治理体系应运而生。重罪案件 1999 年 16.2 万人，占比 19.6%；2019 年 6 万人，占比 2.7%。判处 3 年以下的占比从 54.6% 上升到 78.7%，[③]而且这些犯罪行政犯、法定犯占比越来越高。在这种社会形势下，犯罪治理模式总体上趋向合作，有利于缓和社会矛盾，有利于消减社会戾气，这也是国家治理体系和治理能力现代化的重要内容。

---

① 参见张明楷：《刑法学》（第 5 版），法律出版社 2016 年版，第 48 页。

② 参见林东茂：《刑法综览》（上篇），台北，一品文化出版社 2012 年版，第 64 页。

③ 《贯彻落实少捕慎诉慎押刑事司法政策　最高检在重庆研讨会上释放强烈信号》，载《法治日报》2021 年 10 月 18 日，第 3 版。

第二节　认罪认罚从宽制度的四个维度

一、认罪认罚是一项基本制度而非程序

很多人习惯称“认罪认罚程序”，其实这样的说法是不准确的，认罪认罚从宽是制度，并非程序。认罪认罚从宽是《刑事诉讼法》第15条规定的一项贯穿于刑事诉讼始终的基本制度。最高人民法院、最高人民检察院、公安部、国家安全部、司法部《关于适用认罪认罚从宽制度的指导意见》(以下简称《认罪认罚指导意见》)开宗明义:“适用认罪认罚从宽制度，对准确及时惩罚犯罪、强化人权司法保障、推动刑事案件繁简分流、节约司法资源、化解社会矛盾、推动国家治理体系和治理能力现代化，具有重要意义。”这里明确将认罪认罚从宽作为一项制度。《刑事诉讼法》第15条规定:“犯罪嫌疑人、被告人自愿如实供述自己的罪行，承认指控的犯罪事实，愿意接受处罚的，可以依法从宽处理。”这是规定在《刑事诉讼法》总则之中的，是一项基本制度。在这个基本制度框架之下，认罪认罚案件可以适用的程序包括速裁程序、认罪认罚的简易程序、认罪认罚的普通程序。这三种程序的简化程度是不同的，以此实现诉讼的繁简分流。认罪认罚的普通程序类似于以往的普通程序简化审理。换言之，通过认罪认罚从宽制度，将刑事案件分为认罪认罚的案件和非认罪认罚的案件，前者适用速裁程序、简易程序和认罪认罚的普通程序；后者适用一般的普通程序。可以用图1-1来阐释它们之间的关系。

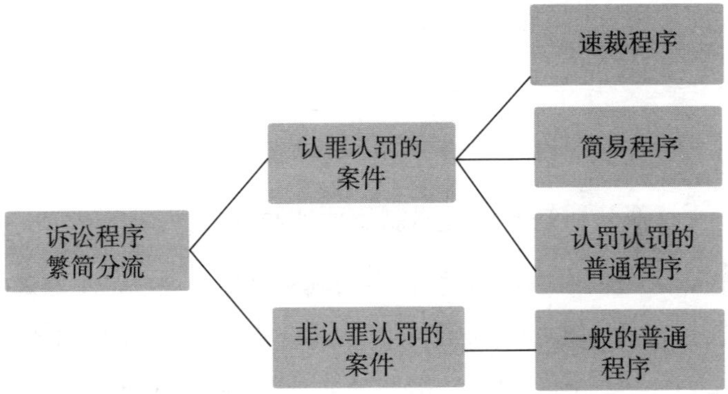

图1－1 诉讼程序繁简分流

把认罪认罚从宽理解为一种基本制度的意义在于,能解决和平息很多无谓的争议。有人提出,监察委办理的职务犯罪案件能否适用认罪认罚从宽?黑恶势力犯罪案件能否适用认罪认罚从宽?单位犯罪能否适用认罪认罚从宽?其实这些都是伪问题。既然认罪认罚从宽是《刑事诉讼法》总则中的基本制度,那么就普遍适用于分则。上述这些案件当然可以适用认罪认罚从宽制度,只不过在适用这个制度的前提下,要不要从宽、从宽多少,需要结合个案进行判断而已。在试点期间,最高人民检察院副检察长孙谦就指出,"对认罪认罚从宽制度适用罪名和可能判处的刑罚,法律没有限定,包括重罪案件、职务犯罪案件以及共同犯罪案件"①。《认罪认罚指导意见》也明确指出:"认罪认罚从宽制度没有适用罪名和可能判处刑罚的限定,所有刑事案件都可以适用,不能因罪轻、罪重或者罪名特殊等原因而剥夺犯罪嫌疑人、被告人自愿认罪认罚获得从宽处理的机会。但'可以'适用不是一律适用,犯罪嫌疑人、被告人认罪认罚后是否从宽,由

① 《最高检副检察长孙谦解读修改后的刑事诉讼法有关问题 认罪认罚从宽贯穿整个刑诉程序》,载法制网,http://www.legaldaily.com.cn/index/content/2018-12/13/content_7717791.htm。

司法机关根据案件具体情况决定。”这个规定的前一句是精准的，后一句“‘可以’适用不是一律适用”属于特别说明。其含义为，制度具有适用的普遍性，但是否从宽要结合案件来确定。这与自首制度一样，任何案件，只要犯罪嫌疑人案发后自动投案并如实供述构成自首的，就必须适用自首制度，判决书也必须引用自首条款，只不过，有些自首不一定从轻或减轻而已。因为《刑法》第67条规定，“对于自首的犯罪分子，可以从轻或者减轻处罚”。也就是说，“是否适用该制度”与“是否从宽”是两个不同的概念。

二、认罪认罚从宽是犯罪嫌疑人、被告人的一种权利

犯罪嫌疑人、被告人对于是否认罪认罚具有选择权，司法机关不能强迫、威胁、利诱犯罪嫌疑人、被告人认罪认罚。这也是不得强迫自认其罪原则的应有之义。《认罪认罚指导意见》第22条、第26条、第39条针对认罪认罚制度适用的侦查、审查起诉、审判三个环节均规定了权利告知义务，要求公、检、法在各自环节均应履行“权利告知”。其中第22条规定，“应当告知犯罪嫌疑人享有的诉讼权利、如实供述罪行可以从宽处理和认罪认罚的法律规定”；第26条规定，“案件移送审查起诉后，人民检察院应当告知犯罪嫌疑人享有的诉讼权利和认罪认罚的法律规定，保障犯罪嫌疑人的程序选择权”；第39条规定，“办理认罪认罚案件，人民法院应当告知被告人享有的诉讼权利和认罪认罚的法律规定”。特别值得肯定的是，第26条强调保障被告人的程序选择权。也就是说，一方面，是否认罪认罚，要确保是犯罪嫌疑人、被告人真实意思的表示和自愿选择的结果；另一方面，在认罪认罚的前提下，符合法律规定条件时有权选择速裁程序、简易程序或普通程序。既然认罪认罚是犯罪嫌疑人、被告人的权利，当其自愿认罪认罚时，司法机关就不得随意剥夺这项权利。《认罪认罚指导意见》第7条规定，犯罪嫌疑人、被告人享有程序选择权，不同

意适用速裁程序、简易程序的,不影响“认罚”的认定。

三、认罪认罚从宽本质上是控辩双方的量刑协商

如前所述,认罪认罚从宽制度是一种合作型、协商型司法模式,本质上是控辩双方的协商。检察机关“主导认罪协商过程”,认罪认罚从宽制度最核心的环节是在审查起诉阶段,犯罪嫌疑人通过认罪认罚与检察机关达成一致,签署认罪认罚具结书。[①] 这里的具结书就是协商的重要载体。我国《刑事诉讼法》第182条第1款规定:“犯罪嫌疑人自愿如实供述涉嫌犯罪的事实,有重大立功或者案件涉及国家重大利益的,经最高人民检察院核准,公安机关可以撤销案件,人民检察院可以作出不起诉决定,也可以对涉嫌数罪中的一项或者多项不起诉。”这被认为对特殊案件贯彻认罪认罚从宽的特殊不起诉,[②]有“罪之协商”的因素,但这是针对特殊案件而言的。其实“plea bargaining”翻译成“辩诉交易”是不恰当的,极易引起误解。“bargaining”有讨价还价、交易之意,也有协商、谈判之意,就中国的语言环境和文化传统而言,将这里的“bargaining”直译为“交易”容易引起误解,相较而言,我国台湾地区一些学者将其翻译为“认罪协商”“辩诉协商”更为妥当。由于我国的认罪认罚从宽制度本质上是检察主导下的控辩量刑协商,因此,侦查机关、审判机关并非协商的主体。认识到这一原理,对于下列问题就可以得出明确的答案:

1. 侦查机关能否给犯罪嫌疑人具体的量刑承诺

答案是否定的。侦查机关不是量刑协商的主体,在侦查阶段不得就犯罪嫌疑人量刑的具体内容作出承诺,更不能以此引诱犯

---

① 参见陈国庆:《刑事诉讼法修改与刑事检察工作的新发展》,载《国家检察官学院学报》2019年第1期。

② 参见董坤:《认罪认罚从宽中的特殊不起诉》,载《法学研究》2019年第6期。

罪嫌疑人认罪。《认罪认罚指导意见》第 23 条规定："公安机关在侦查阶段应当同步开展认罪认罚工作，但不得强迫犯罪嫌疑人认罪，不得作出具体的从宽承诺。"侦查机关可以在《起诉意见书》中抽象地建议对犯罪嫌疑人从宽处罚，但不能提出从宽的具体内容和幅度。

2. 法官是否可以在审判阶段直接与被告人协商量刑

答案是否定的。有的犯罪嫌疑人在审查起诉阶段没有认罪认罚，但是在审判阶段认罪认罚，法官不可以不通知检察机关，直接跳过检察机关与被告人就量刑进行协商。有观点认为，在审判环节，法官主导认罪认罚协商，与被告人直接进行协商，这是以审判为中心的表现。这种观点和认识是错误的。首先，认罪认罚从宽制度本质上是控辩双方的协商，是一种合作型司法模式。刑事案件中，检察机关代表国家指控犯罪，与被告方处于相对立的两端，合作和协商型司法模式，就是相对立的双方走向合作。因此，"审查起诉阶段犯罪嫌疑人与检察机关未协商或者经协商未能达成认罪认罚的合意，在适用普通程序或者简易程序审理过程中，被告人自愿认罪认罚的，法院经检察机关同意，可以启动适用认罪认罚从宽制度，但仍应由检察机关提出量刑建议，被告人接受量刑建议，制作具结书或者在庭审笔录上签字确认"①。其次，现代刑事诉讼的"三角架构"中，法官作为中立的第三方，处于三角形的顶端，是消极、中立的角色，居中裁断是其基本职能。对于控辩双方的量刑协商成果进行审查和确认，对被告人认罪、协商的真实性、自愿性进行审查把关。如果法官绕开控方，积极冲锋在前，与被告人进行量刑协商，这显然与其居中裁判角色不符。最后，我国刑事诉讼强调公、检、法之间相互监督相互制约。控辩双方的协商，通过法官的居中裁判，起到制约作用，能够防止滥用

① 参见陈国庆：《刑事诉讼法修改与刑事检察工作的新发展》，载《国家检察官学院学报》2019 年第 1 期。

权力和腐败;如果法官越过控方直接与被告方协商,必然将制约的环节消解掉,这是违反宪法精神的。

四、认罪认罚从宽制度的基本特征是实体从宽、程序从简

认罪认罚从宽制度的基本特征是实体从宽、程序从简。从实体上来说,认罪认罚从宽制度是贯彻宽严相济刑事政策,认罪认罚的犯罪嫌疑人、被告人,说明其认罪悔罪,预防必要性降低,因此给予其从宽处罚;从程序上来说,认罪认罚从宽制度的基本特征就是从简、从快,[①]立法的直接目的是解决案多人少的矛盾,推进繁简分流,合理配置司法资源。[②] 另外,根据比例原则,因犯罪嫌疑人、被告人认罪认罚而简化程序、节约诉讼成本,国家从程序简化中获益,理当给予犯罪嫌疑人、被告人一定的从宽处罚的待遇。

没有实现程序从简的认罪认罚并不符合立法初衷。认罪认罚从宽制度要想行稳致远,就必须程序从简,实现立法当时之初衷。司法实践中,确实存在一些地方司法机关对认罪认罚从宽制度的理解出现偏差,不仅没有简化程序反而增加程序,承办法官和检察官不仅没有从这项改革中体验到程序从简带来的"红利",反而更加"内卷"。这种现象是不正常的,是不符合这项制度的诉讼原理的。解决"简易不简"、预防"速裁不速"是当务之急!

---

① 参见孙谦:《检察机关贯彻修改后刑事诉讼法的若干问题》,载《国家检察官学院学报》2018 年第 6 期。

② 参见《关于授权两高在部分地区开展刑事案件速裁程序试点工作的决定》,载正义网,http://www.jcrb.com/xztpd/ZT2019/201905/RZRF/zcfg/201905/t20190509_1999657.html;周强:《关于在部分地区开展刑事案件认罪认罚从宽制度试点工作情况的中期报告》,载《人民法院报》2017 年 12 月 24 日,第 2 版。

第三节　“认罪”“认罚”“从宽”的理解与适用

一、“认罪”的理解与适用

认罪认罚中的“认罪”是指承认罪行(犯罪事实)。《认罪认罚指导意见》指出,认罪认罚从宽制度中的“认罪”,是指犯罪嫌疑人、被告人自愿如实供述自己的罪行,对指控的犯罪事实没有异议。与自首和坦白中“如实供述”应当作相同的理解。①

1. 认事实而不认罪名如何处理

“认罪”是指认事实而非认罪名,但签署认罪认罚具结书时应就罪名适用达成一致。企业合规中的“认罪”同样是指认事实而非认罪名。刑法中罪名之间的界限,即便是专业的法律人士也未必能分得清楚,更何况是犯罪嫌疑人、被告人,不能苛求犯罪嫌疑人、被告人对自己的行为在刑法上的性质作出判断。因此,认罪认罚与自首、坦白具有相同之处,即犯罪嫌疑人、被告人对行为性质提出辩解的,不影响“认罪”的认定。值得注意的是,认罪认罚从宽制度与自首、坦白不同之处在于,认罪认罚从宽本质上是认罪协商,犯罪嫌疑人、被告人要与检察机关签署认罪认罚具结书,而具结书中必须对罪名作出认定,如果犯罪嫌疑人、被告人对罪名有辩解,具结书如何签署呢?笔者认为,犯罪嫌疑人、被告人可以对行为性质有自己的辩解,但是在签署具结书时接受检察机关对罪名的认定,也就是《认罪认罚指导意见》中规定的“但表示接受司法机关认定意见的”。这背后的原理就

---

① 参见陈国庆:《刑事诉讼法修改与刑事检察工作的新发展》,载《国家检察官学院学报》2019 年第 1 期。

在于认罪认罚从宽制度本质上是一种认罪协商、量刑协商,如果无法就罪名适用达成一致,那么量刑也无法达成一致,进而在本质上不符合认罪认罚从宽制度的适用条件,这是与自首、坦白的不同之处。因此,犯罪嫌疑人、被告人承认犯罪事实,但是对行为性质、罪名适用有辩解,在签署具结书时可以表示接受检察机关认定的罪名;反之,如果签署具结书时不同意检察机关认定的罪名,那么就无法适用认罪认罚从宽制度。

2. 承认主要犯罪事实而仅对个别事实和情节提出异议是不是"认罪"

案件是已经发生的事实,刑事司法认定的事实是通过证据事后"拼接"的事实,本身具有不完整性和不完美性,犯罪嫌疑人、被告人对个别事实和情节提出异议,既有可能是记忆差错,也可能是司法机关认定的事实本身有误差,也有可能故意否认,只要不影响主要犯罪事实的认定,对整体量刑不产生影响,都可以认定为"认罪"。《认罪认罚指导意见》对这一点也进行了确认。

3. 犯罪嫌疑人、被告人辩称"断片""不记得"是否影响"认罪"的认定

司法实践中经常出现一些案件,特别是一些醉驾案件,以及酒后实施的强奸、故意伤害、故意毁坏财物、寻衅滋事、聚众斗殴等案件,犯罪嫌疑人、被告人一方面表示愿意认罪认罚,另一方面对于案件事实称自己酒后"断片"了,或者时间久远而不记得了。这种情况下,是否符合认罪认罚从宽制度中的"认罪"呢?笔者认为,关键是看犯罪嫌疑人、被告人辩解的合理性,如果确实是酒后、时间久远,存在"断片""不记得"的合理性,不影响"认罪"的认定。反之,如果其辩解明显不合理,而是避重就轻,为了逃避处罚,不是真诚认罪,就不应当认定为"认罪"。在是否真诚认罪存疑的情况下,应当按照存疑有利于被告人的原则,认定为"认罪"。

4. 犯罪嫌疑人、被告人仅承认部分罪名、部分事实如何处理

犯罪嫌疑人、被告人犯数罪名或者实施多个犯罪的情况下，如果仅如实供述其中部分罪名或部分事实的，针对其承认的部分罪名、部分事实认定为“认罪”。在量刑建议给予从宽时也仅限于其认可的部分罪名和事实。对此，《认罪认罚指导意见》也明确规定，犯罪嫌疑人、被告人犯数罪，仅如实供述其中一罪或部分罪名事实的，全案不作“认罪”的认定，不适用认罪认罚从宽制度，但对如实供述的部分，人民检察院可以提出从宽处罚的建议，人民法院可以从宽处罚。

二、“认罚”的理解与适用

“认罚”的本质含义是基于量刑协商而接受惩罚。具体来说包括以下方面：

1. 所接受的惩罚是基于量刑协商的惩罚

被告人认罪的前提下，可以从宽，检察机关应当充分听取被告人及其辩护人对量刑的意见。检察机关并非单方决定量刑建议，而是要充分听取被告人及其辩护人的意见；同样，被告人及其辩护人也并非单方接受量刑建议的告知，而是应当就量刑情节、从宽幅度充分表达意见，与检察机关进行沟通协商，最终形成双方都认可的量刑建议，被告人“认罚”实质上就是接受这个量刑建议，签署认罪认罚具结书。上述是“认罚”在审查起诉阶段的典型形态。由于侦查阶段并不存在真正意义上的认罪协商，因此，“认罚”在侦查阶段仅仅表现为“表示愿意接受处罚”。在审判阶段表现为当庭确认签署认罪认罚具结书的自愿性和真实性，愿意接受经过控辩协商的刑罚处罚。

2. 接受经过协商的量刑建议，包括判处的处罚种类、刑期及刑罚执行方式、主刑及附加刑，以及相对不起诉时的训诫等非刑罚处罚

对于公诉案件，“认罚”包括刑罚的种类，既包括主刑也包括附加刑及其具体的量，还包括刑罚执行方式，也包括《刑法》第 37 条之一

的禁止令，即“因利用职业便利实施犯罪，或者实施违背职业要求的特定义务的犯罪被判处刑罚的，人民法院可以根据犯罪情况和预防再犯罪的需要，禁止其自刑罚执行完毕之日或者假释之日起从事相关职业”。司法实践中，有的检察官在量刑协商和量刑建议中没有提及附加刑或者刑罚执行方式、禁止令的，被告人及其辩护人有权提出。对于相对不起诉的案件来说，“认罚”既包括接受相对不起诉的决定，也包括接受相应的非刑罚处罚。根据《刑法》第37条的规定，对于犯罪情节轻微不需要判处刑罚的，可以免予刑事处罚，但是可以根据案件的不同情况，予以训诫或者责令具结悔过、赔礼道歉、赔偿损失，或者由主管部门予以行政处罚或者行政处分。对于企业合规来说，对单位判处罚金及其罚金数额、禁止令，以及相对不起诉后的非刑罚处罚都是合规承诺的重要内容。

三、“从宽”的理解与适用

我国《刑事诉讼法》第15条规定，犯罪嫌疑人、被告人自愿如实供述自己的罪行，承认指控的犯罪事实，愿意接受处罚的，可以依法从宽处理。对这里的“可以从宽处理”的理解，需把握以下方面：

1.“以从宽为原则，不从宽为例外”

立法上使用的“可以”是一种导向性、倾向性的规定，不能理解为“从不从宽都可以”，而应当理解为原则上都要“从宽”，只有在特定情况下才可以不“从宽”，也就是“以从宽为原则，不从宽为例外”。最高人民检察院相关负责人指出，这里的“可以从宽，不是可有可无，而是没有特殊理由的，都应当体现法律规定和政策精神，从宽处罚。”①这与刑法中的自首一样，《刑法》第67条规定的“可以从轻或者减轻”意味着原则上就是要从轻或者减轻。当然，对于一些存在情

① 参见陈国庆：《刑事诉讼法修改与刑事检察工作的新发展》，载《国家检察官学院学报》2019年第1期。

节恶劣等特定情形的，可以不从宽。

2.“从宽”幅度能否突破法定刑以及量刑已达法定刑最低值如何体现从宽

根据《刑事诉讼法》的规定，认罪认罚是一种法定的从轻情节，而非减轻情节，也就是说，“从宽”的幅度不能突破法定刑。例如，盗窃犯罪数额巨大，按照《刑法》第 264 条的规定，法定刑为 3 年以上 10 年以下有期徒刑，在没有其他法定减轻情节的情况下，认罪认罚的量刑不能突破 3 年。对于特殊情况，需要在法定刑以下判处刑罚的，应当按照核准程序，报最高人民法院核准。从原理上来说，认罪认罚从宽作为一种认罪协商，理应作为减轻情节，企业合规也一样，应作为减轻情节。这涉及刑法实体法的修改问题。据悉，2020 年 10 月，最高人民检察院向全国人民代表大会常务委员会就认罪认罚从宽制度适用情况作专项报告时，提出立法建议，建议“从宽”既包括从轻，也包括减轻或者免除处罚，得到委员们的认可。①

有人会提出，如果一个盗窃犯罪的案件，犯罪数额刚好达到数额巨大的标准，此时不认罪认罚是判 3 年有期徒刑，认罪认罚也是判 3 年有期徒刑，无论如何量刑已达法定刑最低值，如何体现“从宽”呢？笔者认为，这种观点是片面的，也是对认罪认罚从宽的误解。首先，世界上没有完全一样的两个案件，不存在绝对只能判处有期徒刑 3 年的案件。即便是盗窃数额刚达到巨大的标准，其作案手段、行为方式、作案的时空环境、赔偿、谅解也可能有所不同；即使是同样的财产数额，对不同的人的意义和价值也是不同的，所以不能说某一个案件的量刑刚好就是法定刑最低值。因此，一个盗窃犯罪数额巨大的案件，基于认罪认罚而提出有期徒刑 3 年的量刑建议，也不能说没有体现从宽。其次，量刑从宽除了主刑从宽还有附加刑从宽、刑罚执行方

---

① 参见孙谦等主编：《刑事检察业务总论》，中国检察出版社 2022 年版，第 347 页。

式从宽。同样主刑都是 3 年有期徒刑,因认罪认罚而判处的罚金数额完全可以不同,以体现从宽;同样都是 3 年有期徒刑,有的可以判处缓刑,有的判处实刑,这也能体现不同从宽。最后,认罪认罚从宽依然受刑法总的原则即罪刑均衡(罪刑相适应)制约。对于法定刑为 3 年以上的案件,没有其他法定减轻情节,如果以认罪认罚为由突破 3 年,如判处 2 年有期徒刑,这就违反了罪刑均衡的原则。

3."从宽"是否包括不起诉、单纯宣告有罪(定罪免刑)、非刑罚处罚、禁止令

认罪认罚从宽中的"从宽"是指刑罚处遇上的从宽,既包括量刑上的从宽,也包括相对不起诉、单纯宣告有罪(定罪免刑)。对于企业合规来说,既包括不起诉,也包括量刑从轻,甚至还包括非刑罚处罚、禁止令。例如,犯罪嫌疑人认罪认罚的态度已表明其真诚悔过,就没必要再责令具结悔过。有的企业合规计划有效实施,行政处罚已经没有必要或必要性大大降低,就可以免除或者减轻行政处罚。有的案件认罪认罚或者企业合规,表明其不会再犯,就可以不再判处禁止令。

值得注意的是,不能以认罪认罚为由作出绝对不起诉或存疑不起诉决定。在试点期间,有的地方对存疑不起诉和绝对不起诉案件适用认罪认罚,这是错误的。认罪认罚的前提是构成犯罪,而存疑不起诉和绝对不起诉均是不构成犯罪的,缺乏构成犯罪这个前提,就不存在适用认罪认罚从宽制度的问题。

4."从宽"是否包括特殊不起诉

《刑事诉讼法》第 182 条第 1 款规定:"犯罪嫌疑人自愿如实供述涉嫌犯罪的事实,有重大立功或者案件涉及国家重大利益的,经最高人民检察院核准,公安机关可以撤销案件,人民检察院可以作出不起诉决定,也可以对涉嫌数罪中的一项或者多项不起诉。"这是 2018 年刑事诉讼法修改过程中增加的规定。一般而言,我国的认罪认罚从

宽制度主要是量刑协商,不包括罪之协商。但是第 182 条第 1 款特别提到“也可以对涉嫌数罪中的一项或多项不起诉”,具有“罪之协商”的意味,只不过设定了严格的程序条件和实体条件。一般认为,这里的“特殊不起诉”是对特殊案件贯彻认罪认罚从宽的具体规定。因此,针对特定案件来说,认罪认罚从宽包括特殊不起诉。

第二章　认罪认罚从宽制度的适用条件及程序竞合

很多关于适用条件和范围的争论，都是因为脱离认罪认罚从宽制度的本质和基本原理而“就事论事”。跳出“就事论事”的窠臼，从本质和原理出发，很多问题本不该有这么多争议。

——题记

认罪认罚从宽作为一种制度有其适用条件，在该制度框架下的各种程序如速裁程序、认罪认罚的简易程序等也有其适用条件。实践中，围绕适用条件产生很多争议。例如，单位犯罪能否适用认罪认罚、死刑案件能否适用认罪认罚、辩护人作无罪辩护的案件如何适用认罪认罚、未赔偿和解的能否适用速裁程序等。

第一节　认罪认罚从宽制度的适用条件

认罪认罚从宽制度的适用条件与认罪认罚制度框架下的三种程序（速裁程序、简易程序、普通程序）的适用条件是不同的概念。作为一种制度，认罪认罚从宽的适用条件就是“认罪”+“认罚”，在此基础上，还衍生出一些争议问题，具体阐述如下。

一、认罪认罚作为一种制度的基本适用条件

认罪认罚从宽制度的适用条件就是“认罪”+“认罚”,只要“认罪认罚”就可以适用该项制度。“认罪”与“认罚”两项条件应同时具备。

在认罪认罚从宽改革试点中,有观点认为,在审查起诉阶段,犯罪嫌疑人只能作出认罪或者不认罪的选择,而很难对“认罚”或者“不认罚”作出选择,因此,认为不宜将“认罪”与“认罚”同时作为从宽的前提条件。还有观点认为,“认罪”与“认罚”在实践中有所分离,不宜捆绑在一起。这样的争论过于表面,没有从认罪认罚的本质上进行分析。“认罪”与“认罚”的关系,必须从认罪认罚从宽这项制度的基本原理出发来认识。如前所述,认罪认罚从宽本质上是一种认罪协商、量刑协商,是一种合作型司法。既然如此,控辩双方就必须就犯罪事实是否成立、量刑大小达成一致,只有这样才能真正实现诉讼经济原则的立法初衷,这也是这项制度区别于自首、坦白的根本所在。因此,“认罪”与“认罚”须同时具备,是“且”的关系,即只有“认罪”且“认罚”才能“从宽”。如果只“认罪”而不认罚,那就与自首、坦白一样,这项制度就没有存在的意义了。

二、关于认罪认罚从宽制度适用条件的几个争议问题

(一)单位犯罪是否适用认罪认罚从宽制度

关于单位犯罪能否适用认罪认罚从宽制度,在实践中存在较大争议。在认罪认罚从宽制度试点期间以及入法的初期,单位犯罪适用认罪认罚的案件并不多。实践中曾流行一种观点,认为单位犯罪无法适用认罪认罚从宽制度,主要理由:一是认为认罪认罚从宽制度能否适用于单位犯罪,法律没有规定;二是认罪认罚从宽制度适用的前提条件是被告人“自愿认罪认罚”,单位犯罪作为拟制的犯罪主体

无法表示“自愿认罪认罚”。[①]

笔者认为,单位犯罪当然可以适用认罪认罚从宽制度。首先,单位犯罪适用认罪认罚从宽制度的法律依据是明确的,并非法律没有规定。《刑事诉讼法》第 15 条规定,犯罪嫌疑人、被告人自愿如实供述自己的罪行,承认指控的犯罪事实,愿意接受处罚的,可以依法从宽处理。我国《刑法》和《刑事诉讼法》中的被告人既包括自然人也包括单位,《刑事诉讼法》第 15 条的规定并未限定为自然人,理当适用于单位。其次,关于单位犯罪如何表达“认罪认罚”意愿问题,这与单位(法人)是否有犯罪能力是一个问题的两个方面。关于法人的犯罪能力,大陆法系传统观点认为,法人“既没有灵魂也没有肉体”,没有犯罪能力也无受刑能力,因此大陆法系国家对于是否规定单位犯罪一直存在争议。但是对于我国刑法来说,这样的争论意义不大,我国《刑法》已经规定了单位犯罪的“双罚”制,今天组织体责任论已经成为有力的学说。组织体责任论认为,法人是作为组织体进行活动的,在追究其责任时,应当将所有的法人从业人员的行为作为一个整体来把握法人的行为。只要法人从业人员的行为在客观上与法人的业务相关,就可以视为法人的行为。对于法定代表人,其行为无条件地视为法人行为;对于中层管理人员,其行为只有在符合法定代表人所表现出来的法人意思时,才属于法人行为;对于法人下级从业人员,要求其行为在客观上有业务关联性,才能构成法人行为。[②] 公司企业特别是大型企业,是自我再创造的系统,具有“企业公民”的地位,企业文化成为企业的灵魂,可以对员工关于什么是合法的、什么是不合法的看法产生严重影响,影响雇员对某些法律规范的有效性或合法性的感知,所以公司应当承担责任。同样,当一个涉罪企业案

---

① 参见张剑、徐碧雪、姚文军:《单位犯罪适用认罪认罚从宽制度实证分析》,载《中国检察官》2022 年第 3 期。

② 参见黎宏:《单位刑事责任论》,清华大学出版社 2001 年版,第 103 页。

发后，通过真诚努力建立并有效实施合规计划，所体现出的合规意识和努力构建的企业合规文化，都是认罪悔罪态度的体现，其预防必要性降低，理应获得从宽处罚。[①] 最后，至于谁来代表单位认罪认罚，这并非一个难题，刑事诉讼中，单位犯罪由单位的相关人员作为诉讼代表人，能够代表单位的自然人可以代表单位签署认罪认罚具结书、合规承诺书。

（二）死刑案件能否适用认罪认罚从宽制度

如前所述，认罪认罚从宽不仅是一项刑事诉讼基本制度，也是犯罪嫌疑人、被告人的一种权利，对于所有的犯罪嫌疑人、被告人而言，只要其愿意认罪认罚，就不能剥夺其这项权利。实践中，有的司法人员动辄认为某个案件性质恶劣，不允许犯罪嫌疑人、被告人适用认罪认罚制度，特别是针对可能判处死刑的案件，犯罪嫌疑人、被告人自愿认罪认罚，要求签署认罪认罚具结书，有的司法人员居然拒绝给犯罪嫌疑人、被告人签署。这种做法是错误的。即使必须判处死刑的犯罪嫌疑人、被告人，也有权选择认罪认罚；只要其自愿认罪认罚，就适用刑事诉讼法中关于认罪认罚制度的相关规定，至于是否从宽则是另外一回事。法律规定的“可以”从宽与“认罪认罚从宽”是两个层面的概念，不能混淆。

（三）共同犯罪中部分犯罪嫌疑人、被告人认罪认罚，能否适用认罪认罚从宽制度

从刑法的角度来说，共同犯罪是二人以上基于共同的意思实施的共同行为，法益侵害具有连带性；从刑事诉讼法的角度来说，每一个共同犯罪的成员都是独立的诉讼主体。由于认罪认罚从宽是一种制度，也是犯罪嫌疑人、被告人的一种权利。因此，从原理上来说，作

① 参见李勇：《检察视角下中国刑事合规之构建》，载《国家检察官学院学报》2020 年第 4 期。

为刑事诉讼的独立主体,共同犯罪中的各个成员自愿选择认罪认罚具有相对独立性。不能因为共同犯罪中的部分成员不认罪认罚而剥夺自愿认罪认罚的成员获得从宽的权利。从处理的角度来说,共同犯罪中部分犯罪嫌疑人、被告人认罪认罚的,对认罪认罚的犯罪嫌疑人、被告人适用认罪认罚从宽制度,该给予从宽的给予从宽处罚;对不认罪认罚的犯罪嫌疑人、被告人不适用认罪认罚从宽制度,也不能给予相应的从宽。当然,由于共同犯罪中部分犯罪嫌疑人、被告人不认罪认罚,导致无法适用速裁程序、简易程序,只能适用认罪认罚的普通程序,按照比例原则,从宽处罚的幅度可能受到影响而有所克减。因部分犯罪嫌疑人、被告人不认罪认罚而不适用速裁程序、简易程序,这也是保障不认罪认罚的犯罪嫌疑人、被告人诉讼权利的要求,其实也是一个利益衡量的问题。

(四)辩护人作无罪辩护的,能否适用认罪认罚

犯罪嫌疑人、被告人如实供述但是辩护人作无罪辩护的,是否属于"认罪"?认罪认罚从宽制度是针对犯罪嫌疑人、被告人的,而非针对辩护人的,因此,辩护人作无罪辩护不影响犯罪嫌疑人、被告人的"认罪"认定。况且,辩护人的辩护权具有相对独立性,不能因为辩护人作无罪辩护就否定犯罪嫌疑人、被告人的"认罪"。司法实践中,确实存在出于辩护策略的考虑,辩护人一方面坚持无罪辩护,另一方面让犯罪嫌疑人、被告人认罪认罚,这种辩护策略无可厚非。司法机关不应当对此反感,更不应该怂恿甚至强迫犯罪嫌疑人、被告人及其家属更换辩护律师。当然,因为辩护人作无罪辩护而程序上无法适用简易程序、速裁程序,影响效率,根据比例原则,对于被告人量刑从宽的幅度相应地予以克减。

(五)监察委办理的职务犯罪、黑恶犯罪案件能否适用认罪认罚从宽制度

在认罪认罚从宽制度试点期间,曾有人提出疑问,监察委办理的

职务犯罪案件能否适用认罪认罚从宽制度;在认罪认罚从宽制度写入刑事诉讼法之后,有人提出疑问,黑恶犯罪案件(有组织犯罪案件)是否适用认罪认罚从宽制度。事实上,这两个问题都是伪问题。认罪认罚从宽作为一项刑事诉讼基本制度,当然平等适用于所有犯罪主体,职务犯罪和有组织犯罪并没有被立法排除在认罪认罚从宽制度范围之外。后来最高司法机关也明确,这两类案件适用认罪认罚从宽制度。很多实务人员之所以提出这样的疑问,主要是因为把能否适用认罪认罚从宽制度与是否从宽处罚混为一谈。2022 年 5 月 1 日施行的《反有组织犯罪法》第 22 条第 3 款明确规定:"有组织犯罪的犯罪嫌疑人、被告人自愿如实供述自己的罪行,承认指控的犯罪事实,愿意接受处罚的,可以依法从宽处理。"

(六)重罪案件适用认罪认罚有何特殊性

重罪案件能否以及如何适用认罪认罚?有何特殊性?这是伪命题。一方面,所谓的重罪与轻罪是相对而言的;另一方面,认罪认罚从宽制度对罪行轻重没有特殊要求,只是适用程序不同而已。例如,速裁程序只能适用可能判处 3 年以下有期徒刑的案件,可能判处死刑和无期徒刑的案件不能适用简易程序。显然,重罪案件适用认罪认罚从宽制度与重罪案件适用何种程序是两个不同方面的问题。就认罪认罚从宽制度的适用而言,死刑案件都可以适用,何况重罪案件呢!

第二节　三种程序的适用条件

一、速裁程序的适用条件

根据《刑事诉讼法》第 222 条和第 223 条的规定,将速裁程序的适用条件归纳为表 2－1,"正向条件"是指能够适用速裁程序的条件,“负向条件”是指不能适用速裁程序的条件。

表 2-1 速裁程序适用条件

正向条件	负向条件
(一)基层法院管辖的可能判处3年有期徒刑以下刑罚的案件 (二)案件事实清楚,证据确实、充分 (三)被告人认罪认罚 (四)被告人同意适用速裁程序	(一)被告人是盲、聋、哑人,或者是尚未完全丧失辨认或者控制自己行为能力的精神病人的 (二)被告人是未成年人的 (三)案件有重大社会影响的 (四)共同犯罪案件中部分被告人对指控的犯罪事实、罪名、量刑建议或者适用速裁程序有异议的 (五)被告人与被害人或者其法定代理人没有就附带民事诉讼赔偿等事项达成调解或者和解协议的 (六)其他不宜适用速裁程序审理的

正向条件中的“可能判处3年有期徒刑以下刑罚的案件”是指宣告刑,而非法定刑。即使法定刑为3年以上有期徒刑的案件,因有减轻处罚情节,经过量刑测算后,如果可能判处有期徒刑1年甚至只有6个月,那么就可以适用速裁程序。关于负向条件的几种情形需要特别说明:

其一,被告人是盲、聋、哑人,或者是尚未完全丧失辨认或者控制自己行为能力的精神病人不适用速裁程序问题。这种情况之所以不适用速裁程序,是因为这些身有残疾的弱势群体在言语和认知能力上有欠缺,如果适用速裁程序省略法庭调查、法庭辩论等,可能导致事实认定不准确、认罪认罚的真实性和自愿性不彻底,为了保障和照顾这些弱势群体被告人的合法权益,而不适用速裁程序,如后所述也不适用简易程序。但是,不能因此剥夺这些被告人的认罪认罚权利,对于认罪认罚的,应当适用认罪认罚的普通程序,且依法给予从宽处罚,这种情况下也不得因适用认罪认罚的普通程序而克减从宽幅度。

其二,被告人是未成年人的不适用速裁程序问题。被告人是未成年人的不适用速裁程序的原因,在2018年刑事诉讼法修改过程中有明确的说明,即审理未成年人刑事案件,实践中通常采用有利于关护帮教未成年人的审判方式,并对未成年人进行法庭教育,速裁程序不进行法庭调查、法庭辩论,且一般采取集中审理、集中宣判的形式,不利于开展关护帮教和法庭教育,难以充分体现教育感化挽救的方针。[①]

值得注意的是,未成年被告人的案件不适用速裁程序,但是可以适用简易程序;认罪认罚的,该从宽的,依法给予相应的从宽,不能因为是未成年人而剥夺其认罪认罚从宽的权利。

其三,案件有重大社会影响的不适用速裁程序问题。速裁程序就是要简化庭审,其庭审形式意义大于实质意义,正如陈瑞华所说的,速裁案件就是要庭审形式化,只有简单的案件形式化,才能让不认罪的案件庭审实质化。[②] 这样,对于有重大社会影响的案件来说,庭审过于简化,不利于发挥庭审的教育功能,也可能会导致公众误解。对于这样的案件,适用认罪认罚的普通程序,效果更好。但是不能因此而剥夺被告人认罪认罚获得从宽的权利。例如,笔者办理的"辣笔小球"侮辱英烈案,在当时引起全国人民广泛关注,是名副其实的有重大社会影响的案件,此案被告人仇某某认罪认罚,而《刑法》第299条之一侵害英雄烈士名誉、荣誉罪的法定刑为3年以下有期徒刑、拘役、管制或者剥夺政治权利,符合速裁程序的"正向条件",但是由于此案有重大社会影响,不宜适用速裁程序,我们便适用认罪认罚的普通程序,并依法给予被告人相应从宽幅度,检察机关根据量刑规

---

① 参见孟亚旭:《刑事诉讼法修正草案三审:未成年被告人拟不适用速裁程序》,载中国新闻网,https://www.chinanews.com.cn/gn/2018/10-24/8657940.shtml。

② 参见陈瑞华:《论刑事诉讼的全流程简化——从刑事诉讼纵向构造角度的分析》,载《华东政法大学学报》2017年第4期。

则并公开听证,提出了有期徒刑8个月的精准量刑建议。

其四,共同犯罪案件中部分被告人对指控的犯罪事实、罪名、量刑建议或者适用速裁程序有异议的不适用速裁程序问题。速裁程序是认罪认罚从宽制度框架下的程序,以认罪认罚为前提条件。共同犯罪中部分被告人对犯罪事实、罪名、量刑建议有异议,就是没有认罪认罚,因此不适用速裁程序。同时,被告人即使认罪认罚,对于程序也具有选择权,共同犯罪中部分被告人不同意适用速裁程序,也导致无法适用速裁程序。对于上述两种情况,应当适用普通程序,但是对于其中认罪认罚的被告人依法给予从宽,不能因为其他共同被告人不认罪认罚或不同意适用速裁程序而剥夺其中认罪认罚的被告人获得从宽的权利。

其五,被告人与被害人或者其法定代理人没有就附带民事诉讼赔偿等事项达成调解或者和解协议的不适用速裁程序问题。这个规定在实践中存在广泛的误解,正确的理解应该是这样的:(1)被害人有权提起附带民事诉讼,才存在不适用速裁程序的可能性。如果被害人无权提起附带民事诉讼,则不适用该条。比如,一般的盗窃犯罪案件,根据最高人民法院的司法解释规定,一般不能提起附带民事诉讼,因此,不管有无和解、赔偿,均不影响速裁程序的适用。当然,没有赔偿和和解,可能影响量刑,但这是另外一回事。全国人大常委会法工委明确指出:"这一规定适用于有被害人,且被害人提起附带民事诉讼提出赔偿等要求的情况。"①(2)被害人拟提起或者已经提起附带民事诉讼,才存在不适用速裁程序的问题。在审查起诉阶段、审判阶段,检察官听取被害人意见,被害人拟提起附带民事诉讼且没有就赔偿等达成调解、和解的,不能适用速裁程序,或者在审查起诉阶段、审判阶段被害人已经提起附带民事诉讼且没有就赔偿达成调解、

---

① 王爱立、雷建斌主编:《〈中华人民共和国刑事诉讼法〉释解与适用》,人民法院出版社2018年版,第422页。

和解,这种情况下亦不能适用速裁程序。(3)被害人有权提起附带民事诉讼但是放弃了附带民事诉讼,即使没有达成调解、和解,也不影响速裁程序的适用。(4)因被害人提起了附带民事诉讼而没有就赔偿等达成调解、和解的,不适用速裁。

上述理解在试点期间是没有争议的,也都是这么操作的,笔者一直是试点的直接参与者,也参与了一些文件的起草。2018 年《刑事诉讼法》正式实施后,全国推开,非试点地区对该条的理解出现了错误。笔者试作以下澄清:

首先,速裁程序适用于认罪认罚的轻罪案件,认罪认罚从宽制度实质适用条件是“认罪”+“认罚”。认罪认罚从宽的实质在于因认罪认罚而降低预防必要性,而现代刑罚是由责任刑和预防刑决定的。认罪认罚从宽是一项《刑事诉讼法》总则规定的制度,认罪认罚是制度,不是程序;在这个制度框架之下分为速裁程序、简易程序和认罪认罚的普通程序。既然速裁程序是认罪认罚制度框架下的程序之一,那么其实质适用条件就是“认罪”+“认罚”,既然被告人认罪又认罚,就符合预防刑降低的法理要求,那么原则上就应该适用速裁程序以获得相应幅度的从宽。所以,孙谦副检察长指出,对于犯罪嫌疑人认罪认罚,但没有赔礼道歉、退赃退赔、赔偿损失,未能与被害人达成调解或者和解协议取得谅解的,检察机关在考虑如何从宽时要有所区别。对因被告人确无赔偿能力不能满足被害人不合理要求,而未能达成和解协议的,不影响认罪认罚从宽制度的适用。“要特别注意,各级检察机关在案件处理上不能受被害人意志所左右,防止出现被害人漫天要价,判断和处理案件必须严格依法,必须体现公平正义。”①

---

① 参见《最高检副检察长孙谦解读修改后的刑事诉讼法有关问题:认罪认罚从宽贯穿整个刑诉程序》,载法制网,http://www.legaldaily.com.cn/index/content/2018-12/13/content_7717791.htm。

其次,认罪认罚在实质上是刑事治理模式的重大变革,是一种合作型司法,具有独立的立法价值,是独立量刑情节(如前所述)。换言之,认罪认罚独立于赔偿、和解。赔偿、和解按照规定给予从宽处罚,认罪认罚按照规定也要给予从宽处罚,而且认罪认罚与赔偿、和解之间没有重合部分,这与认罪认罚和自首(坦白)有重合部分不同。因此,不能因为没有赔偿、和解而否定认罪认罚从宽情节,仅认罪认罚只是没有既认罪认罚又赔偿、和解从宽幅度大而已。当然,如果是有能力赔偿故意隐匿财产不赔偿而影响认罪认罚真实性,则另当别论;为了保护被害人的利益,司法机关应当积极开展工作,促成赔偿、和解。

再次,认罪认罚的本质特征是实体从宽、程序从简。程序从简是认罪认罚从宽制度诉讼经济原则的价值所在。速裁程序更是程序从简的重中之重,速裁程序省略法庭调查和辩论,并且《刑事诉讼法》第224条规定"应当当庭宣判"。这就决定了,被害人提起刑事附带民事诉讼,如果没有就赔偿等达成调解、和解,则无法当庭宣判,因此就不能适用速裁程序。反之,如果被害人根本没有附带民事诉讼的权利或者放弃了附带民事诉讼,就不会对速裁程序审理造成影响,自然不影响速裁程序的适用。

最后,从立法和司法解释的规定看。立法规定这一条的原因,全国人大常委会法工委解释说"本项总结了试点经验",并进一步强调"这一规定适用于有被害人,且被害人提起附带民事诉讼提出赔偿等要求的情况"。[①] 可见,立法的目的和精神是非常清楚的。另外,《认罪认罚指导意见》第18条的规定也是非常清楚的,"被害人及其诉讼代理人不同意对认罪认罚的犯罪嫌疑人、被告人从宽处理的,不影响认罪认罚从宽制度的适用。犯罪嫌疑人、被告人认罪认罚,但没有退

---

① 王爱立、雷建斌主编:《〈中华人民共和国刑事诉讼法〉释解与适用》,人民法院出版社2018年版,第422页。

赃退赔、赔偿损失，未能与被害方达成调解或者和解协议的，从宽时应当予以酌减。犯罪嫌疑人、被告人自愿认罪并且愿意积极赔偿损失，但由于被害方赔偿请求明显不合理，未能达成调解或者和解协议的，一般不影响对犯罪嫌疑人、被告人从宽处理”。

二、简易程序的适用条件

《刑事诉讼法》第214条和第215条分别规定了简易程序的适用条件（见表2－2），2018年刑事诉讼法修改时，对这两条没有修改。在认罪认罚从宽制度框架下，简易程序分为一般的简易程序和认罪认罚的简易程序，二者适用条件的差异在于“正向条件”的第二项，一般的简易程序是“被告人承认自己所犯罪行，对指控的犯罪事实没有异议的”，相当于仅“认罪”，认罪认罚的简易程序的适用条件是在此基础上加上“认罚”。由于《刑事诉讼法》将简易程序限定为基层人民法院管辖，故根据《刑事诉讼法》第21条的规定，危害国家安全、恐怖活动案件以及可能判处无期徒刑、死刑的案件由中级人民法院管辖，因此，这两类案件不适用简易程序。

表2－2　认罪认罚的简易程序适用条件

正向条件	负向条件
（一）案件事实清楚、证据充分的 （二）被告人承认自己所犯罪行，对指控的犯罪事实没有异议的且认罚的 （三）被告人对适用简易程序没有异议的	（一）被告人是盲、聋、哑人，或者是尚未完全丧失辨认或者控制自己行为能力的精神病人的 （二）有重大社会影响的 （三）共同犯罪案件中部分被告人不认罪或者对适用简易程序有异议的 （四）被告人可能被判处死刑、无期徒刑的 （五）危害国家安全、恐怖活动案件 （六）其他不宜适用简易程序审理的

三、认罪认罚的普通程序适用条件

前述不符合速裁程序和简易程序以及可能判处死刑、无期徒刑的案件，且被告人认罪认罚的，就适用认罪认罚的普通程序（见表2－3）。在认罪认罚从宽制度框架下，普通程序也分为认罪认罚的普通程序和不认罪认罚的普通程序。

表2－3 认罪认罚的普通程序适用条件

正向条件	负向条件
（一）被告人是盲、聋、哑人，或者是尚未完全丧失辨认或者控制自己行为能力的精神病人，认罪认罚的 （二）被告人认罪认罚但案件有重大社会影响的 （三）被告人可能判处死刑、无期徒刑的案件，认罪认罚的 （四）危害国家安全、恐怖活动案件 （五）共同犯罪部分被告人不认罪认罚或不同意适用速裁程序、简易程序的	不认罪认罚

认罪认罚的普通程序适用的条件就是在普通程序的基础上加上认罪认罚，与不认罪认罚的普通程序相比，审理程序适度简化，类似于普通程序简化审；具体来说包括以下情形：（1）被告人是盲、聋、哑人，或者是尚未完全丧失辨认或者控制自己行为能力的精神病人，认罪认罚的。如前所述，为了保障这些弱势群体的利益而适用普通程序。（2）被告人认罪认罚但案件有重大社会影响，这主要是出于案件审理的社会效果的考虑。（3）被告人可能判处死刑、无期徒刑的认罪认罚案件。这类案件属于严重的犯罪，出于“慎刑”的考虑也不宜过于简化审理。（4）危害国家安全、恐怖活动案件。这类案件是严重影响安全感的犯罪，属于重点打击的犯罪，不宜过于简化审理。（5）共同

犯罪部分被告人不认罪认罚或不同意适用速裁程序、简易程序。这是出于尊重和保障被告人认罪认罚的自愿性和程序选择权的考虑。

第三节　认罪认罚案件中的程序竞合

由于社会现象的错综复杂和立法技术上的原因,法条之间常会出现交叉、重合之现象,这就是法条竞合问题。理论上讨论法条竞合大多局限于实体法。通说认为,法条竞合是指一个行为同时符合数个法条规定的犯罪构成,但是数个法条之间存在逻辑上的交叉、重合关系,只适用其中一个法条的情况。而程序上的竞合关系鲜见讨论。

2018 年新修订的《刑事诉讼法》第 15 条增加了认罪认罚从宽的内容,并在原有的简易程序基础上,增设速裁程序,这意味着速裁程序、简易程序、普通程序多元化的诉讼格局基本形成。其中速裁程序、认罪认罚的简易程序和普通程序简化审均属于认罪认罚从宽制度的范畴。这三种程序之间有交叉和重合的现象,如何准确适用是实务中面临的迫切问题。笔者将这种现象称为“程序竞合”,并提出解决方案。

一、速裁程序与简易程序的竞合

《刑事诉讼法》第 222 条规定,基层人民法院管辖的可能判处 3 年以下有期徒刑刑罚的案件,案件事实清楚,证据确实、充分,被告人认罪认罚并同意适用速裁程序的,可以适用速裁程序。根据《刑事诉讼法》第 214 条之规定,适用简易程序没有刑罚条件的特别限制,也就是除了可能判处死刑、无期徒刑以及危害国家安全、恐怖活动案件外,都可能符合简易程序的适用条件。可能判处 3 年以上有期徒刑刑罚的案件,固然不存在同时符合速裁程序条件的问题,但是可能判处3年以下有期徒刑刑罚的案件,就会存在速裁程序与认罪认罚的简易程序竞合的问题:有的案件既可能符合简易程序的条件,也可能同时符合速裁程序的条件;有的案件可能不符合速裁程序的条件但符合简易程序的条件。根据《刑事诉讼法》关于简易程序和速裁程序的适用范围和条件的规定,在案件事实清楚,证据确实、充分的前提下存在竞合关系(见图2-1),竞合的情况包括以下方面:

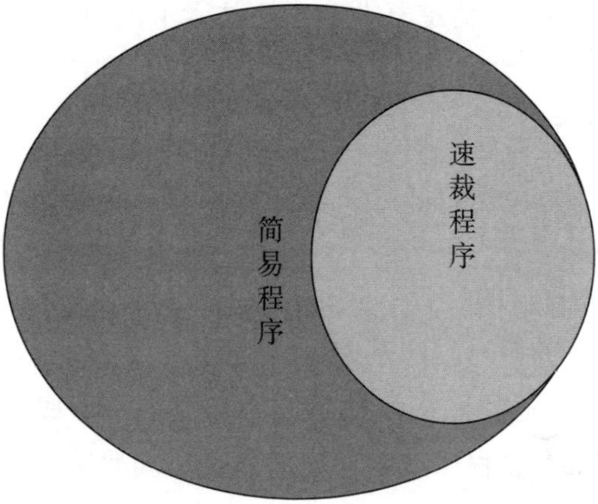

图2-1 简易程序与速裁程序的竞合

其一,符合速裁程序条件的,一定都符合简易程序条件。速裁程序相对于简易程序而言,属于特别法条。根据法条竞合适用的一般原理,特别法条优先于普通法条(有特别规定的情况下,刑法中可能存在重法条优先于轻法条)。因此,这种情况下,优先适用速裁程序。

其二,符合简易程序的条件,但不符合速裁程序的条件。具体有以下情形:(1)可能判处3年以下有期徒刑刑罚的未成年被告人,根据《刑事诉讼法》第223条的规定,不适用速裁程序,但可能符合简易程序的条件;(2)被害人与被告人(或者其法定代理人)没有就附带民事诉讼赔偿等事项达成调解或者和解协议的,根据《刑事诉讼法》第223条的规定,不适用速裁程序,但可能符合简易程序的条件;

(3)被告人不愿意选择适用速裁程序的,而自愿选择简易程序。

根据《刑事诉讼法》第 15 条的规定,认罪认罚从宽是一项制度,也是一种权利。上述三种情况,虽然不适用速裁程序,但是被告人认罪认罚,符合简易程序的,就应当按照简易程序办理,并依法给予从宽处罚(未赔偿、和解的情况下,从宽幅度要小一些),而不能不分青红皂白地直接适用普通程序且剥夺被告人认罪认罚获得从宽处罚的权利。

二、普通程序简化审与简易程序、速裁程序的竞合

根据《刑事诉讼法》第 15 条以及最高人民法院 2017 年 2 月发布的《关于全面推进以审判为中心的刑事诉讼制度改革的实施意见》的规定,适用普通程序的案件,被告人认罪认罚的,可以依法从宽,庭审可以适度简化。因而,普通程序简化审与简易程序、速裁程序也存在竞合关系(见图 2 -2)。具体分析如下:

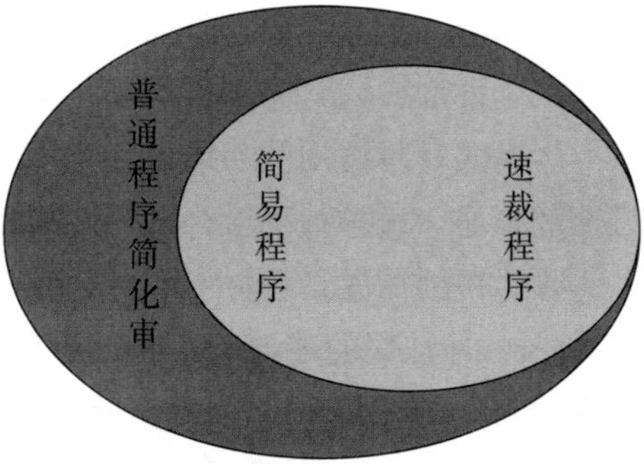

图 2 -2　普通程序简化审与简易程序、速裁程序的竞合

其一,犯罪嫌疑人、被告人是盲、聋、哑人以及尚未完全丧失辨认或者控制自己行为能力的精神病人。这类案件,如果犯罪嫌疑人、被告人认罪认罚,并且事实清楚,证据确实、充分,有的可能判处有期徒刑 3 年以下,根据《刑事诉讼法》第 215 条和第 223 条的规定,不能适用速裁程序和简易程序,但只要犯罪嫌疑人、被告人认罪认罚,就不能剥夺其认

罪认罚从宽的权利,所以应该适用普通程序简化审,可以依法从宽。

其二,被告人认罪认罚,但是辩护人作无罪辩护的案件。有些案件被告人认罪认罚,事实清楚,证据确实、充分,甚至可能判处3年以下有期徒刑刑罚,按照《刑事诉讼法》的规定,符合简易程序或者速裁程序的条件,但是由于辩护人作无罪辩护而导致无法适用简易程序或者速裁程序。虽然《刑事诉讼法》没有明确规定辩护人作无罪辩护的不适用速裁程序或简易程序,但《最高人民法院关于适用〈中华人民共和国刑事诉讼法〉若干问题的解释》规定辩护人作无罪辩护的案件不适用简易程序。据此推论,辩护人作无罪辩护的也不适用速裁程序。因为辩护人作无罪辩护,一方面法庭辩论在庭审中没办法省略,另一方面既然是无罪辩护就说明案件还有争议,所以不适用速裁程序和简易程序是有道理的。但是,不能据此剥夺被告人认罪认罚获得从宽的权利(从宽幅度可能要小一些),所以这种案件应该适用普通程序简化审。

其三,共同犯罪中部分被告人不认罪认罚或不同意适用速裁程序、简易程序的。《刑事诉讼法》第215条和第223条均规定,共同犯罪中部分被告人不认罪或者对适用简易或速裁程序有异议的,不能适用简易程序或速裁程序。这种情况应当适用普通程序,但这里面存在部分被告人认罪认罚的情况,对其中认罪认罚部分庭审时可以适度简化,对其中部分认罪认罚的被告人可以依法从宽。

其四,有重大社会影响的案件。根据《刑事诉讼法》第215条和第223条的规定,有重大社会影响的案件不适用速裁程序或简易程序,但是,如果被告人认罪认罚,应适用普通程序简化审,并可以依法从宽。

第三章 认罪认罚案件程序简化的原理与路径

程序简化是认罪认罚从宽制度的“初心”之一,诉讼经济原则是认罪认罚从宽制度的根基之一。只有通过程序简化、文书简化调动法官、检察官的积极性,实现从“要我用”到“我要用”的转变,才能让这项制度行稳致远。一些地方不仅没有简化反而增加程序和文书,司法人员不仅没有从中体验到程序从简的“红利”,反而更加“内卷”,这是不符合这项制度原理的。

——题记

我国认罪认罚从宽制度立法的直接目的是实现案件繁简分流,合理配置司法资源。世界各国的辩诉交易、认罪协商产生的直接动因也是为了解决司法资源的有限性与案件数量激增之间的矛盾。程序简化是认罪认罚从宽制度的生命力持续的重要推动力。案件是检察官和法官承办的,只有真正调动他们的积极性,让他们真正体会到认罪认罚从宽制度减轻了工作压力,让他们体会到制度“红利”,实现这项制度从“要我用”到“我要用”的转变,才能让这项制度行稳致远。

第一节 “简易不简”“速裁不速”的现状

一、试点期间的现状

认罪认罚从宽制度在程序上的基本特征就是从简、从快,[①]立法的直接目的是解决案多人少的矛盾,推进繁简分流,合理配置司法资源。[②] 这说明此前的简易程序在繁简分流作用发挥上并不理想。1996 年《刑事诉讼法》规定的简易程序限于可能判处 3 年以下有期徒刑的案件,人民检察院可以不派员出庭,但法官仍要开庭审理。这对公诉人而言,简易程序是“简”了,但是对于法官而言依然是“简易不简”,法官有时还要代替公诉人举证,有违程序正当之嫌。于是,实践的目光转向了可能判处 3 年以上有期徒刑的被告人认罪的普通程序案件,逐步探索出普通程序简化审,其简化主要体现为省略庭审讯问和质证,仍然没有走出“简易不简”的怪圈。2012 年刑事诉讼法修改时,为解决这一老大难问题,将简易程序扩大到可能判处 3 年以上有期徒刑的案件。2012 年《刑事诉讼法》实施初期,简化焦点集中于压缩庭审时间,如媒体报道某地平均每案庭审时间仅为 5 分钟。[③] 这样的简化思路是以法官、检察官加班加点为代价的,也是以暂缓办理其他普通程序案件为代价的,其简化效果犹如昙花一现。

---

① 参见孙谦:《检察机关贯彻修改后刑事诉讼法的若干问题》,载《国家检察官学院学报》2018 年第 6 期。

② 参见《关于授权两高在部分地区开展刑事案件速裁程序试点工作的决定》,载正义网,http://www.jcrb.com/xztpd/ZT2019/201905/RZRF/zcfg/201905/t20190509_1999657.html;周强:《关于在部分地区开展刑事案件认罪认罚从宽制度试点工作情况的中期报告》,载《人民法院报》2017 年 12 月 24 日,第 2 版。

③ 参见李金宝、徐从兵:《沭阳法院简易案件集中审 审结 12 件简易案件仅用 65 分钟》,载《人民法院报》2012 年 12 月 30 日,第 4 版。

正因为以往繁简分流的效果并不理想，才有了后来的速裁程序和认罪认罚从宽制度的改革。从试点开始到 2018 年 10 月，全国 18 个试点地区适用认罪认罚从宽制度的案件数占刑事案件总数的 50% 左右，[①]试点效果良好。但自 2018 年 10 月 26 日修改后的《刑事诉讼法》实施以来，试点地区与非试点地区出现了严重的不平衡。以试点地区南京为例（见图 3－1），2018 年 10 月 26 日至 2019 年 4 月 30 日，适用认罪认罚从宽制度基层管辖的一审案件 3356 件，占案件总数（4751 件）的 70.64%，其中速裁程序 2183 件、简易程序 1115 件、普通程序简化审 58 件，占案件总数的比例分别为 45.9%、23.5%、1.2%。而非试点地区认罪认罚从宽制度的适用率普遍较低。笔者通过裁判文书网统计，2018 年 10 月 26 日至 2019 年 4 月 30 日，全国基层法院（含 18 个试点城市）管辖的一审刑事案件共计 344,967 件，其中适用速裁程序的只有 31,526 件，占比仅为 9.1%；适用认罪认罚的简易程序的有 18,484 件，占比仅为 5.4%。[②] 试点地区与非试点地区两组数据对比，结果让人吃惊。一般来说，实践中认罪认罚的案件至少在 70% 以上，这说明非试点地区大量符合认罪认罚从宽制度的案件，并没有适用相应的程序。笔者经调研发现，非试点地区适用率偏低的主要原因在于：认罪认罚从宽制度没有减少工作量，反而增加工作量，办案人员适用的积极性不高；不知如何简化，从而导致“简易不简”“速裁不速”。[③]

---

① 参见孙谦：《检察机关贯彻修改后刑事诉讼法的若干问题》，载《国家检察官学院学报》2018 年第 6 期。

② 因普通程序简化审的案件在基层数量少，也并非程序简化的重点，在此不予统计。

③ 调研对象涉及广西、湖北、浙江、内蒙古、安徽、甘肃、河北、山东、海南，调研方式为座谈。因笔者所在的南京市建邺区人民检察院开展认罪认罚试点过程形成“一步到庭”等在全国有影响力的经验做法，上述地区的政法机关人员先后前来调研交流，交流的主要内容就是认罪认罚从宽制度推进过程中存在的困难及其原因。

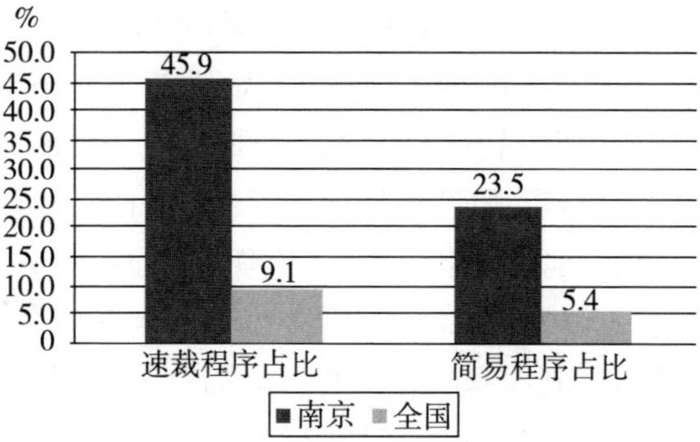

图 3－1　认罪认罚从宽制度试点情况

根据上述数据,我们不难发现:一方面,非试点地区繁简分流之路依然步履维艰,尚未走出“简易不简”的怪圈,又陷入“速裁不速”的泥潭;另一方面,试点地区的数据表明,走出“简易不简”“速裁不速”的怪圈是有路可循的。

二、入法之后的现状

在试点的基础上,2018 年刑事诉讼法修改,认罪认罚从宽制度、速裁程序正式入法。从数据上看,认罪认罚案件适用率、速裁程序适用率均处于高位,2021 年全国检察机关认罪认罚适用率超过 85%,[①] 有的地区适用率高达 95%,远超当初预想的“二八”定律(适用认罪认罚制度的案件占案件总数的八成,而其中适用速裁的案件占二成)。但是,从笔者实践经历以及调研发现,“简易不简”“速裁不速”的现状依然没有根本性改变,特别是在检察环节,检察官不仅没有体会到程序简化的优惠,反而觉得更烦琐、更复杂。令人遗憾的是,试点地区积累的程序简化经验被忽略、被轻视。在认罪认罚从宽制度

① 参见张军:《最高人民检察院工作报告——2022 年 3 月 8 日在第十三届全国人民代表大会第五次会议上》,载中华人民共和国最高人民检察院网,https://www.spp.gov.cn/spp/gzbg/202203/t20220315_549267.shtml。

入法的初期，甚至有人认为“程序简化”“繁简分流”过时了；有的地区盲目追求适用率，没有在程序简化、繁简分流上下功夫；有的地区忙于针对新制度创设新文书、增设新环节、加码新机制，导致认罪认罚案件越用越烦琐、越用越复杂。

第二节　“简易不简”“速裁不速”的原因

只有找到“简易不简”“速裁不速”的真正原因，才能找到解决问题的路径和方法。笔者研究发现，主要原因包括以下方面：

一、简化仅局限于庭审环节

从 1996 年《刑事诉讼法》到 2012 年《刑事诉讼法》，再到 2018 年《刑事诉讼法》，无论是简易程序、普通程序简化审，还是速裁程序，所有简化要点都集中在庭审环节，对于审前的审查起诉、审查逮捕、侦查阶段均没有顾及。主要简化要点如表 3－1 所示：

表 3－1　程序简化比对

简化要点	程序类型			
	1996 年简易程序	2003 年普通程序简化审	2012 年简易程序	2018 年速裁程序
庭审人员	法官独任审判，公诉人不出庭	与普通程序相同	可能判处 3 年以下的由法官独任审判；3 年以上的组成合议庭；公诉人出庭	法官独任审判，公诉人出庭
法庭调查	不受讯问、询问、示证、法庭辩论的限制	讯问、发问可简化或省略；无异议的可简化示证；辩论针对罪名、量刑和争议问题	不受讯问、询问、示证、法庭辩论的限制	一般不进行法庭调查、法庭辩论；当庭宣判

续表

简化要点	程序类型			
	1996 年简易程序	2003 年普通程序简化审	2012 年简易程序	2018 年速裁程序
办案期限	20 日	与普通程序相同	20 日，特殊的可延长一个半月	10 日，特殊的可以延长至 15 日

由表 3－1 可以看出，所谓的程序简化就是减少合议庭成员数量、压缩办案时间、简化法庭调查和辩论，用一句话概括就是压缩庭审。但压缩庭审的简化模式，效果极其有限，即便把庭审压缩到 10 分钟以内，法官庭前阅卷、制作文书等工作并没有减少，加之办案期限缩短，法官需要在更短的时间内完成相同的工作量，特别是速裁程序还要求当庭宣判，法官必须庭前加班写好判决书。结果必然是法官适用简易程序和速裁程序的积极性不高。检察官也一样，仅节省了短短数分钟的出庭时间，庭前审查起诉工作并未减少，甚至还有所增加。增加的工作包括告知犯罪嫌疑人认罪认罚从宽的法律含义及后果、听取犯罪嫌疑人及其辩护人对量刑建议的意见、在律师在场的情况下签署认罪认罚具结书等。这与学者通过实证研究得出“审前效率的提高并不显著”的结论是一致的。[①] 原有工作量没有减少，又增加了新的工作量，这样，立法上繁简分流、合理配置司法资源的初衷在实践中很容易落空。

二、证据标准机械僵化

速裁程序、简易程序能否实行差异化的证明标准或者证据标

① 参见李本森：《刑事速裁程序试点实效检验——基于 12666 份速裁案件裁判文书的实证分析》，载《法学研究》2017 年第 5 期。

准?[①] 目前还存在争议。主流观点认为认罪认罚从宽制度仍应坚持“案件事实清楚,证据确实、充分”的证明标准。[②] 有观点主张,在“确实、充分”的前提下,证据规则适当从简或证据规则差异化。[③] 还有观点直接主张,认罪认罚案件的证明标准实行差异化。[④]

认罪认罚案件的证明标准不能降低,是否意味着无论是速裁程序案件、简易程序案件还是普通程序案件,在个案中,证据的具体要求也是无差别的呢？果真如此,必然导致速裁程序、简易程序案件的办案压力甚至大于普通程序案件。因为庭审时间压缩了,省略了证据调查程序,而这些案件的证明标准、证据标准与普通程序案件又没有差别,迫使法官必须在庭前花大量的时间阅卷。这样,庭审中节省的时间被庭前加班给抵消了。有学者通过实证研究也得出结论:在错案追究制的压力下,要求法官更加认真对待每一件简易程序案件,庭外的阅卷工作反而有所增加,就导致法官适用简易程序的积极性不高。[⑤] 检察官也一样,在案件质量、证据标准的高要求压力之下,审查起诉期限又被缩短,出庭公诉节省出来的短短几分钟根本不足以弥补庭前审查起诉中所付出的精力。久而久之,“简易不简”“速裁不速”的现象就产生了。

三、内部行政审批程序复杂

每一个刑事案件都要经过纷繁复杂的内部审批流程。在侦查环

---

① 关于证明标准与证据标准的关系,见下文详述。

② 参见陈光中、马康:《认罪认罚从宽制度若干重要问题探讨》,载《法学》2016 年第 8 期;陈卫东:《认罪认罚从宽制度研究》,载《中国法学》2016 年第 2 期。

③ 参见杨立新:《认罪认罚从宽制度理解与适用》,载《国家检察官学院学报》2019 年第 1 期。

④ 参见李勇:《证明标准的差异化问题研究——从认罪认罚从宽制度说起》,载《法治现代化研究》2017 年第 3 期。

⑤ 参见左卫民:《简易程序中的公诉人出庭:基于实证研究的反思》,载《法学评论》2013 年第 4 期。

节,立案、拘留、报请逮捕、取保候审、移送审查起诉等,都需要经过从基层派出所到县(区)公安(分)局的层层审批;在县(区)公安(分)局内部,还要经过刑侦、预审和法制等部门的层层审批。这一整套的审批流程不会因为简易程序或速裁程序而有所减少,甚至还会增加新的审批程序。例如,在适用速裁程序时,有的地方需要由办案民警提出以速裁程序移送审查起诉的建议,派出所所长或副所长审核,县(区)公安(分)局法制部门同意。尽管侦查机关不属于司法机关,但如此烦琐的行政审批令人难以接受。在检察环节,尽管员额制改革之后,多数案件的起诉决定权下放给员额检察官了,但有些地方决定适用速裁程序、简易程序或变更程序,需要经过副检察长审批,原本以简化为主旨的程序,反而增加了一道审批程序。在审理阶段,即便在员额法官改革背景之下,决定适用速裁程序、简易程序或者变更程序,因认罪认罚而变更强制措施,拟判处免刑或单处罚金等,也需要报院长或副院长审批。这些行政属性强烈的审批程序游离于《刑事诉讼法》之外,严重抵消了程序简化的效果。

四、文书烦琐重复

与前述繁杂的行政审批程序相生相伴的是各类烦琐的文书。我国司法机关的内部文书、法律文书之多,耗费司法资源之大,影响诉讼效率之深,是学者们所想象不到的,仅检察机关刑事办案文书就有100余种。文书的烦琐性主要体现在以下几方面:

第一,司法机关特别偏好于针对新改革创设新文书。速裁程序和认罪认罚从宽制度试点过程中,很多地方创制出一些新文书,尽管这些文书在法律上并非必要,如"速裁程序审批表""速裁程序呈批表""速裁程序登记表"等。有的地方还会在原有文书中添加不必要的新内容,如郑州市检察机关要求速裁程序的起诉书增加以下内容:(1)叙写告知被告人认罪认罚可能导致的法律后果及听取被告人及其辩护人、被害人意见的情况；注明被告人同意适用何种程序；听取值班律师意见的情况；有被害人的案件还应写明和解或赔偿等与定罪、量刑有关的事实。(2)在起诉书列举证明名称和种类的基础上，增加写明被告人对指控的犯罪事实、证据有无异议和自愿认罪认罚的情况。增加这些内容毫无必要。其一，告知被告人认罪认罚的法律后果已经通过权利义务告知书和认罪认罚具结书实现了，这样的重复劳动，不仅浪费资源，而且会导致起诉书与具结书的功能混同。其二，听取相关当事人意见以及和解、赔偿等情况也有专门的文书予以记载，没有重复之必要，更何况也与起诉书的启动审判、划定审判范围的功能不符。其三，在起诉书证据部分写明被告人对指控事实和证据有无异议，更加让人难以理解！既然已适用速裁程序，就必须以被告人对事实和证据无异议为条件，为何在起诉书中画蛇添足增加这样的表述？

第二，工作文书内容烦琐。公、检、法办案过程中都有大量的内部工作文书，在案件办结后会形成一本厚厚的“内卷”。侦查机关有侦查终结报告，检察机关有审查报告(又称审查意见书)、讯问提纲、公诉意见书、答辩提纲，审判机关有审理报告，等等。这些文书格式之复杂、内容之烦琐，让人吃惊。例如，检察机关的刑事案件审查意见书(审查报告)，仅首部就有10项，正文部分共有7个大项35个小项。一些地方在适用速裁程序时还要求在审查报告中加入犯罪嫌疑人认罪认罚情况、适用速裁程序的理由等内容。2002年之前，公诉案件不仅有审结报告，还有阅卷笔录。2002年，最高人民检察院公诉厅推行审查报告综合化改革，并于2002年3月下发了《关于试行公诉案件审查报告综合化改革的通知》(〔2002〕高检诉发第112号)，并同时下发了《关于公诉案件审查报告的制作说明》和《公诉案件审查报告(样本)》。当时审查报告综合化改革的初衷是通过充实公诉案件审查报告的内容，将以往办案程序中的阅卷笔录、复核证据提纲、审结报告及出庭预案等文字材料综合在一起,使《公诉案件审查报告》能够全面反映从受案到出庭前的工作内容,这样,阅卷笔录在检察机关文书中就成为历史。[①]

第三,法律文书重复交叉,叠床架屋。公、检、法三机关在办案过程中都有大量对外的法律文书,这些文书之间相互叠加、交叉重合现象严重。例如,检察机关受理审查起诉案件后,3 日内需告知犯罪嫌疑人诉讼权利和义务、审查起诉期限、有权委托辩护人等。为此,检察官要制作权利义务告知书、审查起诉期限告知书、委托辩护人权利告知书、法律援助告知书等;如果适用速裁程序、简易程序,一些地方还要求额外制作速裁程序告知书、简易程序告知书、认罪认罚权利义务告知书等。这些文书要么内容重复,要么可以合并。又如,检察机关审查报告的主体内容就是证据的摘录和分析,其主要功能就是阅卷,最高人民检察院在 2022 年审查报告综合化改革时已经废止了阅卷笔录,但是一些地方居然要求在审查报告之外还要重复制作阅卷笔录。办案人员大量的精力耗费在重复填写、制作这些文书上,不仅降低效率,更影响办案人员的积极性。

第三节 认罪认罚案件程序简化的路径

认罪认罚案件为什么需要且可以进行程序简化? 如何进行程序简化? 前者是程序简化的正当性根据问题,后者是简化路径问题。只有解决程序简化的正当性根据问题,才能解放思想,大胆探索简化路径。

---

① 参见张寒玉、祖延光:《进一步完善〈公诉案件审查报告(样本)〉的意见》,载《中国检察官》2009 年第 6 期。

一、认罪认罚案件程序简化的正当性根据

认罪认罚从宽制度的直接目的是解决案多人少的矛盾,提高司法效率,实现诉讼经济之目的。诉讼经济是程序简化正当性的重要根据,无须赘言。但仅以诉讼经济为价值目标,还不足以奠定认罪认罚案件程序简化的正当性基础,就像美国的辩诉交易不能简单地解释为"对拥挤的法庭环境的反应"一样,而与刑事司法的结构和社会变化有关。[①] 认罪认罚从宽制度程序简化的正当性根据,除了提高司法效率,实现诉讼经济目的之外,还有下面两个重要的程序正当性根据。

其一,为审判中心主义的落实创造条件。审判中心主义的基本内涵可以概括为"一个精髓""两大支柱","一个精髓"就是庭审的实质化,"两大支柱"分别是证据裁判原则和直接言词原则。[②] 庭审实质化是审判中心主义的精髓所在,即发挥庭审在定罪量刑、事实认定、证据采信中的决定性作用,改变过去"审者不定、定者不审""庭前沟通庭后汇报""庭审走过场"的现象。证据裁判和直接言词原则是推动庭审实质化,进而促进审判中心主义落实的"两大支柱",证据裁判原则要求定案必须依赖证据,作为定案根据的证据必须是有证据能力的证据,且必须经过庭审质证。直接言词原则包括直接审理原则和言词审理原则,前者要求对案件作出决定的法官必须参与庭审,听取控辩双方意见;后者要求提供言词证据的人原则上应出庭接受询问。事实表明,要求所有的案件都无例外地全面按照审判中心主义的要求办理,是不现实的。无论采取何种法律制度,司法资源都

---

① Lawrence M. Friedman, *Plea Bargaining in Historical Perspective*, Law & Society Review, Vol, 13:2, Special Issue on Plea Bargaining (1979).

② 参见李勇:《审判中心主义背景下出庭公诉的对策研究》,载《中国刑事法杂志》2016 年第 5 期。

是有限的,“若是采取不分案件轻重的齐头式平等来分配有限的诉讼资源,司法机关恐怕因而瘫痪”。[①] 在美国,90% 以上的刑事案件通过辩诉交易结案,不经过陪审团审理,实行量刑听证程序,直接言词原则、证据裁判原则在这里成为例外。这样,陪审团被辩诉交易“逼进了一小块抵抗之地”。[②] 德国简易程序中证据裁判原则和直接言词原则也有大量例外,其中处刑(罚)令程序甚至实行书面审理。德国宪法法院认为,对于简易刑事案件在合乎比例前提下快速解决,节省时间和诉讼费用,才能使法院有充裕时间审判重大案件。[③] 可见,要想真正实现审判中心主义的目标,就必须对案件进行繁简分流。所有案件“平均用力”,会导致简单轻微的刑事案件占用大量的司法资源,真正重大疑难的案件因司法资源供给不足而流于形式,反而不利于审判中心主义的实现。

这就要求认罪认罚案件按照比例原则进行简化。比例原则作为宪法性原则和公法中的“帝王条款”,它由适当性、必要性与狭义比例原则三个子原则组成,三者是层层递进的关系。适当性原则是指手段能够促进所追求的目的之实现;必要性原则,又称为最小损害原则,所运用的手段造成的损害应当最小;狭义比例原则要求手段所增进的公共利益与其所造成的损害成比例。[④] 比例原则在认罪认罚案件程序简化中的体现,就是程序简化能否通过比例原则的审查基准,是否能够促进繁简分流立法目的的实现;简化所造成的损害应当最小化,国家借由程序简化所获得的诉讼效率利益,必须高于因此对人

---

① 林钰雄:《刑事诉讼法》(下册 各论编),中国人民大学出版社 2005 年版,第 197 页。

② George Fisher, *Plea Bargaining's Triumph*, The Yale Law Journal, Vol. 109:5 (2000).

③ 参见张丽卿:《刑事诉讼制度与刑事证据》,中国检察出版社 2016 年版,第 73 – 74 页。

④ 参见范进学:《论宪法比例原则》,载《比较法研究》2018 年第 5 期。

民所造成的不利益(尤其是被告人因该程序简化所受到诉讼权利限制以及所受有罪判决结果的不利益)。[①]

其二,促进犯罪治理模式由对抗向合作的转变。传统犯罪治理模式是国家垄断的刑罚权与犯罪行为的二元对立模式,进入现代以来正在悄然改变,辩诉交易、刑事和解、认罪协商、合规计划等新的司法理念不断涌现,代表了犯罪治理"合作模式"新的风向标。合作模式的优点在于不仅能够提高司法效率,也有利于犯罪预防目的的实现,因为"被告人自己主动接受惩罚,才是最有利于挽救与改造被告人的惩罚"[②]。辩诉交易成为英美法系刑事案件处理的主要方式,其程序简化的显著特征就在于不需要经过正式的陪审团审理,快速处理此类案件。辩诉交易实际上就是一种妥协(compromise),其正当性基础除了效率之外,还在于自治(autonomy)。[③] 这里的自治、妥协,实际上就是被告人与国家的合作,是犯罪治理的合作模式。大陆法系认罪协商程序的基本特征就是被告人与检察官合作,对诉讼程序简化,并给予被告人从宽处罚,是一种犯罪治理的合作模式。德国的认罪协商程序通过引入协商因素,使刑事诉讼体制从达马斯卡所称的"阶层模式"转化为"协作模式",这一新兴的观念被应用到司法实践当中,欧洲大陆其他几个国家也在应用,如意大利、西班牙等。[④] 我国的认罪认罚从宽制度,虽然具体制度设计上不同于英美法系的辩诉交易,也有别于大陆法系的认罪协商,但是在理念上同属于合作

---

① 参见林钰雄:《刑事诉讼法》(下册　各论编),中国人民大学出版社 2005 年版,第 198 页。

② [德]约阿希姆·赫尔曼:《协商性司法——德国刑事程序中的辩诉交易?》,程雷译,载《中国刑事法杂志》2004 年第 2 期。

③ See Frank H. Easterbrook, *Plea Bargaining as Compromise*, The Yale Law Journal, Vol. 101:8(1992).

④ 参见[德]约阿希姆·赫尔曼:《协商性司法——德国刑事程序中的辩诉交易?》,程雷译,载《中国刑事法杂志》2004 年第 2 期。

模式的范畴,可以说,我国认罪认罚从宽制度是犯罪治理模式从对抗走向合作这一发展趋势中的一环。

二、认罪认罚案件程序简化的具体路径

(一)分类递进简化模式

如前所述,比例原则要求程序简化符合认罪认罚从宽制度立法所追求的目的,对被告人或其他诉讼参与人权利的限制尽量最小化,所获得的诉讼经济利益符合狭义比例原则,即不高于被告人因适用相应的程序所导致的不利益。按照比例原则,案件重大复杂程度不同、刑罚轻重不同,其对应的程序简化力度也是不同的,分类递进简化的模式进而建构。从普通程序简化审到简易程序再到速裁程序,案件重大复杂程度逐级递减,其程序简化力度应当逐级递增。也就是说,程序简化力度与案件重大复杂程度成反比。因普通程序简化审、简易程序和速裁程序之间存在交叉和重合,简易程序适用范围较大,因此需要进一步细化分类,形成分类递进简化的模式(如图 3 -2 所示)。通过这样的层级化,实现"有限的司法资源得以有效分配至轻重不同的案件,以便达到诉讼经济的目的"。[①]

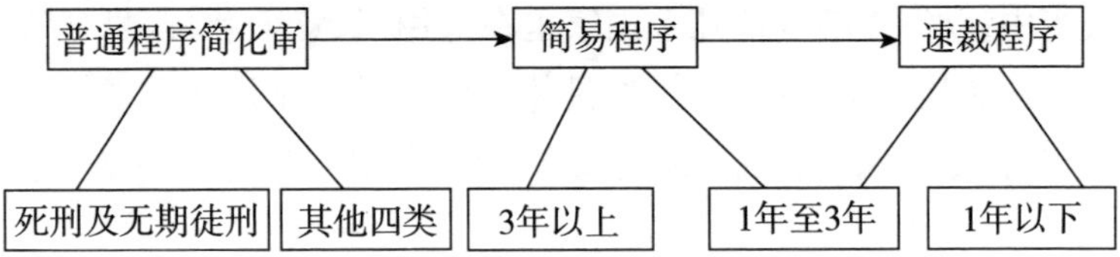

图 3 -2　分类递进简化模式

首先,普通程序简化审的分类。普通程序简化审的具体类型包括以下情形:(1)可能判处死刑或无期徒刑的案件,由于这类案件的

---

① 林钰雄:《刑事诉讼法》(下册　各论编),中国人民大学出版社 2005 年版,第 197 页。

案情重大,其程序简化力度是最小的。(2)犯罪嫌疑人、被告人是盲、聋、哑人以及尚未完全丧失辨认或者控制自己行为能力的精神病人。根据法律规定,这些案件不符合速裁程序和简易程序的条件,但被告人认罪认罚的,应适用普通程序简化审,并依法给予从宽处遇。这类案件中还有可能判处有期徒刑3年以下的,如果被告人认罪认罚,除特殊规定外,其程序简化可适度参照简易程序。(3)被告人认罪认罚但辩护人作无罪辩护的案件。其中可能判处3年以下有期徒刑的,原本是符合简易程序或者速裁程序的条件,但由于辩护人作无罪辩护而导致无法适用简易程序或者速裁程序。因为辩护人作无罪辩护,一方面法庭辩论在庭审中不能省略;另一方面既然无罪辩护就说明案件还有争议,所以不用速裁程序或简易程序。但对于辩护人没有异议的部分,程序上可以适度简化,并依法给予被告人从宽处罚。(4)共同犯罪中部分被告人不认罪认罚或不同意适用速裁程序、简易程序的,应适用普通程序。但对于其中部分被告人认罪认罚的,程序可以适度简化,并给予适当从宽处遇。(5)有重大社会影响的案件不适用速裁程序或简易程序,但是,如果被告人认罪认罚,程序可以适度简化,并可以给予被告人从宽处罚。

其次,简易程序可以分为可能判处3年以上有期徒刑的案件和可能判处3年以下有期徒刑的案件。根据《刑事诉讼法》第214条之规定,简易程序没有刑罚条件限制,范围极其广泛。如果不进行细化分类,“一刀切”地简化,可能违背比例原则,还可能相互抵消简化效果。根据比例原则,可能判处3年以上有期徒刑的案件与可能判处3年以下有期徒刑的案件相比,其程序简化力度是不同的。可能判处3年以下有期徒刑的案件存在速裁程序与简易程序竞合的问题,即同时符合简易程序和速裁程序的条件,这时速裁程序相对于简易程序而言属于特别法条,根据法条竞合的一般原理,特别法条优于普通法条,优先适用速裁程序。符合简易程序的条件却不符合速裁程序的条件有以下情形:(1)可能判处3年以下有期徒刑的未成年被告人,根据《刑事诉讼法》第223条的规定,不适用速裁程序,但可能符合简易程序的条件;(2)被害人与被告人(或者其法定代理人)没有就附带民事诉讼赔偿等事项达成调解或者和解协议的(笔者认为是指被害方有权并提出附带民事诉讼的情形,而不包括被害人无权或放弃附带民事诉讼权利的情形),根据《刑事诉讼法》第223条的规定,不适用速裁程序,但可能符合简易程序的条件;(3)被告人不愿意选择速裁程序而自愿选择简易程序的。上述三种情形,是因特殊原因导致不能适用速裁程序而适用简易程序,所以其程序简化程度除特殊规定外(如签署具结书时未成年犯罪嫌疑人的法定代理人或其他合适成年人应当在场,盲聋哑的被告人需要翻译在场等),可以参照速裁程序进行简化。

最后,速裁程序可以分为可能判处有期徒刑1年以上3年以下的案件和可能判处有期徒刑1年以下(含可能判处拘役、管制、单处罚金、免除处罚,下同)的案件。这是因为,可能判处有期徒刑1年以下的认罪认罚案件是国际上速审的重点,也是探索24小时审判、48小时审判甚至书面审的重点。笔者曾反对将速裁程序扩大到可能判处3年以下有期徒刑的案件,以避免与简易程序混同甚至抵消其简化的效果。[①] 既然立法上已经扩大到可能判处有期徒刑3年以下的案件,那么以1年有期徒刑为界对速裁程序进行分类,就能最大限度地防止抵消简化效果的现象。这种分类在法律上也是有依据的,《刑事诉讼法》第225条也是以1年有期徒刑为界对速裁程序审理期限进行划分的,即可能判处1年有期徒刑以下的速裁程序案件,人民法院应当在10日内审结;对于可能判处1年以上有期徒刑的案件,审理期限可以延长至15日。这说明上述两类案件程序简化的程度是

---

① 参见李勇:《证明标准的差异化问题研究——从认罪认罚从宽制度说起》,载《法治现代化研究》2017年第3期。

不同的。如果说速裁程序还有进一步简化的空间,那么重点就应该放在可能判处1年以下有期徒刑的案件上,这类犯罪的不法内涵及刑罚处罚具有“双重轻微性”,按照比例原则,可以实行24小时审判、48小时审判。

(二)程序简化具体操作要点

在分类递进简化的模式下,要走出“简易不简”“速裁不速”的怪圈,还必须跳出一味压缩庭审时间的狭隘视野,在区分证明标准与证据标准的基础上实行差异化的证据标准(证据规则),最大限度减少行政审批程序,删减合并各类文书。南京是速裁程序和认罪认罚从宽制度改革的18个试点地区之一,笔者参与了整个试点过程,并参与起草了相关细则,简化效果明显,可以说找到了走出“简易不简”“速裁不速”怪圈的路径。据统计,2016年12月1日至2017年11月30日,南京市检察机关适用认罪认罚制度提起公诉的案件有5622件关涉6469人,占同期起诉案件总数的63.00%。适用速裁程序、简易程序的认罪认罚案件平均审查起诉周期同比缩短22.00%。从法院审理角度来看,速裁程序和简易程序在15日以内结案的占比达91.66%。这些数据能充分说明其简化的效果。

1. 全流程简化模式

“诉讼经济原则,力求诉讼程序之合并与利用,能合并者则合并之,能利用者则利用之原则,以收事半功倍之效”,包括合并侦查、合并起诉、合并审判。[①] 全流程简化是针对我国刑事诉讼分段流水作业的特点,力图推进侦查、审查逮捕、审查起诉、审判程序之间的合并与资源整合。要走出“简易不简”“速裁不速”的怪圈,首先就要跳出庭

① 参见林俊益:《程序正义与诉讼经济:刑事诉讼法专题研究》,台北,元照出版有限公司2000年版,第101-106页。

审简化的单一视角，实现从侦查到审查起诉，再到审判的全流程简化。[①] 如前所述，仅聚焦庭审简化，效果不佳。要实现程序简化的效果，必须将目光向庭前转移。

南京市建邺区速裁程序"一步到庭"办案模式，典型地体现了全流程简化，下面以此为例进行阐述。"一步到庭"办案模式是针对可能判处1年以下有期徒刑、符合速裁程序的案件，公安机关侦查终结后2日内移送检察机关，检察机关在受理后当日或次日提起公诉，法院受理后当日或次日宣判，整个诉讼流程在6日内完成。针对羁押和非羁押两种类型的案件，分为"刑拘直诉"与"取保到底"两种模式。"刑拘直诉"即对符合速裁程序的案件，公安机关对犯罪嫌疑人采取刑事拘留措施，侦查终结后，不经过报请逮捕程序，直接移送检察机关审查起诉，检察机关快速审查后向法院提起公诉，法院快速作出判决，必要时检察院和法院可以变更强制措施。"取保到底"模式是公安机关对被告人取保候审的案件，检察机关和法院受理后无须重新办理取保候审。一直以来，司法实践中对于公安机关已经对犯罪嫌疑人取保候审的案件，检察院、法院均重新办理取保候审（实践中简称换保），重复劳动，浪费司法资源，严重影响司法效率。笔者认为，只有侦查阶段采取的取保候审期限届满或者需要变更取保候审方式的，才需要重新办理取保候审。理由在于：其一，重新取保候审违背刑事诉讼法理。对同一名被告人不得因相同事由重复采取强制措施，是刑事诉讼的基本法理。取保候审与逮捕和刑事拘留一样，均属强制措施，理应遵守上述法理。其二，重新取保候审违反《刑事诉讼法》的立法目的，也侵害被告人的权利，《刑事诉讼法》规定取保候审的期限为1年，如果由公、检、法三机关轮流"换保"将会导致取保

---

① 陈瑞华教授最先将试点地区的经验做法在理论上概况为"全流程简化"。参见陈瑞华：《论刑事诉讼的全流程简化——从刑事诉讼纵向构造角度的分析》，载《华东政法大学学报》2017年第4期。

候审期限最长达3年,严重侵害被告人的权利。“一步到庭”模式的出发点就是缩短侦、诉、审三个环节之间的距离,节省三个环节之间的衔接成本,实现侦查、审查逮捕、审查起诉、审判程序之间某种程度上的“合并”。通过这种方式,一方面省略了逮捕程序,减少了羁押期限;另一方面简化和压缩了公、检、法内部流转程序,提升了办案效率。陈瑞华教授认为,“刑拘直诉”模式更深层次的意义在于第一次突破了我国“流水作业”式的诉讼构造,带来了侦查、审查起诉与审判程序的合并和重叠。①

全流程简化的另一个重要体现是“集中办理”制度和“值班公诉人”制度。所谓“集中办理”,就是针对速裁程序和可能判处3年以下有期徒刑的简易程序案件,实行集中移送、集中讯问、集中起诉、集中开庭,同种类的数个案件集中“打包”移送、告知、起诉、开庭,通过集约化的方式,避免重复劳动,加快节奏,节省资源。“值班公诉人”制度,是指检察机关针对集中开庭的一批案件,只指派一名公诉人集中出庭,即使其中某些案件不是这名公诉人在审查起诉阶段办理的,也由该公诉人代为出庭,从而节约司法资源,提高效率。这种出庭公诉人与办案检察官分离的做法具有法理、法律和实践依据。其一,法理依据在于大陆法系的检察一体化原则,检察官的职权具有可转移性(职权转移原则),②对案件进行审查的检察官的职权,在出庭公诉阶段可以转移给其他检察官。其二,法律依据在于《刑事诉讼法》第189条的规定,即“人民法院审判公诉案件,人民检察院应当派员出席法庭支持公诉”。这里的派员出庭的检察官未必一定是审查起诉阶段承办案件的检察官。其三,实践依据在于速裁程序庭审几乎省略了全部中间程序,庭审形式意义大于实质意义,正如陈瑞华教授所

---

① 参见陈瑞华:《论刑事诉讼的全流程简化——从刑事诉讼纵向构造角度的分析》,载《华东政法大学学报》2017年第4期。

② 参见林钰雄:《检察官论》,法律出版社2008年版,第210-211页。

说的速裁案件就是要庭审形式化，只有简单的案件形式化，才能让不认罪的案件庭审实质化。[①] 公诉人原则上只需要摘要宣读起诉书和量刑建议，因此，即使出庭的检察官在庭前没有审查过该案件，其出庭支持公诉也无困难。如果被告人反悔，则休庭转为普通程序，再由原承办检察官出庭即可。为进一步推进全流程简化，针对可能判处有期徒刑1年以下的速裁程序案件，可以尝试在公安机关执法办案中心设置速裁法庭，检察院和法院定点派驻人员"现场办公"，快速办理。例如，北京市海淀区政法机关在公安机关设置速裁法庭，对一些速裁程序案件实现48小时内走完刑事诉讼全部流程。[②]

2. 类案证据标准的差异化

如前所述，认罪认罚案件的证明标准存在争议。笔者认为"确实、充分"的法定证明标准不降低，并不意味着这个法定证明标准在具体案件中的应用是"铁板一块"的。最高人民检察院副检察长认为，在坚持"确实、充分"证明标准不降低的前提下，"司法实践中，有些案件犯罪手段隐蔽，或者因客观条件所限，证据的提取、固定存在困难，证据体系可能存在这样或者那样的不足，对这些案件，如果犯罪嫌疑人、被告人自愿认罪认罚，使得证明犯罪构成要件事实的基本证据完备，能够排除合理怀疑，则可以按照认罪认罚从宽制度办理"。[③] 笔者认为，有必要区分证明标准与证据标准，[④]"确实、充分"的证明标准是法定的，不因个案不同而降低，但是证据标准因个案不

---

① 参见陈瑞华：《论刑事诉讼的全流程简化——从刑事诉讼纵向构造角度的分析》，载《华东政法大学学报》2017年第4期。

② 参见孟繁江：《海淀区适用全流程速裁程序审结两起犯罪案件》，载北京法院网，http://bjgy.chinacourt.gov.cn/article/detail/2017/06/id/2892657.shtml。

③ 陈国庆：《刑事诉讼法修改与刑事检察工作的新发展》，载《国家检察官学院学报》2019年第1期。

④ 参见顾永忠：《从定罪的"证明标准"到定罪量刑的"证据标准"——新〈刑事诉讼法〉对定罪证明标准的丰富与发展》，载《证据科学》2012年第2期。

同而有所差异。证明标准(the standard of proof)是法律明确规定的,但证据标准(the standard of evidence,也可称为证据规则)是证明标准在具体案件中运用所形成的证据规则,二者密切相关,但并非等同。证明标准又称证明尺度、证明程度,就是证据对案件事实的证明所要达到的程度,无论是我国的“确实、充分”,还是英美法系的“排除合理怀疑”,抑或大陆法系的“内心确信”,都难以摆脱抽象而难以定义的命运。证据标准是具体应用和评价证据的问题,因个案而不同,也就是具体到个案,为了达到“确实、充分”的证明标准,需要哪些证据、需要什么样证据的问题。实践中不同案件的证据标准差异化是客观存在的,如一般的盗窃案件,定案核心证据只有两类:一是犯罪嫌疑人、被告人的供述和辩解;二是被害人陈述,二者相互印证即可定案。同样,实践中大量认罪认罚的容留他人吸毒案件,并没有现场查获毒品,其核心证据也只有两类:一是犯罪嫌疑人供述;二是被容留吸毒者的证言,二者相互印证就可定案。尽管我们将这样案件的证据也称为“确实、充分”,但是与其他重刑案件、普通程序案件相比,其具体内容已然发生重大变化。① 要想发挥简易程序、速裁程序在案件繁简分流、节约司法资源中的真正功能,证据标准的差异化将是必然趋势。从国际上看,德国的处罚令程序“并不要求法官就被告之罪责达确信的程度,而只要求有足够的犯罪嫌疑”。② 在美国,尽管“排除合理怀疑”的证明标准是宪法性的规定,具有不可分割性,但是辩诉交易模式以被告人自认其罪为基础,交易可以涉及争议的所有领域,为寻找对双方都有利的结果以达成协议,形成了偏离“合理

① 参见李勇:《证明标准的差异化问题研究——从认罪认罚从宽制度说起》,载《法治现代化研究》2017 年第 3 期。

② [德]克劳思·罗科信:《刑事诉讼法》,吴丽琪译,法律出版社 2003 年版,第 605 页。

怀疑”的默认规则,使“新版本”的证据标准成为可能。①

当然,如何构建差异化的证据标准(证据规则)是个系统工程,既离不开理论指导,也离不开实证支撑。南京市建邺区人民检察院制定的《速裁程序“一步到庭”办案模式证据标准差异化审查指引》(以下简称《指引》),针对适用速裁程序的盗窃罪和危险驾驶罪的现行犯,探索出类案差异化的证据审查指引,就是这种证据标准差异化的有益尝试。《指引》对盗窃罪和危险驾驶罪的现行犯分别规定了一般证据标准、重点审查的证据及其要点、差异化审查要点。例如,适用速裁程序的危险驾驶罪现行犯,在一般证据具备的前提下,重点审查血液酒精检测报告;明显属于公共交通道路的情形,无须收集证明道路状况的证据;在车辆属于汽车且未造成重大事故的情况下无须对车辆进行技术检验;可以不调取同桌吃饭饮酒的证人证言等。对于适用速裁程序的盗窃罪现行犯,在具备一般证据的前提下,重点审查涉案财物的价值鉴定及其数额;犯罪嫌疑人供述与被害人陈述相互印证的情况下,没有目击证人及监控录像的,不影响事实认定;没有提取作案工具的不影响事实认定;现场查获盗窃电动车等财物的,即使没有找到被害人的,在被告人认罪认罚的情况下,可以认定。可见,构建盗窃、危险驾驶、容留吸毒及非法持有毒品等类案差异化证据规则并不困难,而这些案件类型占据基层刑事案件总数的60%左右。只有通过证据标准差异化来推动这60%左右案件的简化分流,才能让有限的司法资源集中在重大疑难复杂案件上。

3. 案件审批“扁平化”与文书“并减”

文书简化作为程序简化的重要内容,一直为学界所忽视。避免重复、避免浪费是诉讼经济的基本要求,简化文书制作是诉讼经济原

---

① See Talia Fisher, *The Boundaries of Plea Bargaining: Negotiating the Standard of Proof*, The Journal of Criminal Law and Criminology, Vol. 97:4 (2007).

则和程序简化的应有之义。[①] 在员额制改革和司法责任制改革的大背景下,案件处理的决定权越来越多地下放给员额法官和员额检察官。速裁程序和简易程序案件处理的决定权,应由员额法官和员额检察官行使,无须报上级审批。诉讼程序的设计,由后一个程序制约前一个程序,这种程序性权力的下放并不会影响案件质量。另外,在案件的实体处理决定上,应当尽量减少内部审批程序,案件的起诉、判决应当由员额检察官、员额法官分别自行决定。取消这种行政化的审批程序,自然就取消了所谓的"速裁程序审批表""速裁程序决定书""呈批表"等行政色彩浓厚的文书。

南京市在试点过程中,推进文书"并减",具有样本意义。主要包括以下方面:首先,"一单式告知书",南京市建邺区人民检察院将委托辩护人权利告知书、诉讼期限告知书、认罪认罚权利义务告知书、认罪认罚具结书等法律文书进行合并,实行"一单式告知",减少了检察官制作文书的负担。因告知内容只是合并,故被告人的权利并没有减少,符合比例原则。其次,弱化审查报告、审理报告的审批、汇报等行政功能,回归司法办案、阅卷工具之功能(因审查报告已经起到阅卷功能,阅卷笔录早已废止)。一直以来,审查报告(审查意见书)、审理报告承载着汇报审批功能,在员额制改革和认罪认罚从宽改革的双重背景之下,这些文书的审批功能已经退化,不应再作格式上的要求,可进行填充式"表格化"改造。陈瑞华教授认为,被告人自愿认罪认罚的轻微刑事案件中,可直接取消审查报告。[②] 再次,起诉书的简化改造。起诉书说理是个伪命题,它与判决书的功能是截然不同的,前者在于启动和限制审判范围、提供辩护防御指引;后者在

---

① 参见林俊益:《程序正义与诉讼经济:刑事诉讼法专题研究》,台北,元照出版有限公司2000年版,第94－95页。

② 参见陈瑞华:《论刑事诉讼的全流程简化——从刑事诉讼纵向构造角度的分析》,载《华东政法大学学报》2017年第4期。

于合理判定冲突、阐释法理。起诉书过于说理会导致法官产生先入为主的预断,弱化审判功能。因此,起诉书的简化是世界通例。南京市建邺区在认罪认罚试点过程中,对于速裁程序案件起诉书,省略了诉讼过程和证据列举两大部分。诉讼过程和证据列举对于承办检察官来说费时费力,因为每一名承办检察官同时办理多个刑事案件,不可能记住每个案件诉讼过程的准确日期,在叙写时需要逐一查阅相关文书。事实上,每一个诉讼过程都是相应的文书记载,在起诉书中叙写并无必要。至于证据列举更是如同"鸡肋"。当前的起诉书仅列举证明种类,并无实质内容,既费时费力又无实际价值。更何况过多列举证据可能导致法官先入为主,世界各国在起诉书中列举证据并不多见。在日本,基于起诉状一本主义禁止在起诉书中引用证据内容。[①] 在德国,简易程序甚至可以不制作起诉书,检察官可口头提起公诉。[②] 这或许值得我们在可能判处 1 年有期徒刑以下的速裁程序案件中予以借鉴。最后,判决书的简化改革。南京市建邺区在试点过程中,速裁程序的判决书与起诉书大致相同,省略了说理部分。对于速裁程序这样的简单案件,判决书说理并无必要。参照我国台湾地区简易判决书样式,"得以简略方式为之,如认为之犯罪事实、证据及应适用之法条,与检察官声请简易判决处刑书或起诉书之记载相同者,得引用之"。[③] 这样就避免了法官为了当庭宣判而不得不加班加点提前准备判决书的问题。

"程序从简"是以认罪认罚的真实性和自愿性、程序选择的自愿性为基础的。因此,建立相配套的制度保障这种自愿性和真实性是

---

① 参见[日]田口守一:《刑事诉讼法》(第 5 版),张凌、于秀峰译,中国政法大学出版社 2010 年版,第 164 页。

② 参见[德]克劳思·罗科信:《刑事诉讼法》,吴丽琪译,法律出版社 2003 年版,第 568 页。

③ 林钰雄:《刑事诉讼法》(下册 各论编),中国人民大学出版社 2005 年版,第 207 页。

程序正义的题中之义。详细展开讨论这些配套制度不是本节的任务,这里只能提出一些要点:首先,要确立完备的沉默权制度,只有赋予犯罪嫌疑人、被告人不供述的权利,才能保证其供述的真实性和自愿性。其次,要实现律师帮助或法律援助的全覆盖,这是确保程序选择自愿性的支柱,也是认罪协商公平性的支柱。最后,要有完善合理的救济制度,这是确保认罪协商的诚信体系良性运行的制度保障。

第四节　文书简化模板建议稿

由于认罪认罚从宽制度本质上是控辩协商,检察环节是这个制度的核心环节。程序简化、繁简分流在审判环节已基本实现,当前最大的问题在检察环节。对于检察环节来说,程序简化、提高效率、合理配置司法资源最有效、最直接的路径就是文书简化。文书简化包括文书的合并、删除。程序简化从文书开始,向文书要"生产力"。

一、一单式告知书

检察机关受理审查起诉案件后,会有一系列告知文书,如前所述,其中大量文书完全可以合并,这样有利于提高效率,节约资源。认罪认罚案件"一单式告知书"具有以下特点:一是合并文书不减权利。虽然合并了文书,但是没有减少犯罪嫌疑人的权利,应当告知犯罪嫌疑人的所有内容没有减少。二是更加强调权利告知的实质性。以往虽然开具了种类繁多的文书,但是在实际送达告知过程中,由书记员或法警送达给犯罪嫌疑人签字时,基本上都是一叠文书放在一起,犯罪嫌疑人机械地签字捺印,并没有认真阅读。一单式告知书,将全部告知内容放在一份文书上，且每项权利逐项签字，确保了告知的实效性。三是权利告知类文书无须盖章用印。这些告知类文书，并非案件的实质性处理，其实就是把法律规定的内容归集在一起，无须盖章用印。实践中，当前检察机关基本上都采取电子印章，用印程序复杂、烦琐，如果一个5人的共同犯罪案件，所有的告知文书不合并，且盖章用印，约需要半天时间。笔者在速裁程序试点期间制作了“一单式告知书”，在修订的基础上，提出如下告知书模板建议稿：

×××人民检察院

认罪认罚案件权利义务告知及具结书

____

你涉嫌____一案由______公安(分)局侦查终结，于________年____月____日移送我院审查起诉。现将有关事项告知如下：

一、审查起诉期间告知

根据《中华人民共和国刑事诉讼法》第一百七十二条之规定，审查起诉期限为一个月，自________年____月____日起至________年____月____日止。

本人已阅读并完全理解上述内容，并由本人签署后附卷留存。

签名、捺印：________

年　月　日

二、辩护权及申请法律援助权告知

根据《中华人民共和国刑事诉讼法》第三十三条、第三十四条、第二百七十八条之规定，现告知你有权委托辩护人。如果因经济困难或者其他原因，可以申请法律援助。

如果属于盲、聋、哑人/尚未完全丧失辨认或者控制自己行为能力的精神病人/可能被判处无期徒刑或者死刑的人/未成年人，根据《中华人民共和国刑事诉讼法》第三十四条、第二百七十八条之规定，没有委托辩护人的，人民检察院将通知法律援助机构指派律师提供辩护。

本人已阅读并完全理解上述内容，并由本人签署后附卷留存。

签名、捺印：________

年 月 日

三、认罪认罚从宽制度告知书

（一）根据《中华人民共和国刑事诉讼法》第十五条的规定，犯罪嫌疑人、被告人自愿如实供述自己的罪行，承认指控的犯罪事实，愿意接受处罚的，可以依法从宽处理。

（二）犯罪嫌疑人、被告人没有委托辩护人，法律援助机构没有指派律师为其提供辩护的，由值班律师为犯罪嫌疑人、被告人提供法律咨询、程序选择建议、申请变更强制措施、对案件处理提出意见等法律帮助，犯罪嫌疑人、被告人有权约见值班律师。

（三）适用认罪认罚从宽制度，犯罪嫌疑人、被告人应当签署《认罪认罚从宽制度告知书》及《认罪认罚具结书》。《认罪认罚具结书》应由辩护人或值班律师签字确认。有下列情形之一的，不需要签署认罪认罚具结书：

(1)犯罪嫌疑人是盲、聋、哑人，或者是尚未完全丧失辨认或者控制自己行为能力的精神病人的；

(2)未成年犯罪嫌疑人的法定代理人、辩护人对未成年人认罪认罚有异议的；

(3)其他不需要签署认罪认罚具结书的情形。

（四）《认罪认罚具结书》应载明：犯罪嫌疑人基本信息、认罪认罚情况、被指控的犯罪事实、罪名及适用的法律规定、检察机关对犯罪嫌疑人拟提出的从轻、减轻或者免除处罚等从宽处罚的建议；认罪认罚后案件审理适用的程序及其他需要听取意见的情形。

(五)检察机关根据犯罪嫌疑人、被告人的犯罪事实、犯罪情节、认罪情形,就主刑、附加刑、是否适用缓刑等拟出量刑建议。犯罪嫌疑人、被告人或其辩护人/值班律师可以向检察机关提出从轻、减轻处罚等意见,检察机关根据案件情况,可以进行调整。

(六)对于认罪认罚案件,除《中华人民共和国刑事诉讼法》第二百零一条规定的除外情形外,人民法院依法作出判决时,一般应当采纳人民检察院指控的罪名和量刑建议。

(七)《认罪认罚具结书》签署后,犯罪嫌疑人、被告人提出异议或变更的,人民检察院将重新提出量刑建议。

(八)经协商,犯罪嫌疑人、被告人如不同意检察机关的量刑建议,有权不签署《认罪认罚具结书》,不适用本制度。

本人已阅读并完全理解上述内容,并由本人签署后附卷留存。

签名、捺印:________

年　月　日

二、类案表格式审查报告

审查报告是检察官审查案件的基本载体,应当回归其审查案件的功能,对于速裁程序来说,传统审查报告中的很多内容并无必要,会冲淡审查的重点。审查报告简化的基本方法需要把握以下几点:一是类案审查报告简化。审查报告文书简化的路径是瞄准司法实践中常见罪名进行类案审查报告的简化。例如,危险驾驶罪、盗窃罪、帮助信息网络犯罪活动罪,这三个罪名占据了基层检察院刑事案件总数的50%左右,只要把这三类案件的审查报告简化到位,对于承办检察官来说,就能释放巨大的能量。试点期间,有的地方检察机关探索适用于所有案件的表格式审查报告,按照犯罪构成四要件列表,让承办检察官把案件的证据材料往表格中填充,这不仅没有减轻检察官的负担反而加重了负担,承办检察官叫苦不迭。这种方法并不可行。每一类型案件的审查要点是不同的,必须类案简化。二是突出审查重点,“减内容不减质量”。审查报告的简化,要根据类案的特点,突出审查重点,将不必要的、形式主义的内容删减,但是对于案件质量来说应当重点审查的内容应更加突出。比如,危险驾驶案件,容易出现问题的是血检报告、机动车认定、道路认定等,这些应当作为审查重点,不仅不能简化,反而应当强化。这样才能实现“减内容不减质量”。三是表格化审查报告应追求实用、方便,发挥审查指引功能。实践中,基层检察机关员额检察官数量有限,为了合理配置资源,很多检察机关成立速裁办案组,速裁办案组的成员要么是老同志要么是新手,办案能力总体上偏弱;表格式的审查报告,要能发挥审查指引功能,引导承办检察官抓住重点,确保此类案件办理“又快又好”。比如,危险驾驶案件表格式审查报告,引导承办检察官重点审查血检报告、道路认定、机动车认定、量刑情节等;盗窃案件表格式审查报告,引导承办检察官重点审查财物价值数额认定等。笔者在速裁程序试点期间创制了类案的表格式审查报告,在修订的基础上,提出如下模板建议稿。

危险驾驶案速裁程序
审查报告

<table>
<tr><td rowspan="4">案件基本情况</td><td>犯罪嫌疑人</td><td></td></tr>
<tr><td>案由</td><td></td></tr>
<tr><td>强制措施</td><td></td></tr>
<tr><td>办案期限</td><td></td></tr>
<tr><td colspan="2">是否符合速裁程序条件</td><td></td></tr>
</table>

续表

<table>
<tr><td rowspan="8">定罪证据</td><td rowspan="6">血液鉴定问题（含有鉴定书、血样提取登记表、行政强制文书、委托及受理文书等）</td><td>血液乙醇含量</td><td></td></tr>
<tr><td>抽血是否规范
（专业人员：不得采用醇类消毒以及见证人、录像等问题；是否及时；强制抽血是否符合行政强制法的规范）</td><td></td></tr>
<tr><td>血液保存是否规范（使用抗凝管、抗凝剂；不得使用促凝管；等等）</td><td></td></tr>
<tr><td>送检时间（24 小时之内，延长 3 日的需要审批文书）</td><td></td></tr>
<tr><td>鉴定过程；鉴定依据和标准是否符合规定</td><td></td></tr>
<tr><td colspan="2"></td></tr>
<tr><td>机动车及道路认定是否存在争议</td><td colspan="2"></td></tr>
<tr><td>其他证据</td><td colspan="2">（犯罪嫌疑人供述、被害人陈述等简要说明）</td></tr>
<tr><td rowspan="3">量刑证据</td><td>自首、坦白</td><td colspan="2"></td></tr>
<tr><td>有无前科劣迹</td><td colspan="2"></td></tr>
<tr><td>是否造成他人受伤或较大财产损失；有无闯红灯、逆向行驶等严重违反交通安全法的行为；有无城市快速路、高速公路；是否逃避执法检查或阻碍</td><td colspan="2"></td></tr>
</table>

续表

<table>
<tr><td>量刑证据</td><td>检查;有无驾驶运营危险车辆、校车、单位接送员工车、货车、工程运输车等一般不得判处缓刑的情况</td><td></td></tr>
<tr><td rowspan="2">审查意见</td><td colspan="2">经审查认定的事实</td></tr>
<tr><td colspan="2">（定罪意见、量刑建议、适用程序）
承办人
年　月　日</td></tr>
</table>

盗窃案速裁程序
审查报告

<table>
<tr><td rowspan="4">案件基本情况</td><td>犯罪嫌疑人</td><td></td></tr>
<tr><td>案由</td><td></td></tr>
<tr><td>强制措施</td><td></td></tr>
<tr><td>办案期限</td><td></td></tr>
<tr><td colspan="2">是否符合速裁程序条件</td><td></td></tr>
</table>

续表

定罪证据	盗窃犯罪财物价格鉴定	检材来源：鉴定依据（有无依据；是购买凭证，需要重点审查凭证是否原始、正规；是否存在补开等可能性）	
		过程：鉴定过程是否规范	
		结果：鉴定意见签字及盖章是否齐全；鉴定机构及人员资质有无问题	
		鉴定意见是否及时告知当事人	
	物证、书证、现场勘验、电子数据及视听资料等客观性证据		
	犯罪嫌疑人供述		
	被害人陈述及证人证言		
量刑证据	有无前科劣迹（是否影响量刑升格）		
	自首、坦白、立功等法定情节		
	赔偿、挽回损失等酌定情节		

续表

经审查认定的事实	
审查意见	（定罪、量刑、是否符合程序） 承办人 年　月　日

三、速裁程序简化版起诉书

如前所述，起诉书与判决书本质上不同，起诉书说理是伪命题，也违背诉讼原理。速裁程序起诉书的简化改造重点在于：一是要按照诉讼原理来删减内容，也就是说，删减的内容应当是在诉讼原理上原本就不必要或者必要性不大；二是节省承办人精力。这两点相结合，就是既耗费承办人精力又无意义或意义不大的资源消耗，从诉讼经济原则的角度来说，应当予以节制。如前所述，诉讼过程和证据列举，在实践中既耗时耗力，在原理上必要性不大，因此可以省略。应当把主要精力放在起诉书事实表述部分，事实过程的表述可以更细一些。笔者在速裁程序试点期间，曾尝试过适用于速裁程序的表格式起诉书，效果良好。当然，从改良的角度来说，表格的格式调整、用印较为烦琐，可以不用表格，而是把表格中的要素提取出来在一般的文档中进行制作。速裁程序起诉书模板建议稿如下。

×××人民检察院

起诉书

（仅适用于速裁程序）

×××〔20××〕×××号

<table>
<tr><td rowspan="3">被告人基本情况</td><td>姓名</td><td></td><td>性别</td><td></td><td>出生日期</td><td></td></tr>
<tr><td colspan="3">居民身份证号码</td><td colspan="3"></td></tr>
<tr><td colspan="3">现住址及户籍地</td><td colspan="3"></td></tr>
<tr><td>前科劣迹及强制措施情况</td><td colspan="6">被告人×××因涉嫌危险驾驶罪，于××××年××月××日被×××公安局取保候审。</td></tr>
<tr><td>指控的犯罪事实</td><td colspan="6">××××年××月××日××时××分许，被告人×××酒后驾驶×××号牌的小型轿车，沿×××大街由东向西行驶至×××路口时，被警察现场查获。经鉴定，被告人×××血液中乙醇含量为192.6mg/100ml。
被告人×××到案后如实供述了上述犯罪事实。</td></tr>
<tr><td>量刑情节及量刑建议</td><td colspan="6">被告人×××到案后如实供述了上述犯罪事实，具有坦白等情节，建议对被告人×××判处拘役2至3个月，并处罚金。</td></tr>
<tr><td>指控理由及法律依据</td><td colspan="6">本院认为，被告人×××在道路上醉酒驾驶机动车，其行为已触犯了《中华人民共和国刑法》第一百三十三条之一第一款第二项的规定，犯罪事实清楚，证据确实、充分，应当以危险驾驶罪追究其刑事责任。根据《中华人民共和国刑事诉讼法》第一百七十二条之规定，提起公诉，请依法判处。</td></tr>
<tr><td colspan="7">检察官：

××××年××月××日</td></tr>
<tr><td>附项</td><td colspan="6">1. 被告人×××先取保候审于×××
2. 全部案卷材料
3. 适用速裁程序建议书1份</td></tr>
</table>

事实上,世界各国的起诉书都比较简洁,一般不列举诉讼过程和证据。下面节选世界上部分国家的起诉书:

1. 美国起诉书节选

伊利诺伊州中区联邦地区法院

美国诉贝恩特·A. 克里斯滕森案

案号:17 – MJ – 7132

2017 年 6 月 30 日

刑事起诉书

本案公诉人,郑重承诺,据我所知所信,以下事实是真实的:在 2017 年 6 月 9 日前后,嫌疑人在伊利诺利州中区香槟县实施了触犯美国联邦法典 18U. S. C. §1201 有关绑架罪的规定。

本刑事起诉书是基于以下事实:

请见附件中 FBI 探员安东某·某的书面陈述。

检察官签名

FBI 探员签名

法官签名

2017 年 6 月 30 日

书面陈述:安东某·某,郑重宣誓并作出如下陈述:

自我介绍:(关于 FBI 探员的自我介绍,与案情关联不大)

涉及法条:美国联邦法典 18U. S. C. §1201 有关绑架罪的规定如下:

凡非法诱骗、勾引、绑架、挟持或拐走和扣押他人以谋取赎金、报酬或其他形式的报偿者,应处以有期徒刑或无期徒刑。如果在犯罪过程中造成人员死亡,则处以无期徒刑或死刑。

事实依据:Z于2017年4月到5月到达伊利诺伊大学。2017年6月9日星期五大约8时30分,Z来到伊利诺伊大学特纳大厅进行研究工作。在12时30分到13时,Z回到公寓午餐。大约13时39分,她通过手机和租房经纪人发了一条短信,约定下午签房屋租赁合同。Z告诉租房经纪人说她可能要迟到10分钟左右。签约的时间改在14时10分。

13时35分至57分,Z多次出现在香槟县不同公交站的视频监控中。

14时左右,监控视频显示一辆黑色轿车在案发时经过Z失踪的区域。同时有目击证人证明看到Z与黑色轿车的司机有过交谈,6月9日14时4分Z上车。

14时38分和Z约好看房的租房经纪人给她发了一条短信,但没有回信。

21时24分Z所在高校的一名副教授向警方报案。

6月12日20时10分,警方在嫌疑人住处看到一辆相同款型的黑色轿车,经过查询显示,登记在嫌疑人名下。

警方对嫌疑人进行了问询,嫌疑人最初说记不清案发当天在做什么,后来又说自己应该在睡觉或者在玩游戏。

6月14日,警方在仔细观看视频后发现涉案的黑色轿车有个破裂的轮毂盖。警方遂返回嫌疑人住处,发现嫌疑人的黑色轿车也有一处相同的破裂。

基于上述证据,FBI及当地警方才申请到搜查证,并对嫌疑人车辆进行搜查,并发现车辆座位经过了清洗。

在随后的讯问中,嫌疑人承认自己曾经在案发时搭载过一名女性。他说最初他想送该女子去约好看房的地点,但是因为他不太认路,拐错了几个弯。然后该女子就很紧张地下了车。

警方还搜查了嫌疑人的手机，发现其用该手机登录过一些绑架犯罪的专门网站，并浏览了“完美绑架幻想”的相关内容。此外，嫌疑人也是用该手机从外州购买了黑色的涉案轿车。

随后，警方对嫌疑人进行了监控。在监听中获知嫌疑人承认绑架了Z。由于至今Z仍未出现，执法部门相信她很可能已经遇害。

FBI特工：安东某·某
联邦治安法官：埃里克·L. 朗
2017年6月30日

2. 英国起诉书节选

女王诉威尔逊、伯顿和格林

威尔逊、伯顿和格林受到如下指控：

罪状1

罪行摘要

根据《1861年伤害人身罪法》第47条，构成攻击引起实际身体伤害罪。

罪行细节

威尔逊、伯顿于1997年1月1日对约翰逊发动攻击，导致其身体受到伤害。

罪状2

罪行摘要

根据《1986年伤害人身罪法》第20条，构成伤害罪。

罪行细节

格林于1997年1月1日对约翰逊实施了蓄意伤害行为。

3. 德国起诉书节选

被告人：桑德拉·沃拉姆，女，学生，生于1973年10月13日，住奥斯纳布吕克市Martini大街27,49074号，德国人，未婚。

辩护人：黑尔律师，住奥斯纳布吕克市Kollegienwall公司4,49075号。(辩护人在此相当于附注。后续所列的被指控行为以被告人为主体)

被指控：被告人在2007年5月15日和19日分别在奥斯纳布吕克市和不来梅实施了两个独立的行为：(1)在盗窃时被当场抓住，为了保有对赃物的占有(窝藏赃物)，对他人实施了暴力。(2)为了实施诈骗行为制造了虚假的文书。

案件事实：(1)2007年5月15日，被告人在奥斯纳布吕克市的Zum Norde公司将一双价值239欧元的女靴塞到其旅行背包中，未经付款而离开了收银台。当女售货员罗斯菲尔德指挥她盗窃时，她挥拳打在了售货员的脸上，致使罗斯菲尔德受伤。随后她带着赃物逃离。(2)2007年5月19日，她在不来梅市的一家储蓄所通过伪造其前雇主海诺的签名，将一张1000欧元的转账支票转到其在奥斯纳布吕克市商业银行的户头上。该转账支票是在她手提包里发现的。

适用的刑法规定：《刑法》第252条、第267条第1款、第53条。就对罗斯菲尔德造成的伤害而言，适用《刑事诉讼法》第154a条限制追诉。

第四章　认罪认罚案件的证据规则

> 证明标准的意义在于，能够在司法人员乃至法律职业群体中形成一种思考方式上的共识，从而避免证据判断和事实认定的非理性化、专横性和随意性。证明标准是法律明确规定的，证据标准是证明标准在具体案件中的运用，二者密切相关，但并非等同。
>
> ——题记

“确实、充分”是我国《刑事诉讼法》规定的法定证明标准，不因案件类型变化而变化，也不因认罪认罚而有所降低。这一点无论是在理论界还是实务界，都是有广泛共识的。但是在具体操作中，每个案件的证据情况都是不同的，如何判断一个案件的证据是否达到“确实、充分”的标准，需要具体问题具体分析。认罪认罚的案件与非认罪认罚的案件在具体判断时有何不同，这是值得探讨的问题。

第一节　证据标准与证明标准

适用简易程序、速裁程序、普通程序简化审的认罪认罚案件与不认罪的普通程序案件相比，证明标准上有无差异？“确实、充分”的法定证明标准在个案中的具体运用有无差别？证据审查规则、法庭调查规则有无差别？这些问题均值得研究。笔者从证明标准与证据标准的关系、证据质与证据量的关系、证据庭前审查与证据法庭调查的关系三个维度进行讨论。

什么是证明标准？立法上规定的"确实、充分"证明标准在具体案件中如何运用？这涉及证明标准与证据标准的关系问题。证明标准作为法定标准不因认罪认罚而降低，这逐步成为理论界和实务界的共识。但是证明标准在具体个案中运用所形成的证据标准是可以有所差异的。

一、证明标准的内涵

刑事证明标准问题是刑事证据制度的核心问题，也是学界关注的一个热点问题。刑事证明标准，是指刑事诉讼中承担证明责任的人提供证据对案件事实加以证明所要达到的程度。证明标准又称证明度，①或者称为证明程度，俗称证明门槛。② 它是衡量刑事诉讼证明结果正确与否的准则。

证明到底有无标准？也即刑事诉讼有无证明标准？这是个不无争议的问题。张卫平教授认为，作为一种确定的、统一的、具有可操作性的证明标准的建构只能是乌托邦，并认为事实认定不可能离开法官的主观自由判断，证明度的标准化是不可能的，主要的理由是，"所谓标准，必须具有统一性、外在性、可识别性。要求标准具有可识别性，就要求作为标准的尺度必须是具体的、明确的……如果标准不是具体的，也就无法使该度量规范具有可操作性"。③ 王敏远教授也声称，标准应是外在的、客观的、可量度而具有确定性的准则，据此，

① 参见张卫平：《证明标准建构的乌托邦》，载《法学研究》2003 年第 4 期。

② 参见林辉煌：《刑事审判之证明负担及证明程度——比较法之分析》，台北，元照出版有限公司 2011 年版，第 65 页。

③ 张卫平：《证明标准建构的乌托邦》，载《法学研究》2003 年第 4 期。

任何只是对认识主体的主观认识状况、相信程度所作的规定，都不是证明标准，并认为具有可操作性的证明标准并不存在。① 上述否定论者的观点也遭到学界的广泛批判。②

笔者认为，从司法实践的角度来说，否定论的观点值得商榷。首先，证明标准能够让司法人员在思考方式上达成共识，避免非理性化、专横性和随意性。否则，司法人员随心所欲，造成证明活动混乱，必然会错案迭出，甚至滋生腐败。这不仅是司法实践办案的需要，也是刑事诉讼法学一直执着于研究证明标准的重要原因。刑事诉讼证明活动是一种具有法律意义的、规范性的行为，所以必须有一个相对明确、规范的标准，遵守一定的规则。这一点与刑法中的犯罪构成体系具有异曲同工之妙，人们也可以追问"犯罪构成有无标准"？但事实表明，无论是德、日三阶层还是我国传统的四要件，无论是德、日的古典犯罪论体系、新古典犯罪论体系还是目的理论体系，都在努力构建一种犯罪成立的判断标准或定型，通过这种理论上的体系化，"它就可能使刑法在安全和可预见的方式下得到运用，并能够避免非理性化、专横性和随意性。"③其次，法学作为一种规范性学科，其中很多问题都不可能排除规范性判断，不可能像物理学和化学一样可以精确地计算和测量。证明标准的判断不可能离开司法者的规范性判断，但是这种规范性的判断不能成为否定证明标准本身的理由。最后，以证明标准过于抽象、不具有具体外在的可操作性为由否认证明标准的存在也是不妥的。因为，这有混淆证明标准与证明模式、审查判断方法之嫌。证明标准相对抽象，证明模式和审查判断方法则更

---

① 王敏远：《一个谬误、两句废话、三种学说——对案件事实及证据的哲学、历史学分析》，载王敏远编：《公法》（第 4 卷），法律出版社 2003 年版，第 229 – 230 页。

② 参见何家弘：《司法证明标准与乌托邦——答刘金友兼与张卫平、王敏远商榷》，载《法学研究》2004 年第 6 期。

③ 西班牙刑法学者金贝尔纳特・奥代格语。转引自克劳思・罗克辛：《德国刑法学总论（第 1 卷）：犯罪原理的基础构造》，法律出版社 2005 年版，第 126 页。

为具体,后者强调通过可操作性的方法来判断是否达到证明标准。[①]

我国 1979 年《刑事诉讼法》在立法上确立了证据“确实、充分”的证明标准,1996 年修改后的刑事诉讼法对这一证明标准并没有作出任何调整。2012 年刑事诉讼法修改时依然沿袭了证据“确实、充分”的表述,只是在此基础上对“确实、充分”做了进一步阐释,要求符合三个条件,才可以被认定为“确实、充分”:一是定罪量刑的事实都有证据证明;二是据以定案的证据均经法庭程序查证属实;三是综合全案证据,对所认定的事实已经排除合理怀疑。2018 年刑事诉讼法修正时没有对此进行任何修改。因此,“确实、充分”的证明标准是我国刑事诉讼立法所明确规定的,可以称为法定的证明标准。

关于证明标准,英美法系国家采取“排除合理怀疑”的标准,大陆法系国家采取“内心确信”的证明标准。“排除合理怀疑”和“内心确信”是从裁判者的主观层面进行的表述,但是这里的“怀疑”和“确信”都是建立在一定证据基础之上,要经得起反复验证,而不是恣意和随意的。我国的“确实、充分”是从客观层面进行的表述,但也并没有排斥裁判者的主观判断,正因如此,立法上才规定“综合全案证据,对所认定的事实已经排除合理怀疑”。三者之间并没有明显的优劣之分,只是角度不同而已。[②]

二、证明标准与证据标准的关系

如前所述,我国的法定证明标准是“确实、充分”,这是我国司法实践必须遵守的证明标准。但是在具体案件中,达到何种程度才算“确实、充分”,需要结合个案进行具体的判断。实践中广泛使用的还有一个术语“证据标准”,因而,有必要厘清二者的关系。

证据标准这个术语,证据学上原本是没有的。顾永忠教授认为,

---

① 参见李勇:《刑事证据审查三步法则》,法律出版社 2017 年版,第 303 页以下。

② 参见李勇:《刑事证据审查三步法则》,法律出版社 2017 年版,第 314 – 315 页。

如果说1996年《刑事诉讼法》的“证据确实、充分”是证明标准的话，那么2012年《刑事诉讼法》第53条第2款* 的三项具体要求（定罪量刑的事实都有证据证明；据以定案的证据均经法定程序查证属实；综合全案证据，对所认定事实已排除合理怀疑），就不单单是证明标准所要求的证明程度问题，而是属于定罪量刑的证据标准。[①] 证明标准强调证明程度，具有主观性；而证据标准强调证据要求，具有客观性，就是需要哪些证据，要符合什么要求，包括证明规则、证据合法性、证明对象等。符合这样的证据标准要求未必就一定达到证明标准，就一定能定案，它是定案的必要条件而非充分条件，是否达到证明标准，还需要司法人员主观判断和自由心证。

笔者认为，证明标准是法律明确规定的，证据标准是证明标准在具体案件中的运用，二者密切相关，但并非等同。证明标准是法律规定的证据证明所要达到的抽象的程度；证据标准是在具体个案中对证据的规格和要求。这意味着，无论是认罪认罚的简易程序、速裁程序案件，还是不认罪的普通程序案件，在证明标准上都要坚守“确实、充分”，但个案中的具体证据标准，并非所有的案件都是整齐划一的。换言之，所有的案件在证明标准上都要达到“确实、充分”的程度，但是在个案中具体需要哪些证据或者说具备了哪些证据就算达到了“确实、充分”的程度，是有差异性的，这就是证据标准问题。例如，一个认罪认罚的数额较大的盗窃案件，与可能判处10年以上的抢劫案件相比，具体的证据标准是有差异的；一个认罪认罚的轻伤害案件，与一个可能判处死刑的故意杀人案件相比，具体的证据标准也是有差异的。总之，“确实、充分”的证明标准在认罪认罚个案上运用所形成的证据标准是存在差异的。

---

* 根据2018年修正后的《刑事诉讼法》，该条已经改为第55条。——引者注

① 参见顾永忠：《从定罪的“证明标准”到定罪量刑的“证据标准”——新〈刑事诉讼法〉对定罪证明标准的丰富与发展》，载《证据科学》2012年第2期。

第二节　认罪认罚案件证据标准的把握

一、证据质与证据量

如果从“质”和“量”两个角度来考量证据，证据质主要是指证据的证据能力，无论是认罪认罚的案件还是不认罪认罚的案件，都要严格坚持证据能力不变通，严格贯彻非法证据排除规则；证据量，也就是具体个案中某个事实和情节需要哪些证据，这在个案之间，特别是认罪认罚的案件和不认罪案件之间是存在差异的。

（一）证据质的要求不变通

如前所述，证据质主要是指证据的证据能力。证据能力是证据法的基本概念，是指证据能否作为定案的依据，或者说是否具有定案依据的资格，其发挥着把守证据作为认定事实依据的“出口”功能。与证据能力密切相关的概念是证明力，证明力是指在证据具备证据能力的前提下，对认定案件事实所具有的作用和价值。最高人民法院和最高人民检察院在2010年发布的“两个证据规定”，即《关于办理死刑案件审查判断证据若干问题的规定》和《关于办理刑事案件排除非法证据若干问题的规定》，明确采用了证据能力和证明力的概念，2012年《刑事诉讼法》修改之后出台的关于证据审查、非法证据排除的多个司法解释都采用了证据能力和证明力的概念。证据能力与证明力的逻辑关系是，先有证据能力，才能考量该证据的证明力。“认证的内容包括证据的证据能力和证明力两个方面，即首先要判断某项证据材料是否具有法律上可采纳为证据的资格，在此基础上再确定证明力的有无和大小”。[1] 无证据能力的证据应当作为非法证据排除；瑕疵证据是证据能力待定的证据，视能否补正或合理解释说明而定。一个证据只有先具备证据能力，才能去谈它的证明力问题，证据能力是证明力的前提和基础。

可见，证据能不能作为定案根据，是否要作为非法证据排除，有无证明力，都涉及证据能力问题。一个证据要成为定案根据，必须具有证据能力，这在理论上被称为证据的消极要件。消极要件，系指证据使用之禁止，也可以说是证据排除，如以强暴、胁迫等不正讯问方法所得之证据，不得作为证据。[2] 这一点无论是认罪认罚的案件还是不认罪认罚的案件，都没有差别。不能因为适用速裁程序、简易程序就放松对证据能力的要求，更不能认为速裁程序和简易程序在非法证据排除规则上有所例外。

（二）证据量可以差异化

越是认罪认罚案件，越不能降低对证据质的要求，越要确保证据的真实性，特别是犯罪嫌疑人、被告人供述的真实性，因为简化和省略了证据调查和质证程序，真实性和自愿性的保障更加重要。但是认罪认罚案件在证据量上可以体现一定的差异。实践表明，故意杀人案件与数额较大的盗窃案件，不认罪的普通程序案件与简易程序案件，在证据量的要求上会有所差异。实践中，大量可能判处 3 年以下的被告人认罪认罚的盗窃案件，因财物灭失、没有提取到指纹、没有调取到监控录像、没有在场目击证人的情形下，据以定案的证据主要有两类：一是犯罪嫌疑人、被告人的供述和辩解，也就是犯罪嫌疑人、被告人承认自己实施了盗窃的事实；二是被害人陈述，也就是被

---

① 最高人民法院刑事审判第三庭编著：《刑事证据规则理解与适用》，法律出版社 2010 年版，第 244 页。

② 林钰雄：《刑事诉讼法》（上册　总论编），中国人民大学出版社 2005 年版，第 345 页。

害人陈述其财物被盗。上述这两个方面的证据相互印证,在认罪认罚的情况下,就认为达到了"确实、充分"的法定证明标准,可以定案。但是,在故意杀人案件中,以及可能判处无期徒刑、死刑的案件中,以及在一些不认罪的普通程序案件中,前述盗窃案件的证据标准难以能被认为达到"确实、充分"。又如,毒品案件与其他案件相比,其证据在"量"上的要求也有所差异,这也是不争的事实。实践中,大量的可能判处3年以下的零星贩卖毒品案件、容留他人吸毒案件并没有现场查获毒品,其主要证据也只有两类:一是犯罪嫌疑人、被告人供述自己贩卖毒品给他人,或者容留他人吸食毒品;二是购买毒品者、被容留吸毒者的证言,这两个方面的证据相互印证,在认罪认罚的情况下,就认为达到"确实、充分"的证明标准,可以定案。同样,危险驾驶案件中,主要的证据就是血液酒精检测报告,在认罪认罚的情况下,其他证据在"量"上的要求与其他案件也会有所差异。

二、证据庭前审查与证据法庭调查

检察官庭前对证据的审查在认罪案件和不认罪案件中的要求不降低。当然,从提高效率的角度可以进行类型化的审查指引,但是证据的法庭调查应该有所差异。

(一)庭前证据审查的类型化

无论是认罪认罚的案件还是不认罪认罚的案件,检察官的庭前证据审查都不能省略和简化,这是确保案件质量的基本要求。程序简化不是要简化庭前证据审查。但是,这并不意味庭前证据审查不需要提高效率。为了提高效率,对庭前证据审查进行类型化的指引是可行的。南京市建邺区人民检察院针对速裁程序案件制定了《速裁程序"一步到庭"办案模式证据标准差异化审查指引》,取得积极成效。庭前证据审查的类型化主要体现在以下方面:

首先,审查重点的类型化。某一类案件证据审查的重点是可以归纳总结出规律的。一般来说,认罪认罚案件证据审查重点有两个方面:一是某一类罪名构成要件事实的核心证据,是审查的重点。如危险驾驶案件,核心证据是血液酒精检测报告,其审查要点包括血液中乙醇含量、抽血过程是否规范、血液的保存和运送是否规范、鉴定过程和标准是否规范等。二是认罪认罚的真实性和自愿性。为了防止被告人不是真心认罪认罚,防止受到逼供、诱供等外界压力而虚假认罪认罚,防止“顶包”,在认罪认罚案件中要重点审查。把这些审查要点进行类型化的总结,指引承办人进行审查,有利于提高证据审查的效率和确保案件质量。

其次,证据审查载体的简化。实践中,无论是检察官还是法官,庭前审查证据都需要一定的载体,检察官使用的证据审查载体是审查报告,法官使用的证据审查载体是审理报告。无论是“审查报告”还是“审理报告”,都只是证据审查的载体和工具,对于认罪认罚的案件而言,这些载体可以进行差异化、简化,格式不应作硬性统一要求,应当省略不必要的程序性事项,要做到因案而异。比如,危险驾驶或数额较大的盗窃案件,被告人认罪认罚,适用速裁程序的案件,因为案情简单、证据清晰,审查报告或审理报告可以简化制作(如南京市建邺区人民检察院推行表格化的审查报告),甚至可以省略。

(二)证据法庭调查的差异化

根据证据裁判原则的要求,据以定案的证据,必须满足证据能力在两方面的要求,一是证据材料不被法律禁止,二是证据材料应当经过法定的调查程序。前者是证据能力问题,也就是证据的消极要件(如前所述);后者是证据的积极要件,也就是我国法律所规定的“未经庭审质证不得作为定案依据”,也就是证据的积极要件。“积极要件,一言以蔽之,就是严格证明法则,换言之,证据必须经过严格之调查程序后，始能终局取得证据能力，始得作为认定犯罪事实之基础。”①世界各国，证据裁判原则都不是在所有案件中整齐划一、铁板一块的。例如，德国的处罚令程序，实行书面审，就是证据裁判原则的例外；英美法系辩诉交易案件中证据裁判原则也有大量例外。

证据的积极要件在认罪认罚案件中可以也应该实行差异化。这种差异化在认罪认罚案件中体现出逐级递进的特点，从普通程序简化审到简易程序，再到速裁程序，简化的力度越来越大。对于普通程序简化审来说，2003 年 3 月 14 日最高人民法院、最高人民检察院、司法部发布的《关于适用普通程序审理“被告人认罪案件”的若干意见（试行）》（现已失效）规定：“被告人可以不再就起诉书指控的犯罪事实进行供述；公诉人、辩护人、审判人员对被告人的讯问、发问可以简化或者省略；控辩双方对无异议的证据，可以仅就证据的名称及所证明的事项作出说明。对于合议庭认为有必要调查核实的证据，控辩双方有异议的证据，或者控方、辩方要求出示、宣读的证据，应当出示、宣读，并进行质证；控辩双方主要围绕确定罪名、量刑及其他有争议的问题进行辩论。”对于简易程序而言，我国《刑事诉讼法》第 219 条规定：“适用简易程序审理案件，不受本章第一节关于送达期限、讯问被告人、询问证人、鉴定人、出示证据、法庭辩论程序规定的限制。但在判决宣告前应当听取被告人的最后陈述意见。”对于速裁程序而言，我国《刑事诉讼法》第 224 条规定：“适用速裁程序审理案件，不受本章第一节规定的送达期限的限制，一般不进行法庭调查、法庭辩论，但在判决宣告前应当听取辩护人的意见和被告人的最后陈述意见。”可见，证据的调查和质证程序简化力度是不同的，在速裁程序中原则上省略法庭调查，证据原则上不需要经过庭审调查和质证，“未经庭审质证不得作为定案依据”在简易程序和速裁程序中就有了例外。

---

① 林钰雄：《刑事诉讼法》（上册　总论编），中国人民大学出版社 2005 年版，第 345 页。

第五章　认罪认罚案件量刑建议精准化

量刑建议精准化的精髓在于推动"估堆量刑"向"精准测算"转变。量刑建议越精准,控辩协商越充分。精准量刑建议不是侵蚀审判权而是优化审判权,不是淡化审判中心主义而是为其创造条件。

——题记

认罪认罚案件量刑建议精准化,在基层司法实践中面临两大问题,一是基层法官对检察机关的精准量刑建议有误解;二是基层检察官提出精准量刑建议的能力和水平有待提高。

第一节　量刑建议精准化的内涵

一、量刑建议的内涵及其类型

量刑建议又称求刑,是检察官就被告人的刑罚裁量向法院提出意见的行为,可以分为具体量刑建议(具体之求刑)和抽象量刑建议(抽象之求刑),前者提出具体的刑种和刑度,如建议判处有期徒刑

10 年;后者仅抽象表示量刑意见,并未表示具体的刑种和刑度。[①]

量刑建议又可以分为幅度量刑建议(幅度之求刑)和确定量刑建议(确定之求刑),前者提出的刑罚具有一定的幅度,如建议判处 1 至 2 年有期徒刑;后者提出具体的刑期或罚金具体数额,如建议判处拘役 3 个月,并处罚金 2000 元。我国理论界和实务界对于检察机关的量刑建议权具有广泛共识,但是多数意见认为一般应当为幅度量刑建议。2010 年最高人民法院、最高人民检察院、公安部、国家安全部、司法部印发的《关于规范量刑程序若干问题的意见(试行)》(现已失效)第 3 条第 1 款规定:“对于公诉案件,人民检察院可以提出量刑建议。量刑建议一般应当具有一定的幅度。”2018 年修改后的《刑事诉讼法》规定了认罪认罚从宽制度,对于认罪认罚案件,检察机关能否提出具体、确定的量刑建议,引起广泛争论。最高人民法院、最高人民检察院、公安部、国家安全部、司法部《认罪认罚指导意见》第 33 条规定,“办理认罪认罚案件,人民检察院一般应当提出确定刑量刑建议。对新类型、不常见犯罪案件,量刑情节复杂的重罪案件等,也可以提出幅度刑量刑建议”。

二、量刑建议精准化的内涵

“量刑建议精准化”“精准化量刑建议”,是在认罪认罚从宽制度改革过程中检察机关提出的概念,在学术界受到广泛关注。最高人民检察院要求以精准化的量刑建议落实认罪认罚从宽制度。[②] 量刑建议精准化与确定刑量刑建议并非完全等同,其包括以下三个方面的含义:

---

① 参见林俊益:《程序正义与诉讼经济:刑事诉讼法专题研究》,台北,元照出版有限公司 2000 年版,第 171 – 174 页。

② 参见罗庆东:《以精准化量刑建议落实认罪认罚从宽》,载《检察日报》2020 年 2 月 10 日,第 3 版。

其一，量刑建议精准化不是要求所有认罪认罚案件一律都提出确定刑量刑建议，并非“一刀切”。对于基层检察机关办理的速裁程序、简易程序案件，绝大多数是可以提出确定刑量刑建议的，但对于一些新类型、不常见的犯罪案件以及量刑情节复杂的重罪案件等，也可以提出幅度量刑建议。[①] 因此，从这个意义上来说，量刑建议精准化不等于确定刑量刑建议。《人民检察院办理认罪认罚案件开展量刑建议工作的指导意见》第 4 条也规定：办理认罪认罚案件，人民检察院一般应当提出确定刑量刑建议。对新类型、不常见犯罪案件，量刑情节复杂的重罪案件等，也可以提出幅度刑量刑建议。

其二，针对一些特定类型的认罪认罚案件提出幅度量刑建议时，应当尽可能缩小幅度。《人民检察院办理认罪认罚案件开展量刑建议工作的指导意见》第 4 条也规定，在提出幅度量刑建议时应当严格控制所提量刑建议的幅度。第 13 条还进一步具体规定了控制幅度的标准：建议判处有期徒刑的，一般应当提出相对明确的量刑幅度。建议判处 6 个月以上不满 1 年有期徒刑的，幅度一般不超过 2 个月；建议判处 1 年以上不满 3 年有期徒刑的，幅度一般不超过 6 个月；建议判处 3 年以上不满 10 年有期徒刑的，幅度一般不超过 1 年；建议判处 10 年以上有期徒刑的，幅度一般不超过 2 年。建议判处管制的，幅度一般不超过 3 个月。

其三，量刑建议精准化的本质内涵是推动量刑从“估堆量刑”到“精准测算”的转变。尽管相关量刑指导意见对量刑测算的步骤和方法进行了规定，但在司法实践中，法官采取“估堆量刑”的方式进行操作，所以导致同一地区的不同法院对同类案件量刑尺度不一，同一个法院的不同法官对量刑尺度把握不一，甚至同一个法官在不同时间对量刑尺度的把握也不统一。在实际的审判过程中，决定判决内容

---

① 参见董建明、万春主编：《〈人民检察院刑事诉讼规则〉理解与适用》，中国检察出版社 2020 年版，第 196 页。

的既不是法律规范也不是逻辑更不是概念，而是“跟着感觉走”！[①] 量刑建议精准化就是倒逼量刑的规范化、精细化，实现从“估堆量刑”到“精准测算”的转变。

第二节 量刑建议精准化之正当性根基

检察官为进行追诉权所生之公诉权，其具体内涵应包括定罪请求权及量刑建议权(求刑权)。[②] 换言之，量刑建议权是公诉权的应有之义。针对认罪认罚案件，检察官提出精准量刑建议具有正当性根基，主要体现在以下几组关系上：

一、精准量刑建议与量刑协商

认罪认罚从宽制度的基本特征是实体从宽、程序从简。实体从宽就是要给予被告人量刑上的从宽处罚待遇。与自首、立功等从宽处罚情节不同的是，这种从宽是建立在控辩协商基础上的。如果说自首、坦白、立功等属于静态的从宽处罚情节，那么认罪认罚是动态的从宽处罚情节，其动态性体现在控辩协商的进程之中；认罪认罚越早，从宽处罚幅度越大，量刑会随着协商的具体情况而变化。毫无疑问，审查起诉阶段是认罪认罚制度的关键，而审查起诉阶段行为人认罪认罚就体现为认可检察机关的量刑建议。检察机关是认罪认罚从宽制度的主导者，其主导作用的重要体现就是根据认罪认罚情况与被告人及其律师进行协商，进而提出从宽处罚的量刑建议。从这个意义上来说，认罪认罚从宽制度在本质上是认罪协商，在我国，更为

---

① 参见季卫东：《法律解释的真谛(上)——探索实用法学的第三道路》，载《中外法学》1998年第6期。

② 参见蔡碧玉：《检察官的具体求刑权不应再退缩》，载《检协会讯》2012年第83期。

具体地讲就是在认罪前提下,检察机关代表国家与被告人及其辩护人进行量刑协商。

既然认罪认罚从宽制度的本质是量刑协商,那么协商的基本前提就需要双方对各自的利益有确定的预判,无论是英美法系的辩诉交易,还是大陆法系的认罪协商,抑或我国的认罪认罚从宽制度均是如此。“在庭审预期的影响之下进行辩诉交易,当事人必须首先能预测庭审的可能结果”。[①] 对被告人及其辩护人而言,如果不能对量刑有确定的预判,是无法进行真正协商的。换言之,如果被告人及其辩护人无法准确地知道认罪之后将会换来怎样的后果,就无法决定是否要选择认罪认罚及其相应的程序(如简易程序、速裁程序)。在量刑协商过程中,检察官原本就处于相对强势的地位,如果检察官只给出一个幅度量刑建议,那无异于将被告人的命运置于不确定的“黑匣子”之中。被告人在这种不确定的惶恐中无法进行真正而有效的协商,从而导致量刑协商流于形式,进而影响认罪认罚从宽制度立法初衷的实现。精准量刑建议是降低不确定风险、促进量刑协商的重要保障。与美国的辩诉交易类似,可估算的庭审定罪风险与有罪答辩后一个确定但不那么严厉的刑罚之间的交换,降低不确定性是选择辩诉交易的一个理由。[②] 检察机关只有提出精准的量刑建议,才能让被告人和律师预测未来的刑期,及时规划诉讼策略,以促进诉讼效率,进而实现诉讼经济、繁简分流的认罪认罚从宽制度立法目的。

---

① [美]斯蒂芬诺斯·毕贝斯:《庭审之外的辩诉交易》,杨先德、廖钰译,中国法制出版社 2018 年版,第 26 页。

② 参见[美]斯蒂芬诺斯·毕贝斯:《庭审之外的辩诉交易》,杨先德、廖钰译,中国法制出版社 2018 年版,第 63 页。

二、精准量刑建议与审判权

精准量刑建议不存在侵犯审判权问题。检察机关针对认罪认罚的速裁程序、简易程序案件提出确定量刑建议,依然是求刑,依然是建议、意见,在本质上"系检察官就该案依侦查所得之证据向法院为量刑部分之意见陈述",[①]最终仍然需要法官经审理后予以确认,只有审判权才能对量刑作出最终的确定,才能转变为现实的刑罚处罚。我国《刑事诉讼法》第201条也明确规定,对于认罪认罚案件,"人民法院经审理认为量刑建议明显不当,或者被告人、辩护人对量刑建议提出异议的,人民检察院可以调整量刑建议。人民检察院不调整量刑建议或者调整量刑建议后仍然明显不当的,人民法院应当依法作出判决"。可见,对被告人量刑的最终决定权依然在法院,审判权依然是权威性的,只不过审判权在这里体现为对检察机关量刑建议的审查和确认,只是审判权表现形式不同罢了,并未对审判权本身进行否定和质疑。因此,检察机关就认罪认罚案件提出精准量刑建议不是代为行使法院的裁判权,本质上仍然是求刑权,与非认罪认罚案件的区别仅在于,这个量刑建议是控辩双方"合意"的结果,是检察机关代表国家兑现对被告人认罪认罚给予量刑从宽的"承诺",而"合意"和"承诺"决定了其要具有确定性和可预期性,这种确定性和可预期性主要体现为精准量刑建议。

精准量刑建议不仅不会侵犯审判权,而且有利于审判权更加合理地行使。认罪认罚从宽制度的法理基础之一是诉讼经济原则,通过该制度进行繁简分流,实现简案快办、难案精办,让大多数认罪认罚的案件通过程序简化快速办理,以节省更多的司法资源来精细化办理少数非认罪认罚的案件。这样,审判权在认罪认罚案件中主要

---

① 参见蔡碧玉:《具体求刑与量刑》,载《裁判时报》2013年第21期。

体现为对经过控辩协商的量刑建议进行审理和确认，进而节省出更多的时间和精力对不认罪认罚的案件就事实、证据、定罪、量刑进行全面审理。换言之，审判权只有在认罪认罚的简单案件中简化、快速行使，才能更好地在不认罪认罚的复杂案件中充分、全面行使。辩诉交易被公认为美国刑事司法制度的重要支柱，2008 年至 2012 年，超过 96% 的刑事案件最终以辩诉交易而非审判告终，2012 年有 97% 的案件通过辩诉交易解决。这意味着绝大多数案件不需要经过陪审团审理，而实行量刑听证程序，检察官在这类案件中显然处于主导地位，法官的审判权很大程度上体现为对辩诉交易结果的确认。在美国辩诉交易产生初期，尽管也有一些观点质疑其侵犯了审判权，甚至曾被认为是“必要之恶”（necessary evil），而现在被称赞为一种有效的工作手段，成为美国司法制度的重要支柱。[①] 肯尼迪大法官代表多数派法官为辩诉交易发声：“我们关注辩诉交易的盛行并不是为了批判它。对控诉方而言，实际上保留了宝贵的检察资源；对被告人而言，承认自己的罪行以接受更有利的判决。这意味着认罪协商可以使双方受益。”[②]更为重要的是，对法官而言，节省了宝贵的审判资源。

三、精准量刑建议与审判中心主义

精准量刑建议不影响审判中心主义，而且有助于审判中心主义的真正落实。审判中心主义的精髓在于庭审的实质化，也就是发挥庭审在证据采信、事实认定、定罪量刑中的决定性作用；实现庭审实质化的支柱在于贯彻证据裁判原则和直接言词原则，推动非法证据

---

① John H. Blume Rebecca K. Helm, *The Unexonerated: Factually Innocent Defendants Who Plead Guilty*, Cornell Law Review, Vol. 100:1(2014).

② John H. Blume Rebecca K. Helm, *The Unexonerated: Factually Innocent Defendants Who Plead Guilty*, Cornell Law Review, Vol. 100:1(2014).

排除的真正落实,提高证人出庭率。[①] 让全部案件的全部审理环节完全彻底地按照审判中心主义的要求进行审理,让全部案件的所有证据(无论是否有争议)逐一质证,让全部案件的所有证人按照直接言词原则出庭作证,事实证明,这是不可能实现的。只有让大多数的简单、认罪案件通过一系列例外规则快速审理,才能实现少数疑难复杂、不认罪的案件完全彻底地按照审判中心主义进行旷日持久的审理。证据裁判原则和直接言词原则在简易程序、辩诉交易案件中有大量例外,这是世界通例。例如,证据裁判原则要求证据只有经过庭审质证才能作为定案根据,未经庭审质证的证据不得作为定案根据。但是这个要求在认罪案件中并非"铁板一块"。德国处罚(刑)令程序实行书面审理,省略庭审,证据无须经庭审质证。在 1997 年德国适用该程序审理的案件有 68 万件,占全部追诉案件的 57%。[②] 这些案件不开庭审理为其他案件全面的开庭审理创造了条件。美国辩诉交易的案件并不经过陪审团的正式审理,"悄无声息地席卷了整个刑法领域,把陪审团击败逼近了一小块抵抗之地"。[③] 证据裁判原则和直接言词原则在此都有大量例外。一般认为,如果没有借助辩诉交易处理绝大多数案件,美国的刑事司法制度可能会崩溃。同样,如果没有辩诉交易分流了 90% 以上的案件,就不可能有我们在影视剧中看到的旷日持久的美国庭审。

事实上,我国的认罪认罚从宽制度改革与以审判为中心的诉讼制度改革是相辅相成的。正如陈瑞华教授所言:"速裁案件就是要庭

---

① 参见李勇:《审判中心主义背景下出庭公诉的对策研究》,载《中国刑事法杂志》2016 年第 5 期。

② 参见张丽卿:《刑事诉讼制度与刑事证据》,中国检察出版社 2016 年版,第 76 页。

③ George Fisher, *Plea Bargaining's Triumph*, The Yale Law Journal, Vol. 109:5 (2000).

审形式化，只有简单的案件形式化，才能让不认罪的案件庭审实质化。"[①]量刑协商是认罪认罚从宽制度的核心所在，认罪认罚案件的庭审从对事实证据、定罪量刑的全面审理转为对量刑的审理和确认，而经过控辩协商的量刑建议越精准，庭审对量刑的审理和确认就越高效；认罪认罚案件的庭审越高效，就越能实现分流，越能节省更多的司法资源来针对不认罪的案件进行全面、彻底的审理。从这个意义上来说，量刑建议精准化有利于审判中心主义的真正实现。精准的量刑建议有助于量刑协商的成功，有利于促进繁简分流，进而推动审判中心主义的真正实现。

四、精准量刑建议与审判公正

精准量刑建议有利于促进审判公正。量刑建议的推行，对于规范和制约法官的自由裁量权、促进量刑公正、提高司法公信力具有重要意义。刑事案件中同案不同判的现象广泛存在，过于宽泛的自由裁量权加剧了这一现象。量刑不公的问题较为严重，已经影响了审判机关的形象。检察机关的量刑建议特别是精准量刑建议，能够对法官在量刑上的自由裁量权形成有效制约。虽然量刑之轻重系属法院之职权，然而检察官身为国家公益代表人，"对犯罪行为之追诉，除犯罪证据及所犯罪名外，对量刑之轻重，如能表达具体之意见，不但能具体反映国家的追诉政策，也可促使法院为妥适量刑，减少量刑之差距，并提高判决的可预测性，对整体司法公信力的提升应有帮助"。[②]

---

① 陈瑞华：《"认罪认罚从宽"改革的理论反思——基于刑事速裁程序运行经验的考察》，载《当代法学》2016 年第 4 期。

② 蔡碧玉：《具体求刑与量刑》，载《裁判时报》2013 年第 21 期。

第三节　精准量刑建议的域外经验

世界上多数国家的检察官具有量刑建议权，尽管很少规定法官原则上应当采纳检察官的量刑建议，但这并不妨碍检察官量刑建议对审判公正的意义，因为这种建议本身就是一种制约。

一、美国检察官的量刑建议

在美国，几乎所有的辩诉交易都涉及检察官的量刑建议，除了概括的量刑建议，也有具体的量刑建议。[①] 根据《美国检察官手册》第9-27.730条，联邦检察官应在两种情形下提出量刑建议，一是辩诉交易条款有明文规定时；二是公众利益要求就适当刑期表达意见时。量刑建议包括明示的量刑建议和默示的量刑建议，前者包括具体的刑种、刑期、缓刑、罚金额度等；后者指心照不宣的建议，如同意或不反对被告方的请求。[②] 美国检察官的量刑建议，虽然法官不是应当采纳，但是依然具有约束作用。美国有一联邦上诉法院的判决指出，法官对于协商的合意不得恣意不顾，而必须考虑三项因素来决定是否接受协商的结果：一是协商结果对被告人是否公平，检察官是否可能以同一事实对被告人再行起诉，或者以类似方式骚扰被告人；二是检方及公众的利益是否确实被保护，如检察官是否滥用其裁量权，是否顾及公众利益，刑法威吓目的是否达到；三是量刑是否逾越法官独有的量刑权。[③]

---

① 参见陈岚：《西方国家的量刑建议制度及其比较》，载《法学评论》2008年第1期。

② 参见张鸿巍：《美国检察制度研究》，人民出版社2011年版，第217页。

③ 参见王兆鹏：《新刑诉·新思维》，台北，元照出版有限公司2004年版，第200页。

二、欧洲大陆法系国家检察官的量刑建议

欧洲大陆检察官的具体求刑权也较为普遍。德国的处罚令中，检察官应提出具体的处罚建议，即罚金、没收、吊销驾驶资格或最高1年的缓刑等。[①] 瑞士、法国都有处罚令程序，检方书面申请后启动，实行书面审理；检方应提出具体的处分建议。荷兰《刑事诉讼法》第311条规定检察官有具体求刑之义务，[②]还制定了检察具体求刑准则(Development National Guidelines Criminal Prosecution ,《北极星准则》)[③]丹麦检察官在轻微案件中一般提出确定量刑建议，3个月以下按天计算，3个月以上按月计算。

三、日本检察官的量刑建议

日本检察官行使具体求刑权已近百年。日本刑事司法实践中，形成了一种惯例，就是检察官一般提出确定的量刑建议，而法官一般会低于检察官量刑建议的80%量刑，也就是所谓的"打八折"默契规则。[④] 这种"潜规则"依然起到了制约裁判权的作用。例如，下面这个日本的"寝屋川事件案"：

> 双亲将1岁之幼女虐待致死，检察官提出的确定量刑建议是10年惩役，一审判决认为这个求刑无法充分评价本案的恶劣性，因此超过检察官的量刑建议对双亲各自宣告15年惩役，第二审法院也维持此一判决，但是日本最高裁判

---

① 参见[瑞士]古尔蒂斯·里思：《美国和欧洲的检察官——瑞士、法国和德国的比较分析》，王新玥、陈深等译，法律出版社2019年版，第214页。

② 参见蔡碧玉：《具体求刑与量刑》，载《裁判时报》2013年第21期。

③ 参见林彦良：《以具体求刑改革量刑》，载《检察新论》2010年第8期。

④ 参见林俊益：《程序正义与诉讼经济：刑事诉讼法专题研究》，台北，元照出版公司2000年版，第175－180、184页。

> 所撤销第一审的判决，对夫宣告10年惩役，对妻宣告8年惩役。①

这个案件是一个重罪案件，尽管如此，日本检察官还是提出了10年惩役的确定量刑建议，一审法官没有采纳，经过二审，再到日本最高裁判所撤销一审判决，足以说明检察官量刑建议对法官量刑自由裁量权的制约作用。

日本秋田地方裁判所有个典型的案例，能够进一步说明检察官量刑建议权对审判权的制约作用：

> 两名无业男性被告人盗窃导航系统，检察官的量刑建议是2年6个月惩役，但是秋田地方裁判所法官误看成检察官求刑1年6个月，进而宣判两名被告分别为1年2个月惩役、1年6个月惩役缓刑4年。后发现错误，30分钟后重新宣判对两名被告人判处2年惩役、缓期2年执行4年。②

总而言之，检察官提出精准化的量刑建议具有正当性基础。也许有人会说，检察官的权力变得强大，也可能滥用量刑建议权。事实并非如此，因为检察官的量刑建议无论是具体的还是抽象的，是幅度的还是确定的，只是一种意见和建议，法官有权不采纳不合理的量刑建议；但对于合理的量刑建议，即便是确定而具体的，法官也不能视而不见，这样必然会形成相互制约的局面，从而促进司法公正。正如

---

① 参见[日]本庄武：《刑事裁判与量刑的现况》，黄士轩译，载《月旦法学杂志》2019年第10期。

② 参见『刑事裁判の量刑は、やっぱり検察官が決めちゃうのか?』，法治国家が決めちゃう2009年6月17日，http://miso.txt-nifty.com/tsumami/2009/06/post-3d91.html。

有学者所言,法院的量刑受到检察官求刑制约,“此不仅是检察官起诉论告主张请求审判的一个重要部分,法院判决时势必响应检察官求刑意见之量刑建议,如果不同意检察官的建议,法院应有必要在判决中详细说明理由,因而检察官论告时所谓具体求刑之论告表述,将使法院的量刑之自由裁量权受到了一种必要的制约”[①]。

总之,我国认罪认罚从宽制度框架下的检察量刑建议精准化是符合立法初衷和诉讼原理的,那种认为侵犯审判权、违反审判中心主义的观点纯属误解。

第四节 量刑建议“分类精准”模式

正如认罪协商是不可阻挡的世界趋势一样,量刑建议的精准化在认罪协商程序具有普遍性。我国认罪认罚从宽制度刚刚起步,既不能保守排斥精准量刑建议,也不能冒进不加区分地强推精准量刑建议,应当按照诉讼经济原则和比例原则,实行“分类精准”模式。

一、“分类精准”模式的基本架构

在司法资源有限而案件数量持续增长的背景下,低效率司法是一种非正义。诉讼经济成为现代诉讼程序的重要原则,其基本内涵是以简单、便宜、迅速、合目的性且最少的花费,理性地形成诉讼程序;避免相同的诉讼标的以重复的诉讼程序加以审理,避免重复诉讼,尽量避免多余的诉讼步骤或者无用的途径,以减少诉讼程序在费用与时间上的负担。[②] 简易程序、速审程序、辩诉交易、认罪协商等均

---

① 刘邦绣:《论检察官实行公诉时之论告》,载《台湾法学杂志》2008 年第 110 期。

② 参见吴从周:《初探诉讼经济原则——一个法律继受的后设描述》,载《台湾兴大法学》2010 年第 6 期。

是应诉讼经济原则而生。我国的认罪认罚从宽制度就是要建立刑事案件的繁简分流机制和全程快速办理机制，从而在保证司法公正的前提下最大限度地节约司法成本，提高司法效率。[①] 其产生的直接动因和主要的正当性基础在于诉讼经济原则。诉讼经济原则在刑事诉讼中的体现就是按照刑事被告人案件之犯罪性质以及可能赋予之刑事制裁效果的重轻样态，乃至案件事实之繁简类型，依其可能需要的诉讼资源多寡而为适当的分配。[②] 但是，也不能为了追求诉讼经济效益而损害基本的程序正义，因此，诉讼经济原则还要受比例原则的制约。比例原则要求国家对基本权利的限制与由此得以实现的目的之间必须有合理的、平衡的、成比例的关系，不得过当、过度限制基本权利。[③] 比例原则为诉讼经济原则划定底线。

比例原则与诉讼经济原则的这种制约与被制约的关系，在认罪认罚案件中体现为程序简化既要实现繁简分流的立法目的，又要能够通过比例原则的审查基准。程序简化必然会影响甚至减损被告人的相关权利，也可能克减相关证据规则的要求。例如，速裁程序省略了法庭调查，实质上使被告人放弃了质证权利，同时证据裁判原则的功能也被减损。这就要按照比例原则，将程序简化所造成的损害降低到最小。按照这个逻辑，事实简单明了、罪刑轻微的认罪认罚案件，简化力度可以大一些；事实复杂疑难、罪刑重大的认罪认罚案件，简化力度应该小一些，即程序简化力度与案件重大复杂程度成反比。[④] 认罪认罚的轻罪案件实践中占案件总数的比例较大，如可能判

---

① 参见孙长永：《认罪认罚从宽制度的基本内涵》，载《中国法学》2019 年第 3 期。

② 参见潘怡宏：《简易判决处刑程序之策进——取径德国处刑令程序》，载《月旦法学教室》2019 年第 195 期。

③ 参见杨登杰：《执中行权的宪法比例原则：兼与美国多元审查基准比较》，载《中外法学》2015 年第 2 期。

④ 参见李勇：《认罪认罚案件“程序从简”的路径》，载《国家检察官学院学报》2019 年第 6 期。

处3年以下案件占比高达60%以上,简化程度越高,总体上节约的司法资源越多;疑难复杂、重罪案件占案件总数的比例较小,即使简化程序小一些,也不会对整体上节约司法资源造成较大冲击。进一步引申到认罪认罚案件的量刑建议中,就表现为程序简化与量刑建议精准化之间成正比,也就是说,程序简化程度越高的案件,量刑建议精准度越高,因为高度简化的庭审程序就变为对量刑建议的确认,既然庭审已经演变为对量刑建议的确认,就要求量刑建议是经过控辩双方充分协商的,并且是相对确定、精准的;反过来,量刑建议越精准就越有助于促进程序简化,因为量刑建议越精准,被告方的预期就越确定,越容易选择认罪认罚,庭审中的争议就会越少,审理程序简化程度就越高。因此,分类精准模式的基本架构为:占案件总数较大的认罪认罚轻罪案件,量刑建议精准化程度较高;占案件总数较小的认罪认罚重罪案件,量刑建议精准化程度较低。如图5-1所示:

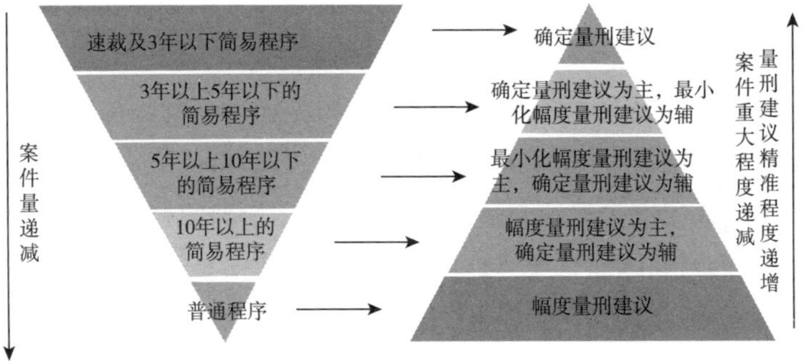

图5-1　认罪认罚案件量刑建议分类精准模式

第一,速裁程序及可能判处有期徒刑3年以下(含拘役、管制、单处罚金,下同)的简易程序案件,一般均应当提出确定量刑建议。速裁程序是针对可能判处有期徒刑3年以下的轻罪案件,事实简单,证据充分,被告人认罪认罚。这类案件,在认罪认罚和量刑协商真实自愿的前提下,庭审就成为对经过充分协商过的量刑建议的确认程序。

既然是一种确认程序，那么量刑建议就必须精准，反过来，量刑建议精准化也会减少量刑争议，进一步简化审判进程。这类案件主要包括危险驾驶罪、交通肇事罪、盗窃罪、容留他人吸毒罪等，在案件总数中占比在50%至60%，其中危险驾驶罪占案件总数的20%左右。危险驾驶罪法定最高刑是拘役6个月，如果检察官提出拘役3至6个月的量刑建议，对于认罪协商来说几乎没有预期可能性，对程序简化几乎没有意义。这类案件的量刑建议就应该确定和明确。例如，丹麦检察官对类似这种酒后驾车的简单、量刑范围十分清楚的案件，会提出非常准确的刑罚，甚至对于3个月以下的监禁刑按照天来计算，3个月以上的按照月计算。[①] 可能判处有期徒刑3年以下的简易程序案件主要包括以下情形：(1)可能判处3年以下有期徒刑的未成年被告人，根据我国《刑事诉讼法》第223条的规定，不适用速裁程序，但可能符合简易程序的条件；(2)被害人与被告人(或者其法定代理人)没有就附带民事诉讼赔偿等事项达成调解或者和解协议的，根据《刑事诉讼法》第223条的规定，不适用速裁程序，但可能符合简易程序的条件；(3)被告人不愿意选择速裁程序而自愿选择简易程序的。上述三种情形，原本与速裁程序一样属于轻罪案件，只是因特殊原因导致不能适用速裁程序而适用简易程序，在量刑问题上与速裁程序案件没有差别，因而也应当提出确定的量刑建议。

第二，可能判处3年以上5年以下的简易程序案件，以确定量刑建议为主，"最小化幅度"量刑建议为辅。之所以将该类案件作为"分类精准模式"中的单独位阶，是基于我国刑法罪刑结构的考量。根据我国刑法的罪刑结构，3年有期徒刑、5年有期徒刑是法定刑升格的两大基本起点，大量罪名的数额巨大、情节严重或情节特别严重，法定刑升格为3年以上或者5年以上有期徒刑。这类案件介于

---

① 参见[荷兰]皮特·J. P. 泰克：《欧盟成员国检察机关的任务和权力》，吕清、马鹏飞译，中国检察出版社2007年版，第52页。

轻罪案件与重罪案件之间，在案件总数中的占比为10%至20%。该类案件，案情并不复杂，程序简化程度略低于速裁程序。为提高量刑协商的充分性和有效性，应当以确定量刑建议为主。例如，行为人盗窃一台笔记本电脑，数额刚刚达到巨大的标准，事实清楚，证据确实、充分，被告人认罪认罚，完全可以直接建议有期徒刑3年。同时，考虑到此类案件涉及法定刑升格，可以以幅度量刑建议为辅，但应当尽可能缩小量刑建议的幅度，采取“最小化的幅度”量刑建议，以最大限度照顾被告人及其律师的量刑协商的预期。“最小化幅度”如何把握？根据司法实践的经验，就主刑而言，可能判处3年到5年有期徒刑的案件，量刑建议幅度一般不超过3个月。

第三，可能判处5年以上10年以下的简易程序案件，以“最小化幅度”量刑建议为主，确定量刑建议为辅。此类案件在我国的罪刑结构中，属于重罪案件，在基层审理的案件中，占比一般不到10%。无论是基于比例原则考虑被告人利益，还是基于合理配置司法资源考虑，该类案件不是程序简化的重点，因此量刑建议的精准化程度不能过高，一般情况下应当提出幅度量刑建议。当然，为提高量刑协商的预期性，应控制量刑建议的幅度，采取“最小化幅度”量刑建议。该位阶中的“最小化幅度”应当控制在6个月以内。考虑到5年有期徒刑、10年有期徒刑也是法定刑升格的基点，可以根据案件情况提出确定量刑建议，即以确定量刑建议为辅。

第四，可能判处10年以上的简易程序案件，以幅度量刑建议为主，确定量刑建议为辅。该类案件系重大案件，在基层审理的案件中占比在1%左右，不是节约司法资源和程序简化的重点。这类案件即使被告人认罪认罚，因案情重大复杂，影响量刑的可变因素较多，法庭审理中即使简化对定性的调查和辩论，也要重点审理量刑。因此，检察官一般不应提出确定量刑建议，应当以幅度量刑建议为主，这里的幅度也不应该限定为“最小化幅度”，而是根据个案进行把握和衡量。同时考虑到10年有期徒刑也是我国《刑法》中数额特别巨大、情节特别严重、后果特别严重等法定刑升格的起点,有些案件刚达到升格标准的,可以根据具体情况提出确定量刑建议,即以确定量刑建议为辅。

第五,认罪认罚的普通程序案件,一般应当是幅度量刑建议。根据我国《刑事诉讼法》的规定,认罪认罚的普通程序案件包括:可能判处死刑、无期徒刑的案件;犯罪嫌疑人、被告人是盲、聋、哑人以及尚未完全丧失辨认或者控制自己行为能力的精神病人;被告人认罪认罚但辩护人作无罪辩护的案件;共同犯罪中部分被告人不认罪认罚或不同意适用速裁程序、简易程序的案件;有重大社会影响的案件。[①]这类案件适用认罪认罚从宽制度,重点不在于程序从简,而在于实体从宽;主要不是基于诉讼经济的考量,而是基于宽严相济刑事政策的考虑。换言之,这类案件适用认罪认罚从宽制度,主要是给予被告人获得从宽的利益,而非国家从此类案件中获得节约司法资源的利益。因此,不宜提出确定量刑建议,一般应当提出幅度量刑建议。

二、"分类精准"量刑方法的基本理论

(一)责任优先主义

以责任刑为首要基础,坚持责任优先主义。量刑理论为刑罚理论之缩图,近代学派与古典学派之对立,而形成量刑基准理论之对立。[②] 旧派的报应刑论主张以罪行轻重(行为责任)为基准的量刑就是正当的,新派的目的刑论主张以预防需要为基准的量刑就是正当的。现代刑罚理论早已走出了"以牙还牙,以眼还眼"的报应刑观念,报应与预防折中的并合主义理论占据主流。根据并合主义原理,刑

---

① 参见李勇:《认罪认罚案件"程序从简"的路径》,载《国家检察官学院学报》2019年第6期。

② 参见曾淑瑜:《量刑基准之比较研究》,载《华冈法粹》2003年第29期。

罚正当化根据是报应的正当性与预防目的的合理性,“预防目的使刑罚具有必要性,罪责原则限制其合法性”。[①] 具体裁量刑罚时,先根据影响责任刑的情节裁量责任刑,然后在责任刑之下根据影响预防刑的情节确定宣告刑,也就是以责任刑为优先的首要基础,预防刑作为调节因素和次要基础,这就是责任优先主义的原则。德国《刑法》第46条规定了刑罚裁量原则,其中第1项规定:行为人之罪责为刑罚裁量之基础。量刑应考虑刑罚对行为人未来社会生活所预期之作用。第2项规定:量刑时法院应对行为人有利及不利之情状,一并审酌,尤应注意下列事项:行为人之动机与目的,生活与经济状况及犯后态度,特别是行为人致力于损害之修复及与被害人之和解等。[②] 这里的“行为人之罪责为刑罚裁量之基础”即宣示了以责任刑作为衡量刑罚目的之基础,并为量刑的最高界限。[③] 第1项规定的“量刑应考虑刑罚对行为人未来社会生活所预期之作用”即指特别预防,体现了量刑中的预防刑考量。至于为何没有规定一般预防,理论上一般认为,刑法本来就具有维护法律秩序与社会和平的一般预防之任务,所以无须特别规定,其理自明。[④] 第2项的内容都属于预防刑的考量。可见,德国的量刑基准采用了并合主义的立场,在责任刑的基础上考量预防刑,也即采责任优先主义,这也是德国通说。

我国《刑法》虽然没有德国《刑法》规定得那么明确,但也可以说采取了并合主义的立场。我国《刑法》第61条规定了量刑的一般原则:“对于犯罪分子决定刑罚的时候,应当根据犯罪的事实、犯罪的性

---

① [德]许迺曼:《罪责原则在预防刑罚中的功能》,载许玉秀、陈志辉编:《不移不惑献身法与正义——许迺曼教授刑事法论文选辑》,台北,公益信托春风煦日学术基金2006年版,第621页。

② 参见甘添贵总主编、林东茂主编:《德国刑法翻译与解析》,台北,五南图书出版股份有限公司2018年版,第54页。

③ 参见苏俊雄:《量刑法理与法制之比较研究》,载《法官协会杂志》1999年第2期。

④ 参见苏俊雄:《量刑法理与法制之比较研究》,载《法官协会杂志》1999年第2期。

质、情节和对于社会的危害程度,依照本法的有关规定判处。"这其实就是以责任刑作为优先考虑的基础。接着第62条至第68条分别规定了累犯、自首、立功等影响预防刑的情节。总体来看,我国《刑法》采取了以责任刑为基础,同时考量预防刑的责任优先主义。最高人民法院、最高人民检察院发布的《关于常见犯罪的量刑指导意见(试行)》(以下简称《量刑指导意见》)关于量刑步骤是这样规定的:第一步根据基本犯罪构成事实在相应的法定刑幅度内确定量刑起点;第二步根据其他影响犯罪构成的犯罪数额、犯罪次数、犯罪后果等犯罪事实,在量刑起点的基础上增加刑罚量确定基准刑;第三步根据量刑情节调节基准刑,并综合全案情况,确定宣告刑。其中前两步是责任刑的考量,第三步是预防刑的考量,与责任优先主义的立场是一脉相承的。

认罪认罚案件实体从宽的根本依据在于预防刑降低。被告人既认罪又认罚,表明其认罪悔罪的态度,尽管这种犯罪既遂之后的态度,不会降低其行为的不法程度,对有责性也不会有影响,固然不会因此而降低责任刑,但是表明其再犯可能性降低,因此预防刑降低,从而获得量刑从宽。因此,认罪认罚案件的量刑建议,应当优先考虑责任刑,以责任刑作为量刑的基础;然后再根据认罪认罚的具体情况调节预防刑。预防刑的考量,无论是特殊预防还是一般预防,都是比较抽象的。但有一点是明确的,越是轻微的刑事案件,越容易评估预防刑,因此量刑建议也应当越精准;越是重大的刑事案件,越难以评估预防刑,量刑建议就会带有一定的幅度,进而呈现出"分类精准"的特征。

(二)点的理论与幅的理论

以点的理论为指导,确定责任刑。责任刑与预防刑究竟是何种关系?刑法理论存在"幅的理论"(也有翻译为裁量余地理论)与"点的理论"之争。(1)"幅的理论"认为,符合责任刑的刑罚应当有伸缩之幅度,法官在此幅度范围内考量预防目的,决定最终刑罚,此为德国通说。按照“幅的理论”,责任刑是上限,不得超越责任刑进行量刑,但是与责任相符之刑罚无法明确地确定出一个具体的点,这个具体的点既不是客观存在,也无法为主观所认识。在责任刑之上限与下限间之幅度内,才存有符合责任之刑罚,具体之刑罚尽可能地接近该幅度之上限、下限,且刑罚只能在最上限至最下限之范围内。特别预防、一般预防之刑罚目的,在符合责任之幅度范围内,选择具体之刑罚时,予以考量。[①] (2)“点的理论”认为,与责任相适应的刑罚只能是确定的某个特定的点,而不是一个带有区间的幅度。法官之量刑权,并非法官在一定之幅度范围内自由裁量之权限,充其量仅能被理解为法官基于其确信,必须基本上认定一个“定点刑罚”作为其判断正当刑罚之基础,然后另容许其再就各种刑罚之目的考量而为适当之补充修正而已。而且在“依法审判”原则之下,法官对其所定之定点刑罚,基于各种刑罚目的之考量而为补充修正。[②] 按照“点的理论”,与责任相适应的刑罚应该是一个确定的存在,即使人们不能确定地把握这个确定的点,但也不能否认这个点的存在。量刑应该是在确定了与责任相适应的具体刑罚点之后,再考虑预防犯罪的需要,也就是在这个点的周围考量预防刑,甚至可以修正这个点,但不能过于偏离这个点。

尽管在量刑结局上,“幅的理论”与“点的理论”并非截然对立,因为二者都要求在与责任相适应的刑罚接近的范围内确定具体的刑罚。[③] 但是从实践的角度来说,如果没有一个确定的点先确定责任刑,是没有办法进行量刑的。实践中量刑思路是这样的:先根据犯罪

---

① 参见曾淑瑜:《量刑基准之比较研究》,载《华冈法粹》2003 年第 29 期。

② 参见曾淑瑜:《量刑基准之比较研究》,载《华冈法粹》2003 年第 29 期。

③ 参见张明楷:《结果与量刑——结果责任、双重评价、间接处罚之禁止》,载《清华大学学报(哲学社会科学版)》2004 年第 6 期。

构成事实(责任刑)来确定起点刑和基准刑,这个起点刑和基准刑必须是一个确定的点,然后在此基础上根据影响预防刑的因素调整基准刑进而形成宣告刑。由于影响预防刑的因素对量刑的影响都是按照百分比来计算的,如果基准刑不是一个点,就没有办法按照百分比来计算最终的宣告刑。2004 年《人民法院量刑指导意见(试行)》(已失效)可以说采取了"点的理论",其中第 11 条关于量刑基准是这样规定的:为防止量刑失衡,应当确立各罪的量刑基准,即按刑法分则构成规定,对已确定适用一定幅度法定刑的个罪,在排除各种轻重情节的情况下,依其一般既遂状态的基本事实而应判定的刑罚。第 12 条对于量刑基准的确定做了如下规定:非数额型一般典型犯罪,以法定刑中段略下为量刑基准。法定刑幅度为单一有期徒刑的,以该幅度的 2/5 为量刑基准;法定刑仅为两个刑种的,以两个刑种的结合点为量刑基准(不同刑种的结合点,合议庭或独任庭可根据案情选择适用);法定刑为多个刑种的,以中间刑种或中间刑种的结合点为量刑基准,但法定最高刑为有期徒刑三年的,量刑基准为有期徒刑一年;法定最高刑为有期徒刑五年的,量刑基准为有期徒刑二年;法定刑为十年以上有期徒刑的,基准刑为有期徒刑十一年。可见,这个基准刑是一个确定的刑期,进而在此基础上计算预防刑。

检察官对认罪认罚案件提出量刑建议,也应当先根据个案的不法、责任确定一个基准刑,然后考虑各种预防刑因素,把认罪认罚作为独立的预防刑因素考虑,按照认罪认罚越早、从宽幅度越大的阶梯性量刑规则进行估算。实践中,一般认为从侦查阶段开始一直认罪认罚的可以从宽 30%;从审查起诉阶段认罪认罚的可以从宽 20%;从审判阶段开始认罪认罚的可以从宽 10%,最后计算出的刑期是一个确定的值。对于认罪认罚案件来说,提出一个确定而具体的精准量刑建议并非难事。即使提出带有幅度的量刑建议,也是在这个值的上下确定一个区间。只不过,认罪认罚案件,要尽可能缩小这个区间,提出"最小化幅度"量刑建议。需要说明的是,量刑计算不是简单的数学计算,要受罪刑相适应这个总的原则制约。例如,实践中会出现根据量刑规则,计算出的量刑少于被告人已经被羁押的期限,甚至出现算出的刑期是负值,这时就要根据罪刑相适应原则进行调节。

三、量刑建议"分类精准"模式之配套机制

为了提高检察机关量刑建议的准确性和精准度,需要建立与"分类精准"模式相配套的机制。在前述论证的基础上,结合司法实践,笔者认为应当建立以下配套机制:

(一)量刑指南机制

量刑协商的双方都需要有一个具有最低共识的标准,这就需要一个量刑指南。在量刑指南的基础上,结合实践的惯例,提出精准化的量刑建议并非难事。司法实践对于常见罪名的量刑已经形成了一定的惯例和规则,如盗窃案件的量刑主要根据盗窃数额大小计算相应的刑罚;贩卖毒品案件的量刑主要根据贩卖毒品的数量计算相应的刑罚;危险驾驶案件主要根据血液中的酒精含量来计算相应的刑期。这样的惯例虽然不是绝对的,但确实有一个相对明确和固定的标准。美国辩诉交易的发源地马萨诸塞州,毒品案件的量刑也在实践中形成一种惯例,刑期主要取决于毒品的重量,根据在被告身上发现的可卡因数量形成了这样的量刑惯例:14 克 3 年,28 克 5 年,100 克 10 年,200 克 15 年。[①] 荷兰检察机关也有类似的量刑指南,即具体求刑准则,因其荷文缩写为 Polaris,与英文"北极星"名称相同,故又称为"北极星准则",供检察官起诉求刑之参考,以具体求刑规范量刑方式,成功提升了量刑的妥适公平,同时减少了量刑歧异。[②] 针对

---

① See George Fisher, *Plea Bargaining's Triumph*, The Yale Law Journal, Vol. 109:5 (2000).

② 参见林彦良:《以具体求刑改革量刑》,载《检察新论》2010 年第 8 期。

每一个案件设置量刑点，比如盗窃自行车有10点，盗窃汽车有20点，人身伤害有7点，有其他如累犯、使用武器等会增加量刑点，有犯罪预备等情节会减少量刑点。这些量刑点转换成刑罚，比如一个点相当于22欧元的罚金，或者一天的监禁等。①

我国刑法规定的法定刑幅度较大，检察官难以根据法定刑提出精准化的量刑建议，法官也难以公正、平衡量刑。近年来，我国进行了量刑规范化改革，最高人民法院于2013年、2017年先后出台了《关于常见犯罪的量刑指导意见》(已失效)和《关于常见犯罪的量刑指导意见(二)(试行)》，对23种常见罪名规定了量刑指南。2021年最高人民法院、最高人民检察院联合印发了《关于常见犯罪的量刑指导意见(试行)》。但是存在以下问题：一是幅度过大，过于粗放。如交通肇事罪第一档的法定刑是3年以下有期徒刑，《量刑指导意见》规定在2年以下幅度内确定起点刑。二是罪名有限。23种常见犯罪无法满足实践需要。

（二）量刑建议说理机制

说理是量刑建议精准化的应有之义，精准必须建立在说理基础之上，说理是精准的前提和基础，量刑建议越精准越需要说理。《认罪认罚指导意见》也规定认罪认罚案件，检察机关的量刑建议应当说理。但是实践中，一些检察机关往往只给予量刑建议的结果，很少就这个结果得出的依据及其计算过程进行说明，量刑建议的“神秘化”色彩较浓。特别是在速裁程序案件中，办案时间短、节奏快、程序简，律师对案件熟悉程度有限，加剧了信息非对称性，影响量刑协商。无论是确定、精准的量刑建议还是最小化幅度的量刑建议，抑或幅度量刑建议，都不是随意的，更不是检察官恣意裁量的，必须是严格按照量刑指南，充分评估和考量责任刑和预防刑。评估和考量的依据、理

① 参见[荷兰]皮特·J. P. 泰克编著：《欧盟成员国检察机关的任务和权力》，吕清、马鹏飞译，中国检察出版社2007年版，第203－204页。

由应当是清楚、准确的，经得起推敲。

量刑建议说理机制已经出现了良好的实践样本：南京市建邺区人民检察院探索速裁程序的"量刑建议测算表"，表中详细记载起点刑、基准刑及其调节因素、宣告刑考量因素及其对应的刑期值，在此基础上得出主刑量刑建议；此外表格中还记载附加刑影响因素以及附加刑建议值、缓刑影响因素以及是否建议缓刑。该量刑建议测算表附在具结书和量刑建议书之后，清楚地展示量刑建议计算的依据及其过程。量刑建议说理的意义在于：一是增强精准量刑建议的理性化和透明度，防止量刑建议的恣意和"暗箱"操作。二是将量刑建议的依据和计算过程适度公开，增强控辩双方量刑协商的公开性和平等性，促成个案处理的共识，实现程序正义。三是增强精准量刑建议的预期度和采纳率。量刑建议的详细说理，既能给被告人及其辩护人准确的预期以判断是否选择认罪认罚，也能够说服法官采纳量刑建议。四是增强量刑建议的公正性和规范性，限制检察官的自由裁量权。通过量刑建议说理，给检察官的量刑建议权套上防止脱缰的"缰绳"，"对检察官自由裁量权特别限制在某些参数配置中被证明是有好处的"。①

（三）量刑协商机制

量刑建议的精准化和确定性必须建立在充分协商基础之上，量刑不精准就是协商不充分的体现，协商越有效、越充分，量刑建议越精准。按照"分类精准"模式的要求，建立"分类协商"机制，也就是轻微、简单的案件，量刑协商应当尽可能达成精准的量刑协商结果。比如，对于适用速裁程序的危险驾驶案件，控辩双方应当协商达成具体是拘役 4 个月还是 3 个月的协商结果；重大、复杂的案件，难以达成具体确定的协商结果的，可以逐步达成最小化幅度或一定幅度量

---

① Jennifer F. Reinganum, *Plea Bargaining and Prosecutorial Discretion*, The American Economic Review, Vol. 78:4 (1988).

刑的协商结果。

检察官应当树立平等协商的理念,认罪认罚案件中的“平等协商”,与不认罪案件中控辩“平等武装”具有同样的旨趣。在不认罪的普通程序案件中,我们强调庭审的对抗性,注重“平等武装”,那么在认罪认罚案件中我们应当强调协商的平等性,注重“平等协商”。根据哈贝马斯的商谈理论,妥协的谈判要确保利益相关者平等地参加谈判,为所有利益相关者创造大致平等的机会,这样,所达成的协议才是公平的。[①] 正如朱孝清先生所言,控辩协商不是检察机关单方通知、“我说你听”,辩方有权提出自己的意见和要求,检察机关“听取意见”的过程,就是协商的过程。[②] 检察官需要转变观念,放低姿态,充分听取犯罪嫌疑人、辩护人或者值班律师的意见,尽量协商一致。《认罪认罚指导意见》规定,未采纳辩护人、值班律师意见的,应当说明理由,就是为了强化协商的平等性。通过强化平等协商,来防止检察官施压犯罪嫌疑人、被告人认罪认罚,防止被告人认罪认罚出于非自愿、非真实,防止“认假罪”。

(四)量刑建议调整机制

“求刑并非一成不变,仍可随法官审理程序之进行予以必要变更(加重或减轻)”。[③] 实践中会出现已经认罪认罚并签署量刑具结书后,到审判环节出现新的事实和情节,如退赔、被害人谅解等,导致原有的确定量刑建议需要变更。此时,控辩双方应当再次协商,调整量刑建议。一些地方在实践操作中,认为量刑建议书作为正式法律文书不得变更。这是错误的,不仅要允许变更,还要建立规范化的调整

---

① 参见[德]哈贝马斯:《在事实与规范之间:关于法律和民主法治国的商谈理论》,童世骏译,生活·读书·新知三联书店 2003 年版,第 204 页。

② 参见朱孝清:《刑事诉讼法第 201 条规定的合理性》,载《检察日报》2019 年 11 月 7 日,第 3 版。

③ 林俊益:《程序正义与诉讼经济:刑事诉讼法专题研究》,台北,元照出版有限公司 2000 年版,第 199 页。

机制，规范调整量刑建议的具体范围、类型和条件等。

量刑建议调整机制，应当坚持有利于被告人的原则，实行“调低不调高”。已经具结过的量刑建议，如果需要调整，原则上只能调低原有的量刑建议，不得随意调高原有的量刑建议。或许有人会问，如果在审判阶段发现遗漏犯罪事实、遗漏罪名、遗漏法定从重情节的情况，怎么办？这些情况下，应当变更起诉，按照新的案件重新进行量刑协商，重新签署具结书，制作新的量刑建议，这不属于调整原有的量刑建议，而是一个新的起诉。

认罪认罚从宽制度是刑事模式由对立向合作的重大转变，是国家对犯罪治理模式的重大变革，对刑事司法制度的影响是深刻的。无论是法官、检察官，还是律师，都需要转变理念。对于检察官来说，如何精准求刑、建立具体的求刑标准、致力求刑因子的事实调查，才是目前检察体系应该努力的事，而不是放弃或限缩具体求刑；[①]对于法官来说，不应该排斥和抵触精准量刑建议，而应当鼓励检察机关把量刑建议工作做实做细，提出精准量刑建议，以促进量刑公正和减轻法官负担；[②]对于辩护律师来说，应当积极发挥在量刑协商中的实质作用，防止沦为具结书签署的见证人。

---

① 参见蔡碧玉：《具体求刑与量刑》，载《裁判时报》2013 年第 21 期。

② 参见胡云腾：《正确把握认罪认罚从宽　保证严格公正高效司法》，载《人民法院报》2019 年 10 月 24 日，第 5 版。

第六章　认罪认罚与坦白、自首的关系

认罪认罚在立法上具有独立的价值，是刑事诉讼模式从二元对抗向合作协商的重大转变，也是国家治理体系和治理能力现代化的重要内容。认罪认罚从宽制度不是自首、坦白制度的“翻版”。

——题记

认罪认罚与坦白、自首的关系问题，不仅是个重要的理论问题，也是极度困扰司法实践的难题。在量刑测算中，到底如何处理认罪认罚与坦白、自首的关系，可谓司法实践中的急难问题。本章将详细阐述这些问题。

第一节　认罪认罚与坦白、自首的区别及联系

一、认罪认罚与坦白、自首的区别

虽然认罪认罚、坦白、自首都是从宽情节，但是认罪认罚是独立的量刑情节，与坦白、自首具有明显的界限，主要体现在以下方面：(1)坦白的基本特征是“到案后如实供述”，即犯罪嫌疑人(不包括在审判阶段的被告人)被动到案后如实供述自己的罪行。坦白的犯罪

嫌疑人、被告人未必愿意认罚，未必同意与检察机关就量刑建议进行协商并签署具结书。换言之，坦白是认罪，但未必认罚；而认罪认罚则必须认罪又认罚。因此，坦白的犯罪嫌疑人、被告人未必符合认罪认罚的条件。(2)自首的基本特征是“投案＋如实供述”，即犯罪嫌疑人自动投案并如实供述自己的罪行。认罪认罚并不要求自动投案，无论其到案方式如何，均不影响认罪认罚的适用。具有自首情节的犯罪嫌疑人、被告人虽然是认罪，但未必认罚，自首的犯罪嫌疑人被告人完全可能只承认自己的犯罪事实，但拒绝检察机关的量刑建议，也可能不同意法院所判处的刑罚。因此，具有自首情节的犯罪嫌疑人、被告人未必符合认罪认罚的条件，认罪认罚的犯罪嫌疑人、被告人也未必符合自首的条件。(3)认罪认罚的基本特征是“认罪＋认罚”，即既要认罪，又要认罚。这里的“认罪”就是要如实供述自己的罪行；这里的“认罚”在侦查阶段表现为愿意接受处罚；在审查起诉阶段表现为同意检察机关经协商的量刑建议并签署具结书；在审判阶段表现为接受法院判处的刑罚。自首和坦白，只要认罪即可，不必要求认罚。(4)自首和坦白只能始于侦查阶段，而认罪认罚可贯穿于整个诉讼阶段。自首只能是犯罪嫌疑人在侦查机关未抓获其之前主动投案，或者主动供述侦查机关未掌握的非同种犯罪事实，也就是始于侦查阶段。

需要特别指出的是，坦白也只能始于侦查阶段。《刑法》第 67 条第 3 款规定，“犯罪嫌疑人虽不具有前两款规定的自首情节，但是如实供述自己罪行的，可以从轻处罚；因其如实供述自己罪行，避免特别严重后果发生的，可以减轻处罚。”根据该条规定，坦白是犯罪嫌疑人被公安机关抓获到案后及时如实供述，也只能始于侦查阶段，且原则上应当是到案后立即供述，如果是到审查起诉阶段才如实供述就不能成立坦白；到审判阶段已经作为被告人就更不能成立坦白。原因很简单，《刑法》第 67 条第 3 款规定的是“犯罪嫌疑人”而非被告人,在审判阶段属于被告人,如果此前拒不供述,在审判阶段才如实供述,那么只能是酌定量刑情节。这一点原本毫无争议,但是因为2021年《量刑指导意见》的一句不严谨表述导致实践出现了混乱。《量刑指导意见》规定,“对于坦白情节,综合考虑如实供述罪行的阶段、程度、罪行轻重以及悔罪表现等情况,确定从宽的幅度。”言下之意,坦白也可以在不同阶段,似乎侦查阶段有“坦白”,审查起诉阶段也有“坦白”,审判阶段还有“坦白”。司法实践中,在2021年版的《量刑指导意见》出台后,已经出现了很多判决将到审判阶段才如实供述的被告人认定为具有坦白情节,这是错误的,检察机关为了保障法律统一正确实施,应当抗诉。

《刑法修正案(八)》将坦白规定了法定情节,与当庭认罪等酌定情节截然不同。事实上,坦白仅限于犯罪嫌疑人而不包括审判阶段的被告人,这个问题10年前已经毫无争议,真正的争议仅在于侦查阶段到案后是立即供述、第一次供述,还是前几次供述,但不能到审查起诉阶段,更不可能到审判阶段。[①] 所谓的“被告人坦白”这个伪命题在2011年《刑法修正案(八)》立法过程中就已经被否定了,当时的立法机关相关负责人指出,起草过程中,有人提出,“如实坦白从轻或者减轻处罚的适用对象不应仅限于犯罪嫌疑人,应扩大到‘被告人’。考虑到根据刑事诉讼法规定,犯罪嫌疑人到审判阶段才被称为‘被告人’,如果犯罪嫌疑人在侦查、审查起诉阶段都不如实坦白自己的罪行,进入审判阶段在法庭上才如实坦白,实际意义已经不大,因此没有采纳这个意见。”[②]时至今日,这个问题仍存在,让人匪夷所思。

---

① 笔者认为,刑法规定的“到案后”原则上应当理解为到案的第一次正式讯问后即如实供述。如果是到案后第一天之内连续多次讯问的情况下,即使第一次没有如实供述,在当天的后几次讯问中如实供述也可以视为“到案后如实供述”。但是,如果当天没有如实供述,到次日及以后的侦查阶段才如实供述不宜认定为坦白。

② 参见黄太云:《刑法修正案(八)解读(一)》,载《人民检察院》2011年第6期。

另外，需要说明的是，坦白不仅是法定从轻情节，而且还是法定减轻情节。《刑法》第67条第3款后段“因其如实供述自己罪行，避免特别严重后果发生的，可以减轻处罚”，也就是特殊坦白（或称重大坦白）可以减轻处罚。“因其如实供述自己罪行，避免特别严重后果发生的”，主要是指有一些特殊的刑事犯罪，如放置定时炸弹实施爆炸犯罪过程中，犯罪分子已经实施犯罪，但犯罪后果还没有发生，就被捉拿归案，由于其坦白犯罪行为，使司法机关对即将发生的特别严重的爆炸后果能够及时采取措施处置，因而避免了后果发生等情形。在这种特殊情形下，虽然谈不上罪犯自动放弃犯罪或者自动有效地防止犯罪结果的发生，但罪犯的如实坦白毕竟避免了特别重大危害后果的发生，对其处理比普通的坦白再从宽一些也在情理之中，因而法律规定对具有此种情形的罪犯可以减轻处罚。①

二、认罪认罚与坦白、自首的联系

不可否认，认罪认罚与坦白、自首具有一定的联系，主要表现为以下方面：(1)认罪认罚与自首、坦白一样，都是法定从宽情节。既然《刑事诉讼法》已经明确规定认罪认罚可以从宽，那么其就是法定的从宽情节，就像坦白在《刑法修正案（八）》之前是酌定情节，但是在《刑法修正案（八）》发布之后，就成为法定的从宽情节。是法定情节还是酌定情节，取决于法律规定，至于该法律是程序法还是实体法，在所不问。那种认为认罪认罚只是酌定情节，或者法定从宽情节只能由《刑法》来规定的观点是错误的，是狭隘的。刑事实体法与程序法原本就是一体的，具体案件的办理、定罪量刑从来都是实体法与程序法并用的，认罪认罚从宽是典型的实体与程序交叉问题，更是如此。不能因为规定在《刑事诉讼法》中就不是法定的，也不能因为没

① 参见黄太云：《刑法修正案（八）解读（一）》，载《人民检察院》2011年第6期。

有规定在《刑法》中就只能是酌定的。刑事法律中类似的例子还有很多,比如时效制度,严格来说是个程序问题,很多国家立法也是将时效制度规定在刑事诉讼法中,但是我国将时效制度规定在刑法之中,难道实践办理能以《刑事诉讼法》没有规定而拒绝适用时效制度吗?(2)认罪认罚与坦白、自首具有一定的重合性。认罪认罚中的"认罪"理解为如实供述自己的犯罪事实即可,对行为性质的辩解、对罪名适用的异议,不影响认罪的认定。《认罪认罚指导意见》对此进行了阐述。认罪认罚中的"认罪"与自首、坦白中的"如实供述自己的罪行"具有相同的含义。换言之,认罪认罚与自首、坦白在"认罪"的"如实供述自己的罪行"的范围内具有交叉、重合。

第二节　认罪认罚同时具有坦白、自首情节如何从宽

一、问题的由来

2018年刑事诉讼法修改时在总则第15条增设"犯罪嫌疑人、被告人自愿如实供述自己的罪行,承认指控的犯罪事实,愿意接受处罚的,可以依法从宽处理。"从《刑事诉讼法》这一基本规定看,认罪认罚是作为独立量刑情节存在的。2019年《认罪认罚指导意见》的表述是"对犯罪嫌疑人、被告人具有自首、坦白情节,同时认罪认罚的,应当在法定刑幅度内给予相对更大的从宽幅度。认罪认罚与自首、坦白不作重复评价。"该文件一方面认可"认罪认罚"的独立性,给予更大幅度的从宽;另一方面又强调"不作重复评价"。2021年《量刑指导意见》规定:"认罪认罚与自首、坦白、当庭自愿认罪、退赃退赔、赔偿谅解、刑事和解、羁押期间表现好等量刑情节不作重复评价。"再次强调了"不作重复评价",但是又遗漏表述"给予相对更大的从宽

幅度”。如何理解这里的“不作重复评价”,产生一些争议。

理论界与实务界对此产生巨大争议,主要有以下三种观点:一是绝对(完全)独立说,认为认罪认罚是独立于自首、坦白之外的情节,它们相互之间不存在重合之处,也不存在重复评价。如樊崇义教授认为,认罪认罚和自首、坦白在量刑方面虽有重合和联系,但认罪认罚应当是自首、坦白、认罪之外一个新的独立的量刑情节。在自首、坦白、从轻或减轻的基础上,应再给予适当从宽处罚,才能真正地体现激励认罪认罚的积极性的诉讼立法本意,才能真正促使其悔罪。① 二是绝对(完全)非独立说,认为认罪认罚不是独立的量刑情节,同时具备认罪认罚和自首、坦白的不再给予从宽,否则就是重复评价,如最高人民法院杨立新指出:“从实体角度言之,认罪认罚包含认罪、认罚的一系列情节,不是新的独立的量刑情节。”②三是相对(部分)独立说,认为认罪认罚与自首、坦白之间有部分重合,也即在“认罪”部分是重合的,但是“认罚”是独立的,在量刑上对于“认罚”单独给予从宽,而“认罪”的重合不重复给予从宽。“对犯罪嫌疑人、被告人具有自首、坦白情节,同时认罪认罚的,应当在法定刑幅度内给予相对更大的从宽幅度。需要注意的是,对认罪认罚与自首、坦白相交叉和叠加的‘认罪’部分,在把握具体从宽幅度时,不作重复评价。”③

目前主流观点认为,认罪认罚是独立量刑情节,认罪认罚与自首、坦白在“认罪”部分是重合的,对于同时具有认罪认罚和自首或坦白情节的,在量刑上对于“认罚”单独给予从宽,但是“认罪”的重合部分不作重复评价。笔者赞同这种意见,下文对此加以阐述。

---

① 参见樊崇义:《认罪认罚是独立量刑情节》,载《检察时报》2019 年 7 月 15 日,第 3 版。

② 杨立新:《认罪认罚从宽制度理解与适用》,载《国家检察官学院学报》2019 年第 1 期。

③ 苗生明、周颖:《〈关于认罪认罚从宽制度指导意见〉的理解与适用》,载《人民检察》2020 年第 2 期。

二、认罪认罚作为独立量刑情节并不违反禁止重复评价原则

作为一个合作型司法和犯罪治理模式的重大变革，其具有独立的立法价值，也是一种独立的量刑情节。反对将认罪认罚作为独立量刑情节的观点，是对禁止重复评价原则的重大误解。刑法上的禁止重复评价原则源于“一事不两罚”“禁止双重危险”，其基本内涵是“任何人不因同一犯罪再度受罚”。美国联邦宪法第五修正案的“禁止双重危险”条款包括：(1)同一行为无罪确定后禁止再行追诉；(2)同一行为定罪确定后禁止再行追诉；(3)同一行为多重处罚（包括实体和程序上的双重处罚）。禁止双重危险在所有刑事法领域均应适用，其重点是在于程序上之不因一事而两度置于受刑之危险，包括一事不再理及一事不两罚。[①] 可见，禁止双重危险的核心在于禁止对被告人不利的重复处罚。禁止重复评价原则在刑法中的应用，不得不提及《德国刑法》第 46 条的规定。《德国刑法》第 46 条规定刑罚裁量原则的第三项是“法定构成要件已有之情状，不得再予审酌”。其基本内涵就是“构成要件之要素，于刑罚裁量中，不得重复予以审查。”[②]例如受贿罪，公务员身份已经作为该罪的构成要件进行了评价，不能在量刑时再就这一身份而加重量刑。因此，刑法上的禁止重复评价又称量刑上的禁止重复评价，也就是对法条所规定的构成要件要素，在刑罚裁量过程中，不能再度作为刑罚裁量事实重复加以审酌，而作为加重或减轻刑罚的依据。[③] 周光权教授也指出，量刑上的重复评价禁止是指禁止犯罪构成要素（定罪情节）在定罪过程中已经被刑法评价过一次后，再次作为裁量刑罚所应考虑的因素或情节重

---

① 参见邱忠文：《由禁止双重危险概念论案件单一性及同一性》，载《月旦法学杂志》2009 年第 173 期。

② 甘添贵总主编、林东茂主编：《德国刑法翻译与解析》，台北，五南图书出版股份有限公司 2018 年版，第 54 页。

③ 参见周光权：《论量刑上的禁止不利评价原则》，载《政治与法律》2013 年第 1 期。

复使用的情形。量刑上的“禁止不利评价原则”，包括量刑上的禁止重复评价原则和量刑上的禁止不利宣告原则。①

禁止重复评价原则是一个实体与程序交叉的问题，就程序法而言，禁止重复评价原则的基本内涵是“任何人不因同一犯罪再度受罚”，即禁止双重危险。禁止双重危险的重点在于不因一事而两度置于受刑之危险，核心要义在于禁止对被告人不利的重复处罚。就实体法而言，禁止重复评价原则的基本内涵就是“构成要件之要素，于刑罚裁量中，不得重复予以审查。”因此，刑法上的禁止重复评价又称量刑上的禁止重复评价，也就是对法条所规定的构成要件要素，在刑罚裁量过程中，不能再度作为刑罚裁量事实重复加以考量。这实质上就是禁止量刑上对被告人的不利评价，禁止不合理加重被告人的刑罚负担，否则，在实质上就是不当的、不均衡的刑罚，违反罪刑法定原则。因此，禁止重复评价原则的基本内涵应当依如下理解：一是禁止不利于被告人的不当评价。禁止重复评价“意旨系在犯罪宣示与国家刑罚权的行使过程中，避免多重评价的宣告与多重处罚而造成对人民基本权利过度之侵害”。二是禁止定罪事实再次评价为量刑事实，或者是将量刑事实再次评价为定罪事实，其背后的基本法理是实质的罪刑法定，即处罚的适当性，禁止不当的处罚。例如，将累犯这一量刑事实作为降低入罪门槛的情节，就属于将量刑事实重复评价为定罪事实，是典型的违反禁止重复评价原则。三是法律并不禁止对被告人有利的重复评价，实质上也不违反罪刑法定原则。例如，《刑事诉讼法》第 290 条关于刑事和解可以从宽、免除处罚的规定。罪刑法定原则强调“依照法律定罪处刑”，不能恣意对公民定罪量刑，防止司法人员滥用权力，但并不禁止符合《刑法》规定但基于程序上的理由而不予处罚的情形。

---

① 参见周光权：《论量刑上的禁止不利评价原则》，载《政治与法律》2013 年第 1 期。

三、量刑实务中如何处理认罪认罚与自首、坦白的关系

首先,认罪认罚与自首、坦白有重合、交叉之处。认罪认罚的基本特征是“认罪+认罚”,既要认罪,又要认罚,认罚体现为同意检察机关量刑建议、签署具结书。而坦白的基本特征是“认罪”即“到案后如实供述”,但未必“认罚”(未必同意与检察机关就量刑建议进行协商并签署具结书);自首的基本特征是“自动投案+认罪”,具有自首情节的犯罪嫌疑人、被告人虽然是认罪,但也未必认罚。认罪认罚中的“认罪”应当理解为如实供述自己的犯罪事实,对行为性质的辩解、对罪名适用的异议,不影响认罪的认定。《认罪认罚指导意见》对此进行了阐述。认罪认罚中的“认罪”与自首、坦白中的“如实供述自己的罪行”具有相同的含义。换言之,认罪认罚与自首、坦白在“如实供述自己的罪行”的范围内具有交叉、重合。

其次,在量刑实务操作中须准确处理好独立性与重合性的关系。刑罚裁量由责任刑和预防刑两大部分决定,认罪认罚是预防刑因素,被告人因认罪认罚而降低预防必要性,因此预防刑降低,从而导致刑罚量减少。按照《量刑指导意见》,量刑分为三个步骤:确定起点刑、确定基准刑、调节基准刑而形成宣告刑。调节基准刑过程中,如果有多个量刑情节,就先对未成年人犯罪、防卫过当、犯罪未遂、从犯等“修正量刑情节”按照连乘模式进行调节;再对自首、坦白等“一般量刑情节”采用同向相加、逆向相减的方法进行调节。在实际操作中,应当将认罪认罚作为“一般量刑情节”来调节基准刑。对于同时具有自首(或坦白)和认罪认罚情节的,应当给予比仅有自首(或坦白)更大幅度的从宽,以体现认罪认罚的独立意义。例如,自首给予30%的从宽幅度,同时又认罪认罚的再给予20%的从宽幅度,一般而言,合计从宽幅度不超过60%。这样操作,相当于对于重合的“认罪”给予30%的从宽,而“认罚”再给予20%的从宽,这样既对“认罪”的重合

部分没有重复评价，也体现对“认罚”部分的独立评价，从这个意义上来说，《认罪认罚指导意见》《量刑指导意见》中的“不作重复评价”其实是指“对重合部分不作重复评价”。

第七章　量刑(建议)的步骤与方法

建立科学、合理、透明的量刑步骤与方法,破除量刑活动的神秘性和封闭性,实现量刑活动的公开化和多元化,促进和倒逼量刑公开、公平、公正。

——题记

长期以来,量刑是法官独自进行的活动,检察官只关注定罪和量刑情节的认定,而不在意具体的量刑过程;辩护律师只关注量刑的最终结果而不在意量刑计算过程,即便提出希望法庭从轻或减轻的辩护意见,也很少能准确地提出从轻或减轻多少及其依据。大多数检察官和律师对于量刑的步骤和方法比较陌生。量刑的步骤与方法对于法官和检察官、律师而言是通用的,检察官提出量刑建议的步骤与方法就是法官量刑的步骤与方法,也是律师与检察官进行量刑协商的基本方法。量刑建议精准化的功能之一在于推动“估堆量刑”向“精准测算”转变,在检察官、律师都掌握了量刑的步骤和方法的情况下,积极进行量刑协商,破除量刑活动的神秘性和封闭性,实现量刑活动的公开和多元参与,促进和倒逼量刑公开、公平、公正。

第一节　量刑(建议)步骤

根据责任刑与预防刑的并合主义刑罚论,以及责任优先主义,量刑的基本步骤应该是先确定责任刑,再考虑预防刑,最后得出宣告刑。一般来说,第一步是选择法定刑;第二步是确定责任刑(涉及点的理论与幅的理论之争);第三步是根据预防刑裁量进而确定宣告刑。

但是,我国最高人民法院在进行量刑规范化改革过程中,没有采用这种通行的基本标准,而是采取先确定起点刑,再确定基准刑,最后得出宣告刑的方法。根据《量刑指导意见》的规定,量刑的基本步骤:一是根据基本犯罪构成事实在相应的法定刑幅度内确定量刑起点;二是根据其他影响犯罪构成的犯罪数额、犯罪次数、犯罪后果等犯罪事实,在量刑起点的基础上增加刑罚量确定基准刑;三是根据量刑情节调节基准刑,并综合考虑全案情况,依法确定宣告刑。从第二步确定基准刑到最后确定宣告刑,这个过程是调节基准刑的过程,既包括根据个案情节调节基准刑,也包括将认罪认罚作为独立量刑情节来调节基准刑。为了便于操作,可以将起点刑—基准刑—宣告刑三大步骤,分解为起点刑—基准刑—调节基准刑—再次调节基准刑—根据罪刑均衡原则确定宣告刑建议五个步骤。

一、第一步确定起点刑

什么是起点刑?起点刑与基准刑有何差别?很多司法实务人员对于起点刑认识不清,经常与基准刑混用。起点刑是指根据刑法分则罪名的基本犯罪构成对应的法定刑所确立的刑罚起点,是个罪的抽象犯罪事实对应的刑罚起点,也即裸罪的起点刑(以下简称裸刑)。

起点刑作为裸刑,不考虑具体案件的各种量刑情节,这是其与基准刑最本质的区别。比如,盗窃罪,根据《刑法》分则第 264 条的规定,数额较大、多次盗窃、入户盗窃等构成犯罪,根据《量刑指导意见》在 1 年以下或者拘役的幅度内确定起点刑,各省级司法机关根据这个精神,确定相应的起点刑,如有的省规定盗窃数额较大的起点刑为有期徒刑 9 个月。盗窃数额巨大或有其他严重情节的,在 3 年至 4 年有期徒刑之间确定起点刑。确定起点刑,需要注意把握以下几点:

其一,起点刑是裸刑,不考虑具体案件的各种情节。其二,起点刑应当坚持点的理论。《量刑指导意见》针对常见罪名的起点刑规定,“在……幅度内确定起点”,要求地方司法机关或者司法人员在这个规定的幅度内确定一个具体的点作为起点刑。有人认为这折中了幅的理论和点的理论,其实是误解,这个文件要求在授权的范围内确定一个点,实际上采取的是点的理论。在实践中,起点刑只有确定一个点,后续的基准刑以及按照百分比调整基准刑才能测算。其三,起点刑确定依据是“中段偏下理论”,也就是在法定刑的中间偏下乃至接近最低刑确定起点刑。例如,盗窃罪第一档法定刑 3 年以下有期徒刑或者拘役、管制,中段就是一年半左右,同时考虑到有期徒刑与拘役的结合点是有期徒刑 6 个月,那么中段偏下大概是有期徒刑 1 年或者 9 个月。数额巨大对应的法定刑是 3 年以上 10 年以下有期徒刑,中段是 3 年 6 个月,那么中段偏下可以取 3 年作为起点刑。《量刑指导意见》规定可以在有期徒刑 3 年至 4 年间确定起点刑。其四,所办理的案件属于《量刑指导意见》中 23 种罪名的,依照该文件并结合各省级文件确定起点刑,所办理的案件不属于该文件中 23 种罪名的,根据中段偏下理论参照《量刑指导意见》即可。例如,笔者办理的仇某某侵害英雄烈士名誉荣誉案(著名的“辣笔小球”侮辱英烈案),此案起诉时,《刑法修正案(十一)》刚刚实施,该罪名是首次适用,《量刑指导意见》中不可能有该罪名,没有相关判例可供参考。该罪名的法定刑为3年以下有期徒刑，采取中段偏下理论确定起点刑为1年有期徒刑。

二、第二步确定基准刑

基准刑是在量刑起点的基础上加上其他影响犯罪构成的犯罪数额、犯罪次数、犯罪后果等犯罪事实所增加的刑罚量来确定的。由此可见，基准刑包括量刑起点和增加的刑罚量两部分，即基本犯罪构成事实所应判处的刑罚和其他影响犯罪构成的犯罪事实所应增加的刑期的总和。概括起来，也可以说，基准刑就是总的犯罪构成事实所应判处的刑罚。[①] 换言之，在起点刑的基础上，根据犯罪数额、犯罪次数、犯罪后果增加刑罚量，从而确定基准刑。确定基准刑需要把握以下几点：

其一，基准刑与起点刑不同，不是"裸刑"，而要根据具体案件的犯罪构成事实确定。其二，我国刑法的基本立法模式是"定性＋定量"，以数额犯和情节犯为主，基准刑的确定方法就是在起点刑基础上根据具体案件的数额和情节增加刑罚量。例如，危险驾驶罪，对于醉酒驾驶来说，成立犯罪的基本数额标准是血液乙醇含量80mg/100ml，对应的起点刑是拘役1个月。具体到个案中，被告人血液乙醇含量每超出50mg/100ml加1个月，进而确定个案的基准刑。比如，某个案件被告人血液乙醇含量为130mg/100ml，那么基准刑就是2个月。[②]

三、第三步调节基准刑

量刑(建议)测算中最为关键和复杂的环节就是调节基准刑。

---

① 参见陈学勇：《确定基准刑的方法》，载《人民法院报》2011年7月6日，第6版。

② 当前，很多地方对于醉酒驾驶的犯罪嫌疑人血液中乙醇含量在160mg/100ml以下的案件大多作相对不起诉处理。实践中，即使作相对不起诉的案件，也应当先进行量刑测算，测算的结果作为是否能够作相对不起诉的参考因素。

《量刑指导意见》没有严格区分责任刑和预防刑，这是最大的缺憾。最高人民法院当初在研究制定量刑指导意见时，别出心裁地创立了一套一般量刑情节与修正量刑情节，一般量刑情节采取“同向相加，逆向相减”的计算方法，修正量刑情节采取“连乘模式”，并且修正量刑情节优先。具体来说：

1. 先计算“修正量刑情节”

根据《量刑指导意见》，修正量刑情节包括：未成年人犯罪、老年人犯罪、限制行为能力的精神病人犯罪、又聋又哑的人或者盲人犯罪，防卫过当、避险过当、犯罪预备、犯罪未遂、犯罪中止，从犯、胁从犯和教唆犯等。如果个案中有这些修正量刑情节，就先用连乘模式测算这些情节。

所谓的“修正量刑情节”是最高人民法院在量刑规范化改革中创造出的“新概念”。最高人民法院相关起草人指出，对于特定的量刑情节（如未成年人犯罪、限制行为能力的精神病人犯罪、又聋又哑的人或者盲人犯罪、防卫过当、避险过当、犯罪预备、犯罪未遂、犯罪中止、从犯、胁从犯和教唆犯等“修正量刑情节”），则采取“部分连乘、部分相加减”的调节程式（以下简称连乘模式），用数学公式可表示为，基准刑 ×（1 - 修正量刑情节 1 的调节比例）×（1 - 修正量刑情节 n 的调节比例）×（1 + 从重情节的调节比例）。[①] 这种“创新”的科学性和合理性也受到学界的批判。

这种“修正量刑情节”的灵感源于刑法中的修正的构成要件。日本学者小野清一郎早在 1932 年所写的题为《作为构成要件修正形式的未遂犯及共犯》的论文中即已把未遂犯和共犯当作构成要件的修正形式来对待，并在《犯罪构成要件理论》一书中指出：未遂犯和共犯

---

① 参见最高人民法院刑事审判第三庭编著：《量刑规范化实务手册》，法律出版杜 2014 年版，第 32 - 35 页；戴长林、陈学勇：《量刑规范化改革与实践》，载《法律适用》2011 年第 9 期。

分别是阶段性的、方法性的行为类型,然而它们作为犯罪不管在什么意义上,都还要以构成要件的特殊类型为基本的并且必须是以构成要件的特殊类型为基本的、一般性的、阶段的或方法的类型。这除了构成要件的修正形式外不会有别的。[①] 日本学者大塚仁在谈到构成要件的确定问题时也指出:构成要件可以分为基本的构成要件和被修正的构成要件。所谓基本的构成要件,是指刑法各本条和特别刑罚法规所规定的以单独犯而且是既遂犯的形式所表示的构成要件。预备、未遂、共犯在相对于既遂犯构成要件的关系上,也可以说是被修正的构成要件。[②] 这一概念最早由我国著名刑法学家马克昌先生于 1984 年引入我国的刑法理论中,他在谈到我国刑法中的犯罪构成的分类时指出:以犯罪构成的形态为标准,可以将其分为基本的犯罪构成与修正的犯罪构成,基本的犯罪构成一般是既遂犯和单独犯的犯罪构成,由刑法分则或专门刑事法律所规定;修正的犯罪构成,是指以基本的犯罪构成为前提适应行为的发展阶段或共同犯罪的形式而分别加以修改变更的犯罪构成,预备犯、未遂犯、中止犯和主犯、从犯、胁从犯、教唆犯的犯罪构成是两类修正的犯罪构成。[③] 修正的犯罪构成曾经在我国刑法学界热议一时,但时至今日,极少有学者支持,已经过时。

最高人民法院在研究量刑规范时借鉴刑法中的修正的构成要件,除了将犯罪未完成形态、共犯作为修正量刑情节以外,还增加了对犯罪主体的修正,即未成年人犯罪、老年人犯罪、限制行为能力的精神病人犯罪、又聋又哑的人或者盲人犯罪;另外,还增加了防卫过当、避险过当等对违法性的修正。

---

① 参见[日]小野清一郎:《犯罪构成要件理论》,王泰译,中国人民公安大学出版社 1991 年版,第 69 - 70 页。

② 参见[日]大塚仁:《犯罪论的基本问题》,冯军译,中国政法大学出版社 1993 年版,第 57 - 60 页。

③ 参见马克昌:《犯罪构成的分类》,载《法学》1984 年第 10 期。

因此,《量刑指导意见》中的修正量刑情节包括四个方面:(1)对犯罪完成形态的修正,即未完成形态,犯罪预备、犯罪未遂、犯罪中止。(2)共犯形态的修正,包括从犯、胁从犯和教唆犯。前两类都是刑法学中修正构成要件的基本类型。(3)犯罪主体要件的修正,即未成年人犯罪、老年人犯罪、限制行为能力的精神病人犯罪、又聋又哑的人或者盲人犯罪。(4)违法性的修正,包括防卫过当、避险过当。这些修正量刑情节的计算公式是"连乘模式",即 A×(1-N1%)×(1-N2%)×(1-N3%)……=B。其中的 A 是指基准刑,其中 N1%、N2%、N3%是指上述修正量刑情节对应的从轻或减轻幅度,如犯罪未遂可以减少基准刑的30%。

2. 再计算一般量刑情节

一般量刑情节就是常见的法定和酌定量刑情节,如累犯、自首、坦白、立功、和解、赔偿、认罪认罚等。如果一个案件中,既有修正量刑情节又有一般量刑情节,先用连乘模式计算修正量刑情节,得出一个量刑值,在该量刑值的基础上,再按照"同向相加,逆向相减"模式计算一般量刑情节。具体计算公式为:B×(1-M1%-M2%+M3%……)=C。这里的 B 是上一步修正量刑情节计算出的量刑值,这里的 M1%、M2%、M3%是一般量刑情节所对应的减少或增加的量刑幅度。例如,认罪认罚减少30%,累犯增加20%。如果一个案件中没有修正量刑情节,那么直接按照"同向相加,逆向相减"模式计算一般量刑情节。前两步中的百分比不能绝对化,一案一议,结合个案调整。例如,同样是自首,有的是自动投案;有的是如实供述非同种事实;有的是亲友规劝……从轻或减轻的幅度会有所不同。

需要特别强调的是,认罪认罚属于一般量刑情节,具有相对独立性,量刑测算时不能遗漏。

四、第四步再次调节基准刑

第四步再次调节基准刑就是综合全案、参考类案再次调节基准刑。量刑活动不是机械的,也不是简单的数学计算,在前三步的基础上测算出来的量刑值,还需综合全案、参考以往类案的量刑再次调节基准刑。在前面几个步骤中的量刑值是一个“点”而不是“幅”。这个“点”根据具体案件,综合全案情节和类案平衡,上下浮动后得出一个公平的值。对于检察机关提出量刑建议来说,即使最终提出幅度的量刑建议,也是先得出这个点之后,在这个“点”的上下浮动而提出一个幅度,而不是从一开始的第一步就是一个幅度,否则,到最后根本无法得出一个合理的量刑建议。

五、第五步确定宣告刑(建议)

量刑测算的最终结果就是确定一个宣告刑,对于检察机关来说,提出的量刑建议是关于宣告刑的建议。在确定宣告刑的过程中,无论如何计算及计算的值是多少都要受罪刑均衡原则制约。以下几种情形需要特别注意:

(1)当前面几步测算的量刑值为“零”“负数”时,需要根据罪刑均衡原则进行调节。(2)在没有法定减轻情节的情况下,如果测算的量刑值低于最低法定刑也需要调整,这是罪刑均衡原则的要求。一般来说,拟宣告刑低于最低法定刑,又没有法定减轻情节的,以最低法定刑作为宣告刑;拟宣告刑高于最高法定刑的,以最高法定刑作为宣告刑;拟宣告刑低于最低法定刑,具有法定减轻处罚情节的,以拟宣告刑作为宣告刑。(3)调整明显不合理的量刑。(4)相对不起诉的案件,也应当先经过量刑测算,将测算的结果作为能否作出相对不起诉的依据。在量刑测算结果是“零”“负数”时要更加注意优先考虑不起诉。(5)数罪并罚的,先单独测算每个罪名的量刑,然后再进行并罚。

六、缓刑、罚金的裁量

1. 关于缓刑的适用

根据《刑法》第 72 条的规定，缓刑的适用前提是判处拘役、3 年以下有期徒刑。缓刑的主要因素：(1)犯罪情节较轻；(2)有悔罪表现；(3)没有再犯罪的危险；(4)宣告缓刑对所居住社区没有重大不良影响。《量刑指导意见》规定，“适用缓刑，应当综合考虑被告人的犯罪情节、悔罪表现、再犯罪的危险以及宣告缓刑对所居住社区的影响，依法作出决定。”缓刑的适用，从量刑原理上来说，依然是由责任刑和预防刑决定的。三年以下法定刑的限制、犯罪情节较轻，很大程度上是责任刑；悔罪表现、再犯罪危险等主要是预防刑。

值得注意的是，对判处拘役、3 年以下有期徒刑，具有前述犯罪情节较轻、有悔罪表现、没有再犯罪的危险、宣告缓刑对所居住社区没有重大不良影响的不满 18 周岁的未成年人、怀孕的妇女和已满 75 周岁的老人应当宣告缓刑(而非可以宣告缓刑)。

2. 罚金刑

罚金刑裁量的公开、公平、公正尤为重要，实践中罚金刑“估堆量刑”更为明显。检察官的量刑建议往往也不太重视罚金刑。其实，罚金的裁量也是由责任刑和预防刑两大因素所决定。《量刑指导意见》规定的“判处罚金刑，应当以犯罪情节为根据，并综合考虑被告人缴纳罚金的能力，依法决定罚金数额”，也体现了责任刑和预防刑。需要特别指出的是，罚金缴纳能力并非责任刑的因素，犯罪人的财产富有或贫穷状况既不影响其不法程度，也不影响责任轻重。但是罚金缴纳能力是影响预防刑的重要因素，对于罚金缴纳能力强的“富人”，只有提高相应的罚金数额，才能让其体会到犯罪的代价，以实现预防目的(预防刑)；对于罚金缴纳能力弱的“穷人”，少量的罚金就能让其体会到犯罪的代价进而实现预防目的（预防刑）；超出其缴纳能力的过高的罚金，其预防效果可能适得其反，可能会导致其再次通过犯罪来获取资金。所以，在裁量罚金刑时，对于贫穷的被告人应当减少罚金数额，罚金刑需要考虑犯罪人的财产状况。[①]

被告人或被告单位具有自首、坦白、认罪认罚（承诺并有效实施合规计划）等情节时，罚金应当按照刑法的规定给予相应的从宽判处。实践中，有两种误区：一是认为自首、坦白等从轻或减轻情节，只是针对主刑而言的。这是片面的，一方面刑法中规定自首等从轻、减轻情节并没有限定为主刑；另一方面罚金刑的裁量依然是由预防刑和责任刑决定的，既然自首等情节导致预防刑降低，当然会导致罚金刑减少。二是认为单位犯罪不存在自首和坦白。理论界也有这样的观点。[②] 这是错误的。因为从立法上讲，既然刑法已经将单位规定为犯罪主体，就表明单位在法律上已经具有犯罪主体所要求的刑事责任能力，能够认识与控制自己的行为与意志，单位能够犯罪，能够从事各种法律规定的具体行为，当然可以成立自首。[③] 单位犯罪是直接主管人员或直接责任人员实施的，体现的是单位意志和单位利益；单位自首只要能够体现单位意志，就可以认定为单位自首。《最高人民法院、最高人民检察院、海关总署关于办理走私刑事案件适用法律若干问题的意见》规定："在办理单位走私犯罪案件中，对单位集体决定自首的，或者直接负责的主管人员自首的，应当认定单位自首。"认定单位自首的，其罚金刑就应当按照《刑法》关于自首的规定从轻或者减轻。

---

① 参见张明楷：《刑法学》（上、下）（第6版），法律出版社2021年版，第705－706页。

② 参见竹怀军：《建立单位犯罪量刑制度的构想》，载《济南大学学报》2001年第1期。

③ 参见高铭暄、吕红华：《论单位犯罪的自首》，载《公民与法》2011年第2期。

七、禁止令

认罪认罚案件量刑建议的精准化，应当是主刑、附加刑、刑罚执行方式“三位一体”，如果涉及禁止令，还需要针对是否适用禁止令及其期限提出建议。司法实践中，检察机关的量刑建议极少就禁止令提出相对确定的建议。我国《刑法》第 37 条之一规定：“因利用职业便利实施犯罪，或者实施违背职业要求的特定义务的犯罪被判处刑罚的，人民法院可以根据犯罪情况和预防再犯罪的需要，禁止其自刑罚执行完毕之日或者假释之日起从事相关职业，期限为三年至五年。”《最高人民法院、最高人民检察院关于办理危害药品安全刑事案件适用法律若干问题的解释》(2014 年 11 月公布，已失效)①第 11 条规定，对于药品安全犯罪适用缓刑的，应当同时宣告禁止令，禁止犯罪分子在缓刑考验期内从事药品生产、销售及相关活动。如果检察机关对此类犯罪提出缓刑的量刑建议，就应当同时提出适用禁止令的建议。

第二节　量刑(建议)测算表的使用与功能

一、量刑测算表的使用

如前所述，量刑建议测算分为起点刑—基准刑—宣告刑三大步骤，其中基准刑调节最为复杂，所以，实际上是五大步骤：确定起点刑—确定基准刑—调节基准刑—再次调节基准刑—确定宣告刑。为便于操作，笔者在认罪认罚制度改革过程中设计了量刑(建议)测算

① 该司法解释已被 2022 年 3 月 3 日发布的《最高人民法院、最高人民检察院关于办理危害药品安全刑事案件适用法律若干问题的解释》代替。

表,运行效果良好。这个表格既适用于法官裁量刑罚,也适用于检察官测算量刑建议,还适用于律师与检察官协商量刑。下面结合一个案例具体展示量刑建议测算表的使用:

> 被告人庆某(28 岁,2018 年 4 月曾因诈骗罪被判处有期徒刑 1 年,2019 年 3 月 12 日释放),2020 年 5 月,冒充美团公司代理商,与某商务有限公司"商务网 1.7V 版"短信平台合作,由该平台向客户发送短信,短信内容以平台系统升级为由,请商户点击虚假的美团网站链接,并诱导商户填写银行卡信息,从而获取银行卡信息资料。被告人庆某又找被告人刘某(17 岁),让刘某负责接听商户的电话询问并告知网站链接操作方法。被告人庆某在后台获取被害人的银行卡信息资料后,通过云闪付进行消费套现,合计人民币 19,000 元,被告人刘某分得 6000 元。二人被抓获到案后均如实供述了上述犯罪事实。二人在审查起诉阶段退赔,认罪认罚。

此案的定性属于典型的非法获取他人信用卡信息资料,然后再利用移动终端冒用。根据 2009 年最高人民法院、最高人民检察院联合发布的《关于办理妨害信用卡管理刑事案件具体应用法律若干问题的解释》第 5 条的规定,"窃取、收买、骗取或者以其他非法方法获取他人信用卡信息资料,并通过互联网、通讯终端等使用"属于《刑法》第 196 条第 1 款第 3 项的"冒用他人信用卡",构成信用卡诈骗罪。[①] 先来测算未成年人刘某的量刑：

第一步确定起点刑，根据《量刑指导意见》，信用卡诈骗达到数额较大起点的，在2年以下有期徒刑、拘役幅度内确定量刑起点。信用卡诈骗罪的数额较大的起点是5000元，结合中段偏下理论，确定起点刑为有期徒刑1年。第二步确定基准刑，在起点刑的基础上，犯罪数额每增加1万元，增加有期徒刑1年，本案的犯罪数额19,000元，按照20,000元测算，基准刑为2年（24个月）。第三步调节基准刑，先计算修正量刑情节，本案的未成年人和从犯是修正量刑情节，分别减少40%和30%，采用连乘模式，也就是24个月×（1－30%）×（1－40%）＝10.08个月。接下来计算一般量刑情节，退赔从轻30%、坦白从轻20%、认罪认罚从轻20%（总共没有超过60%），另外犯罪手段为利用信息网络酌情从重5%，“同向相加、逆向相减”，即10.08×（1－30%－20%－20%＋5%）＝3.528个月。第四步再次调节基准刑，结合全案、参考类案，可以取拘役3个月。第五步确定宣告刑，根据罪刑均衡原则，鉴于未成年人以教育为主、惩罚为辅的刑事政策，对刘某作附条件不起诉。具体见表7－1：

表7－1　刘某的量刑建议表

被告人：刘某（未成年人）　　　　案由：信用卡诈骗

量刑步骤	量刑依据	刑期计算
起点刑	数额较大（5000～50,000元）	有期徒刑1年

① 至于学界有人认为“机械”“网络”不能被骗，这种观点在现代网络智能时代是过时的。在网络智能甚至“元宇宙”时代，“机器不能被骗”是伪命题。参见李勇、多甜甜：《网络盗刷交易犯罪的定性分析——基于实质解释与“穿透式”审查的双重思路》，载《中国检察官》2021年第24期。

续表

量刑步骤		量刑依据	刑期计算
基准刑	调整基准刑	每增加数额10,000元,增加1年	+1年(12个月)
	建议基准刑	有期徒刑2年(24个月)	
调整基准刑	修正量刑情节	未成年、老年人、限制行为能力、盲聋哑	-40%
		防卫过当、避险过当	
		未遂/中止	
		从犯	-30%
	计算过程	24×(1-30%)×(1-40%)=10.08(单位:月)	
	一般量刑情节	退赔/和解	-30%
		累犯	
		坦白/自首	-20%
		认罪认罚	-20%
		利用公民个人信息、网络手段,酌情从重	+5%
	计算过程	10.08×(1-30%-20%-20%+5%)=3.528(单位:月)	
	综合全案参考类案	3个月	
建议宣告主刑	根据罪刑均衡原则及未成年人刑事政策,建议作附条件不起诉		
建议宣告附加刑	影响附加刑的情节		
	建议附加刑		
刑罚执行方式	影响缓刑因素		
	建议执行方式		
禁止令			

再来看被告人庆某的量刑,第一步的起点刑和第二步的基准刑,与刘某一致,不再重复。对于庆某来说,不存在修正量刑情节,直接进入一般量刑情节,退赔从轻 30%,累犯增加 20%,坦白减少 20%,认罪认罚减少 20%,利用公民个人信息、网络手段各酌情增加 5%,24 个月 ×(1 -30% +20% -20% -20% +5%)=13.2 个月。具体见表 7-2:

表 7-2 庆某的量刑建议表

被告人:庆某　　　　案由:信用卡诈骗

<table>
<tr><th colspan="2">量刑步骤</th><th>量刑依据</th><th>刑期计算</th></tr>
<tr><td colspan="2">起点刑</td><td>数额较大(5000~50,000 元)</td><td>有期徒刑 1 年</td></tr>
<tr><td rowspan="2">基准刑</td><td>调整基准刑</td><td>每增加数额 10,000 元,增加 1 年</td><td>+1 年(12 个月)</td></tr>
<tr><td>建议基准刑</td><td colspan="2">有期徒刑 2 年(24 个月)</td></tr>
<tr><td rowspan="11">调整基准刑</td><td rowspan="4">修正量刑情节</td><td>未成年、老年人、限制行为能力、盲聋哑</td><td>-0%</td></tr>
<tr><td>防卫过当、避险过当</td><td></td></tr>
<tr><td>未遂/中止</td><td></td></tr>
<tr><td>从犯</td><td></td></tr>
<tr><td>计算过程</td><td colspan="2"></td></tr>
<tr><td rowspan="5">一般量刑情节</td><td>退赔/和解</td><td>-30%</td></tr>
<tr><td>累犯</td><td>+20%</td></tr>
<tr><td>坦白</td><td>-20%</td></tr>
<tr><td>认罪认罚</td><td>-20%</td></tr>
<tr><td>利用公民个人信息、网络手段,酌情从重</td><td>+5%</td></tr>
<tr><td>计算过程</td><td>24 ×(1 - 30% + 20% - 20% - 20% +5%)=13.2(单位:月)</td><td></td></tr>
</table>

续表

量刑步骤		量刑依据	刑期计算
	综合全案参考类案	类似案件在一年左右	
建议宣告主刑	有期徒刑1年1个月		
建议宣告附加刑	影响附加刑的情节	参照上述主刑	
	建议附加刑	罚金人民币30,000元	
刑罚执行方式	影响缓刑因素		
	建议执行方式	实刑	

上述量刑建议测算表根据《量刑指导意见》采取"修正量刑情节 + 一般量刑情节"的模式设计。根据责任刑与预防刑，量刑建议表设计见表7-3。

表7-3　庆某的量刑建议表

(责任刑与预防刑)

被告人：庆某　　　　案由：信用卡诈骗

量刑步骤		量刑依据	刑期计算
起点刑		数额较大(5000～50,000元)	有期徒刑1年
基准刑	调节基准刑	每增加数额10,000元，增加1年	+1年(12个月)
	建议基准刑	有期徒刑2年(24个月)	

续表

<table>
<tr><th colspan="2">量刑步骤</th><th>量刑依据</th><th>刑期计算</th></tr>
<tr><td rowspan="9">调整基准刑</td><td rowspan="2">责任刑调节因素</td><td>利用公民个人信息、网络手段，酌情从重</td><td>+5%</td></tr>
<tr><td>责任事实，如目的、动机、责任能力、责任年龄、期待可能性等</td><td></td></tr>
<tr><td>计算过程</td><td colspan="2">24×(1+5%)=25.2</td></tr>
<tr><td rowspan="4">预防刑调节因素</td><td>坦白</td><td>-20%</td></tr>
<tr><td>累犯</td><td>+20%</td></tr>
<tr><td>退赔和解</td><td>-30%</td></tr>
<tr><td>认罪认罚</td><td>-20%</td></tr>
<tr><td>计算过程</td><td colspan="2">25.2×(1-20%+20%-30%-20%)=12.6</td></tr>
<tr><td>类案及其他影响罪刑均衡的情节</td><td colspan="2">类似案件在1年左右</td></tr>
<tr><td>建议宣告主刑</td><td colspan="3">有期徒刑1年</td></tr>
<tr><td rowspan="2">建议宣告附加刑</td><td>影响附加刑的情节</td><td>参照上述主刑</td><td></td></tr>
<tr><td>建议附加刑</td><td>罚金人民币30,000元</td><td></td></tr>
<tr><td rowspan="2">刑罚执行方式</td><td>影响缓刑因素</td><td>具有累犯情节</td><td></td></tr>
<tr><td>建议执行方式</td><td>实刑</td><td></td></tr>
</table>

二、量刑(建议)测算表的功能

第一，量刑测算表作为检察官测算量刑建议的载体，有助于提高量刑建议的准确性和精确性。此表通过制定一系列完整的算法，成为检察机关用于计算刑期的载体，改变了量刑建议“估堆”的传统做法,提高了检察官提出量刑建议的精准性和效率,做到"又快又准"。它也规范了检察机关的自由裁量权,实现了量刑建议的透明化,检察机关可以依靠量刑建议测算表,实现对相同或类似的案件提出相同的量刑建议,有助于提高检察机关的公信力,也方便对量刑建议进行监督。

第二,量刑测算表作为控辩双方量刑协商的载体,有助于保障被告人认罪认罚的自愿性和真实性,也有助于提高律师帮助的实质化。此表将所有量刑情节及具体的量刑依据和刑期计算方式向被告人及其辩护人开示,作为量刑协商的载体,有利于保障认罪认罚认赔的真实性、自愿性、充分性。辩护人也可以通过此表进行量刑测算,就从轻的幅度、从重的幅度与检察官开展量刑协商,改变辩护人在认罪认罚具结过程中沦为见证人的现象。

第三,量刑测算表作为量刑建议说理的载体,有助于提高法院采纳量刑建议率。《量刑建议测算表》所计算出来的刑期也更有助于提高法院对量刑建议的采纳率。随案移送的量刑建议测算表可以使法院清楚地了解检察机关提出量刑建议的依据,以及相关量刑的计算方式。同时,它也倒逼法官改变"估堆"量刑的习惯做法,不得不精准测算。经过控辩双方协商,并且逐项列明了各种量刑因素,法官没有理由不采纳。

第四,量刑测算表作为量刑建议"阳光化"的载体,有助于提高量刑建议的透明度,监督检察官的量刑建议裁量权。量刑建议测算表明确了自首、退赃、认罪认罚等全部情节及其对应的刑罚量,使得法律规定的量刑情节不再抽象,而在被告人心中具体化,从而使他们愿意交代犯罪事实,发自内心地悔过,积极退赃。

第五,量刑测算表作为提高诉讼效率的载体,不仅提高了检察官计算量刑和控辩双方量刑协商的效率,也使庭审更加聚焦量刑,提高庭审效率。此表无须盖章,检察官在让被告人签认罪认罚具结书时携带,可以是空白表,控辩双方当场协商逐项填写,协商确认后让被告人签字捺印,将协商过的量刑测算表附在量刑建议书的后面作为附件。这样,原来的量刑建议书大幅度简化,无须叙写案件的各种情节;同时,原来的具结书也不必写得像审查报告一样复杂,这样就大大提高了效率。

与具结同步录音录像相比,这样一张小小的表格,可谓省时省力省钱!①

第三节　附条件量刑建议的价值及其适用

在贯彻落实认罪认罚从宽制度过程中,检察机关就认罪认罚案件提出从宽量刑建议是题中之义。如何从宽、从宽多少,需要结合具体案件并根据法律法规等规范性文件进行协商和确定。实践中,有些案件,检察机关与被告方已签署具结书,但在审判阶段出现退赃、赔偿、和解等情况,导致原来的量刑建议需要重新协商、不断调整,这不利于量刑建议的稳定性,也不利于诉讼经济原则的实现。2021 年 4 月,最高人民检察院就全国人大常委会对检察机关适用认罪认罚

---

① 目前,实践中对认罪认罚具结过程进行录音录像的做法,最初源于苏州等地的试点,但该做法可能值得商榷。首先,认罪认罚从宽制度的立法初衷是合理配置司法资源,基本特征是程序从简,增加录音录像程序,使程序简化大打折扣。其次,认罪认罚从宽制度的理论基础是诉讼经济原则,录音录像设备是一笔不菲的费用,对于西部欠发达地区而言,成本过高。再次,录音录像的功能如果说是为了廉洁,防止检察官故意徇私,那么该功能只能是理想状态。一个想徇私的检察官当然不可能在镜头下徇私,而是会在镜头之外,所以试图通过录音录像实现廉洁,还不如遵循诉讼原理,通过量刑建议测算表来实现。最后,试图通过录音录像来防止被告人认罪认罚后的反悔,也是违反诉讼原理的。如前所述,认罪认罚是被告人的权利,被告人有认罪认罚的自愿选择权,当然也有反悔权。反悔的程序性制裁是不再从宽,但不能强迫被告人不得反悔。一些地方,在庭审中播放认罪认罚具结时的录音录像逼迫、威胁被告人不要反悔、逼迫其自认其罪是违反基本诉讼原理。

从宽制度情况报告的审议意见,提出了28条贯彻落实意见,其中提出"量刑情节在具结书签署后发生变化。各地可根据案件实际情况和能够预期的量刑情节变化,探索在具结书和量刑建议书中提出多项或附条件的量刑建议"。实践中,笔者当时所在的单位江苏省南京市建邺区人民检察院,逐步探索出"附条件量刑建议"的做法。所谓"附条件量刑建议",就是在认罪认罚案件中,检察机关基于可能在提起公诉后出现的退出赃款、赔偿损失、和解等影响量刑的新的事实、情节,在提出量刑建议时,将可能出现的事实、情节变化作为附加条件列明在量刑建议书、具结书之中,当这些事实、情节出现时即兑现相应的量刑从宽处遇。实践证明,附条件量刑建议具有积极意义。

笔者参与起草《人民检察院办理认罪认罚案件开展量刑建议工作的指导意见》,提出增加规定附条件量刑建议,被采纳。该文件第19条规定"人民检察院可以根据案件实际情况,充分考虑提起公诉后可能出现的退赃退赔、刑事和解、修复损害等量刑情节变化,提出满足相应条件情况下的量刑建议。"

一、附条件量刑建议的价值

认罪认罚从宽制度基本特征是"实体从宽、程序从简"。检察机关在计算量刑建议时,不仅要把认罪认罚作为裁量因素,还需要把赔偿、退赃、从犯等各种影响预防刑和责任刑的情节进行全方位衡量。众所周知,影响预防刑的因素很多,有的短期内就能体现,有的需要一定的时间才能体现出来;有的在审查起诉阶段甚至侦查阶段就能体现,有的在审判阶段才能体现出来。例如,退赔、谅解,属于影响预防刑的因素,对于有能力退赔的被告人而言,可以在案发后签订具结书之前就退赔,这样就可以在检察机关的量刑建议中直接体现。但是有些被告人需要一定的时间筹措资金,在签订具结书之前无法退赔;还有的案件犯罪嫌疑人与被害人之间需要反复磋商,而检察机关办案期限是有限的，并且认罪认罚案件本身就有提高诉讼效率、节约司法资源的价值诉求。这种情况下，通过附条件量刑建议，不仅符合刑罚裁量的正当性，对被告人特别是暂时经济困难的被告人也更加公平；同时也更加有利于保护被害人的利益，为被害人挽回损失。例如，在非法集资案件中，检察机关与认罪认罚的犯罪嫌疑人进行量刑协商时提出，如果其退出全部违法所得、挽回集资参与人相应的损失，可以从轻20%，甚至对于情节较轻的案件可以适用缓刑，表现在量刑建议书和具结书中就是："如果退赔损失（可以写明具体金额）……可以再调整量刑建议（直接写明可以减少具体的刑罚量，甚至写明可以适用缓刑）"。这样一方面激发了犯罪嫌疑人退赃的积极性及其认罪认罚认赔的自愿性和真实性；另一方面最大限度地实现了追赃挽损，将退赔被害人损失进行量化，最大限度为集资参与人挽回损失。实践表明，附条件量刑建议是一个"双赢""多赢"的做法，有利于实现"三个效果"的统一。

二、附条件量刑建议的适用

第一，附条件量刑建议一般只适用于退赃、赔偿、和解等法益修复性量刑情节。犯罪的本质是侵害法益，刑法的目的是保护法益。刑法中有些罪名所保护的法益具有明显的可修复性，这种法益可修复的特性也是恢复性司法的重要基础。法益可修复性的典型罪名主要表现为以下几类：（1）侵犯人身民主权利的犯罪、财产性犯罪。如故意伤害、盗窃、诈骗等案件中，若犯罪嫌疑人赔偿被害人全部损失，道歉和解，那么被害人所遭受的损失就得以弥补，被侵害的财产权法益得以修复（虽然不可能完全恢复），其可罚性就降低。（2）税收类犯罪。税收类犯罪保护的主要是国家税收法益，当犯罪嫌疑人认罪认罚补交税款，法益就得到一定程度的修复，其可惩罚性也相应降低。（3）拒不支付劳动报酬罪。如果在刑事立案前、提起公诉前支付劳动报酬,并依法承担相应赔偿责任的,可以从宽处罚,《关于审理拒不支付劳动报酬刑事案件适用法律若干问题的解释》甚至规定该种情况可以不起诉。(4)经济类犯罪。如非法吸收公众存款的,犯罪嫌疑人认罪认罚,能够及时清退所吸收资金,资金主要用于生产经营的,根据相关司法解释规定,可以不起诉或免予刑事处罚。对于这些罪名,在量刑建议中附加退赃、赔偿、和解等条件,一旦这些条件实现,就可以兑现相应的从宽处遇。

至于其他与法益修复无关的事实和情节,不宜通过附条件量刑建议的方式解决。比如,在审判阶段出现立功、部分犯罪事实不能成立等事实和情节,就不得以附条件量刑建议的方式解决;发现遗漏犯罪事实、遗漏罪名的,应当变更起诉。

第二,附条件量刑建议不仅可适用于自然人犯罪,而且适用于单位(企业)犯罪。国际上,针对企业犯罪,合规计划属于对企业从宽量刑甚至不起诉的重要因素。对于企业犯罪而言,实施合规计划、挽回损失等补救措施,不仅可以作为暂缓起诉(类似于附条件不起诉)的因素,也可以作为附条件量刑的因素。就我国而言,针对企业犯罪适用认罪认罚提出附条件的量刑建议完全具有法律依据。

第三,附条件量刑建议应当坚持有利于被告人的原则,实行"调低不调高"。附条件量刑建议,本质上是调整量刑建议。由于这样的调整量刑建议是有利于被告人的,并且是在量刑协商中可预见的,双方已经就此进行了协商,一旦该条件实现就"调低"原有的量刑建议,因此可以通过附条件量刑建议的方式来保持量刑建议的稳定性。这就决定了对被告人不利的量刑情节和事实,如在审判阶段出现遗漏认定的累犯等法定从重量刑情节,就应当重新协商,重新签订具结书,调整量刑建议,调整后的量刑建议实质上是一个新的量刑建议。

第八章　犯罪嫌疑人、被告人反悔及其程序性后果

认罪认罚本质上是控辩双方的合意协商，被告人有权反悔，检方有权抗诉，法官不应对任何一方的上诉或抗诉反感。这本是程序的运作规律，各方都应尊重诉讼原理，理性看待。

——题记

如前所述，认罪认罚是犯罪嫌疑人、被告人的权利，犯罪嫌疑人、被告人有权选择是否认罪认罚，也有权选择相应的程序。既然有权选择认罪认罚，就有权选择反悔。根据比例原则，犯罪嫌疑人、被告人选择认罪认罚及相应的程序，节约了司法资源，国家就应给予相应的从宽处遇；犯罪嫌疑人、被告人选择不认罪认罚或者认罪认罚后又反悔，相应的从宽处遇就失去基础，同时为防止反悔的随意化而无端耗费司法资源需要相应的程序性后果。检察官应当理性看待犯罪嫌疑人、被告人的反悔。而检察机关与犯罪嫌疑人、被告人一旦签署具结书，因其代表国家，不得随意反悔。

第一节　犯罪嫌疑人、被告人反悔及其程序性后果

犯罪嫌疑人、被告人认罪认罚反悔后，导致的直接程序性后果是相应程序的转换，在不同阶段有不同的程序性后果。在国外，被告人可以在法院未“刑之宣告”前，可以撤回认罪声明。[①] 我国《刑事诉讼法》对被告人的反悔没有明确规定相关条件和后果。根据司法实践的经验做法，就犯罪嫌疑人、被告人的反悔及其程序性后果阐述如下：

一、审查起诉阶段的反悔及其程序性后果

认罪认罚具结是在审查起诉阶段检察官主导下进行的控辩协商。该阶段，检察官应当充分尊重被告人的选择权和自愿性。为片面追求适用率，反复劝说甚至迫使犯罪嫌疑人认罪认罚是错误的。犯罪嫌疑人有权选择认罪认罚及适用相应的程序，对于检察机关提出的量刑建议，如果犯罪嫌疑人觉得无法接受，或者认为检察机关并没有进行协商而是单方面告知，其有权选择认罪但不认罚，而不适用相应的速裁程序、认罪认罚的简易程序等。即使签署了认罪认罚具结书，犯罪嫌疑人也有权反悔。在提起公诉前反悔，程序性后果包括以下方面：

一是基于认罪认罚拟作相对不起诉的，可以重新提起公诉。当然，如果因证据、事实发生变化，也可能导致重新作出存疑不起诉或绝对不起诉。事实上，司法实践中一些案件，犯罪嫌疑人认罪认罚，

① 参见王兆鹏：《新刑诉 · 新思维》，台北，元照出版有限公司 2004 年版，第 197－198 页。

检察机关与犯罪嫌疑人协商拟作出相对不起诉,犯罪嫌疑人之所以反悔,很多是认为自己的行为不构成犯罪,推翻具结书的目的并非希望检察机关提起公诉,而是希望检察机关重新审查案件作出存疑不起诉或绝对不起诉。

二是基于认罪认罚拟提起公诉并提出从宽量刑建议的,撤回从宽的量刑建议,原来打算适用的速裁程序、认罪认罚的简易程序或认罪认罚的普通程序将不再适用,而适用一般的普通程序。程序从宽的前提和基础是认罪认罚,既然犯罪嫌疑人反悔,不再认罪认罚,那么程序从宽自然也就不复存在。检察机关应当重新测算量刑,把基准刑调节中的认罪认罚从宽幅度予以撤销,这本身就带有一定的制裁性质。需要特别强调的是,检察机关不得因为犯罪嫌疑人反悔,进而认为犯罪嫌疑人认罪态度不好、主观恶性较大,而“报复性”地加重量刑。

二、法院审理阶段的反悔及其程序性后果

即使在审查起诉阶段认罪认罚,被告人在法院审理阶段也有权反悔。在法院审理阶段的反悔包括以下两种情况:

一是在开庭前的反悔。在审理阶段,法院在送达起诉书时就会告知被告人认罪认罚从宽制度的意义和后果以及权利。如果在开庭前被告人反悔,法院应当及时通知检察机关,检察机关要调整量刑建议,并建议法院不再适用原来的速裁程序、认罪认罚的简易程序等。

二是在庭审中的反悔。认罪认罚案件的庭审,重要内容就是核实认罪认罚的真实性和自愿性,被告人在庭审中有权反悔。反悔导致的程序性后果,一方面是程序转换,由速裁程序、简易程序等转换为普通程序;另一方面,检察机关的量刑建议予以调整,撤回原有的从宽幅度。如果检察机关不能当庭调整量刑建议的,或者法院因适用普通程序未满足送达起诉时期限的,应当休庭。

三是反悔后又认罪认罚的。被告人在法院审理阶段反悔后，如果在一审宣判前，重新认罪认罚的，如何处理？首先，被告人有权重新认罪认罚；其次，重新认罪认罚后，检察机关应当与被告方重新协商量刑并签署认罪认罚具结书。有人会说，直接用原来的具结书和量刑建议书可以吗？答案是否定的。认罪认罚在不同阶段，从宽量刑的幅度是不同的，这种反复认罪认罚与反悔的，从宽的幅度至多只能参照审判阶段认罪认罚。因此，需要重新进行量刑协商并签署具结书，检察机关也应当重新出具量刑建议书。

三、判决后的反悔及其程序性后果

被告人在一审判决后反悔的表现形式就是"上诉"。按理说，作为控辩协商的双方，一方有上诉权，另一方就有抗诉权。在美国。联邦检察官与被告人都有权对违反法律、误用量刑指南或者法院违反辩诉协议的量刑提起上诉。[①]

认罪认罚案件的上诉与抗诉问题，在目前司法实践中争议很大。一方面，检察机关极不愿意看到认罪认罚的被告人在判决后反悔上诉，甚至通过考核指标严控上诉率；另一方面，被告人有权反悔有权上诉，一旦上诉，检察院要么是做被告人工作让其撤回上诉，要么是进行抗诉，但是法院对检察机关因被告人认罪认罚反悔而抗诉又持消极态度。这是困扰认罪认罚从宽制度的重要问题。各方都应理性看待，尊重诉讼原理。

首先，被告人有权反悔、有权上诉，这一点在我国目前的法律框架下，是毫无疑问的。虽然在审查起诉阶段、审理阶段当庭反悔，没有法律的明确规定，但上诉权是《刑事诉讼法》规定的基本制度，也是被告人的基本权利。这一点，对于认罪认罚案件和非认罪认罚案件，

---

① 参见张鸿巍：《美国检察制度研究》(第2版)，人民出版社2011年版，第223页。

《刑事诉讼法》没有作任何区分,其上诉权理当得到保障。当然,从立法论的角度来说,速裁程序是否可以限制或取消上诉,是可以讨论的话题。事实上,对于类似速裁程序取消上诉权并非没有域外模式可供借鉴。在德国,通过认罪协商,部分起诉罪名在检察官同意下终止诉讼程序,被告人依照法院原先的建议科处刑罚。原来可能经过冗长程序的审判案件,"因此迅速结束,所有相关的当事人都抛弃上诉权"。①

其次,检察机关有抗诉权,但应保持谦抑。根据认罪认罚从宽制度的基本原理,认罪认罚从宽本质上是认罪协商、量刑协商,立法初衷是繁简分流,节约司法资源,提高诉讼效率,根据比例原则,给予实体从宽。被告人反悔在其他诉讼阶段可以撤回已经给予的从宽幅度,那么在判决后的阶段,通过抗诉的方式撤回已经给予的从宽幅度是应有之义。因为对被告人从宽处理的重要原因之一,就是被告人认罪认罚给司法资源节约和司法效率提高都带来了好处,也给被告人带来了实实在在的量刑优惠。其无正当理由上诉这一行为不但违背了具结书、恢复到不认罪认罚的被追诉状态,而且引起了本不必要的二审程序,浪费了司法资源,使司法成本变得更加高昂,也表明其不是发自内心地尊重司法机关的裁决,而是抱有一种投机心理、侥幸心理,不是真诚的悔罪悔过。从本质上讲,被告人无正当理由的上诉,既与立法创制认罪认罚从宽制度的初衷相悖,更不是司法机关积极实施这一制度所期待的诉讼效应。检察机关提出抗诉绝非仅仅为了加重少数上诉人的刑罚,而是通过抗诉的方式引导被告人形成尊重认罪认罚具结和承诺的自觉,从而减少无谓的上诉和不必要的二审程序,助推认罪认罚从宽制度良性运行。②

---

① 参见张丽卿:《刑事诉讼制度与刑事证据》,中国检察出版社 2016 年版,第 78 页。

② 参见苗生明:《认罪认罚后反悔的评价与处理》,载《检察日报》2020 年 2 月 20 日,第 3 版。

当然，检察机关的抗诉也不是随意的，而要保持谦抑和克制，一般来说是针对无正当理由的上诉。《人民检察院办理认罪认罚案件开展量刑建议工作的指导意见》第39条规定，“认罪认罚案件中，人民法院采纳人民检察院提出的量刑建议作出判决、裁定，被告人仅以量刑过重为由提出上诉，因被告人反悔不再认罪认罚致从宽量刑明显不当的，人民检察院应当依法提出抗诉。”这里对抗诉作出了两点限制：一是无正当理由，即“仅以量刑过重为由提出上诉”。需要注意的是，这里的“量刑过重”不是真正的量刑过重，如果是检察机关量刑测算不准确，确实量刑过重，则检察机关不应抗诉。二是“从宽量刑明显不当”。

最后，法院不应盲目排斥抗诉，而应支持合理的抗诉意见。认罪认罚从宽制度的立法初衷是为了给法官减负，这项制度的繁简分流、合理配置司法资源主要体现在法院审判环节。法官应当积极支持和推动这项制度的良性发展，不能因为是检察官主导量刑协商而“心生嫌隙”。法官应当从更高层面、更深法理角度去认识和理解认罪认罚从宽制度以及检察机关的量刑建议，对于被告人无理由的上诉，不利于认罪认罚从宽制度行稳致远的上诉，应当支持检察机关的抗诉，而非盲目排斥。如前所述，在国外，被告人在宣判之后原则上是不能反悔的，在判决前反悔也必须能证明任何公平正当的利益。有些州准许在判决后反悔，但设定较为严苛的条件，通常只有在避免明显的不正义情形之下，才有可能被准许撤回。[①] 实践中，有的地方中级人民法院在会议或培训班上公开宣称，对于检方因被告人认罪认罚反悔上诉而提起的抗诉，一律驳回抗诉。这种做法无论是从法律角度还是法理角度考虑，都是错误的。当然，实践中，也有一些抗诉意见被法院采纳的案例，如下面这个案例：

---

① 参见王兆鹏：《新刑诉·新思维》，台北，元照出版有限公司2004年版，第197－198页。

高某等人因涉嫌组织、领导、参加黑社会性质组织、开设赌场、非法持有枪支、窝藏、聚众斗殴、强迫交易、非法拘禁、故意销毁会计凭证、非法侵入住宅等罪，被移送武冈市人民检察院审查起诉。在审查起诉期间及法庭审理阶段，高某等人自愿认罪认罚，并签署《认罪认罚具结书》，对起诉书指控的犯罪事实、罪名均无异议。经公开开庭审理，一审法院采纳了检察机关的量刑建议，对高某等被告人依法从宽处罚。一审判决后，高某等被告人却以量刑过重为由提出上诉。检察机关认为，高某等人在认罪认罚得到从宽处罚后又提出上诉，试图通过法律上的投机换取更低的量刑，这些行为违背了认罪认罚的基本原则和司法诚信，在浪费司法资源的同时也会产生不良的示范效果。认罪认罚后无正当理由提出上诉，是对《认罪认罚具结书》的否认与撤销，其认罪认罚从宽处罚的基础已不存在，邵阳市人民检察院遂支持武冈市人民检察院依法向邵阳市中级人民法院提起抗诉。最终，二审法院采纳了检察院的抗诉意见，依法对高某等八人作出了增加刑罚的判决。①

第二节　认罪认罚抗诉与上诉不加刑

如前所述，检察机关针对被告人无正当理由的反悔上诉，可以通过抗诉的方式撤回给予的从宽幅度。这样会导致抗诉与上诉不加刑原则冲突吗？理论界和实务界对这个问题均存在争议，最著名的案件莫过于北京余某某交通肇事案。

2019 年 6 月 5 日 21 时，被告人余某某酒后驾车从北京市海淀区

① 参见《判例：认罪认罚反悔上诉，湖南检方抗诉成功改判加刑！》，载微信公众号“悄悄法律人”2022 年 2 月 17 日，https://mp. weixin. qq. com/s/grkt0NlQ3yuyZMgog5 - alg。

回门头沟住所，在门头沟撞倒被害人宋某致其死亡，撞人后逃逸并擦拭车身血迹再回现场观望又逃离，次日投案。事故认定余某某为酒后驾车撞人并逃逸，负事故全部责任。后余某某赔偿死者家属 160 万元，双方刑事和解，被告人认罪认罚，具结同意检察机关提出的判处 3 年有期徒刑缓刑 4 年的量刑建议，但门头沟法院一审判处其 2 年实刑。被告人上诉和检察院认为量刑过重抗诉后，北京第一中级人民法院二审不认定自首，还改判其有期徒刑 3 年 6 个月。二审判决认为，北京市门头沟区人民检察院及北京市人民检察院第一分院有关原判量刑错误并应对余某某适用缓刑的意见均不能成立，本院均不予采纳；上诉人余某某所提应对其改判适用缓刑的理由及其辩护人所提原判量刑过重，请求改判两年以下有期徒刑并适用缓刑的意见均缺乏法律依据，本院均不予采纳。原审人民法院根据余某某犯罪的事实、犯罪的性质、情节以及对于社会的危害程度所作出的判决，认定余某某犯交通肇事罪的事实清楚，证据确实、充分，定罪正确，审判程序合法，但认定余某某的行为构成自首并据此对其减轻处罚，以及认定余某某酒后驾驶机动车却并未据此对其从重处罚不当，本院一并予以纠正。二审判决驳回北京市门头沟区人民检察院的抗诉及余某某的上诉；撤销北京市门头沟区人民法院(2019)京 0109 刑初 138 号刑事判决；上诉人余某某犯交通肇事罪，判处有期徒刑 3 年 6 个月。①

此案一经公布，可谓“一石激起千层浪”，龙宗智、车浩等学者纷纷加入论战。然而，一波未平，一波又起，《刑事审判参考》第 127 辑刊登了第 1008 号案例，重新燃起“战火”。

湖南省洪江市人民检察院指控被告人段某某犯妨害公务罪，向湖南省洪江市人民法院提起公诉，建议对被告人段某某在有期徒刑 6

---

① 参见北京市第一中级人民法院刑事判决书，(2019)京 01 刑终 628 号。

个月以上 1 年 3 个月以下范围内量刑,适用缓刑,建议适用速裁程序,随案移送段某某签署的《认罪认罚具结书》。被告人段某某对指控事实、罪名及量刑建议、程序适用没有异议且签字具结,在开庭审理过程中亦无异议。湖南省洪江市人民法院审查决定适用速裁程序公开审理本案。经审理查明:2019 年 8 月 28 日 20 时许,被告人段某某在饮用一罐 330ml 的哈尔滨牌啤酒后,驾驶白色哈弗 H6 越野车从洪江市黔城镇玉壶路经荷塘路往洪江市妇幼保健院方向行驶,至洪江市黔城镇相思湖牌坊处遇到交警执勤检查。段某某为逃避检查驾车,在人行横道上违规调头欲离开。此时交警周某走到车辆驾驶位前要求段某某纠正行为并靠边停车接受检查。段某某在此情况下突然驾车加速前行,将周某刮倒后逃逸。经检查,周某的损伤为右手手臂皮肤软组织挫伤。当日 21 时 37 分,段某某通过拨打"110"主动向洪江市公安局投案,到案后如实供述了自己的犯罪事实。案发后,段某某向周某进行了经济赔偿并取得谅解。洪江市人民法院认为,被告人段某某以暴力方法阻碍公安机关工作人员依法执行职务,其行为已构成妨害公务罪。段某某犯罪以后自动投案,如实供述自己的罪行,是自首,可以从轻处罚。段某某对被害人进行了赔偿并取得其谅解,可酌情从轻处罚。判决被告人段某某犯妨害公务罪,判处有期徒刑 8 个月,缓刑 1 年。

原审被告人段某某犯妨害公务罪一案,湖南省洪江市人民法院于 2019 年 9 月 29 日作出(2019)湘 1281 刑初 174 号刑事判决:被告人段某某犯妨害公务罪,判处有期徒刑 8 个月,缓刑 1 年。被告人段某某不服,提起上诉。本院依法组成合议庭审理了本案。现已审理终结。判决认为,一审法院适用速裁程序作出判决,是基于上诉人段某某于 2019 年 9 月 24 日作出的认罪认罚具结书和原公诉机关适用速裁程序的建议。现段某某上诉提出自己无罪,一审判决存在事实不清,证据不足的情形,应当撤销原判决,发回原审法院适用普通程序重新审理。据此,裁定如下:撤销湖南省洪江市人民法院(2019)湘1281 刑初 174 号刑事判决;发回湖南省洪江市人民法院重新审判。重审期间,经洪江市人民检察院变更起诉,洪江市人民法院适用普通程序审理本案。庭审查明的事实与原判决一致。在庭审中公诉人当庭提出公诉意见:被告人段某某案发后自动投案,并如实供述犯罪事实,系自首,依法可以从轻处罚,建议对被告人段某某在有期徒刑 6 个月以上 1 年 3 个月以下范围内量刑。在庭审过程中,被告人段某某对起诉书指控的案件基本事实无异议,但辩称被害人周某在责令其停车检查过程中,手持酒精测试仪击打其头部,其因系饮酒后驾车害怕被查处,故加速开车逃离而将被害人带倒。段某某在法庭调查阶段认罪认罚,但在法庭辩论及最后陈述阶段均提出同意辩护人的无罪辩护意见,自己不构成妨害公务罪。洪江市人民法院重新审理认为,被告人段某某以暴力方法阻碍国家机关工作人员依法执行职务,其行为已构成妨害公务罪。段某某犯罪以后自动投案,如实供述自己的罪行,是自首,可以从轻处罚。段某某对被害人进行了赔偿并取得了其谅解,可酌情从轻处罚。段某某不悔罪,不符合缓刑条件,依法不适用缓刑。判决被告人段某某犯妨害公务罪,判处有期徒刑 8 个月。宣判后,被告人段某某未提出上诉,检察机关未提出抗诉。判决已发生法律效力。[①]

段某某案与余某某案的共同之处在于,一审认罪认罚并判处缓刑(判处有期徒刑 8 个月,缓刑 1 年),后被告人上诉、二审发回重审,判处有期徒刑实刑 8 个月,显然是加重了被告人的刑罚。其判决的理由论证为:《认罪认罚指导意见》第 45 条规定,速裁案件的二审程序,被告人不服适用速裁程序作出的第一审判决提出上诉的案件,可以不开庭审理。第二审人民法院审查后,若发现被告人以事实不清、

① 参见湖南省洪江市人民法院刑事判决书,(2020)湘 1281 刑初 53 号。

证据不足为由提出上诉的，应当裁定撤销原判，发回原审人民法院适用普通程序重新审理，不再按认罪认罚案件从宽处罚。据此认为，"指控成立构成犯罪的，依法裁量刑罚，原有的认罪认罚从宽优惠不再享有。重新判罚的结果如果比原审重，是根据案件事实、性质、情节以及被告人因认罪认罚获得从宽处罚的待遇被取消等因素所致，而不是加重被告人的刑罚。"[①]上述两起案件比较典型地反映了认罪认罚反悔与上诉不加刑之间的紧张关系，如何理解和处理值得研究。

一、实质解释论视角下的"上诉不加刑"的理解与适用

上诉不加刑原则已成为现代世界上绝大多数国家普遍确立的一项重要刑事诉讼原则，我国也不例外。"上诉不加刑"的法理基础在于"禁止不利益变更"原则（又称不利益变更禁止原则），就是对于被告人上诉或者为被告人利益而上诉者，第二审法院不得宣告比原判更重的刑罚。[②] 上诉不加刑原则被称为保障被告人上诉权的基石。我国《刑事诉讼法》第 237 条规定："第二审人民法院审理被告人或者他的法定代理人、辩护人、近亲属上诉的案件，不得加重被告人的刑罚。第二审人民法院审理被告人或者他的法定代理人、辩护人、近亲属上诉的案件，不得加重被告人的刑罚。第二审人民法院发回原审人民法院重新审判的案件，除有新的犯罪事实，人民检察院补充起诉的以外，原审人民法院也不得加重被告人的刑罚。"（以往，很多案件通过发回重审来变相规避上诉不加刑原则，在 2012 年刑事诉讼法修改之后这条路已经被堵死）

正如法律领域的其他制度一样，有原则就有例外，上诉不加刑也

① 参见最高人民法院刑事审判第一、二、三、四、五庭编：《刑事审判参考》（总第 127 辑），总第 1408 号案例。

② 林钰雄：《刑事诉讼法》（下册　总论编），中国人民大学出版社 2005 年版，第 234 页。

有例外，典型的例外就是检察机关抗诉。我国《刑事诉讼法》第237条还规定，“人民检察院提出抗诉或者自诉人提出上诉的，不受前款规定的限制”。这里虽然没有将“人民检察院提出抗诉”限定为“为被告人利益”而抗诉，但是根据“禁止不利益变更”的法理，检察机关为了被告人利益而抗诉的，法院不得加重量刑，这是实质解释的必然归结。所以，全国人大常委会法工委刑法室指出“人民检察院提出抗诉的案件”，包括地方各级人民检察院认为本级人民法院第一审的判决确有错误，处刑过轻，提出抗诉的，以及被害人及其法定代理人不服地方各级人民法院第一审的判决，请求人民检察院提出抗诉，人民检察院经审查后提出抗诉的案件。但人民检察院认为第一审判决确有错误，处刑过重而提出抗诉的，第二审人民法院经过审理也不应当加重被告人的刑罚。① 或许有人说，全国人大常委会法工委的释义是学理解释，既不是立法解释也不是司法解释，但它是符合法理和立法目的的学理解释，不得随意违反。

二、缓刑与实刑孰重孰轻问题的实质解释

有人认为，余某某交通肇事案，检察机关提出抗诉，不能说是为了被告人利益抗诉。因为一审中检察机关的求刑是有期徒刑3年缓刑4年，而法院一审判决是有期徒刑2年实刑。检察机关抗诉的诉求按照认罪认罚量刑协商的结果即有期徒刑3年缓刑4年。不考虑缓刑的话，单从有期徒刑时间看，一审判处的是有期徒刑2年，而检察机关抗诉的诉求是有期徒刑3年，其实检察机关是认为一审判轻了而抗诉要求加重为3年有期徒刑。因而，有人认为这是一道简单的算术题，此案二审判决并无问题。

这样的理解与前述对上诉不加刑之检察机关抗诉例外情形一

---

① 王爱立、雷建斌：《〈中华人民共和国刑事诉讼法〉释解与适用》，人民法院出版社2018年版，第450页。

样,不是一道简单的算术题,而是需要规范、实质的解释。

首先,上诉不加刑的本质在于禁止不利益变更,禁止不利益变更就是"对于被告人提出上诉的案件或者为被告人利益而提起控诉的案件,不得宣告比原判刑罚更重的刑罚"。[①] 也就是说,为了被告人利益的抗诉也不能加重刑罚,因此,是否"为了被告人利益"而抗诉应当实质解释是否有利于被告人,是否实质上给被告人带来利益。缓刑与实刑相比,哪个更有利于被告人?哪个更符合被告人利益?显然是不言自明的道理。如果法律人一定要说缓刑 3 年比实刑 2 年更重,那一定是违背人性的。法律的解释不能违背基本的人性,违背基本人性的解释一定是存在问题的。换言之,被告人需要获得的是实实在在不要"坐牢"的实惠,而不是一个冷冰冰的数字"2"或"3"。

其次,实体刑法中的刑罚轻重比较与程序法中量刑轻重比较存在差异。刑法中的想象竞合从一重处等刑罚比较,通过比较法定最高刑、最低刑等进行,而不会考虑缓刑,因为在刑法语境中,缓刑只是刑罚执行方式而已。但是程序法中"上诉不加刑"的"被告人利益",决不能将缓刑仅仅理解为刑罚执行方式而已,因为这个执行方式涉及被告人的切实利益,缓刑与实刑对于被告人利益而言,可谓天壤之别。因此,《最高人民法院关于适用〈中华人民共和国刑事诉讼法〉的解释》规定,对被告人判处拘役或者有期徒刑宣告缓刑的,二审不得撤销原判决宣告的缓刑或者延长缓刑考验期。因此,此案中检察机关的抗诉实质上是为被告人争取利益,实质上是为了被告人利益而抗诉,是为"求轻"而抗诉,这一点不应当被曲解。日本有判例也认为缓刑比实刑更有利于被告人,盗窃案件一审判处 1 年惩役实刑,二

① 参见[日]田口守一:《刑事诉讼法》,张凌、于秀峰译,中国政法大学出版社 2010 年版,第 354－355 页。

审改为1年6个月惩役缓刑，实质上是对被告人有利的。[1] 不应仅考虑抽象的量刑，还应考虑服刑的实际状况。[2] 1986年7月21日《最高人民法院研究室关于第二审人民法院对上诉案件维持原判刑期撤销缓刑是否违反"上诉不加刑"的原则的电话答复》也采取了同一立场。

最后，此案是认罪认罚案件，认罪认罚本质上是量刑协商。换言之，检察机关提出的量刑建议是经过双方协商而达成的，检察机关提出抗诉是为了"捍卫"这一协商成果，"捍卫"这一协商成果就是"捍卫"被告人的利益。从这个角度来说，检察机关抗诉是为了被告人利益。

三、实质解释论视角下量刑事实的证明

二审撤销自首认定，无论是在实体法上还是在程序法上，都存在重大问题，实在难以理解为什么会有人赞扬此案二审判决的"典范"和"伟大"。二审不认定自首的理由阐述是这样的：

交通肇事案件中，主要犯罪事实包括交通事故的具体过程、事故原因及犯罪对象等方面事实。对于驾驶机动车肇事致人死亡的案件而言，行为人在事故发生时驾车撞击的是人还是物属关键性的主要犯罪事实，应属犯罪嫌疑人投案后必须如实供述的内容。本案中，根据现场道路环境、物证痕迹、监控录像等可以认定，余某某在事故发生时对于撞人这一事实是明知的。其在自动投案后始终对这一关键事实不如实供述，因而属未能如实供述主要犯罪事实，故其行为不能被认定为自首。[3]

---

① 参见[日]田口守一：《刑事诉讼法》，张凌、于秀峰译，中国政法大学出版社2010年版，第355页。

② 参见施鹏鹏：《认罪认罚从宽适用中的抗诉与改判问题》，载微信公众号"青苗法鸣"2020年4月17日，https://mp.weixin.qq.com/s/09zrUVR8wEEpRgVSu9MVUQ。

③ 龙宗智：《评余金平交通肇事案终审判决》，载微信公众号"中国法律评论"2020年4月17日，https://mp.weixin.qq.com/s/ylOM0RfV_XQMw34w9GPOxw。

上述理由的表述至少存在以下问题：首先，刑法中自首的条件是“投案+如实供述”。如实供述主要犯罪事实，当然是指犯罪构成要件的主要事实，交通肇事罪是过失犯罪，被告人主要供述了犯罪构成要件的主要事实即可认定为如实供述主要犯罪事实。根据二审判决引用的侦查期间的被告人供述，被告人称，撞车时，“感觉车右前方撞到了路边的一个物体”，后在车库中看了车辆状况包括斑状血迹后，才“知道自己撞到人”。可见，被告人就案件客观事实已经作了如实供述，不过对主观意识的供述确实有避重就轻之嫌。事实上，类似情况在实践中广泛存在，但罕见实践中据此不认定为“如实供述”。

其次，正如龙宗智教授所言：在一审各程序均认定自首成立，二审检察机关也未否定的情况下，由二审法院在裁判中直接否定，因没有给予被告人辩解与修正供述的机会，这种裁判实系诉讼法理上的“突袭裁判”。[①] 对于一个认罪认罚的简易程序（甚至速裁程序）案件来说，一审控辩审三方均对此没有异议，就自首问题可能既不会举证质证更不会进行法庭辩论。二审“突袭裁判”确属失当。

再次，二审一方面认可了认罪认罚的适用，另一方面又否认自首，这是相互矛盾的。认罪认罚中的“认罪”就是如实供述，其内涵与自首中的如实供述一致，如对行为性质的辩解不影响认罪认罚的适用，也不影响自首的认定。二审既然认可认罪认罚就是认可如实供述；既然认可如实供述，为何采取“双标”而不认定自首？

最后，关于有利于被告的量刑事实的证明标准问题。定罪证明标准不同于量刑证明标准，英美法系中的量刑事实一般采用优势证明标准；大陆法系中程序性事实采用自由证明的方法，在证明标准上

① 龙宗智：《评余金平交通肇事案终审判决》，载微信公众号“中国法律评论”2020年4月17日，https://mp.weixin.qq.com/s/ylOM0RfV_XQMw34w9GPOxw。

达到“释明”的程度即可。[①] 2018 年 1 月 1 日起施行的《人民法院办理刑事案件第一审普通程序法庭调查规程(试行)》第 52 条规定:法庭认定被告人有罪,必须达到犯罪事实清楚,证据确实、充分,对于定罪事实应当综合全案证据排除合理怀疑。定罪证据不足的案件,不能认定被告人有罪,应当作出证据不足、指控的犯罪不能成立的无罪判决。定罪证据确实、充分,量刑证据存疑的,应当作出有利于被告人的认定。余某某案中,按照二审判决的思路,如实供述就必须供述当时明知撞到人了,这在证明标准上也不妥当。二审判决指出,“据现场道路环境、物证痕迹、监控录像等可以认定,余某某在事故发生时对于撞人这一事实是明知的。”这显然是根据间接证据作出的推定,但被告人供述称当时确实没注意。因此,关于自首的量刑证据是存疑的。因为涉及有利于被告人的自首的量刑理当作出有利于被告人的认定,而不是相反。

四、被误解的所谓“法检博弈”

很多人说余某某案反映出认罪认罚从宽制度中的法检博弈——对量刑建议特别是精准量刑建议的博弈。这是对认罪认罚从宽制度的误解。认罪认罚从宽制度不仅是诉讼经济原则、繁简分流、合理配置司法资源的要求,更是刑事治理模式的重大变更。认罪认罚从宽体现的是被告人与国家的合作,国家给予认罪认罚的被告人以从宽处罚,是犯罪治理由被告人与国家二元对立走向合作与对立并存;刑事和解体现的是犯罪人与被害人的和解,国家予以认可,是三方合作模式,这是我国社会治理能力现代化的重要内容。[②] 我国的认罪认罚从宽制度很大程度上是量刑协商,对于认罪认罚的速裁程序和简易

---

① 参见李勇:《刑事证据审查三步法则》(第 2 版),法律出版社 2022 年版,第 345 - 348 页。

② 参见李勇:《刑事模式变迁中的检察权》,载《人民检察》2019 年第 19 - 20 期。

程序而言，庭审主要是对量刑协商结果的确认，证据裁判原则和庭审实质化在这些程序中是例外，只有让一部分认罪认罚的案件通过量刑确认式的快速审理，才能节省出更多的司法资源让不认罪认罚、重大疑难案件真正彻底地贯彻证据裁判原则和庭审实质化；只有分流出简易案件，才能让普通案件实现以审判为中心。[①] 因此，对于认罪认罚案件特别是简易程序和速裁程序而言，量刑建议越精准才能表明量刑协商越充分、越真实，才能保障被告人的量刑预期，才能保障被告人认罪认罚的真实性和自愿性。[②] 检察机关的量刑建议特别是精准化的量刑建议，并不是因为检察机关要“夺取审判权”，而是认罪认罚从宽制度的本质所要求的；法院应当从法理上深入理解认罪认罚从宽制度的本质和初衷。

余某某交通肇事案，既有认罪认罚，也有刑事和解，法院应当对三方合作的“成果”持尊重态度，除非明显不当，一般不宜改变。从实践情况看，一审的检方量刑建议并无明显不当。2012 年《刑事诉讼法》修改之后，因刑事和解而相对不起诉在实践中主要集中在轻伤害案件和交通肇事案件，交通肇事罪没有其他恶劣情节的，刑事和解后一般是相对不起诉。2018 年《刑事诉讼法》又规定了认罪认罚从宽，这样从宽的幅度就更大了。事实上，这样的制度设计对被害方更为有利，实践中有一些交通肇事案件，如果通过附带民事诉讼，赔偿的数额因为举证和法律规定的标准，所能赔偿的数额有限，但是通过刑事和解而不起诉或缓刑，让被害人一方增加了谈判的筹码，从而在无须举证的情况下获得更多赔偿，所以在实践中运行效果良好。

因此，对于认罪认罚从宽制度，法、检都应当从国家治理能力现

---

① 参见李勇：《认罪认罚案件“程序从简”的路径》，载《国家检察官学院学报》2019 年第 6 期。

② 参见李勇：《量刑建议“精准化”的原理与路径》，载《检察日报》2019 年 9 月 17 日，第 3 版。

代化和犯罪治理模式、刑事模式转变的高度进行理性认识。检察机关应当积极、稳妥、循序渐进地推进量刑建议及其精准化；简单粗暴地下指标激进追求数量，可能招致法官的反感，也可能因能力跟不上而丧失信誉；同样，审判机关应当理性、平和、敞开胸怀接纳甚至鼓励检察机关的量刑建议，应当欢迎准确的高质量的精准量刑建议。

五、刑事诉讼法的解释学落后应当引起足够重视

很多人说余某某案反映出认罪认罚从宽制度中的法检博弈——对量刑建议特别是精准量刑建议的博弈，这言过其实了。此案反映出刑事诉讼法的解释学落后，应当引起足够重视，也反映出程序法中的机械司法与实体法一样值得重视。刑法教义学的发达促进了解释学的精细化，使我们有一种感觉，即刑法中所有的条文几乎都被研究过；但与此形成鲜明对比的是，我国的刑事诉讼法解释学较为落后，似乎刑事诉讼法中条文都没有被真正深入研究过。究其原委，在于我国的刑事诉讼法学多年来习惯于进行“理论建构”而忽略具体条文的解释。[①] 刑法学中已经发展出实质解释论与形式解释论、实质刑法观与形式刑法观的学派之争，[②]而实质解释在刑事诉讼法领域甚至还相当陌生。前述上诉不加刑中的“检察机关抗诉”如何理解、何为“为了被告人利益”都反映出刑事诉讼法解释学的落后和机械司法的弊端。

---

① 参见李勇：《跨越实体与程序的鸿沟——刑事一体化走向深入的第一步》，载《法治现代化研究》2020 年第 1 期。

② 参见刘艳红：《实质刑法观》（第 2 版），中国人民大学出版社 2019 年版，第 260 页以下。

第九章　认罪认罚从宽制度的配套保障制度

法律制度的构建是一个系统工程，牵一发而动全身。任何一项新制度的运行，都需要配套制度保障。认罪认罚的真实性和自愿性的保障，需要在被告人“不得自证其罪”的前提下，律师充分介入并发挥实质性协商作用，辅之以明确具体、公开公正的量刑指南及说理机制。

——题记

认罪认罚从宽制度行稳致远需要相应的配套措施，一方面要有相应的程序简化机制，确保节约和合理配置司法资源的立法初衷之实现；另一方面要确保认罪认罚的真实性和自愿性，确保被告人获得公平公正的对待。

第一节　沉默权制度

一、沉默权制度

沉默权最早源于英国，其法律本质是不被强迫自证其罪或不被强迫自我归罪的特权。1568 年，英国普通上诉法院首席大法官戴尔第一次以反对在王座法庭进行纠问誓言为由为一名被迫宣誓者签发了人身保护令。后来戴尔的这种做法被人们归纳总结成一句名言："任何人都不得被强迫提供反对自己的证据。"在英国引用最多的经典案例就是1639年发生的约翰·李尔本案件。星座法庭指控李尔本贩运煽动性书籍,李尔本否认犯罪并拒绝回答可能导致自我归罪的讯问。星座法庭以拒绝宣誓为由判处李尔本藐视法庭罪收其监禁并施以肉刑。在执行鞭笞的过程中李尔本向围观的人群痛斥审判不公赢得了民众的广泛同情和支持。1641年议会掌权后宣布李尔本一案的判决不合法,并且禁止在刑事案件中使用"依职权宣誓"。之后,由议会审理的十二主教案中沉默权被引用并得到确认。[①] 最早在立法中规定沉默权的是1898年英国的《刑事证据法》,时至今日,世界绝大多数国家均将沉默权作为被告人的基本刑事诉讼权。联合国《公民权利和政治权利国际公约》第14条将该项权利规定为最低限度标准。

我国《刑事诉讼法》第52条规定,"严禁刑讯逼供和以威胁、引诱、欺骗以及其他非法的方法收集证据,不得强迫任何人证实自己有罪",其中"不得强迫任何人证实自己有罪"是2012年《刑事诉讼法》修改时新增加的内容。这一规定吸收了沉默权的合理因素,具有积极意义,不仅对于将来的刑事司法改革可以产生重要的指导作用,而且对于那些已经得到确立的程序规则也可以起到理念统率作用。[②] 但是,也不得不看到,我国《刑事诉讼法》第120条规定,"犯罪嫌疑人对侦查人员的提问,应当如实回答。但是对与本案无关的问题,有拒绝回答的权利"。这导致我国《刑事诉讼法》到底有无确立沉默权制度产生了争议,有人认为我国实际上已经确立了中国式的沉默权制度,也有人认为我国没有确立真正意义上的沉默权制度。[③]

---

① 参见樊崇义:《沉默权与我国的刑事政策》,载《法学论坛》2001年第3期。

② 参见陈瑞华:《刑事诉讼法》,北京大学出版社2021年版,第163页。

③ 参见何家弘:《中国式沉默权制度之我见》,载《政法论坛》2013年第1期。

笔者认为,我国现行的《刑事诉讼法》具备了沉默权的基本要素,但是离完整意义上的沉默权制度还有一定的距离,需要进一步完善。一般认为,沉默权包括默示的沉默权和明示的沉默权,有人认为我国《刑事诉讼法》规定的属于默示的沉默权,至于第120条的规定可以解释为"如果你要回答就应当如实回答,如果你选择沉默,则无须回答"。[①] 这样的解读确实有一定的道理,但是也存在一定的疑问。首先,可能存在孤立地看"应当如实回答"之嫌疑,而没有放在上下文中进行体系考察。第120条规定"犯罪嫌疑人对侦查人员的提问,应当如实回答",也就是说如实回答的是"侦查人员的提问",换言之,对于侦查人员的提问,犯罪嫌疑人应当回答,而且是如实回答。接着第120条又规定"但是对与本案无关的问题,有拒绝回答的权利",也就是说,只有对与本案无关的问题,犯罪嫌疑人才可以保持沉默、拒绝回答,并没有承认犯罪嫌疑人对侦查人员的任何提问都有保持沉默的权利。其次,从实践的角度看,至今还没有哪个侦查人员将第120条理解为犯罪嫌疑人可以选择沉默。需要注意的是,在增设"不得自证其罪"内容的同时,还规定了犯罪嫌疑人、被告人如实供述的义务,可能会对沉默权的实践效果产生一定的"抵消"作用。

二、沉默权制度与认罪认罚的关系

有人认为,认罪认罚从宽制度要求犯罪嫌疑人认罪,而沉默权是拒不供述,二者之间是矛盾的,沉默权怎么会成为认罪认罚从宽制度的保障性措施呢? 这其实是误解。认罪认罚从宽制度的程序性后果是诉讼模式从速裁到简易、普通的多元化,实现繁简分流,多元化的结果就是"简案快办""难案精办",这其中的风险就在"简案快办"会不会出现案件质量问题。因为快办的都是认罪的案件,无论是简易

---

① 参见李奋飞:《中国确立沉默权了吗?》,载《检察日报》2014年5月14日,第7版;何家弘:《中国式沉默权制度之我见》,载《政法论坛》2013年第1期。

程序还是速裁程序，都必须确保认罪的自愿性和真实性。认罪认罚的真实性和自愿性是保障案件质量的关键。在程序大幅度简化的背景下，只有确保认罪认罚的真实性和自愿性才能确保不会出现冤假错案，而保障认罪的自愿性和真实性的根本性制度就是沉默权制度。

在典型的沉默权制度背景下，司法机关明确告知被告人有权选择沉默，也有权选择认罪协商，被告人选择认罪，其自愿性和真实性才更加可靠。我国在认罪认罚制度运行成熟的基础上，在立法上确立完整意义上的沉默权制度正当其时。一方面，非法证据排除规则已经较为成熟，为沉默权制度确立奠定了良好的基础。2012 年《刑事诉讼法》的修改确立了相对完善的非法证据排除规则，司法实践也有大量的案件证据被作为非法证据排除。一些学者通过对判决书的统计分析认为，非法证据排除规则实践效果不明显的判断是不符合实际情况的。[①] 笔者从司法实践的经验来看，每年都有大量的非法证据被排除，而且大多是在审查起诉阶段被排除，有的案件排除非法证据后，其他证据较为扎实，没有影响案件的定罪量刑，也没有影响案件的实际处理；有的案件因排除非法证据导致案件被作不起诉处理的，或者是起诉时减少罪名、减少犯罪事实；还有一些案件在法院审判阶段排除了非法证据，因此而减少犯罪事实或减少罪名。这些案件，排除非法证据未必都启动“非法证据排除调查程序”，因为很多案件的非法证据是明显的，无须调查而直接排除。另外，这些排除非法证据的案件大多是在检察机关审查起诉阶段进行的，有的虽然在法院审判阶段进行排除，但是判决书未必阐述排除的过程，而是直接不作为定案根据，因此学者通过判决书进行实证分析得出非法证据排除规则实施效果不佳的结论是不客观的。另一方面，对于口供的依赖程度逐步降低。实践中，对于不断翻供的案件，检察机关和审判机关不会

---

① 参见杨万浓：《非法证据排除规则适用的相关问题分析——以 2014 年 160 份裁判文书为分析样本》，载《时代法学》2016 年第 5 期。

轻易相信口供,传导给侦查机关的信号是单纯取得口供并无意义。结合上述两方面的情况,现在确立真正意义上的沉默权制度正当其时,沉默权制度确立应当成为未来刑事诉讼法修改的重要内容。

总之,完备的沉默权制度,是保障犯罪嫌疑人、被告人认罪认罚真实和自愿的基石,也是防止欺骗、引诱认罪、认假罪的重要保障。其实,道理很简单,侦查、司法人员明确告知犯罪嫌疑人、被告人有权选择沉默,也有权选择认罪认罚,在充分保障其选择权的情况下,其选择认罪认罚,显然自愿性和真实性更有保障。也就是明确告知犯罪嫌疑人、被告人不要轻易认罪,其依然选择认罪,这种认罪的自愿性更加可信;反之,明确告知他必须认罪,否则就会怎样,这样的认罪自愿性极其可疑。

第二节　律师帮助制度

由于犯罪嫌疑人、被告人协商能力和条件的天然缺陷,因而要求辩护人或值班律师介入,进而体现为控辩协商、检律协作。就此而言,检律协作、控辩协商是认罪认罚从宽制度的基础。

一、律师帮助制度的意义

无论是英美法系的协商程序(辩诉交易),还是大陆法系的认罪协商制度,抑或我国认罪认罚从宽制度,没有律师参与,都是难以实现的。因为这些程序中,被告人实际上放弃了宪法上审判等重大权利,此一决定涉及许多法律判断,若无律师之协助,被告人恐不能作出明智之决定。[①] 律师的帮助作用在认罪认罚从宽制度中的作用体现为以下几方面:

---

① 参见王兆鹏:《新刑诉·新思维》,台北,元照出版有限公司2004年版,第192页。

一是认罪与否的抉择。是否选择认罪,认罪会带来什么样的后果,这一点需要专业的律师给被告人提供建议。尽管检察官也会给予相关的建议,但毕竟立场不同。“辩护律师需要向犯罪嫌疑人、被告人提供有关认罪认罚制度的法律资讯,向其解释、说明选择该制度对其利益的得与失”。①

二是认罚与否的抉择。认罪之后,还要认罚,认什么样的罚,什么样的罚可以接受,这些问题都需要专业判断。这其实就是量刑协商。如前所述,量刑的测算极其专业,很多律师都未必精通,何况是犯罪嫌疑人、被告人。没有律师实质帮助的量刑协商就变为单方的量刑告知,这不是认罪认罚从宽制度的初衷。

三是程序选择。认罪认罚决定作出之后,还要进行程序选择,是速裁程序还是简易程序,抑或普通程序?这些程序会给犯罪嫌疑人、被告人带来何种影响?这些都需要专业的律师帮助。

只有在律师的充分介入和帮助下,同时配合沉默权制度,才能确保其认罪认罚的真实性、自愿性;在真实性和自愿性得到充分保障的前提下,程序简化就不会影响到案件质量。正如陈瑞华教授所言,“确保被告人获得律师的有效帮助,这是保证被告人自愿认罪的基本制度保障。在未来推行‘认罪认罚从宽’制度时,应当全面扩大法律援助的适用范围,将那些自愿认罪认罚的嫌疑人、被告人,纳入法律援助的适用对象”。②

二、律师帮助中的问题

(一)控辩协作不平衡问题

认罪认罚从宽制度是以检察机关为主导的,这种主导作用是就

① 陈卫东:《认罪认罚从宽制度研究》,载《中国法学》2016 年第 2 期。

② 陈瑞华:《“认罪认罚从宽”改革的理论反思——基于刑事速裁程序运行经验的考察》,载《当代法学》2016 年第 4 期。

程序启动、把关及案件实质处理而言的,并不意味着检察官居高临下进行协商。实践中检律协作不平衡问题主要表现在:一方面,检察官处于强势地位,个别检察官居高临下地“通知”“告知”量刑建议,犯罪嫌疑人、被告人及其律师要么接受、要么不接受,协商余地极小。另一方面,个别辩护人缺乏协商的积极性和主动性,认为辩护人具有独立辩护权,没有必要顺从被告人的认罪认罚意思;值班律师把自己定位为见证人,实质协商积极性不高。这种不平衡的风险可能影响犯罪嫌疑人、被告人认罪认罚的自愿性、真实性,甚至导致“认假罪”。

(二)律师资源不足及法律帮助形式化问题

我国地区间经济发展不平衡,律师资源也存在不平衡问题。如江苏北部某县全县只有十余名律师,而该县一年刑事案件就有三四百件。有的西部欠发达地区,全县就几个律师,无法真正实现律师实质帮助全覆盖。认罪认罚案件需要在看守所、检察院、法院派驻值班律师,而律师资源严重不足。即使律师资源充足的地区,也存在法律帮助形式化的问题。一些值班律师嫌报酬较低,不愿意花太多精力,不阅卷,甘愿沦为见证人的角色,这严重影响控辩协商、检律协作的有效性。

(三)量刑协商预期不确定性及协商能力不足问题

认罪协商的基本前提是双方对各自的利益有确定的预期。特别是对辩方而言,如果不能对量刑有确定的预期,是无法进行真正协商的。实践中,一些地方检察机关在听取律师意见甚至签署认罪认罚具结书时,量刑建议幅度过大,甚至直接套用法定刑,对于能否适用缓刑态度模糊,导致律师对协商结果无法预期,影响认罪认罚的适用。同时,控辩协作、协商需要双方具有大体平衡的信息。针对量刑协商而言,需要对影响量刑的因素及对应的量刑值有大体一致的共识。实践中,有的检察机关往往只告知量刑建议的结果,很少就这个结果得出的依据及其计算过程进行说明,“神秘化”色彩较浓。特别是在速裁程序中,办案时间短、节奏快、程序简,律师对案件熟悉程度有限,加剧了信息非对称性,影响量刑协商。

实践中,也有很多有情怀的律师,即使律师报酬费用较低,也愿意认真履行帮助职责,但是也存在协商能力不足的问题,对于量刑规则、量刑测算缺乏研究,运用能力不足。笔者在办理一些案件的过程中,将量刑建议计算表逐项讲给值班律师听,他们感觉很诧异,似乎想说“原来量刑是这么测算出来的呀”。

三、律师帮助制度的完善

(一)树立平等协商理念

认罪认罚案件中的“平等协商”,与不认罪案件中控辩“平等武装”具有同样的旨趣。在不认罪的普通程序案件中,强调庭审的对抗性与“平等武装”;在认罪认罚案件中应强调协作性,注重“平等协商”。根据哈贝马斯的商谈理论,妥协的谈判要确保利益相关者平等参加谈判,为所有利益相关者创造大致平等的机会,这样所达成的协议才是公平的。正如朱孝清先生所言,控辩协商不是检察机关单方通知、“我说你听”,辩方有权提出自己的意见和要求,检察机关“听取意见”不是为了听取而听取,而是为了使拟处理意见考虑得更加全面,更加客观公正;“听取意见”的过程,就是协商的过程。检察官需要转变观念,充分听取犯罪嫌疑人、辩护人或者值班律师的意见,尽量协商一致。《认罪认罚指导意见》规定,未采纳辩护人、值班律师意见的,应当说明理由。我们应通过强化平等协商,来防止检察官施压犯罪嫌疑人、被告人认罪认罚,防止认罪认罚出于非自愿、非真实,防止“认假罪”。

(二)整合律师资源

我国的法律援助制度相对成熟,《律师法》及相关文件对执业律师履行法律援助义务进行了强制性规定。很多地方的看守所有法律援助律师驻点,笔者认为,应当将法律援助律师与法律帮助律师合二为一。对于非羁押的认罪认罚案件,应当实行以检察院驻点为主、法院驻点为辅方式,因为认罪认罚案件的具结和协商主要由检律双方进行。法院、检察院相隔不远的,可以实现驻点共用。案件量较小地区,可一周设驻点二三次,也可事先网络、电话预约。为提高法律帮助的实效性,可以通过增加财政投入、政府购买服务等方式适度提高值班律师报酬。发达地区可以实行律师事务所招标制度,司法局每年就法律帮助业务面向律师事务所公开招标,中标的律师事务所承担本区全年的法律帮助工作,"定所不定人"。

(三)法律职业共同体同堂培训机制

2021 年 6 月,《中共中央关于加强新时代检察机关法律监督工作的意见》明确要求建立检察官与法官、人民警察、律师等同堂培训制度,统一执法司法理念和办案标准尺度。近年来,最高人民检察院大力推动建立法律职业共同体同堂培训机制。同堂培训是凝聚执法司法理念共识、确保法律统一正确实施的重要保障。当前最需要同堂培训的就是认罪认罚从宽制度。只有职业共同体对认罪认罚从宽制度、量刑协商、量刑测算达成共识,才能真正协商。只有检察官和法官对认罪认罚中律师帮助的意义有正确的认知,达成共识,才能推动律师帮助的实质化。近年来,笔者先后在国家检察官学院、上海市人民检察院、江苏省人民检察院、江苏省律师协会举办的同堂培训中,讲授认罪认罚及量刑建议,笔者深切地感受到凝聚共识的急迫性。笔者曾在授课前后现场试验,让法官和律师举手表达是否赞同认罪认罚以及精准量刑建议,课前赞同者寥寥无几,课后赞同者比比皆是。前后得到的反馈差别之大,让人吃惊。

第三节　权力制约制度

在认罪认罚从宽制度运行过程中,有人担心检察官权力扩大了,与案件相关人员接触增多了,会滋生腐败。同时,检察官的量刑建议会影响法官的自由裁量。因此,建立相应的约束权力机制是必要的。最高人民检察院2020年5月出台了《人民检察院办理认罪认罚案件监督管理办法》,对检察官如何接触案件当事人、办案中特殊情况及时报告的情形,量刑建议的提出、调整后的处理方式等内容予以明确,对检察官履职可能存在的风险点加强约束和规范,进一步扎紧依法规范适用认罪认罚从宽的制度"篱笆"。笔者认为,"阳光"是权力的"防腐剂",建立认罪认罚从宽的透明化机制是权力正确行使的关键。认罪认罚从宽的透明化机制主要包括以下几方面:

一、量刑指南机制

从宽的不确定,量刑的神秘性、任意性,是滋生腐败的重要原因。只要控辩审三方适用相对统一的量刑"尺子",就能最大限度地压缩权力寻租的空间。建立具体的量刑规则是防止量刑腐败的关键举措。正如庞德所指出的,法律的历史表明,人们始终是在严格规则和自由裁量之间来回摆动,法学史就是在广泛而宽松的自由裁量和严格而详尽的具体规则之间,在据法司法与不据法司法之间循环往复的过程。[①] 美国检察官的权力之大,世界公认。19世纪末,美国发生过一些司法官以辩诉交易为手段的寻租腐败案件。为了防止检察官滥用权力,除了强调法官的制约作用外,美国还建立起诉与辩诉交易

---

① 参见崔林林:《严格规则与自由裁量之间——英美司法风格差异及其成因的比较分析》,北京大学出版社2005年版,"引言"第1页。

规则。[①] 同时,美国还有非常精细化的量刑指南,设置精密化的条条框框,压缩了量刑自由裁量回旋的余地。

我国的当务之急,是建立科学而精细化的量刑指南机制。通过建立明确、具体而精细化的量刑规则,才能最大限度防止量刑腐败。只要控辩审三方都掌握具体可见的统一的量刑规则和尺度,那么三方就会形成相互配合相互制约的局面,任何一方想突破量刑规则和尺度,必然会遭到其他各方的反对。目前,我国仅有的《关于常见犯罪的量刑指导意见(试行)》虽然经过多次修改,由当初最高人民法院制定,到目前的最高人民法院和最高人民检察院共同颁布,但是依然只有 23 种罪名,无论是量刑步骤还是量刑测算规范、方法都较为粗疏,仍需科学化、精细化。

长期以来,我国刑法学界的研究重犯罪论轻刑罚论、重定罪轻量刑,导致我国量刑理论成果匮乏。或许正因如此,最高人民法院当初开展量刑规范化改革、出台量刑指导意见,没有采用大陆法系通说的责任刑、预防刑,而独创了修正量刑情节、一般量刑情节。未来,刑法学界应当加大对量刑规则的研究,司法实务界应当广泛吸收理论界关于量刑规则的研究成果,协同推进科学化、精细化的量刑指南机制,为量刑裁量权上一道科学的、适当的"紧箍咒"。

二、量刑协商及说理的实质化机制

量刑协商的实质化强调协商双方的良性互动与制约,防止单向独断。量刑协商的实质化,是检察官与律师就量刑问题,根据量刑规则和计算方法进行充分协商,这样能最大限度防止检察官的独断专行,从而最大限度地防止"暗箱"操作。《认罪认罚指导意见》要求检察官充分听取被告人及其律师的意见,对量刑建议进行说理。如前

---

① 参见张鸿巍:《美国检察制度研究》,人民出版社 2011 年版,第 191、196 页。

所述，南京市建邺区检察院探索"量刑建议测算表"，根据量刑指导意见载明起点刑、基准刑、调节刑等各项因素及其对应的量刑值，作为量刑建议书和认罪认罚具结书的附件，实现量刑建议的公开、透明，是防止滥用权力的有效方法。

广义上的量刑协商，还包括相对不起诉的协商。不起诉是认罪认罚从宽制度的重要内容，《认罪认罚指导意见》第30条要求充分发挥不起诉的审前分流和过滤作用，逐步扩大相对不起诉在认罪认罚案件中的适用。当前面临的最大问题是员额检察官没有不起诉决定权，相对不起诉决定由检察长或检委会作出，而相对不起诉案件一般是轻微刑事案件，大多适用速裁程序，期限短、程序繁，员额检察官在未提交检察长或检委会前，不敢轻易与犯罪嫌疑人及其律师协商，这导致控辩双方无法就不起诉问题进行协商和签署具结书。解决不起诉协商的"瓶颈"问题，可以借鉴量刑协商中通过量刑指导意见（量刑指南）提高量刑建议的精准性和说理性的做法，探索不起诉指南（指引）。南京市检察机关在速裁程序试点过程中，制定速裁程序案件不起诉指引，结合本地区实际，制定类案不起诉相对统一的标准，使员额检察官提出拟不起诉的意见有据可循，公开透明，有助于被检察长、检委会采纳，也有助于检律双方协商、协作，还能防范廉政风险，值得借鉴。

三、检察听证制度

公开听证是防范权力滥用的重要途径。2020年10月，最高人民检察院公布了《人民检察院审查案件听证工作规定》，其中第2条规定，检察听证是指人民检察院对于符合条件的案件组织召开听证会，就事实认定、法律适用和案件处理等问题听取听证员和其他参加人意见的案件审查活动。第4条对听证的案件范围进行了规定："人民检察院办理羁押必要性审查案件、拟不起诉案件、刑事申诉案件、民事诉讼监督案件、行政诉讼监督案件、公益诉讼案件等，在事实认定、法律适用、案件处理等方面存在较大争议，或者有重大社会影响，需要当面听取当事人和其他相关人员意见的，经检察长批准，可以召开听证会。人民检察院办理审查逮捕案件，需要核实评估犯罪嫌疑人是否具有社会危险性、是否具有社会帮教条件的，可以召开听证会。”这里规定了拟不起诉的案件可以进行听证，虽然没有明确规定量刑建议听证，但是量刑建议属于“案件处理等问题”的范畴。对于一些量刑起点刑、基准刑不明确，新类型、新罪名的认罪认罚案件，开展量刑听证，有助于量刑的公开、公正。例如，笔者办理的仇某某侵害英雄烈士名誉荣誉案（“辣笔小球”侮辱英烈案），就开展了量刑听证。

法律制度的构建是一个系统工程，牵一发而动全身。任何一个新制度的运行，都需要配套制度保障。认罪认罚的真实性和自愿性的保障，需要在“不得自证其罪”前提下，律师充分介入发挥实质性协商作用，辅之以明确具体、公开公正的量刑指南及说理机制。

第十章 认罪认罚从宽制度中的诉讼角色定位

只有控辩审三方以开放的思维、宽广的胸襟，充分发挥各自的职能作用，才能让认罪认罚从宽制度行稳致远。在认罪认罚从宽制度中，检察官是主导角色，辩护律师是主体角色，法官是中立裁决角色。

——题记

第一节 检察官的主导角色

根据刑事诉讼的一般原理，检察机关主导审前程序，这是没有争议的。认罪认罚从宽制度从原理上来说，本质上是认罪协商、量刑协商，主要是一种审前程序。作为审前程序，认罪认罚从宽制度由检察机关主导是题中之义。检察机关主导认罪认罚从宽制度，主要体现在以下几方面：

一、认罪协商、量刑协商的主导者

认罪认罚从宽制度本质上是控辩双方的认罪协商、量刑协商，因此，认罪认罚从宽制度最核心的环节是审查起诉阶段，犯罪嫌疑人通过认罪认罚与检察机关达成一致,签署具结书。[①] 这里的具结书就是协商的重要载体之一。这个具结书中关于量刑的内容,是控辩双方协商的结果,但是由检察机关启动的,也是在检察机关主持下签订的。具结书所附的量刑建议书,也是在控辩协商的基础上,由检察机关制作并向法院提出的。因此,认罪协商、量刑协商过程中,检察机关是主导者。

我国《刑事诉讼法》规定的认罪认罚从宽制度,吸收了其他国家认罪协商、控辩协商的合理因素,但是也有所不同。其中不同点之一就是更加强调检察机关的主导作用。我国《刑事诉讼法》第 173 条第 2 款和第 174 条第 1 款就认罪认罚案件的控辩协商进行了规定,检察机关应当就涉嫌的犯罪事实、罪名及适用的法律规定,从轻、减轻或者免除处罚等从宽处理的建议,认罪认罚后案件审理适用的程序,以及其他需要听取意见的事项,听取犯罪嫌疑人、辩护人或者值班律师、被害人及其诉讼代理人的意见;犯罪嫌疑人自愿认罪、同意量刑建议和程序适用的,应当在辩护人或者值班律师在场的情况下签署认罪认罚具结书。这里使用的是"听取意见"的表述,一方面强调检察机关主导协商过程,另一方面也表达了协商达成一致意见。"听取意见"体现的是控辩之间的沟通。检察机关向辩方告知拟处理意见不是检察机关单方通知、"我说你听",而是为了"听取意见",因此,辩方是有权提出自己的意见和要求的。检察机关"听取意见"不是为了听取而听取、听过了事,而是为了使拟处理意见考虑得更加全面,更加客观公正,即辩方意见如果有理,应予采纳,并修正拟处理意见;辩方意见如果无理或站不住脚,则予以解释说明。故检察机关"听取

---

① 参见陈国庆:《刑事诉讼法修改与刑事检察工作的新发展》,载《国家检察官学院学报》2019 年第 1 期。

意见”的过程,是控辩双方围绕案件的处理进行协商的过程。[①] 量刑协商的成果,检察机关以量刑建议的形式提交给法院,法院原则上应当采纳这个控辩协商的成果。

可见,认罪认罚从宽制度,从协商的启动到协商过程的主导,再到协商成果的提交,检察机关是名副其实的主导者。也正因如此,侦查机关在侦查阶段不得就犯罪嫌疑人的量刑的具体内容作出承诺,更不能以此引诱犯罪嫌疑人认罪。《认罪认罚指导意见》第 23 条规定,“公安机关在侦查阶段应当同步开展认罪教育工作,但不得强迫犯罪嫌疑人认罪,不得作出具体的从宽承诺”。

二、认罪认罚案件相对不起诉、附条件不起诉的决定者

认罪认罚的案件不仅可以量刑从轻,有些案件因认罪认罚符合相对不起诉条件,可以相对不起诉。关于相对不起诉,检察机关也可以充分听取被告方的意见,进行协商。这个协商的结果,由检察机关独自作出决定,无须提交给审判机关予以确认。我国《刑事诉讼法》一直以来将各类不起诉的决定权赋予检察机关,无须审判机关批准或确认。对于认罪认罚案件的相对不起诉来说,这一点没有改变。

对于未成年犯罪人,因认罪认罚而符合附条件不起诉的,由检察机关独自作出附条件不起诉决定。未来,我国《刑事诉讼法》增设单位犯罪企业合规的附条件不起诉,也应由检察机关作出决定。

三、特殊不起诉的决定者

2018 年《刑事诉讼法》修改过程中,还增设了一种认罪认罚的特殊不起诉。《刑事诉讼法》第 182 条第 1 款规定:“犯罪嫌疑人自愿如实供述涉嫌犯罪的事实,有重大立功或者案件涉及国家重大利益的,

---

① 参见朱孝清:《检察机关在认罪认罚从宽制度中的地位和作用》,载《检察日报》2019 年 5 月 13 日,第 3 版。

经最高人民检察院核准,公安机关可以撤销案件,人民检察院可以作出不起诉决定,也可以对涉嫌数罪中的一项或者多项不起诉。”这被认为是对特殊案件贯彻认罪认罚从宽的特殊不起诉,[①]有“罪之协商”的色彩。这个特殊不起诉也是检察机关主导作出决定的。

四、将认罪认罚纳入逮捕及羁押必要性审查的主导者

《刑事诉讼法》第 81 条第 2 款规定:“批准或者决定逮捕,应当将犯罪嫌疑人、被告人涉嫌犯罪的性质、情节,认罪认罚等情况,作为是否可能发生社会危险性的考虑因素。”社会危险性是逮捕的核心要件,认罪认罚是社会危险性的考量因素,所以认罪认罚成为逮捕考虑的因素。在我国现行法律框架下,尽管法院也有逮捕决定权,但仅限于案件在审判阶段;逮捕权主要由检察机关行使,公安机关、监察机关办理的刑事案件,提请检察机关批准逮捕。检察机关在批准逮捕过程中,将认罪认罚作为考量因素。

《刑事诉讼法》第 95 条第 1 款还规定了羁押必要性审查,“犯罪嫌疑人、被告人被逮捕后,人民检察院仍应当对羁押的必要性进行审查。对不需要继续羁押的,应当建议予以释放或者变更强制措施。有关机关应当在十日以内将处理情况通知人民检察院。”根据《认罪认罚指导意见》,检察机关进行羁押必要性审查时也要考虑认罪认罚的因素。

第二节　辩护律师的主体角色

从原理上来说,认罪认罚本质上是认罪协商、量刑协商,辩护人

---

① 参见董坤:《认罪认罚从宽中的特殊不起诉》,载《法学研究》2019 年第 6 期。

或值班律师(以下统称为辩护律师)作为协商的一方,属于主体角色。从法律规定上看,也是如此。但是在当前的实践操作中,辩护律师成为认罪认罚具结的“见证人”和“认罪认罚辅助者”。这种现象的产生,既有一些基层检察官对认罪协商认识不到位、量刑建议说理不足的原因,也有一些律师不积极、不主动参与协商,因报酬低而不愿付出更多精力进行阅卷、测算量刑的原因。事实上,辩护律师在认罪认罚从宽制度中属于主体角色,大有可为。

一、认罪认罚从宽制度对辩护形态的影响

认罪认罚从宽制度作为一种合作型、协商型的司法模式,对辩护形态有重大影响。辩护的重心从庭审中的激烈对抗转向审前协作。不认罪认罚的普通程序案件不到20%,真正需要在庭审中激烈对抗的案件越来越少,大量的案件是认罪认罚案件。对于80%以上的认罪认罚案件,审前如何进行认罪协商、量刑协商,对辩护律师来说是一个巨大考验,也是一个巨大的机遇。认罪认罚从宽制度改革,对于辩护律师的影响,主要体现在以下几个方面:(1)辩护也面临着繁简分流。不认罪认罚的普通程序案件,辩护的重心在庭审,这是传统的辩护形态;认罪认罚的案件,辩护的重心转移到审前。认罪认罚的案件与不认罪认罚的案件,辩护的策略、重心都有重大差别,也需要繁简分流。(2)量刑辩护有了新内涵。传统的量刑辩护是在法庭上为被告人争取量刑上的从轻,但是在认罪认罚从宽制度背景下,对于认罪认罚的案件,量刑辩护转变为庭前量刑协商,如果将量刑辩护放在庭审当中,无异于水中捞月。(3)从庭审辩护到审前辩护、全流程辩护的转型。传统刑事辩护火力集中于庭审,在认罪认罚从宽制度背景下,不仅要将辩护前置到审查起诉阶段,还要前置到审查逮捕阶段、侦查阶段,努力实现通过认罪认罚达到变更强制措施的目标。(4)对量刑预判能力提出更高要求。认罪认罚案件的量刑辩护在本质上已经演变

为量刑协商,辩护律师必须更加精通量刑测算的方法、规则,否则,将会在量刑辩护中失去竞争力。(5)律师帮助的实质化,要求辩护律师具备快速阅卷和提出意见的能力,防止异化为见证人角色。

二、辩护律师在认罪认罚从宽制度中的主体角色

我国的认罪认罚从宽制度实质上是控辩双方就案件处理意见进行协商的程序。[①] 辩护律师作为协商的主体,应当发挥主体作用。其主体作用体现在以下几个方面:(1)认罪认罚真实性、自愿性的保障者。犯罪嫌疑人、被告人认罪认罚的真实性和自愿性,是适用认罪认罚从宽制度的根本前提。辩护律师在保障犯罪嫌疑人、被告人认罪认罚真实性、自愿性方面具有不可替代的作用。犯罪嫌疑人、被告人对侦查、司法机关具有天然的对抗性,而对辩护律师具有天然的亲近性,辩护律师更容易探知犯罪嫌疑人、被告人认罪认罚的真实意愿,防止认假罪、办错案。(2)量刑协商的主体者。认罪认罚案件最终具结书的签署、检察机关量刑建议的内容,是由控辩双方共同推动的。辩护律师作为协商的主体一方,对于最终量刑建议的形成具有直接推动作用。辩护律师应当认识到这一点,并积极主动地与检察机关协商,必要时应当据理力争。(3)相对不起诉的推动者。对于一些轻罪案件,被告人认罪认罚,检察机关可以作出相对不起诉处理。但是实践中,一些犯罪嫌疑人对于认罪认罚从宽制度认知不清,对相对不起诉的政策和标准不甚了解,拒不认罪认罚。这种情况下,辩护律师发挥作用就能推动案件的相对不起诉处理。(4)变更强制措施、羁押必要性审查的提出者。辩护律师可以基于认罪认罚向公安机关、检察机关提出取保候审、不决定逮捕的意见,也可以在逮捕之后提出羁押必要性审查的意见。

---

① 参见朱孝清:《刑事正当程序视野下的认罪认罚从宽制度》,载《法学》2020年第8期。

第三节　法官的中立裁决角色

一、法官不能是协商中的一方

认罪认罚从宽制度本质上是控辩双方的协商，是一种合作型司法模式。刑事案件中，检察机关代表国家指控犯罪，与被告方处于相对立的两端；合作和协商型司法模式，就是原来相对立的双方走向合作。因此，认罪认罚从宽制度的主导者和主体分别为检察官和辩护律师，控辩双方协商的结果需要中立的第三方法官进行审查、确认，因此，法官属于中立的裁决角色。即便是被告人在审查起诉阶段不认罪认罚，在审判阶段认罪认罚，也应当是由法院通知检察官，由检察官与被告方协商，而不能是由法官直接与被告方协商。否则，法官就既是“裁判员”又是“运动员”。

在法院审理阶段，如果被告人当庭认罪认罚，那就在法官的主持下，控辩双方当庭达成协议，法官当庭予以确认，这属于法官参与协商，协商的主体依然是检察官和辩护律师。

值得一提的是德国的认罪协商，法官是可以参与协商的，甚至发生法官与律师之间协商而无检察官参与的情形。[①] 也就是说，德国的实践中，主要辩诉交易者是法院（实践中是审判长）和辩护律师，检察官有时在这一交易中起到积极作用，如对被告人所实施的不相关的犯罪不提起控诉。更为普遍的是，检察官在合理制裁犯罪人的过程中只是代表公共利益的控制者，检察官享有实际上的否决权。如果协商式判决并不完全按照德国《刑事诉讼法》的规则进行，检察官针

① 参见王兆鹏:《新刑诉·新思维》，台北，元照出版有限公司 2004 年版，第 179 页。

对这一量刑提起上诉,必将导致判决被推翻。[①] 但是,德国的这种模式是不合理的,也是违背协商式诉讼基本原理的。正如达马斯卡指出的,在认罪协商模式中,利益相关主体(国家的代理人、被控的犯罪人和可能的犯罪被害人)对于案件的适当解决达成合意后,法院的角色不过是一个公证人:法官将正式认可这种合意。[②] 德国的这种模式广受批评。德国联邦律师协会公布了一项草案,草案明确提出协商不应当由法院启动,而应当由控方和辩方(共同地)启动。[③] 协商只有在一个"平等武装"的当事人之间,才是可行的。如果其中一方既是协商的一方,又是裁决的一方,那么这种既当"运动员"又当"裁判员"的协商只能是一种"伪协商"。

二、法官在认罪认罚从宽制度中的职能作用

如前所述,无论是认罪协商的量刑建议精准化,还是速裁程序、简易程序庭审的简化,与以审判为中心都是不矛盾的。一方面,只有繁简分流,让简单、轻罪案件快速简化审理,才能让疑难、重大案件真正彻底实现以审判为中心。这也是世界通例(如美国辩诉交易案件不需要经过陪审团审理、德国的处罚令程序实行书面审),只有让一部分认罪认罚的案件通过量刑确认式的快速审理,才能节省出更多的司法资源,让不认罪认罚、重大疑难案件真正彻底地贯彻证据裁判原则和庭审实质化;只有分流出简易案件,才能让普通案件真正实现

① 参见[德]托马斯·魏根特:《德国刑事程序法原理》,江溯等译,中国法制出版社2021年版,第216页。

② 参见[德]托马斯·魏根特:《德国刑事程序法原理》,江溯等译,中国法制出版社2021年版,第210页。

③ 参见[德]托马斯·魏根特:《德国刑事程序法原理》,江溯等译,中国法制出版社2021年版,第232页。

以审判为中心。[①] 另一方面,以审判为中心以及法官的裁判职能在认罪认罚案件中的表现形式发生了变化,由原来的主导庭审对抗、辩论,变为对控辩双方协商的结果予以确认。对于认罪认罚的速裁程序和简易程序而言,庭审主要是对量刑协商结果的确认。

在我国,法官在认罪认罚从宽制度中发挥的职能作用更加广泛,主要有以下几方面:

第一,对认罪认罚从宽制度的适用条件进行实质性审查。法官需要对被告人是否认罪、是否认罚、是否符合认罪认罚的法定条件进行实质审查。

第二,对适用程序的范围和条件进行实质性审查。对于检察机关提出的适用速裁程序、简易程序等建议进行审查,符合相应的条件依法适用相关程序,不符合相关条件的依法转换程序。

第三,对是否构成犯罪以及构成何罪进行实质审查。对犯罪嫌疑人、被告人认罪认罚,但证据不足,不能认定其有罪的,建议检察机关撤回起诉或者宣告无罪。对于人民检察院起诉指控的事实清楚,量刑建议适当,但指控的罪名与审理认定的罪名不一致的,人民法院可以听取人民检察院、被告人及其辩护人对审理认定罪名的意见,依法作出裁判。

第四,对认罪认罚的真实性和自愿性进行实质性审查。《认罪认罚指导意见》第39条规定,法官对于认罪认罚真实性、自愿性重点审查以下要点:(1)被告人是否自愿认罪认罚,有无因受到暴力、威胁、引诱而违背意愿认罪认罚;(2)被告人认罪认罚时的认知能力和精神状态是否正常;(3)被告人是否理解认罪认罚的性质和可能导致的法律后果;(4)人民检察院、公安机关是否履行告知义务并听取意见;(5)值班律师或者辩护人是否与人民检察院进行沟通,提供了有效法

---

① 参见李勇:《认罪认罚案件“程序从简”的路径》,载《国家检察官学院学报》2019年第6期。

律帮助或者辩护,并在场见证认罪认罚具结书的签署。

第五,对量刑协商的结果进行审查和确认。对于人民检察院提出的量刑建议,人民法院应当依法审查量刑情节是否准确、全面,量刑测算是否准确。对于经过控辩双方协商的适当、合法的量刑建议,法官应当予以确认、采纳。根据《认罪认罚指导意见》第 40 条的规定,具有下列情形之一的,不予采纳:(1)被告人的行为不构成犯罪或者不应当追究刑事责任的;(2)被告人违背意愿认罪认罚的;(3)被告人否认指控的犯罪事实的;(4)起诉指控的罪名与审理认定的罪名不一致的;(5)其他可能影响公正审判的情形。不得滥用其中第(5)项的兜底规定,不采纳量刑建议的必须说明理由和依据。没有正当理由而不采纳的,检察机关应当提出抗诉。

第六,对量刑协商的结果建议调整。人民法院经审理,认为量刑建议明显不当,或者被告人、辩护人对量刑建议有异议且有理有据的,人民法院应当告知人民检察院,人民检察院可以调整量刑建议。除非出现新的量刑事实和情节,调整量刑建议应当坚持"调低不调高"的原则。司法实践中,一些地方法官动辄要求检察机关调高量刑建议,理由甚至是"我感觉量刑建议有点低",这种做法违背认罪认罚从宽制度的基本原理和法律规定,是严重错误的,也是不负责任的。

下篇 | 企业合规

第十一章　企业合规概述

企业合规的核心内涵和根本宗旨是改善企业治理结构和重塑企业文化。

——题记

企业合规作为一个“舶来品”，作为一个新事物，近年来突然成为热词。理论界和实务界广泛存在混乱使用这个术语甚至庸俗化理解其内涵的现象。实践中，常见的庸俗化理解企业合规的表现形式有：(1)“企业合规就是企业遵纪守法”；(2)“企业合规就是法律风控甚至合同风控”；(3)“合规部的职能就是法务部的职能”。试想，如果合规仅仅是遵纪守法，我们本不需要引入甚至修改法律来构建这种制度，因为自从有人类社会以来，遵纪守法就是公民和组织的义务；自从有企业以来，遵纪守法就是企业的义务。如果企业合规就等于法律风控甚至合同风控，那么我们的企业之前不都已经有风控了吗？怎么现在要大费周章开展这项重大制度改革？如果法务部的职能等同于合规部的职能，我们的企业基本上都有法务部，何必成立合规部呢？这些庸俗化的理解，基本上就是望文生义，对企业合规的内涵和理论构造缺乏认知。

第一节 企业合规的术语及内涵

伴随企业合规的热议,出现了很多误解甚至庸俗化使用和理解企业合规术语及概念的情况,有必要进行厘清。

一、企业合规的术语

1. 企业合规、合规计划、合规、刑事合规、行政合规

企业合规(corporate compliance)又称合规计划(compliance programs)、合规(compliance)。这些术语内涵相同。在我国,近些年高频率地出现"刑事合规"和"行政合规"。"刑事合规"是德国学者从刑事激励措施角度从美国引入合规时而习惯使用的术语。德国学者也坦承"在狭义上刑事合规这一概念最初并不存在"。[①] 事实上,合规计划的"规"不仅包括刑事法律,还包括行政法规、行业准则甚至商业伦理等;合规计划的激励措施既包括刑事处罚的从宽,也包括行政处罚甚至民事责任的减免。由于刑法是其他法的保障法,因此刑事处罚从宽的激励措施是核心的、终极性的,因此,德国学者才从刑事激励措施的角度称为"刑事合规"。如果单纯限定为从刑事法律的角度理解合规,那么刑事合规只是合规的一种表现形式而已。[②] 由于我国刑法学在学术传承上对德国刑法学的偏好,所以从德国刑法学中引入企业合规时也使用了"刑事合规"的表述,但并没有像托马斯·罗什那样解释其使用语境。不可否认,"刑事合规"如果"望文生义"

---

① 参见[德]托马斯·罗什:《合规与刑法:问题、内涵与展望——对所谓的"刑事合规"理论的介绍》,李本灿译,载赵秉志主编:《刑法论丛》2016 年第 4 卷。

② 参见[德]托马斯·罗什:《合规与刑法:问题、内涵与展望——对所谓的"刑事合规"理论的介绍》,李本灿译,载赵秉志主编:《刑法论丛》2016 年第 4 卷。

会产生误解和误导。一方面,"刑事合规"会让人误解合规的"规"仅指刑事法规,合规的激励措施只有刑事处罚的从宽;另一方面,无论是涉罪企业还是涉行政处罚的企业,甚至不涉案的企业,如果戴上一顶"刑事合规"的帽子都会产生误解的"标签效应",不利于保护企业的名誉。因此,最高人民检察院的官方文件中普遍使用"企业合规""涉案企业合规"而非"刑事合规",正是为了避免这样的误解和误导。

近年来,有学者认为,刑事合规是企业合规的高级阶段[①],这更是误解。1991 年,企业合规正式诞生的时候,企业合规是作为刑事处罚从宽的事由,企业合规的适用领域是刑事法。但是今天的企业合规早已超越了刑事法领域,覆盖行政法、民事法、行业规则和商业伦理等。一方面,合规风险识别范围很广,显然不单是刑事法领域;另一方面,激励措施不仅包括刑事责任,还包括行政责任、民事责任以及世界银行的国际制裁等。企业合规的简史就是从刑事法领域向行政法领域、民事法领域甚至国际法领域等延伸的历史。这一点已得到国际社会普遍认可,根据国际标准化组织 ISO 37301:2021《合规管理体系—要求及使用指南》的规定,企业建立合规计划需要识别的合规义务涵盖了法律法规、监管要求、行业准则、良好实践、道德标准,以及组织自行制定或公开声明遵守的各类规则。美国《联邦商业组织起诉原则》指出,合规计划由公司管理层制定,以防止和发现不当行为,并确保公司活动按照适用的刑事和民事法律、法规和规则(criminal and civil laws, regulations, and rule)进行。[②] 如果一定要使用带有误导性的"刑事合规"这一术语,那么,应该说企业合规是"刑事合规"的高级形态,而绝不能反过来说"刑事合规"是企业合规的高级形态。

---

① 参见张远煌等:《全球化视野中的企业合规》,北京大学出版社 2021 年版,"序言"第 1-6 页。

② See Principles of Federal Prosecution of Business Organizations, §9-28.800.

近年来又出现“行政合规”的表述，甚至有学者认为与其引入“刑事合规”还不如提倡“行政合规”。[①] 这显然也是对企业合规的误解，这种误解可能源于“刑事合规”这一表述。事实上，企业合规原本就包括“行政合规”，也包括“刑事合规”。企业合规的本来含义就是要推动企业治理结构的变革，建立从商业伦理到民事、行政、刑事规范的全面合规。因此，从某种意义上说，“行政合规”本身就是个伪概念，如果一定要使用“行政合规”这个表述，那其与“刑事合规”并不矛盾，不存在引入其中之一的问题。

综上所述，宜使用企业合规、合规计划的表述，而避免使用带有误导性的“刑事合规”“行政合规”的表述。

2. 事后合规、事前合规

事后合规是指企业涉案后，为了获得从宽处罚，基于执法、司法机关的压力，建立和实施合规计划，属于“亡羊补牢”；事前合规是指企业并没有涉案，为了企业健康发展的需要，主动建立和实施合规计划，属于“未雨绸缪”。司法机关、执法机关办理具体案件过程中推动涉案的企业建立和实施企业合规，属于事后合规。

3. 涉案企业合规

2021 年 6 月，最高人民检察院联合八部委发布的《关于建立涉案企业合规第三方监督评估机制的指导意见（试行）》使用的术语是“涉案企业合规”，其第 3 条进一步规定：“第三方机制适用于公司、企业等市场主体在生产经营活动中涉及的经济犯罪、职务犯罪等案件，既包括公司、企业等实施的单位犯罪案件，也包括公司、企业实际控制人、经营管理人员、关键技术人员等实施的与生产经营活动密切相关的犯罪案件。”2022 年 4 月，最高人民检察院与全国工商联等九部门发布的《涉案企业合规建设、评估和审查办法（试行）》第 20 条

---

① 参见田宏杰：《刑事合规的反思》，载《北京大学学报（哲学社会科学版）》2020 年第 2 期。

规定，“本办法所称涉案企业，是指涉嫌单位犯罪的企业，或者实际控制人、经营管理人员、关键技术人员等涉嫌实施与生产经营活动密切相关犯罪的企业”。

根据上述文件，涉案企业合规属于事后合规，且其范围比真正意义上的企业合规更广，就刑事领域而言，不仅包括单位犯罪，还包括企业特定人员个人实施的与生产经营活动密切相关的犯罪案件。真正意义上的事后企业合规是针对单位而言的，在刑事法领域，就是针对单位犯罪而言的。上述文件为何要将实际控制人、经营管理人员、关键技术人员等实施的个人犯罪纳入涉案企业合规的范围呢？笔者认为，这样的规定主要基于现实需要的考虑。首先，我国单位犯罪认定较为严格。司法实践中采取“企业决策责任论”，强调“以单位名义”“集体研究决定或者有关负责人员代表单位决定”“为单位谋取利益”。在具体案件中，除非是企业负责人、实际控制人实施的犯罪，否则，认定为单位犯罪是较为困难的。其次，对于实践中大量企业相关人员实施的犯罪，虽然因证据问题无法认定为单位犯罪，但是由于其犯罪行为与企业的生产经营活动密切相关，通过这些犯罪反映出企业治理结构和企业文化存在严重问题，需要进行合规改造。需要注意的是，不能把所有企业个人实施的犯罪都纳入涉案企业合规的范畴，应当有两个限制条件：一是实际控制人、经营管理人员、关键技术人员等与企业治理结构紧密相关的人员；二是犯罪行为与企业生产经营活动密切相关。这两个限制条件的原理就在于，只有当这些个人犯罪反映出企业治理结构和企业文化具有合规改造的必要性，才能纳入涉案企业合规的范围之内。这其实不是真正的企业合规，而属于“检察建议式合规”。至于《涉案企业合规建设、评估和审查办法（试行）》第20条第二款规定的“对与涉案企业存在关联合规风险或者由类案暴露出合规风险的企业，负责办理案件的人民检察院可以对其提出合规整改的检察建议。”同样属于“检察建议式合规”。

二、企业合规的历史溯源①

(一)萌芽阶段

20世纪60年代,美国电气设备行业的反垄断刑事诉讼对合规程序的生成和发展产生了早期影响。在一次起诉中,通用电气试图利用自己的合规项目为刑事指控进行辩护。尽管通用电气没有成功,但这一尝试还是促使了反垄断合规计划的广泛采用。最终,监管机构表示,在试图确定违规行为是"无心"还是有意的时候,他们会考虑采用这样的程序。

20世纪60年代初期,在美国反垄断诉讼的推动下,公司采用合规计划来帮助防止违法行为。尽管合规计划不会提供针对责任的法律辩护,但政府执法行动鼓励公司采用这些计划来管理其法律风险。这些计划迅速传播,并被认为通过提高员工对反垄断执法的理解防止了许多反垄断违法行为。②

(二)孕育阶段

推动合规计划发展的第二个主要因素是1977年美国《反海外腐败法》(FCPA)。FCPA是企业合规孕育过程中的一个重要催化剂。FCPA除了禁止企业向政府官员行贿外,还要求公司实施旨在确保公司不会被腐败支付费用的会计业务和内部控制。这促使跨国公司广泛采用合规计划。合规计划孕育过程中的另一个重要催化剂发生在20世纪80年代中期,当时美国总统里根任命了一个委员会来调查国防工业中的欺诈行为。在20世纪80年代,出于对国防工业

---

① See Cristie Ford & David Hess, *Can Corporate Monitorships Improve Corporate Compliance*, Journal of Corporation Law, Vol. 34:3, p. 689 -692(2009).

② See David Hess, *Ethical Infrastructure and Evidence - Based Corporate Compliance and Ethics Programs: Policy Implications from the Empirical Evidence*, New York University Journal of Law and Business, Vol. 12:2, p. 317 -368(2016).

腐败的担忧，基于总统任命的委员会的建议，国防工业倡议(the Defense Industry Initiative，DII)创立了。DII 是一种自我监管的尝试，鼓励国防承包商采用道德准则，为所有员工提供有关准则的培训，并在组织内为员工营造一种“自由而开放的氛围”，让员工报告欺诈情况。尽管参与 DII 是自愿的，但美国国防部鼓励企业参与，表示考虑将公司的合规计划作为作出任何禁令的从宽因素。为了得到从宽优惠，企业披露违规行为并配合国防部的调查。为了鼓励更好地自我监管，国防部表示将考虑承包商的合规计划，包括自我披露不法行为，作为任何刑事定罪后取消资格决定的减轻因素。

（三）正式诞生

一般认为，美国的合规时代始于 1991 年美国量刑委员会《组织量刑指南》的修订发布。[①] 这是企业合规正式诞生的标志。当时美国量刑委员会效仿 DII，修订了《联邦量刑指南》，如果企业能够证明曾试图通过建立一个“有效”的、适当的合规计划来阻止不当行为发生的话，将为被判有罪的公司减轻刑罚。《组织量刑指南》确立了有效合规计划的七项基本要求，包括采用标准和程序来预防犯罪行为、高层人员对合规计划的适当监督、将合规的要求传达给所有员工，并根据需要进行监管并持续更新合规计划。该指南将合规计划从国防行业推向了主流行业，超越了反垄断和 FCPA 等有限领域。

1999 年进一步激励和提高了合规计划。当时美国司法部(DOJ)正式表示，在决定是否起诉一家公司时，将考虑公司合规计划的充分性，而不是仅仅起诉参与犯罪活动的个人。同样，2001 年，美国证券交易委员会(SEC)发布了众所周知的《海岸报告》(Seaboard Report)。该报告指出，对于已经实施了有效合规计划并配合 SEC 调查的公司，将在执法过程中获得宽大处理。在此期间，学者和行业专

---

① See Sean J. Griffith, *Corporate Governance in an Era of Compliance*, William & Mary Law Review, Vol. 57:6, p. 2075 – 2140(2016).

业人士致力于研究如何才能使合规计划具有有效性。最具影响力的见解之一是哈佛商学院 Lynn Sharp Paine 教授提出的,如何区分对以合规为基础的计划和以诚信为基础的计划。两者都适用于合规计划,但 Paine 教授指出,基于以合规为基础的计划主要侧重于通过惩罚违反规则的行为来威慑,而以诚信为基础的计划则侧重于发展适当的组织价值观并授权员工根据这些价值观行事。实证研究表明,最有效的合规计划应当兼具二者的要素,但以诚信为基础的计划应当占主导地位。实施以诚信为基础的合规计划重在重塑企业文化。

(四)进一步发展

合规计划的有效性问题从合规计划诞生之日起就如影随形,质疑合规计划是否阻止和预防了企业犯罪的声音一直存在,如何防止出现“纸面合规”和“装点门面的合规”的担忧也一直存在。安然、世通、泰科等公司的丑闻强烈表明现有的合规计划及其有效性监管是存在严重问题的。在 2004 年美国《组织量刑指南》修正案的听证会上,一些专家推动委员会将道德、文化纳入其中。其中一位支持者是合规和道德咨询公司 Legal Research Network（LRN）的首席执行官 Dov Seidman。为回应这些批评,量刑委员会修改了《组织量刑指南》,特别提到了“合规和道德计划”。量刑委员会于 2004 年将组织文化正式作为组织量刑指南的一部分,此时,管理企业文化以确保合规计划有效性的重要性获得了极大的关注。修订后的量刑指南提到了公司的“合规和道德计划”,并将有效合规计划描述为旨在“预防和发现犯罪行为”以及改善组织的文化,即“鼓励符合道德的行为和承诺遵守法律”的组织文化。简言之,合规计划的设计应旨在营造一种道德基调,并营造一种阻止任何组织内不法行为的企业环境。①

量刑委员会还对有效合规和道德计划的七个要求进行了重大修

---

① See Kahn, Ronald L., Trudeau and Stephanie E., *Designing an Effective Corporate Compliance Program*, Cleveland Bar Association, Vol. 70:9, p. 10 – 13(1998 – 1999).

改。最重要的变化之一是明确了组织领导的角色。具体包括：(1)“管理机构”(对一个公司来说，就是董事会)必须“了解”计划，并且应该“对计划的实施和有效性进行合理的监督”。(2)“高级人员”中的一个(或多个)具体个人(如行政人员或主要业务部门的负责人)应被指定为该计划的总负责人。(3)应该指定一个特定的人负责合规计划的日常操作。对于大型组织来说，应该是首席道德与合规官(CECO)。组织应该授予此人“足够的资源、适当的权限以及直接访问治理机构权限”。第二个重要的变化与组织促进和执行其计划的责任有关。与1991年的《组织量刑指南》一样，该组织应该通过“适当的纪律措施”来执行该合规计划，然而，在2004年的《组织量刑指南》框架下，组织不应该只关注于惩罚那些从事不当行为的人，还应该为员工提供激励，让他们遵守该计划。第三个重要的变化是一般要求组织定期评估发生犯罪行为的风险，并根据需要修改方案。根据1991年的《组织量刑指南》，该组织只被要求在出现故障时修改其程序。这些修改旨在避免“纸面合规”的问题，通过要求组织评估项目的有效性，组织就不能让项目“在抽屉里积满灰尘”。委员会认为，这些变化将“引领企业合规的新时代”。据此，有效推行合规、鼓励诚信行为和承诺遵守法律的组织文化的七个步骤如下：(1)该组织应制定防止和发现犯罪行为的标准和程序。(2)管理当局应该了解项目并对项目的实施和有效性进行合理的监督，对计划的全面责任应分配给高级管理人员，对计划负责的人应给予足够的资源，适当的权力，以及直接访问治理机构的权力。(3)如果有人从事非法活动或其他与本计划不一致的行为，则不应将其置于组织的实质职权人员之内。(4)对包括代理商在内的组织各级人员进行有效的培训。(5)组织应该通过监视和审计以发现犯罪行为，来确保员工遵循该计划，测试该计划的有效性，并确保员工了解报告或寻求有关潜在或实际犯罪行为的指导，而不必担心报复的机制。(6)公司应该采取激励措施以确保遵守该计划,并对参与犯罪行为和未能采取合理措施防止或发现犯罪行为采取适当的纪律措施。(7)对于发现的任何犯罪行为,公司应根据需要修改程序,以防止今后发生类似行为。①

三、企业合规的内涵

一般认为,企业合规是为预防、发现违法犯罪行为而由企业实施的内部自我管理、约束的措施、机制,国家给予实施了有效合规计划的涉案企业从轻、减轻乃至免除处罚的制度设计,也是一种企业治理结构的改善。这也是我国学者普遍共识的内涵。但是我们必须注意到,这样的内涵界定其实是20世纪90年代企业合规在美国诞生之初的界定。如今,其内涵已经发生了变化。企业合规正式诞生的标志是美国1991年发布的《组织量刑指南》,按照该指南的规定,可以为被判有罪的公司减轻刑罚,如果它们能够证明曾试图通过建立一个"有效"的适当的合规计划来阻止不当行为的发生。《组织量刑指南》确立了有效计划的七项基本要求,包括采用标准和程序来预防犯罪行为、高层人员对合规计划的适当监督、将合规的要求传达给所有员工,并根据需要进行监控并持续更新合规。② 但是,如前所述,美国量刑委员会于2004年对《组织量刑指南》进行了修订,最引人注目的变化就是引入组织文化,特别提到了"合规和道德计划",以其他方式促进组织文化,鼓励道德行为和遵守法律的承诺,强调组织文化不仅仅是法规遵循计划的技术实现。这是采纳了一位合规和道德咨询公司(Legal Research Network,法律研究网格)首席执行官多夫·赛德

---

① See David Hess, *Ethical Infrastructure and Evidence – Based Corporate Compliance and Ethics Programs: Policy Implications from the Empirical Evidence*, New York University Journal of Law and Business, Vol. 12:2, p. 317 – 368(2016).

② See Cristie Ford & David Hess, *Can Corporate Monitorships Improve Corporate Compliance?*, Journal of Corporation Law, Vol. 34:3, p. 679 – 738(2009).

曼的建议，要求企业文化不仅要促进“守法”，还要促进“道德行为”。[①] 这就将组织文化正式作为组织量刑指南的一部分，将有效合规计划描述为旨在“预防和发现犯罪行为”以及改善组织的文化，即“鼓励符合道德的行为和承诺遵守法律”的组织文化。[②]

2010年以后组织文化作为企业合规的内涵进一步强化。美国联邦量刑委员会于2010年再次修订《组织量刑指南》，提高了设立首席道德与合规官（或类似角色）的重要性。根据此次修正案，如果该组织能证明下列所有条件，该组织将不会被拒绝给予优惠待遇：（1）对合规和道德计划负有运营责任的个人，有直接向管理当局或相应的下属机构报告的义务。（2）在被外部发现（或有可能被发现）之前，组织通过合规和道德计划发现了违规行为。（3）该组织立即向有关政府部门报告了这一违规行为。（4）对合规和道德计划负有操作责任的个人，没有参与、宽恕或故意隐瞒违法行为。[③] 从合规计划到道德合规计划，从首席合规官（CCO）到首席道德与合规官，体现了企业文化（组织文化）在企业合规内涵中的地位。

美国司法部发布过多个版本的企业诉讼备忘录，1999年的《霍尔德备忘录》鼓励检察官调查该组织的不当行为的普遍性及其过去的不当行为历史，以证明管理层创造了一种鼓励或至少纵容此类行为的企业文化。2003年的《汤普森备忘录》明确指出，未被公司人员有效内化并成为公司文化一部分的合规计划将被视为无效。备忘录

---

① See David Hess, *Ethical Infrastructure and Evidence - Based Corporate Compliance and Ethics Programs: Policy Implications from the Empirical Evidence*, New York University Journal of Law and Business, Vol. 12:2, p. 317 - 368(2016).

② See Cristie Ford & David Hess, *Can Corporate Monitorships Improve Corporate Compliance?*, Journal of Corporation Law, Vol. 34:3, p. 679 - 738(2009).

③ See David Hess, *Ethical Infrastructure and Evidence - Based Corporate Compliance and Ethics Programs: Policy Implications from the Empirical Evidence*, New York University Journal of Law and Business, Vol. 12:2, p. 317 - 368(2016).

经过了多次迭代，直到它被公布在美国《检察官手册》中。然而，关于合规计划中企业文化的讨论没有改变。

随着企业合规在全球范围内的普及，国际标准化组织于 2014 年制定了 ISO 19600《合规管理体系—要求及使用指南》，后于 2018 年 11 月启动修订，形成了 ISO 37301：2021《合规管理体系—要求及使用指南》。ISO 37301：2021《合规管理体系—要求及使用指南》最大的特点是融入企业文化，以长期成功为目标的组织需要保持合规的文化，合规嵌入组织的文化和员工的行为态度中，应当成为企业核心价值和公司治理的一部分，倡导将合规管理与财务风险、质量、安全等其他管理过程和运营需求、流程结合起来。ISO 37301：2021《合规管理体系—要求及使用指南》在“引言”的开篇第一句即指出：“以长期成功为目标的组织需要建立并维持一种合规的文化，并考虑到相关各方的需求和期望。因此，合规不仅是一个成功和可持续的组织的基础，也是一个机会。通过将合规嵌入组织的文化以及为其工作的人的行为和态度中，合规才得以持续……一个有效的、组织范围内的合规管理系统使组织能够证明其遵守相关法律、法规要求、行业规范和组织标准，以及良好治理标准，普遍接受的最佳实践、道德和社区期望的承诺。”

从上述发展历程来看，企业合规的内涵逐步丰富，从法规遵守到合乎道德，从合规管理体系到企业文化。从某种意义上来说，企业合规的历史，就是从管控到企业文化的历史。① 时至今日，在美国，立法者越来越多地将文化视为良好合规的关键，“合规文化”一词已进入普通法律话语，既描述了目标又描述了标志。② 时至今日，企业合规

---

① See Cristie Ford & David Hess, *Can Corporate Monitorships Improve Corporate Compliance?*, Journal of Corporation Law, Vol. 34:3, p. 679 – 738(2009).

② See Donald C. Langevoort, *Cultures of Compliance*, American Criminal Law Review, Vol. 54:4, p. 933 – 978(2017).

的基本内涵应当为:旨在预防和发现违法犯罪行为以及改善企业文化("鼓励合乎道德的行为和承诺遵守法律"的企业文化)的企业内控体系。①

如果仅仅将企业合规理解为"合法经营""遵纪守法"就过于庸俗了,因为任何组织和个人都应当遵守法律,企业合法经营、遵守法律、防范法律风险并不是一个新事物,也不是一个新想法。企业合规的特别之处在于,在公司内部成立一个独立的部门来检测和阻止违反法律和政策的行为发生,这确实是一个崭新的想法。合规是崭新的公司治理模式,合规职能是企业使其行为适应法律、监管和社会规范的手段。以往,这可能被认为是由董事会酌情处理的典型治理事项。然而,合规并不适合传统的公司治理模式,它不是来自董事会、公司法或证券法等。相反,合规相当于执法机构从外部强加给公司的内部治理结构,这颠覆了传统的公司法和公司治理理论。② 传统公司治理结构主要体现为业务管理——首席执行官(CEO)和财务管理——首席财务官(CFO),现在增加了一个首席合规官或者首席道德与合规官,治理结构从"两驾马车"变革为"三驾马车"。传统企业治理结构是股东与经理之间的博弈,以股东为中心,将所有权与控制权分立,公司的管理人员、经理、董事长是股东的代理人。但是合规的权力不是来自股东,而是来自政府。合规被视为一种公司内部治理职能,其源于公司外部,与传统的公司治理机构不同。合规不是董事会权力下放,而是由政府执法者——检察官和监管执法者——颁布事实上的公司治理标准,尽管他们既没有法定权力也没有监管权

---

① See Cristie Ford & David Hess, *Can Corporate Monitorships Improve Corporate Compliance?*, Journal of Corporation Law, Vol. 34:3, p. 679 - 738(2009).

② See Sean. J. Griffith, *Corporate Governance in an Era of Compliance*, William & Mary Law Review, Vol. 57:6, p. 2075 - 2140(2016).

力这样做。①

如果用一句话来概括企业合规的核心内涵，那就是企业合规重在改善企业治理结构和重塑企业文化。② 我国对企业合规的认识也有一个逐步深入的过程。2021 年 3 月 17 日《关于开展企业合规改革试点工作方案》对企业合规的界定是，“检察机关对于办理的涉企刑事案件，在依法作出不批准逮捕、不起诉决定或者根据认罪认罚从宽制度提出轻缓量刑建议等的同时，针对企业涉嫌具体犯罪，结合办案实际，督促涉案企业作出合规承诺并积极整改落实，促进企业合规守法经营，减少和预防企业犯罪，实现司法办案政治效果、法律效果、社会效果的有机统一”。2022 年 4 月《涉案企业合规建设、评估和审查办法(试行)》对涉案企业合规的界定是，“涉案企业针对与涉嫌犯罪有密切联系的合规风险，制定专项合规整改计划，完善企业治理结构，健全内部规章制度，形成有效合规管理体系的活动”。该文件第 14 条强调了“合规文化已经基本形成”作为合规有效性的标准。前后对比可以发现，最大的变化就是更加强调治理结构和企业文化。笔者参与起草的中国中小企业协会团体标准《中小企业合规管理体系有效性评价》也坚持了合规文化作为根本标准的思想，在引言部分指出，“引导和促进其合规管理体系建设，提升合规管理能力，识别和防范合规风险，建设合规文化”。在其他的各项评价要素中，合规文化几乎贯穿始终。

---

① See Sean. J. Griffith, *Corporate Governance in an Era of Compliance*, William & Mary Law Review, Vol. 57:6, p. 2075 - 2140(2016).

② 参见李勇:《企业合规需要重塑治理模式》，载《检察日报》2021 年 10 月 14 日，第 3 版。

第二节　认识企业合规的三个维度

一、企业维度

从企业维度来说,合规计划是企业治理策略,也是企业战略问题,是企业的核心竞争力。合规是一种独立的、全新的企业治理结构,不同于传统的企业治理。合规是自成一格的,它远非传统企业治理所能包含,而事实上更接近于取代传统的公司治理模式。[①] 公司治理是指导和控制公司的一套机制,在这个定义上,理论界和实务界都达成了广泛的共识。从这个定义来看,合规和治理之间的重叠很明显:合规和治理都要求内部控制机制。当然这种重叠不是完全重叠,而是交叉重叠。例如,对于如何设计或改进产品,如何为运营提供资金等问题,合规没有任何要求。然而,合规机制——例如政策和程序的设计、合规监管等嵌入公司的基本业务运营之中,以至于合规类似于"普遍的公司治理活动"。合规和治理来自不同的地方,服务于不同的利益,无法通过参考传统治理机构来解释合规,合规是独一无二的,远没有被治理包含。更准确地说,合规取代了传统的公司治理模式。

从企业管理的角度来说,传统风险主要有两个:一是业务风险;二是财务风险。前者是企业生存发展的筋骨,产品不过关、订单拿不到,这涉及企业的生死存亡;后者是企业生存发展的血液,投融资失败、资金链断裂,也是企业生死存亡的大事。今天,企业还面临第三种新型的风险——合规风险,也就是因违法违规乃至犯罪行为而受

---

① See Sean J. Griffith, *Corporate Governance in an Era of Compliance*, William & Mary Law Review, Vol. 57:6, p. 2075 – 2140(2016).

到监管处罚、刑事处罚、声誉受损的风险。这种风险还有可能被剥夺特许经营资格,甚至被吊销营业执照,从而使企业遭受经济损失,由此引发“雪崩效应”,使企业承受灾难性的代价。因此,合规风险也是涉及企业生死存亡的风险。

第三种风险——合规风险是经济社会、法治文明发展到一定程度而出现的,是经济社会进步的结果和表现。我们可以回顾以下几个场景:(1)以往为发展经济,不惜牺牲环境,一些高污染、高耗能的企业经营得很好。一些经济开发区,烟囱林立,浓烟滚滚。今天这种景象还有吗?今天这些高污染企业还能像以往一样在浓烟滚滚中生产发展吗?答案是否定的,这就是环保合规风险。(2)以往很多企业成立所谓的“公关部”,拿项目、签订单靠“找关系”“找路子”,商业贿赂甚至一度成为潜规则。今天,这样的发展模式还行得通吗?答案是否定的,这就是商业贿赂合规风险,也是反腐败合规风险。(3)以往很多企业财大气粗,在海外野蛮拓展业务,现在还行得通吗?出口管制、欧洲数据保护、世界银行等制裁风险无处不在。(4)以往一些互联网平台强行让用户“二选一”,一些企业通过首单免费、亏本低价的方式迅速击垮竞争对手,垄断市场和价格,现在和未来将难以行得通,这是反垄断合规风险。(5)一些网络科技公司开发的 App,在用户下载安装时肆无忌惮地读取通讯录、读取内存、读取照片、读取通话录音……无底线地变相强制收集公民个人信息。现在和将来,这些都将行不通,这就是数据合规风险。

从上述业务风险、财务风险、合规风险三大风险出发,引出当今公司治理的三大体系:(1)业务管理——首席执行官,是业务风险治理的第一责任人。(2)财务管理——首席财务官,资金管理第一责任人,有些企业甚至在董事会之下设立相对独立的审计委员会。(3)合规风险——首席合规官。这样,合规计划与业务管理、财务管理成为现代企业管理的三大支柱。

合规计划是一种企业治理结构的变革，是“最佳经营方式”，是企业经营战略。合规计划将成为改变企业治理结构的引擎。

二、法律维度

合规计划需要高昂的成本，作为以追求利润为目标的企业来说，没有相应的激励措施，是不可能有动力去建立一套合规管理体系的。法律的责任在于激励企业付出必要的成本换取更大的利益。

法律制度对企业合规的激励措施，包括事前合规激励和事后合规激励。一是鼓励未发生违法、犯罪行为的企业建立并实施合规计划，在将来发生违法、犯罪行为时，其能证明合规计划有效运行，员工个人的行为与其合规计划相违背，可以获得从宽甚至免除处罚，可以把自然人的责任与企业的责任进行切割。二是已经发生违法、犯罪的企业，承诺建立合规计划，并经过一定期限的考验、评估被证明是有效的，可以获得从宽甚至免除处罚。

对于企业合规来说，刑事法律的激励措施无疑是最核心的。在美国，《组织量刑指南》规定，在犯罪发生之时，如果企业内部存在有效的合规计划，可以减轻刑事责任。也就是说，如果特定企业的行为表明其并没有漠视法律，而且制定并积极实施了预防性合规计划，司法机关可以减轻其刑事责任。美国检察官在对企业提起诉讼时，要考虑企业内部是否具有“合规计划”及其是否有效等八项因素。法国、意大利等都对“合规计划”进行了规定，设立一套违法及犯罪行为的预防、发现及报告机制，作为法定的辩护事由，从而达到减轻、免除责任甚至正当化的目的，以促进企业形成合规文化，实现预防犯罪的目的。合规计划已成为世界潮流，发达国家相继在立法上使之成为法定的减轻刑事责任的理由，充分体现刑法价值。正是从这个意义上来说，“合规计划”是“当今刑法全球化中最显著的例子”。笔者曾提出,“没有刑法担当的合规计划不是真正意义上的合规计划”。[①]

仅有刑事法律激励措施显然是不够的。刑事法律是其他法律的保障,是最后手段。如果说违法违规行为对于企业来说相当于“感冒”,那么触犯刑律就是“癌症”。对于企业治理来说,出现“感冒症状”就要采取措施,企业花巨额费用建立的合规计划最好连“感冒”都能预防。如果一个企业的合规计划致力于应对“癌症”,那么这样的合规计划对企业来说,效益太低。事实上,对于企业来说,面临的行政处罚、行业制裁是最普遍的,也是最常见的,而面临刑事犯罪毕竟是少数。所以,行政法律法规激励措施更为重要。正是从这个意义上来说,企业合规的“规”是开放的,除了刑事法律,还有行政法规、行业规章等。一个科学完备的合规计划,应当能够实现预防不当、违规、违法、犯罪的行为。不当、违规、违法、犯罪是层层递进的,不当行为向前一步就发展为违规,违规继续恶化就发展为违法,违法继续恶化就成为犯罪,这是基本规律。预防犯罪只能是企业合规计划的最低限度目标,更高的目标应当是预防违法、违规甚至不当行为。从这个意义上来说,仅有刑法担当的合规计划只是初级的合规计划,刑事合规只是企业合规的初级形态。

三、国家维度

企业要想在国际上有竞争力,建立合规计划必不可少。企业合规之所以能够风靡全球,与各国政府层面的推动密不可分。从国家维度来说,企业合规也是一项重大经济战略,是国家治理能力和治理体系的重要组成部分。

首先,企业是国家经济的细胞,是市场活力的主体,企业兴则经济兴,经济兴则国家强。国家需要有竞争力的企业,有竞争力的企业

---

① 参见李勇:《“合规计划”中须有刑法担当》,载《检察日报》2018 年 5 月 24 日,第 3 版。

是国家综合实力的一部分。

其次,治理企业违法犯罪本来就是国家治理的一部分。现代企业的复杂性导致国家难以深入企业内部治理违法犯罪行为,而通过合规计划将治理的责任转移给企业,能让企业实现自我管理。通过建立合规管理体系,企业建立了商业行为规范,为员工确立了行为准则,建立了合规风险防范体系、识别体系和应对体系。通过对企业和员工经营行为的及时监控和处置,企业实现了自我监管、自我报告、自我披露和自我整改。在一定程度上,企业合规发挥了替代政府监管、防范企业及其员工出现违法犯罪行为的效果,提高了国家治理企业违法犯罪的效果和效率。

再次,企业承担诸多社会责任,每一个企业都在为社会创造财富,解决了部分公民的就业问题。一旦企业违法犯罪导致企业倒闭,就会连锁引发社会财富流失、员工失业等诸多社会问题。因此,从国家的层面来说,国家希望企业健康稳定发展,而合规计划的目的就是让企业健康稳定发展。

最后,通过企业合规推动企业治理结构的变革,倒逼上下游产业链、供应商、子公司、关联企业同步合规,促进整体市场环境的净化,营造一种法治化的市场环境,促使经济社会更好更优发展。

第三节 合规从宽的正当性依据

建立有效合规计划的企业为什么可以从宽处罚?也就是合规从宽的正当性依据为何?目前尚未完全达成共识,主要有以下几种理论:

一、预防刑降低论

笔者在国内较早提出预防刑降低论。[①] 现代刑罚论是并合主义理论,刑罚目的论早已走过了绝对报应刑的历史,而走向了报应与预防折中的并合主义。建立并有效实施了“合规计划”的企业,其预防的必要性降低,从而影响预防刑,进而减轻甚至免除刑罚处罚,通过刑事责任的加重或者减轻、免除,给予企业合规以压力和动力,从制度合规逐步形成合规文化,进一步实现一般预防。

对于企业、单位来说,虽然没有自然人一样的肉体和灵魂,但是企业作为一个组织体,企业文化、企业文脉类似于自然人的灵魂。一个合规的企业文化,其再犯可能性降低,预防必要性降低,进而导致量刑中的预防刑降低。可以说,认罪认罚从宽与合规计划从宽的正当性根据都是因预防必要性降低而减少预防刑。

鉴于我国刑法和刑事诉讼法立法上的缺位,企业合规目前主要是作为量刑从宽或不起诉的依据。笔者认为,未来应当通过修改法律,将有效合规计划作为实质的出罪因素。“形式入罪、实质出罪”是贯彻实质法治国家罪刑法定原则的核心要义。[②] 在积极刑法观的主导下,[③]行政犯及“公司刑法”的罪名体系越来越庞大,企业犯罪风险增大,在司法上坚守消极主义立场,拓宽单位犯罪的出罪事由势在必行,而合规计划无疑是最佳路径。这对预防和治理企业犯罪,进而提高国家治理能力和治理体系现代化的水平具有重要意义。

从刑法学的角度来说,企业犯罪的实质出罪通道不可能从构成

---

① 参见李勇:《“合规计划”中须有刑法担当》,载《检察日报》2018 年 5 月 24 日,第 3 版;李勇:《检察视角下中国刑事合规之构建》,载《国家检察官学院学报》2020 年第 4 期。

② 参见刘艳红:《形式入罪实质出罪:无罪判决样本的刑事出罪机制研究》,载《政治与法律》2020 年第 8 期。

③ 参见刘艳红:《化解积极刑法观正当性危机的有效立法——刑法修正案(十一)生物安全犯罪立法总置评》,载《政治与法律》2021 年第 7 期。

要件符合中寻找,通向光明的出罪通道——预防必要性。按照传统的犯罪构成,预防必要性只能作为量刑因素考量,难以成为违法或责任阻却事由。但是,罗克辛的目的理性体系为预防必要性作为责任阻却事由打开了一条通道。罗克辛的目的理性体系最大的特点是,将以新康德主义哲学为根基、以规范的可交谈性为实质内涵的罪责(schuld)概念融入刑事政策的考量,将是否具有预防必要性作为责任的内容。唯有罪责和以预防为目的的处罚必要性两个要素同时具备,才能认为行为人具有答责性(veranwortlichkeit,或译为负责性)。[①] 答责性的理论依据在于"在具有规范可交谈性的情况下仍实施不法行为",这种不法行为破坏了法和平和法安全,动摇一般的法律意识。[②] 罗克辛将犯罪成立的第三个评价阶层"有责性"(schuld)重新命名为"答责性"。有责性只是施加刑罚的必要条件,而不是充分条件,即除了有责性之外,还需要具有制裁的一般预防必要性和特殊预防必要性,方才具有答责性。答责性所纳入的规范,由此就成为第三个阶层中刑事政策衡量的真正载体。[③] 简言之,罗克辛的目的理性犯罪论体系的第三个阶层包含两个方面的内容:一是传统的罪责;二是预防必要性。以罪责和预防必要性为内容的责任阶层,是构成要件与违法性之后的第三个犯罪阶层。这样一来,"在缺乏罪责之外,如果缺乏预防性刑事惩罚的必要性,也能够导致排除责任",[④]进而实现实质出罪。建立并实施了有效合规计划的"企业公民"在规范

① 参见[德]克劳斯·罗克辛:《刑事政策与刑法体系》(第2版),蔡桂生译,中国人民大学出版社2011年版,第79页。

② 参见[德]克劳斯·罗克辛:《德国刑法学总论(第1卷):犯罪原理的基础构造》,王世洲译,法律出版社2005年版,第568-570页。

③ 参见[德]克努特·阿梅隆:《罗克辛刑事政策性刑法体系批判》,张志钢译,载《南大法学》2021年第3期。

④ 参见[德]克劳斯·罗克辛:《德国刑法学总论(第1卷):犯罪原理的基础构造》,王世洲译,法律出版社2005年版,第558页。

上具有“可交谈性”,为遵守法律规范作出真诚的努力,这表明其原则上是一名忠诚于法律的“企业公民”,通过合规计划的建立和实施,恢复了法和平和法安全,而不需要特殊预防,同时也对其他企业发挥良好的守法示范作用而不需要一般预防。因此,预防的必要性缺乏,进而缺乏答责性,实现实质出罪。

二、合规责任论

单位犯罪中的单位责任与作为责任人的自然人责任是相对分离的,这种单位犯罪的分离构造为单位和责任人创设了各自独立的责任追究路径。单位以合规责任入罪,以合规整改消除归责基础而获得合规不起诉;责任人以行为责任入罪,以罪行轻微而获得相对不起诉,在重大单位犯罪的合规不起诉中,单位犯罪的聚合形态并未被破坏,对责任人仍然可以单位犯罪追究刑事责任。在制裁论维度,企业在合规不起诉制度中投入大量的人力、物力、财力进行合规计划建设,并且完成治理结构和商业模式的改造,对违法违规责任人进行实质处理;合规整改作为非刑罚制裁方式,具有超越罚金刑的严厉性和制裁效果,这也成为企业合规不起诉制度正当性的重要依据。

单位出罪的本质依据是合规出罪。在事前合规出罪方面,企业建立合规计划可以成为犯罪阻却事由。如果采取企业独立意志理论,那么企业合规计划可以作为主观构成要件的阻却事由,表明企业没有犯罪故意或者犯罪过失。如果采取客观的中心归责理论,企业因未建立合规计划、未加强风险管理创设了法所不容许的风险而入罪,企业合规计划也可以阻断对单位主体的归责。

单位的合规责任是一种持续的状态责任,企业因为缺乏合规管理的组织架构和合规的企业文化而处于合规否定性评价的状态,这种状态的存续使单位成员实施的危害社会行为被归责于企业。企业涉案后进行有效合规整改,建立合规的治理结构和企业文化,改变合规否定性评价的组织状态，就可以认为消除了对企业进行中心归责的要素，从而获得不起诉决定。以危害社会行为的发生为标准划定事前或事后，其实是自然人犯罪中以行为作为归责基础所创设的概念，对于单位责任而言，归责基础并不在于行为或罪过，因而也就无所谓事前或者事后，即只要满足了有效合规的要件，就能够阻断归责、消除责任。同样，自然人因为行为和罪过入罪，也可以因为事前或事后消除行为和罪过而出罪，只不过自然人很难提供消除罪过的有力证据，更无法在事后消除行为，只能通过补救措施进行退赃挽损。[①]

三、法益修复论

法益修复论是在企业合规试点过程中，在实践中产生的一种理论。深圳市龙华区人民检察院出台了《关于对涉民营经济刑事案件实行法益修复考察期的意见（试行）》，探索企业合规不起诉。根据该文件，移送审查起诉的涉民营经济案件，犯罪嫌疑人有修复受损法益意愿的，龙华区检察院可以根据惩罚与教育相结合的原则，在法定审查起诉期间内设置法益修复考察期，原则上对可不羁押的犯罪嫌疑人适用取保候审等轻缓强制措施，由犯罪嫌疑人提出合规方案，对被侵害的法益进行修复，并视法益修复、认罪悔罪态度等情况作相对不起诉处理或提出从轻量刑的建议。[②] 实际上，这是把合规计划等同于法益修复计划，进而为从宽处罚奠定正当性根基。

诚然，刑法中很多罪名特别是在经济犯罪领域的罪名，保护的法益均具有可修复性，这种修复主要是通过金钱赔偿、补偿来实现的。

---

① 参见刘艳红：《企业合规不起诉改革的刑法教义学根基》，载《中国刑事法杂志》2022 年第 1 期。

② 参见晓薇：《寄予厚望丨陈瑞华等四位法学专家齐聚龙华检察院调研法益修复制度》，载微信公众号“深圳市龙华区人民检察院”2020 年 8 月 22 日，https://mp.weixin.qq.com/s/Ou9nXQqGUibdZkUIRt4sxg。

正如边沁所言:“可补偿的犯罪相比之下是轻微的。可能用金钱补偿的每一件事情都可能很快变成似乎从未发生一样;因为被害人如果总是得到一种同等的补偿,那么该犯罪所造成的惊恐也会一同消失,或降低到最低程度。”[①]这种情况下,修复法益等同于赔偿损失,以此作为适用合规从宽的依据似乎是可行的。但是有些犯罪的法益无法修复,也不可能修复。“特定救济只有在涉及各种所有权和某些牵涉纯经济利益行为的情况下,才有可能。一个法院能使一个原告重新取得一方土地,但是它不能使他重新获得名誉。法院可以使一个被告归还一件稀有的动产,但是它不能迫使他恢复一个妻子的已经疏远的爱情。法院能强制一个被告履行一项转让土地的契约,但是它不能强制他去恢复一个私人秘密被严重侵犯的人的精神安宁。”[②]例如,单位行贿罪,其所侵害的法益是公职人员职务行为的廉洁性和不可收买性,这个抽象的法益是无法直接进行修复的。因此,法益修复论不能全面彻底地为合规从宽奠定正当性基础。

笔者认为,可以融合预防刑降低论和合规责任论。合规从宽既包括从宽量刑,也包括不起诉。如果说合规责任论为企业犯罪因合规而免除责任奠定理论基础,那么预防刑降低论就为合规从宽量刑奠定理论基础。合规责任论关注的重点是为出罪寻找依据,预防刑降低论是为量刑从宽寻找依据,二者并行不悖。

---

① 参见[英]吉米·边沁:《立法理论——刑法典原理》,孙力等译,中国人民公安大学出版社1993年版,第187页。

② 参见[美]罗斯科·庞德:《通过法律的社会控制》,沈宗灵译,商务印书馆2010年版,第35页。

第十二章　中国建立企业合规制度的必要性

"合规时代"已经来临,合规计划不是选项而是必需品,不是"花拳绣腿"而是"内生刚需"。嗅觉灵敏的企业,越早开展合规计划就越能抢占先机、抢先登陆"上岸",晚合规、不合规的企业竞争力将被削弱,甚至面临重新"洗牌"。

——题记

近年来,经济合作与发展组织、世界银行集团、非洲开发银行集团、亚洲太平洋经济合作组织、国际商会等国际性组织相继制定全球性契约、指南和指引等,对合规管理核心问题达成国际共识,在相关贸易活动中对不合规行为实施联合惩戒。合规已经成为各类组织成功和可持续发展的基础。为了满足全球化合规的快速发展和迫切需求,提升各类组织的合规管理能力,促进国际贸易、交流与合作,国家标准化组织于2018年11月启动了ISO 37301《合规管理体系—要求及使用指南》的制定工作,基于最新的合规管理实践,修订并代替ISO 19600:2014《合规管理体系指南》。合规计划的匮乏已经严重制约我国企业在国际上的生存和发展。对于我国企业而言,除了因为在反贿赂、反洗钱、出口管制、个人信息保护、不正当竞争等领域遭受外国政府监管部门的调查和处罚,受到外国检察机关或其他刑事侦查机关的调查、制裁以外,还有可能受到像世界银行这样的国际组织的制裁。企业合规在国内也得到前所未有的重视,合规计划也是企业在国内生存和长远发展的必需品。

第一节　我国企业犯罪的形势与特点

总体来说,我国企业合规意识不足。我国企业特别是涉外企业要想在对外开放中实现更好发展,就需要顺应国际潮流,加快建立健全企业合规制度,[①]需要通过设立附条件不起诉的刑事激励措施,推动企业建立健全合规体系,促进企业治理结构的变革。

一、当前我国企业犯罪的形势

笔者通过裁判文书网对单位犯罪的一审刑事判决进行统计分析,2014 年 1 月 1 日至 2019 年 1 月 1 日,涉企业单位犯罪共计16,861件,其中 2014 年共计 2634 件,2015 年共计 2563 件,2016 年共计 2764 件,2017 年共计 4469 件,2018 年(截至 2019 年 1 月 1 日)共计 4431 件。[②] 5 年来,涉企业单位犯罪呈明显上升趋势,特别是 2017 年增长迅猛。增长趋势如图 12 – 1 所示。

① 参见童建明:《充分履行检察职责　努力为企业发展营造良好法治环境》,载《检察日报》2020 年 9 月 22 日,第 3 版。

② 2019 年年底至 2020 年,受新冠肺炎疫情影响,很多企业的业务量大幅缩减,有的甚至短暂停产停业,导致企业犯罪数据不能客观反映变化趋势,因此,该时段的企业犯罪数据未进行统计。

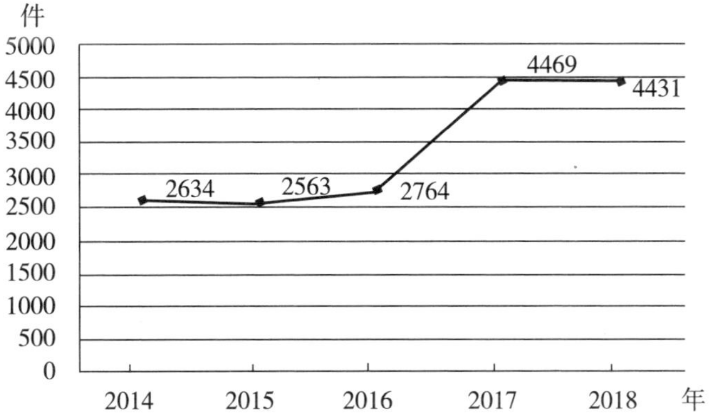

图 12-1　近 5 年涉企业单位犯罪增长趋势

从罪名分布上看,贿赂犯罪、环境资源犯罪和金融犯罪是三大重灾区。5 年中,该三类犯罪案件数分别为 2465 件(其中单位行贿罪 2062 件)、1522 件、1134 件(其中非法吸收公众存款罪 658 件),紧随其后的三大类罪名分别是扰乱市场秩序犯罪 570 件(其中合同诈骗罪 239,非法经营罪 109 件,串通投标罪 68 件),走私犯罪 562 件,知识产权犯罪 496 件;第三梯次包括:税收犯罪 348 件,生产销售伪劣产品犯罪 278 件,拒不支付劳动报酬犯罪 391 件,拒不执行判决裁定犯罪 104 件。如图 12-2 所示。

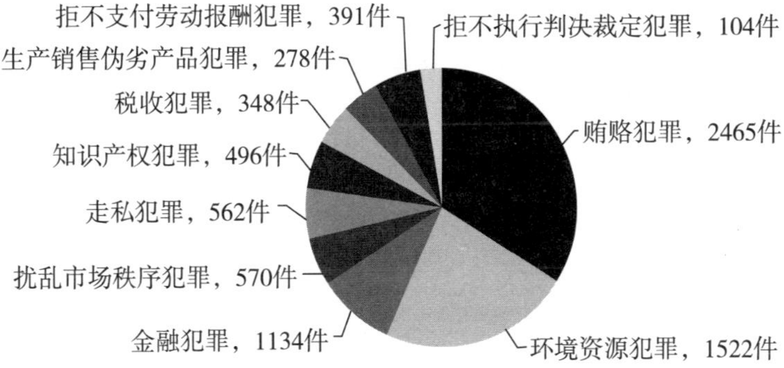

图 12-2　近 5 年涉企业单位犯罪罪名分布

二、我国企业犯罪的特点

(一)"信权力不信市场"的观念根深蒂固

反贿赂是合规计划的核心内容,无论是美国的《反海外腐败法》,还是英国的《反贿赂法案》,抑或法国的《萨宾第二法案》,均以反贿赂犯罪为核心。在我国企业犯罪中,贿赂犯罪数量位居第一,其中单位行贿罪占比较高。这说明企业在经营活动中"信权力不信市场"的观念根深蒂固,习惯于通过贿赂获得竞争优势而不是以产品质量和服务品质赢得竞争优势,习惯于通过串通投标、围标获得项目。串通投标、商业贿赂在某些行业、某些领域甚至成为"潜规则"。

(二)"家天下"的企业文化横行

很多企业管理人员把个人财产与企业财产混同,甚至一些民营企业家把企业当成自己的"私人家产",企业管理中家族关系、裙带关系严重,呈现出"家天下"的企业文化。在这种企业文化背景下,企业管理人员侵吞、占用企业财产的现象较为常见,职务侵占和挪用资金案件频发。一些案例中,被告人认为当初创业时是自己一个人拼出来的,后来其他股东入股,甚至上市后,还认为是自己一个人的企业,把企业财产当成自家的财产随意占用、挪用。

(三)诚信体系严重不足

遵守法律、建设诚信体系是合规计划的最基本要求。一些企业投机心理严重,诚信意识淡薄。2018 年企业家触犯的罪名中非法吸收公众存款罪高居榜首,达 699 起,占比高达 24.30%。[①] 这与 2018 年 P2P"爆雷潮"同频共振。一些企业钻互联网金融政策的空子,利用 P2P 进行"圈钱运动",在高利息和经济下行大环境的双重作用

---

① 参见北京师范大学中国企业家犯罪预防研究中心:《企业家刑事风险分析报告(2014-2018)》。

下，资金链断裂，持续“爆雷”。这是企业经营过程中投机心理和侥幸心理的典型写照。非法经营罪持续高发，也是因为企业存在投机心理和侥幸心理，游走于法律的边缘所致。走私、逃税、侵犯知识产权、合同诈骗、拒不支付劳动报酬是企业犯罪的常见罪名，这些罪名屡被触犯，说明企业诚信体系存在问题。

（四）社会责任严重匮乏

企业的社会责任是合规计划的应有之义。我国企业的社会责任亟待提高，一些企业为了追求利润不择手段。从前述数据看，环境资源犯罪，生产销售伪劣产品犯罪在企业犯罪中占比较高。日常生活用品掺假、制假十分常见，甚至婴儿奶粉、疾病疫苗生产企业也敢铤而走险、弄虚作假，其中不乏引发全社会强烈关注的恶性案件，这反映出企业社会责任的严重匮乏。

（五）法治意识淡漠，善于“钻空子”

令人匪夷所思的是“两拒”案件（拒不支付劳动报酬罪、拒不执行判决裁定罪）在企业犯罪中占比较高。根据《刑法》第 276 条之一的规定，拒不支付劳动报酬罪是以“经政府有关部门责令支付仍不支付”为成立前提的。构成拒不支付劳动报酬罪，从某种意义上来说，就是对抗行政执法；而拒不执行判决裁定罪更是公然对抗法院的司法权威，足见相关企业法治意识之淡漠。近年来，互联网、数字技术发展迅速，一些新兴互联网企业异军突起，带来巨大的经济效益和社会效益，但也有一些互联网企业钻法律的漏洞，无底线地收集公民个人信息。

上述这些特征用一句话概括就是缺乏合规意识和合规文化。在这种形势下，如果采取传统的定罪处罚、“一判了之”的企业犯罪治理模式，不仅是企业不可承受之重，也是国家经济发展和社会稳定大局不可承受之重。

第二节 传统企业犯罪治理的特点

企业犯罪治理需要国家和企业两个层面发挥“合力”,但传统治理模式在这两个层面的效果均不理想。

一、刑事优先,重打击、轻预防

国家层面,刑事优先,重打击、轻预防。企业犯罪属于经济活动领域的犯罪,其治理对策必然要受市场经济原理的制约。市场经济强调市场的作用,市场原理之下的最佳策略,就是用市场竞争的方法解决市场中的问题,政府尽量减少干预。但是这种绝对的市场自由主义也是有问题的,市场以利润为唯一目标,不可避免地出现越轨行为,需要规制和调控。这种两难境地决定了治理对策要平衡市场与干预之间的关系。日本学者齐藤丰治对如何治理企业越轨行为概括出以下四种方法:(1)根据市场原理,通过市场竞争对不良企业进行淘汰和重新“洗牌”;(2)依据企业的自主规制,构建内部治理机制,制订和实施合规计划;(3)强化市场监管机构的制裁,特别是扩大课征金的适用;(4)刑事制裁。这四种方法并非对立排斥关系,而是相互补充的并存关系。①

就我国企业犯罪治理现状而言,第四种方法刑事制裁“一枝独秀”,市场原理和契约等民事手段运用不足,行政不作为现象突出,缺乏切实有效的预防机制,合规计划还不成熟。但是刑事优先对于企业犯罪治理来说,绝非良策,因为“侦查程序一旦开启,孩子就已经掉

---

① 参见[日]齐藤丰治:《新自由主义与经济刑法》,尹琳译,载魏昌东、顾肖荣主编:《经济刑法》(第18辑),上海社会科学院出版社2018年版,第19页。

进井里了”。[①] 企业一旦被定罪,几乎是被宣告“死刑”;企业不仅将承受巨大的直接经济损失,随之而来的是股票下跌、招投标被禁止、企业声誉受到影响、订单量下降,甚至会引发破产、失业等一系列社会问题。

二、自我监管匮乏,重民轻刑

就企业层面来说,存在自我监管匮乏、重民轻刑的现象。说我国企业不注重法律风险的应对和防控,那是不客观的,只是它们注重的是与企业直接营利活动密切相关的民商事法律风险,而非刑事法律风险,呈现“重民轻刑”的特征。我国企业一般都设有法务部,而并无合规部。即使近年来,一些企业组建了合规部,但职能依然停留于法务部的层面。法务部(包括法律顾问)的主要职责是审核民商事合同、处理民商事法律纠纷、债权债务纠纷,合规专业力量明显不足。另外,企业对管理人员以及员工的监管责任明显不足。上述双重不足,导致企业犯罪和企业人员犯罪“双高”现象。

三、合规管理“假大空”

2017 年前后,国内一些行业已经开始倡导建立合规计划。近年来一些企业特别是大型、外向型企业相继建立了合规计划,但实践表明,很多合规计划的典型特征是“假大空”。这种合规计划,表面上看,形式完备,要素齐全,合规手册、员工手册制作精美,档案资料装订精良,但是无法真正落地执行。笔者办理的一起案件中,该大型企业承建了大量海外的工程,由于所在国在招投标时就要求企业提供合规计划书,该企业七拼八凑建立了所谓的合规计划。这种合规计划内容空洞,既无法执行,也没有实际效果,纯属应付检查。

---

① [德]丹尼斯·伯克:《合规讨论的刑法视角——〈秩序违反法〉130 条作为刑事合规的中心规范》,黄礼登译,载李本灿等编译:《合规与刑法:全球视野的考察》,中国政法大学出版社 2018 年版,第 308 页。

第三节 合规时代悄然来临

一、企业合规在我国的发生、发展

在国际上，合规已经成为各类组织成功和可持续发展的基础。企业合规在我国的发生、发展大概可以分为以下几个阶段：

第一阶段是 2017 年至 2018 年的萌芽阶段。在我国，最先引入企业合规的是金融领域，早在 2017 年中国证券业协会就出台了《证券公司和证券投资基金管理公司合规管理办法》《证券公司合规管理实施指引》。2018 年的“中兴事件”进一步激发了业界对企业合规的关注，这一年被称为“中国企业合规元年”。这一年，国家发改委、外交部、商务部、人民银行、国资委、外汇局、全国工商联出台了《企业境外经营合规管理指引》，国资委出台了《中央企业合规管理指引（试行）》，国家质量监督检验检疫总局和国家标准化管理委员会在国际标准 ISO 19600：2014《合规管理体系指南》的基础上制定发布了 GB/T 35770：2017《合规管理体系指南》。这一阶段还主要停留在行业倡导层面。

第二阶段是 2020 年的制度试水阶段。2020 年 3 月，最高人民检察院在全国六个地方开展第一批试点。检察机关的介入，促使企业合规从行业倡导转入制度引进，面貌为之一新。检察机关的行动表明企业合规的刑事激励措施呼之欲出，因为“没有刑法担当的合规计划不是真正的合规计划”①。

第三阶段是 2021 年至今，迎来企业合规法律化的曙光。2021 年最高人民检察院在 10 个省级检察院、61 个市级检察院、381 个基层

① 李勇：《“合规计划”中须有刑法担当》，载《检察日报》2018 年 5 月 24 日，第 3 版。

检察院，开展更大规模的第二批试点。同年5月13日，国资委宣布中央企业已全部成立合规委员会；6月3日，最高人民检察院会同司法部、财政部等部委发布《关于建立涉案企业合规第三方监督评估机制的指导意见（试行）》。这一年还发生了一系列合规事件，如阿里巴巴被罚款182.28亿元、滴滴公司被罚事件、美团公司被罚事件。此外，还有大量的App被强制下架。2021年7月，国家网络安全审查办公室对“运满满”“货车帮”“BOSS直聘”启动网络安全审查。同年9月1日，交通运输部、公安部等五部门联合约谈T3、美团、曹操、高德等11家网约车平台。2021年可谓中国的数据合规元年。这一年，最高人民检察院、各省级检察院相继发布了一些涉案企业合规的典型案例。

2022年1月17日，最高人民检察院在全国检察长（扩大）会议上提出，2022年3月第二批试点结束后将在全国检察机关全面试点，为推动立法打好基础。[①] 2022年3月，最高人民检察院宣布涉案企业合规改革在全国检察机关全面推开。这意味着，中国企业合规即将进入立法，中国企业合规的法律化已经进入“快车道”。在中国，合规时代已经悄然来临。

从上述发生、发展的基本趋势来看，企业合规在我国经历了从行业倡导、指引，到鼓励、激励，再到法律规定的过程。大型企业特别是跨国企业、全球性企业将迎来新一轮洗牌。合规将成为核心竞争力之一，不合规、晚合规的企业将在竞争中处于劣势。

二、当前企业合规的重点领域

当前，我国企业合规的重点领域包括以下几方面：（1）商业贿赂合规风险，也就是反腐败合规。商业贿赂在有些行业和领域较为严

---

① 参见孟亚旭：《最高检：涉案企业合规改革将在全国推开》，载北青网2022年1月17日，https://t.ynet.cn/baijia/32070942.html。

重,甚至成为潜规则。这是我国企业建立合规计划的重中之重。(2)涉税合规风险。我国企业和公民纳税意识相对较弱,一些企业偷逃税款、虚开发票、虚开增值税专用发票的案件频频发生。(3)知识产权合规。近年来,我国不断加大对知识产权的保护力度,刑法修改加大对侵犯知识产权犯罪的打击力度。这是当今和今后一段时间企业合规的重点领域。(4)反洗钱合规。反洗钱金融行动特别工作组(Financial Action Task Force on Money Laundering,FATF)是于1989年在巴黎成立的政府间国际组织,是世界上最具影响力的国际反洗钱和反恐融资领域最具权威性的国际组织之一。近年来,我国加大了洗钱犯罪的打击力度。《刑法修正案(十一)》增加规定了"自洗钱",检察机关开展反洗钱专项行动。洗钱是企业不可触碰的"高压线"。(5)反垄断合规。很多企业在初期发展过程中"野蛮生长",特别是近年来的互联网企业在发展过程中强迫用户"二选一"。从2021年以来,国家加大了反垄断力度,对中国企业来说,这是一个新的合规领域。(6)环保合规。近年来,国家对环境资源保护越来越重视,行政执法和刑事司法力度明显加强。环保合规对于企业特别是生产型企业至关重要。(7)数据合规。数据合规指的是企业的数据收集、存储、使用、处理、共享、转让、跨境或非跨境传输、流动、保护等行为,需符合国际条约、国内法规、其他规范性文件、行业准则、商业惯例、社会道德以及企业章程、规章制度的要求。数据合规风险是web3.0时代新的重点合规风险。2018年5月25日,欧盟出台了《通用数据保护条例》(General Data Protection Regulation,GDPR),可谓史上最严。2021年6月10日,我国《数据安全法》通过,自2021年9月1日起施行;另外,我国《刑法》专门规定了侵犯公民个人信息罪。数据合规风险表现为:违规收集、数据泄露、非法使用转让、跨境数据流动(Trans-border Data Flow,TDF)。跨境数据流动包括:数据跨越国界的传输和处理;数据在一国境内,但能被第三国主体访问。数据合规已成为互联网、科技等数据(信息)密集型企业的生死命脉。(8)国外及国际制裁合规。对于中国企业而言,除了因为在反贿赂、反洗钱、出口管制、个人信息保护、不正当竞争等领域遭受外国政府监管部门的调查和处罚,受到外国检察机关或其他刑事侦查机关的调查以外,还有可能受到像世界银行这样的国际组织的制裁。例如,2018 年中兴公司在美国被制裁,2021 年格力公司被美国制裁。又如,湖南建工集团有限公司曾参加由世界银行资助的一个道路翻修项目的竞标,在竞标时提交的业务经验文件不真实,构成了《世界银行集团诚信合规指引》所定义的欺诈行为。2013 年 10 月世界银行对该公司作出了“附解除条件的取消资格两年”的制裁决定。再如,2021 年 6 月,浙江省第一水电建设集团股份有限公司在世界银行资助的项目广西来宾水环境综合治理项目中存在行贿行为,世界银行对该公司及其子公司实施禁令制裁,禁止其在两年内参与世界银行资助的项目。

“合规时代”已经来临,对企业而言,合规计划不是选项而是必需品;不是“花拳绣腿”而是“内生刚需”。嗅觉灵敏的企业,越早开展合规计划就越能抢占先机,登陆“上岸”,晚合规、不合规企业的竞争力将被削弱,甚至面临重新“洗牌”。

第十三章　建立中国式企业合规制度的方向与路径

构建中国特色的企业合规制度，既要与国际接轨，又要体现中国特色，以“世界的眼光，解决中国的问题”。构建中国特色的企业合规，应当发挥后发优势，实现“弯道超车”。

——题记

2022年1月17日，最高人民检察院在全国检察长(扩大)会议上提出，3月第二批试点结束后将在全国检察机关全面试点，为推动立法打好基础。① 这意味着，中国企业合规即将进入立法，中国企业合规的法律化已经进入“快车道”。从立法的角度来说，由于企业合规涉及多个部门法，不是要制定企业合规的专门法律，不是严格意义上的“立法化”，而是在现行《刑法》《刑事诉讼法》《行政处罚法》《公司法》等法律法规中增设相应条文，所以准确地说应该是“法律化”。中国特色的企业合规法律化，既要与国际接轨，又要体现中国特色，以“世界的眼光，解决中国的问题”，选准方向，找准路径。

① 参见孟亚旭：《最高检：涉案企业合规改革将在全国推开》，载北青网2022年1月17日，https://t.ynet.cn/baijia/32070942.html。

第一节　中国特色企业合规法律化的方向

一、以重塑企业治理结构和企业文化为目标

企业合规成为时下最热门的议题，但实践中也存在将企业合规肤浅化和庸俗化的问题。有的把合规理解为遵纪守法，有的把合规理解为减免涉案责任的手段。企业合规从20世纪90年代正式诞生到今天风靡全球，经历了从预防犯罪内部机制到企业治理结构变革、从注重管控到企业文化发展的历史，构建中国特色的企业合规，应当发挥后发优势，实现“弯道超车”，应当将变革企业治理结构和重塑企业文化作为中国特色企业合规法律化的目标。

首先，当今企业合规的核心在于企业文化。[①] 传统观点认为，企业合规是为预防、发现犯罪行为而由企业实施的内部自我管理、约束的措施、机制（组织体系）。[②] 这也是我国学界普遍共识的内涵。但是我们必须注意到，这样的内涵其实是20世纪90年代企业合规诞生之初的界定，可谓合规的“古典定义”。这种“古典定义”可以概括为两个方面：一是企业为预防、发现犯罪行为避免被制裁、处罚而建立完善的内部机制。二是建立了“合规计划”的企业，国家给予鼓励回应，作为减轻甚至免除处罚的依据。

但是，这种“古典定义”并没有止步不前，而是不断向前发展。美国量刑委员会于2004年对《组织量刑指南》进行了修订，最引人注目的变化就是引入组织文化，特别提到了“合规和道德计划”，强调组织

① 参见李勇：《涉罪企业合规有效性标准研究——以A公司串通投标案为例》，载《政法论坛》2022年第1期。

② See Michael Goldsmith & Chad W. King, *Policing Corporate Crime: The Dilemma of Internal Compliance Programs*, Vanderbilt Law Review Vol. 50:1, p. 3 - 45(1997).

文化，要求企业文化不仅要促进“守法”，还要促进“道德行为”。[①] 这就将组织文化正式作为《组织量刑指南》的一部分，将有效合规计划描述为旨在“预防和发现犯罪行为”以及改善组织的文化，即“鼓励符合道德的行为和承诺遵守法律”的组织文化。[②] 2010 年以后组织文化作为企业合规的内涵进一步强化，提高了设立首席道德与合规官（或类似角色）的重要性。从合规计划到道德合规计划，从首席合规官到首席道德与合规官，体现了企业文化（组织文化）在企业合规内涵中的地位。国际标准化组织于 2014 年制定了 ISO 19600:2014《合规管理体系指南》的推荐标准，后于 2018 年 11 月启动修订，形成了 2021 年 ISO 37301:2021《合规管理体系—要求及使用指南》的认证标准。ISO 37301:2021《合规管理体系—要求及使用指南》最大的特点是融入企业文化，以长期成功为目标的组织需要保持合规的文化；把合规嵌入组织的文化和员工的行为态度中，应当成为企业核心价值和公司治理的一部分，倡导将合规管理与财务风险、质量、安全等其他管理过程和运营需求、流程结合起来。

从企业合规的发生发展的历史进程看，经历了从管控（control）到企业文化（culture）的历史。早期以合规为基础的计划主要侧重于通过惩罚违反规则的行为来威慑，后期以诚信为基础的计划则侧重于发展适当的组织价值观并要求员工根据这些价值观行事。以诚信为基础的计划应当占主导地位，以诚信为基础的企业就是以组织文

① See David Hess, *Ethical Infrastructure and Evidence – Based Corporate Compliance and Ethics Programs: Policy Implications from the Empirical Evidence*, New York University Journal of Law and Business, Vol. 12:2, p. 317 – 368(2016).

② See Cristie Ford & David Hess, *Can Corporate Monitorships Improve Corporate Compliance?*, Journal of Corporation Law, Vol. 34:3, p. 679 – 738(2009).

化为基础。[①] 时至今日，"合规文化"已经成为企业合规的核心所在。[②] 现代意义企业合规的基本内涵应当为：旨在预防和发现违法犯罪行为以及改善企业文化（"鼓励合乎道德的行为和承诺遵守法律"的企业文化）的企业内控体系。[③] 换言之，现代意义上的企业合规包括两个方面：一是预防、发现违法犯罪行为的内控体系；二是重塑企业文化。企业建立合规计划，就是要塑造合规的企业文化；涉案企业重建合规计划，就是要重塑合规的企业文化。建立中国特色的企业合规制度，应当立足国情、博采众长，以重塑企业文化为目标。

其次，企业合规是崭新的公司治理模式。人们习惯于望文生义地将企业合规理解为合法经营、遵纪守法。其实，这样的理解只是浮于表面，甚至会产生重大误导。企业合规的新颖之处可以归纳为三点：一是公司的治理结构由传统的业务管理、财务管理的"两驾马车"转变为包含合规管理在内的"三驾马车"。二是合规的权力和职责既不是源于董事会，也不是源于股东，而是来自外部执法机构。三是国家通过减免处罚的方式将预防企业违法犯罪行为的职责转移（至少部分转移）至企业自身，这是一种协商犯罪治理模式。从企业的角度来说，合规计划是一种企业治理结构的变革，是"最佳经营方式"，合规计划是改变企业治理结构、治理企业违法犯罪的强大引擎。从某种意义上来说，企业合规使检察官"重塑了涉案公司"。合规计划不仅改变企业自身治理结构，也能推动其子公司、关联公司建立完善的合规计划，并连锁促使其客户企业、合作伙伴、投资对象等不得不建立与之相适应的合规计划，同时还会对其他企业具有警示和激励作

---

① See Cristie Ford & David Hess, *Can Corporate Monitorships Improve Corporate Compliance?*, Journal of Corporation Law, Vol. 34:3, p. 679 – 738(2009).

② See Donald C. Langevoort, *Cultures of Compliance*, American Criminal Law Review, Vol. 54:4, p. 933 – 978(2017).

③ See Cristie Ford & David Hess, *Can Corporate Monitorships Improve Corporate Compliance?*, Journal of Corporation Law, Vol. 34:3, p. 679 – 738(2009).

用,实现“办理一案治理一片”“治理一企,重塑整个行业”的效果。通过这样的“连锁反应”和“水波效应”,进而推动整个营商环境的改变。

二、以认罪认罚从宽为制度基础

认罪认罚从宽制度是具有中国特色的控辩协商制度,既不同于英美法系的辩诉交易,也不同于大陆法系的认罪协商,它是中国特色企业合规法律化的重要方向。笔者是最早系统论证以认罪认罚从宽为制度基础构建中国企业合规的论者之一,得到理论界和实务界的广泛认同。[①] 最高人民检察院的试点文件也明确将认罪认罚从宽制度作为企业合规试点改革的基本依据。《最高人民检察院关于开展企业合规改革试点工作方案》中明确要求,开展企业合规试点改革要与依法适用认罪认罚从宽制度结合起来。2021 年 6 月 3 日,最高人民检察院等九部门联合发布的《关于建立涉案企业合规第三方监督评估机制的指导意见(试行)》第 4 条规定,涉案企业开展合规的首要条件是“涉案企业、个人认罪认罚”。首批企业合规试点单位上海金山区检察院《试行企业合规工作办法》规定,开展合规的条件之一为“自愿认罪认罚”。深圳市检察院发布的《企业合规工作实施办法(试行)》以及第二批试点的《南京市建邺区人民检察企业合规操作指引》均有类似规定。笔者认为,未来我国刑法、刑事诉讼法在立法上引入企业合规的立足点仍然应当以认罪认罚从宽制度作为基点。

首先,认罪认罚从宽制度作为我国刑事诉讼的基本制度,其适用

① 参见李勇:《检察视角下中国刑事合规之构建》,载《国家检察官学院学报》2020 年第 4 期;陈瑞华:《刑事诉讼的合规激励模式》,载《中国法学》2020 年第 6 期;刘少军:《企业合规不起诉制度本土化的可能及限度》,载《法学杂志》2021 年第 1 期;赵恒:《认罪答辩视域下的刑事合规计划》,载《法学论坛》2020 年第 4 期;童建明:《充分履行检察职责 努力为企业发展营造良好法治环境》,载《检察日报》2020 年 9 月 22 日,第 3 版;最高人民检察院第二十二批指导性案例“检例第 81 号”。

对象原本就包含自然人犯罪和单位犯罪。其次,自然人的认罪认罚态度通过其言行表达,作为“没有灵魂和肉体”的企业,其认罪认罚体现在合规计划上。公司企业特别是大型企业,是自我再制的系统,具有“企业公民”的地位,企业文化影响和塑造员工的行为,“有什么样的企业文化就有什么样的员工”。自然人认罪认罚,预防必要性降低,预防刑减少,进而获得从宽处遇。同样,企业因有效的合规计划,预防必要性随之降低,预防刑减少,进而获得从宽处遇,二者的机理是一样的。最后,企业合规与认罪认罚从宽属于合作型司法的范畴。企业合规是一种犯罪控制和治理的“家庭模型”,其“特别的魅力在于原本属于国家主权的管理责任转移给了私人”,刑法模式由“对抗模式”走向“合作模式”。“承诺合规 = 认罪认罚”,与认罪认罚的自然人一样,企业理应获得从宽处罚。事实上,在美国,企业合规不起诉协议本来就是作为和解和辩诉交易的一部分的。[①] 这为我国企业合规奠定了制度基础,指明了方向。

近年来,上述问题在理论界出现了一些争议。有学者认为,合规不能单纯作为量刑从宽的因素,而应当作为出罪因素;认罪认罚从宽制度以效率为导向,强调节省资源、降低成本、快速处理案件,通过给予认罪认罚的犯罪嫌疑人、被告人较为宽大的处理,形成一种激励效应,使更多的犯罪嫌疑人、被告人选择认罪认罚程序,实现刑事案件的快速办理。相比之下,合规考察制度则强调企业合规整改的有效性,要求设置足够长的合规考察期,也需要投入大量的时间和司法资源。[②] 笔者认为,这种观点失之偏颇。首先,认罪认罚从宽制度与企业合规在本质上都是“协商治理”,“协商治理”是这两项制度的最根

---

① See Cristie Ford & David Hess, *Can Corporate Monitorships Improve Corporate Compliance*, The Journal of Corporation Law, Vol. 34:3, p. 679 – 738(2009).

② 参见陈瑞华:《企业合规不起诉改革的八大争议问题》,载《中国法律评论》2021 年第 4 期;李玉华:《企业合规本土化中的“双不起诉”》,载《法制与社会发展》2022 年第 1 期。

本特征,也是二者之间的最大公约数。正是在这个意义上,我们说认罪认罚从宽制度改革是国家治理体系和治理能力现代化的重要内容。其次,效率是认罪认罚从宽制度价值追求之一,而非全部。认罪认罚从宽制度的基本特点是实体从宽和程序从简,程序从简的效率目的是认罪认罚从宽制度的特征之一,其更为重要的特征是实体从宽,通过实体从宽实现犯罪治理模式从二元对立向合作型司法转型。[①] 再次,认罪认罚从宽中的从宽既包括量刑上的从轻,也包括不起诉。事实上,不起诉就是一种程序出罪。从合规的实践试点情况看,大部分案件都是做了相对不起诉处理,这本身就是一种程序上的出罪。最后,企业合规与认罪认罚一样,都是诉讼经济原则的产物,二者在追求诉讼效率问题上具有相同的旨趣。企业内部高度复杂,侦查和调查成本极其高昂,指控难度极大。而企业合规通过控辩协商能够节约侦查成本、降低指控难度,进而实现诉讼经济和效率的目标。企业合规诞生的重要契机之一恰恰是公司犯罪、白领犯罪侦查和指控成本高昂。至于说企业建立合规计划之后的考察周期长、成本高,其实已经不属于严格意义上的诉讼效率问题了。附条件不起诉决定本身就是一个诉讼程序的终结,案件的事实证据的侦查、审查以及罪名适用等实质性的实体和程序事项均已经办结。合规计划的考察评估主要是检察机关依托第三方的社会资源进行,评估考察通过只是程序性地作出最终不起诉决定;如果评估考察不通过,提起公诉,也无须再次审查证据。因此,与其说合规附条件不起诉的评估考察是诉讼程序事项,毋宁说其是在诉讼程序“延长线”上的一个社会治理事项。

总之,认罪认罚从宽制度作为我国企业合规的切入点依然是不二选择。

---

① 参见李勇:《刑事模式变迁中的检察权》,载《人民检察》2019 年第 19 - 20 期。

三、以检察机关主导作用为引领

如前所述,企业合规作为"舶来品",其在我国的兴起,在 2020 年之前停留于行业倡导层面,真正走向制度化、法律化的轨道则是因检察机关而起。从 2020 年 3 月最高人民检察院开展第一批试点,到 2021 年 4 月开展第二批试点;从 2021 年 6 月牵头成立第三方监督评估机制,发布《关于建立涉案企业合规第三方监督评估机制的指导意见(试行)》,到 2021 年 12 月 16 日组织召开企业合规第三方监管人座谈会,再到公示第三方监管委员会名单库;从 2021 年 6 月发布第一批企业合规试点典型案例到 2021 年 12 月发布第二批试点典型案例,再到 2022 年 1 月,张军检察长在全国检察长(扩大)会议上,释放信号在第二批试点结束后将在全国检察机关全面试点,为推动立法打好基础。可以说,是检察机关在推动我国企业合规走向法律化的征途。

我国检察机关主导企业合规并非偶然,而是具有内在的制度逻辑和法理逻辑。首先,从制度逻辑层面看,我国检察机关是《宪法》规定的法律监督机关,具有独特的社会治理使命和责任,这是中国特色社会主义检察制度的重要方面。参与社会治理,是检察职能的应有之义。

其次,从法理逻辑层面看,检察机关主导企业合规是由诉讼角色配置决定的。与认罪认罚从宽制度一样,企业合规主要是审前程序,检察机关主导审前程序是刑事诉讼角色配置决定的。通过刑事激励措施促使企业建立合规体系,离不开检察机关的推动。从涉罪企业合规风险排查、企业承诺合规的具结、合规有效性评估,到从宽处罚的量刑建议、不起诉的决定,都离不开检察机关。根本原因在于合规计划与认罪认罚从宽一样,本质上属于控辩协商,属于审前程序。通过合规计划,检察机关由此深入企业治理结构改某的"深水区",检察官成为促使公司治理结构改革的推动者。法官作为中立的裁判者角色,既无法深入企业调查其是否具备开展合规的条件,也无法对企业合规计划的实施有效性进行监管和评估,更无法向检察机关一样作为控方与被告单位进行定罪量刑协商。刑事诉讼控辩审“三角形”架构决定了法官居中裁判的角色,其无法倒向任何一方开展审前的“提前介入”工作。

最后,从比较法的角度看,在美国,企业合规也是检察官主导的制度设计。尽管美国的合规不起诉协议需要经过法官批准,但是完全流于形式。[①] 美国检察官通过暂缓起诉协议和不起诉协议(NPA)逐步扩大其传统职能,体现了检察文化从事后关注惩罚转为强调事前合规。暂缓起诉协议和不起诉协议通常需要重大的公司治理改革,例如,强制要求新的董事会成员或新的管理层改变内部控制、更新合规计划或额外的自我报告。检察官实际上正在通过改变领先上市公司和整个行业的治理来改革美国公司。[②] 通过检察官的不起诉裁量权,美国司法部成为推动企业合规的中坚力量。正如 Mariam Baer 所指出的,“尽管许多其他机构协助监管合规,但司法部凭借其提起刑事指控的权力,是最强大的机构之一,因此也是最突出的机构,有权宣布公司的合规计划有效或有缺陷”。[③]

由此可以看出,中国特色社会主义检察制度框架下的法律监督职能,在企业合规领域具有更大的施展空间;企业合规也进一步拓展

---

① See Wulf A. Kaal & Timothy A. Lacine, *The Effect of Deferred and Non – Prosecution Agreements on Corporate Governance*: *Evidence from* 1993 – 2013, The Business Lawyer, Vol. 70:1, p. 61 – 119(2014).

② See Wulf A. Kaal & Timothy A. Lacine, *The Effect of Deferred and Non – Prosecution Agreements on Corporate Governance*: *Evidence from* 1993 – 2013, The Business Lawyer, Vol. 70:1, p. 61 – 120(2014).

③ Eugene Soltes, *Evaluating the Effectiveness of Corporate Compliance Programs*: *Establishing a Model for Prosecutors*, *Courts*, *and Firms*, New York University Journal of Law and Business, Vol. 14:3, p. 965 – 1012(2018).

了检察机关的社会治理职能，进一步丰富了法律监督的内涵。中国特色的企业合规制度，将重塑检察机关的社会治理职能，检察机关也将通过企业合规重塑我国公司。

第二节　中国特色企业合规法律化的路径

一、完善刑事法与行政法的衔接

合规计划的建立和实施，对于企业来说，是一项高成本的事业，如果没有充分完备的激励措施，对于以追求利润最大化的企业来说是难以想象的。最为重要的激励措施主要包括刑事激励和行政激励，二者相互配合，相互衔接，这既是我国“两法衔接”机制的重要内容，也是中国特色企业合规法律化的重要路径。

首先，从刑事法的角度来说，应当建立起不捕、不诉、量刑从宽三位一体的激励机制。对于企业犯罪来说，现有的相对不起诉面临诸多“瓶颈”，对涉罪企业相对不起诉之后，检察机关无权进行罚款，而行政机关的处罚衔接不畅，无法起到惩戒作用，而且检察机关作出不起诉决定之后，缺乏监管措施进行后续监督。无论是相对不起诉之前还是之后，检察机关都无法触及企业内部治理结构的改革，无助于改变企业内部治理结构和企业文化，久而久之，会导致对企业犯罪“网开一面”甚至“变相放纵”。只有建立附条件不起诉制度，将合规计划的建立和实施作为不起诉的附加条件，并设置一定的考验期，给予涉罪企业以“考验不合格随时被起诉”的压力，才能真正激励和倒逼企业治理结构的改革。从这个意义上来说，附条件不起诉是企业合规的“标配”，亟须在现行《刑事诉讼法》中增加企业附条件不起诉的条款。笔者曾建议，采取修正案模式在《刑事诉讼法》中增设第182条之一和第182条之二，分别规定企业附条件不起诉的条件、范围、考验期等。[①] 这是企业合规在刑事法领域法律化亟待解决的事项。

企业合规除了不起诉之外,还有量刑从宽。当前试点中有一个误区,将企业合规的“火力”集中在不起诉上,无论是宣传报道的案例还是改革政策的宣传,都集中在不起诉上。有些地方甚至提出,法定刑为10年以上有期徒刑的重罪也可以不起诉。其实,合规从宽原本就包括不起诉,也包括从轻、减轻处罚。将量刑从宽作为企业合规刑事激励措施的意义在于:一是解决企业合规适用对象的问题。如果说合规不起诉一般适用于轻罪案件,那么合规量刑从宽则适用于所有案件和罪名。这与认罪认罚从宽制度适用于所有案件和罪名是一样的。二是防止以合规之名违反罪刑法定原则。如果将企业合规的刑事激励措施仅瞄准不起诉,那么对于一些重罪案件,动辄以合规为由进行不起诉,就可能存在违反罪刑法定原则的风险。从法律化的角度来说,合规量刑从宽并不需要对刑事诉讼法进行修改。现行《刑事诉讼法》中关于认罪认罚从宽制度的规定完全可以作为合规从宽量刑的依据。

需要特别说明的是,《刑法》是否需要同步修改?笔者认为,从节约立法资源、确保刑法稳定的角度来说,《刑法》未必一定要同步修改。认罪认罚从宽制度在2018年写入《刑事诉讼法》的时候,就有人提出刑法应当同步修改,但并没有被立法机关采纳,甚至有人认为,仅有《刑事诉讼法》的规定,按照认罪认罚从宽制度就是违反罪刑法定原则。笔者认为,这种观点是割裂刑事一体化的观点。认罪认罚从宽制度和企业合规制度是典型的实体法与程序法交叉的领域,是在程序法上规定还是实体法上规定,只是一个立法技术选择的问题,不能因为是实体与程序交叉的问题,就要求实体法和程序法必须重

---

① 参见李勇:《企业附条件不起诉的立法建议》,载《中国刑事法杂志》2021年第2期。

复规定。比如,追诉时效也是典型的实体与程序交叉的问题,有的国家把追诉时效问题规定在刑事诉讼法中,如日本的追诉时效规定在日本《刑事诉讼法》第 250 条中。我国的追诉时效是规定在《刑法》第 88 条之中,“在人民检察院、公安机关、国家安全机关立案侦查或者在人民法院受理案件以后,逃避侦查或者审判的,不受追诉期限的限制。被害人在追诉期限内提出控告,人民法院、人民检察院、公安机关应当立案而不予立案的,不受追诉期限的限制”。但是,从立法表述上看,立案侦查、逃避侦查或审判、被害人控告、立案都是刑事诉讼法上的制度。我们不能因为追诉时效规定在刑法中,就否认时效是一个程序问题,也不能因为刑事诉讼法中没有对此进行规定,就认为执行刑法的规定是违反程序法的。从刑事一体化的角度来说,对于实体与程序交叉的问题,立法上没有必要在实体法和程序法上重复规定。从节约立法资源的角度来说,由于我国《刑事诉讼法》总则上已经规定了认罪认罚从宽制度、未成年人附条件不起诉制度,因此,企业合规的内容在刑事诉讼法中进行规定,在立法技术上更加科学合理。

其次,从行政法的角度来说,应当建立合规减、免、缓处罚制度。对于企业来说,犯罪毕竟是少数,行政处罚更为常见。如果说行政处罚是“小病”,那刑事犯罪就是“大病”甚至是“绝症”,所以,要更注重治“小病”。这就需要行政机关行动起来推进企业合规制度落地,行政机关也要在执法层面给予合规激励。当企业建立合规计划并经考验为有效的情况下,行政处罚要给予激励予以适当减免。行政监管部门可以与涉案企业达成行政和解协议,并要求企业建立合规计划;经考察有效,企业可以因此减轻或者免除行政处罚。我国《反不正当竞争法》已经隐含了企业合规行政激励措施,其中第 25 条规定:“经营者违反本法规定从事不正当竞争,有主动消除或者减轻违法行为危害后果等法定情形的,依法从轻或者减轻行政处罚;违法行为轻微并及时纠正,没有造成危害后果的,不予行政处罚。"反垄断、反倾销、海关知识产权、证券四个领域有行政执法和解制度规定,《反垄断法》第45条、《反倾销条例》第31条、《〈中华人民共和国知识产权海关保护条例〉的实施办法》第27条、《证券法》第171条均规定了行政和解,但是没有明确使用"合规"的表述。但是实践已经走在了前面,如国家市场监管总局对美团公司作出罚款34.42亿元的行政处罚决定的同时,向美团公司发出"行政指导书",要求美团公司全面整改并连续3年向市场监管总局提交合规报告。[①] 在现行的行政法中已有行政和解的基础上,进一步融入合规的因素,明确企业合规作为从宽处罚的依据,建立企业合规的附条件行政处罚制度。

最后,我国刑事司法与行政执法衔接配合。企业合规的前端是开放的,企业合规原本就内在地包含"行政合规",不能因为有人使用"刑事合规"的术语而将二者对立起来。行政、刑事的相互衔接和配合是企业合规得以良好运行的重要路径。刑法是其他法的保障法,行政犯的典型特征是以违反前置的行政法规为前提,而企业犯罪的常见类型都是行政犯。从预防犯罪的角度来说,在达至刑事违法之前,通过行政处罚予以截堵无疑是理想的。当前亟待解决的两大行刑衔接问题有二:一是"检察罚"制度。我国检察机关对企业犯罪作出不起诉决定后,并无罚款权。实践中,行政执法机关发现企业涉嫌犯罪时移交给公安、司法机关,检察机关针对企业合规作出不起诉决定后,会给行政机关发出建议书或检察意见书,建议行政机关给予相应的行政处罚。但是这种权宜之计大大影响了合规不起诉在替代刑事处罚方面的功能发挥。实践中,还存在检察机关颇费周折地让企业建立并实施合规计划,进而作出不起诉处理,努力救活企业,而行政机关没有将合规作为处罚从宽的因素考虑,甚至把企业"罚死"了。

---

① 参见《因"二选一"垄断被罚34.42亿元,美团回应:诚恳接受,坚决落实》,载每经网,http://www.nbd.com.cn/articles/2021-10-08/1937822.html。

对于那些由行政执法案件转化过来的刑事案件，检察机关在作出合规不起诉决定时，可以直接科处包括罚款在内的行政处罚，建立类似于“检察罚”的制度。[①] 可以在《刑事诉讼法》第182条之一中增设一款规定检察罚。二是改革企业法人前科职业禁止制度，建立企业合规法人前科登记豁免制度。2021年4月14日通过的《市场主体登记管理条例》（以下简称《条例》）第12条延续了之前《企业法人登记管理条例》（现已废止）的规定，因贪污、贿赂、侵占财产、挪用财产或者破坏社会主义市场经济秩序被判处刑罚，执行期满未逾5年，或者因犯罪被剥夺政治权利，执行期满未逾5年，不得担任企业的法定代表人。涉案企业单位犯罪中的责任人如果是法定代表人，通过合规考察，被判处缓刑，按照《条例》规定，这个企业必须变更法定代表人，但是对于很多中小企业来说，银行贷款授信、客户合作都是基于对这个法定代表人的信任，一旦变更法定代表人就意味着企业倒闭。这样，检察机关通过企业合规试图实现“放过企业，严惩责任人”的目标就落空了，最终导致的结果是“严惩了责任人，倒闭了企业”。这是迄今为止企业合规研究领域尚未关注的问题。从企业合规行刑衔接角度来说，应当对这样的企业法人前科职业禁止制度进行改革，建立企业合规法人前科登记豁免制度。

二、融合企业合规与公益诉讼制度

企业合规与公益诉讼之间的关系，迄今为止还没有人关注，但它是中国特色企业合规法律化的重要路径。公益诉讼是中国特色检察制度中“四大检察”的重要方面。我国检察机关的公益诉讼包括民事公益诉讼和行政公益诉讼，其中民事公益诉讼包括单独的民事公益诉讼和刑事附带民事公益诉讼。对于企业合规来说，检察机关在办

---

① 参见袁雪石：《整体主义、放管结合、高效便民：〈行政处罚法〉修改的“新原则”》，载《华东政法大学学报》2020年第4期。

理涉案企业合规过程中,如果涉案企业涉嫌的犯罪侵害到不特定社会公众的利益,如环境污染、公民个人信息、安全生产、食品药品等,检察机关可以提起公益诉讼,要求涉案企业采取修复、赔偿等措施。公益诉讼与企业合规的结合点在哪里呢?

这个结合点主要体现在两个方面:一是公益诉讼作为涉案企业公益惩罚性赔偿金、修复费用的减、免、缓的激励措施。涉案企业的不法行为侵害到公共利益,检察机关提起民事公益诉讼,要求企业缴纳惩罚性赔偿金、修复费用等,如果企业合规经过评估有效,检察机关的公益诉讼请求可以减、免、缓。例如,南京某水务案件。2014 年 10 月至 2017 年 4 月,南京某水务公司在高浓度废水处理系统未运行、SBR(序批式活性污泥处理技术,主要用于处理水中有机物)反应池无法正常使用的情况下,利用暗管向长江违法排放高浓度废水 28.46万立方米和含有危险废物的混合废液 54.06 吨。该公司还采取在二期废水处理系统中篡改在线监测仪器数据的方式,逃避监管,向长江偷排含有毒有害成分污泥 4362.53 吨及超标污水 906.86 万立方米。检察机关以污染环境罪提起公诉,并提出了附带民事公益诉讼,提出 4.70 亿元生态环境损害赔偿金的诉讼请求。企业无力承担如此巨额赔偿,检察机关在坚持“赔偿金数额不能减、赔偿方式可磋商”的原则下,提出“现金赔偿 + 替代性修复”的调解方案,即 4.70 亿元的生态环境修复费,部分以现金方式赔付,剩余部分通过实施有益于长江生态环境保护的替代性修复项目予以抵扣,最终以“现金赔偿 + 替代性修复”的方式达成和解。[①] 其实,这里的和解具有企业合规的因素,如果引入企业合规效果更佳。二是公益诉讼作为合规监管的措施。当前,检察机关在试点企业合规的过程中,逐步形成了对大中型企业的“普通合规”和针对小微企业的“简易合规”两种模式。

① 参见孙风娟:《“现金赔偿 + 替代性修复”,寻求公益诉讼“最优解”》,载《检察日报》2020 年 9 月 25 日,第 2 版。

"简易合规"一般不设置合规考察期，检察机关对涉案企业作出不起诉的同时，发出合规检察建议。但问题是检察建议不具有强制性和刚性，涉案企业是否真正落实检察建议依赖于"自觉"。如果引入公益诉讼制度，则能够强化合规检察建议的刚性。如果涉案企业没有落实检察建议，检察机关则提起公益诉讼；如果涉案企业落实了检察建议，检察机关可以不再提起公益诉讼。这样，公益诉讼就发挥了合规监管措施的作用。从法律化的角度来说，《民事诉讼法》和《行政诉讼法》均已规定了公益诉讼。实践中，已经开展了刑事附带民事公益诉讼，但是《刑事诉讼法》中仅有刑事附带民事诉讼的规定，没有刑事附带民事公益诉讼的规定。因此，可以在《刑事诉讼法》第 101 条中增加第 3 款："破坏生态环境和资源保护、食品药品安全领域，侵害众多消费者合法权益等损害社会公共利益的刑事案件，在没有法律规定的机关和组织提起诉讼的情况下，检察机关可以提起附带民事公益诉讼。"

三、规范合规监管、评估、处置

企业合规始终面临三大灵魂拷问：一是合规计划能够有效阻止和防止违法犯罪行为吗？二是有效的合规计划可以实现吗？三是司法机关和监管机构可以区分有效和无效的合规计划吗？合规监管、评估和处置程序配套机制的制度化、规范化是这项改革能否成功的关键，也是企业合规法律化必备的配套机制。应当结合中国的实际，构造符合中国实际具有中国特色的合规监管、评估、处置程序。

（一）建立多元化的监管、评估标准和办法

我国仍处于社会主义市场经济初级阶段，市场主体多元化，其中中小微企业数量庞大。截至 2021 年 10 月，我国小微企业主的数量已达到 8000 多万。他们占据了中国 90% 的市场主体，贡献了 80%

的就业,60%以上的国内生产总值(GDP)。[①] 据国家统计局抽样调查,平均每户小型企业带动8人就业。小微企业在促进国民经济增长,缓解就业压力,实现科教兴国,优化经济结构等方面发挥重要作用,是我国市场经济主体中数量最大、最具活力的企业群体。但是,我国小微企业普遍存在家族式管理、合伙人式管理,经营管理方式粗放,人治色彩浓厚,企业围绕老板转。公司战略定位、生产、营销及售后缺乏专业流程管控,缺乏有效的公司治理结构。同时,我国小微企业还面临经营成本压力大、市场竞争激烈、融资困难等难题。企业合规作为高成本的事项,一般而言,适用于大中型企业。对于小微企业来说,不仅成本高昂是不可承受之重,更为重要的是其规模和结构决定其难以建立起完备的合规计划体系。这种现状决定了我国的企业合规制度不能忽略如此庞大的市场主体。小微企业涉案时,同样不能"一诉了之",应当给予其重建合规计划的机会和关怀,在对其合规计划实施的监管、评估标准和方法上应当不同于大中型企业。ISO 37301:2021《合规管理体系—要求及使用指南》对合规计划列举了组织环境、领导作用、策划、支持、运行、绩效评价、改进7项要素26个子要素,并规定适用于所有类型的组织,无论其类型、规模和性质。但是,对于一些小微企业来说,满足26个要素的具体样态不必整齐划一。比如,一个只有十几个人的企业,成立合规委员会就不现实,至多设立合规专员。要做到"一案一企""一企一策"。

合规计划是典型的"最佳实践",什么样的企业需要什么样的合规计划,不同规模企业的合规计划是不同的,关键是符合"三性""三C"。"三性"即适宜性、充分性、有效性。"三C"即清晰(clear)、简洁(concise)、完整(complete)。清晰即政策必须易于理解,简洁即"说

---

① 参见东方卫视番茄台:《在中国,小微企业主的数量已达到了八千多万》,载新浪网2021年10月10日,http://k.sina.com.cn/article_1767910704_m69602d3003300zfm9.html。

你需要的"和"需要你说的"（Say what you need, and need what you say），完整即策略和计划全面覆盖业务流程。[①] 南京市人民检察院针对大中型企业和小微企业采取不同的合规考察模式：针对大中型企业，要求企业成立合规委员会，设置合规官，建立合规管理体系，设置考察期，启动第三方监管，采取严格的评估标准；针对小微企业，发出检察建议书，建议企业开展专项合规整改。

合规是无限的也是有限的，无限的就是合规无止境，合规风险是动态的，永无止境，合规管理制度要不断调整和完善；有限的就是合规需要成本，企业的承受能力也是有限的。所以在评估考察的时候，要客观面对合规的有限性。例如，一起串通投标案，合规计划的重点是防止串通投标的违法违规行为。在听证会的时候，有人提出这个企业有一项被环保局处罚的记录。建筑企业因为扬尘等被罚款 500 元、1000 元的情况还是比较多的，但这与串通投标合规是两回事，不能因为这个环保处罚就说这个合规计划没有效果。合规的考察应当是针对性专项合规，而不能"跑偏"。又如，王某经营的无锡市某汽车销售有限公司，通过虚开增值税专用发票解决公司的考核指标问题。2021 年 6 月，王某及其公司均因涉嫌虚开增值税专用发票罪被移送至无锡市梁溪区检察院审查起诉。随后，该院依法对王某及其公司启动了为期 4 个月的合规建设考察。考察过程中，检察官提出"你们在进行汽车修理时有没有做好废气、废水的处理工作"？这个和税务完全无关的问题，让王某一头雾水。[②] 这就属于监管"跑偏"。

（二）建立检察主导下的协同监管

在我国，检察机关作为法律监督机关，通过行政诉讼监督、行政

---

① See Karen L. Shapiro, 10 *Steps to a Better Day: The Key Components of Compliance*, Business Law Today, Vol. 13:1, p. 38 – 43 (2003).

② 《企业合规在无锡："这个加分项真的很有用"》，载微信公众号"锡检在线"2021 年 11 月 16 日，https://mp.weixin.qq.com/s/rMg_XNHUpKt81llk5GQNXA。

公益诉讼、检察建议等方式,对行政机关行使监督职能。特别是《中共中央关于全面推进依法治国若干重大问题的决定》《中共中央关于加强新时代检察机关法律监督工作的意见》在政策上支持了检察机关监督违法行政行为。这种特殊的监督构造,有利于检察机关统合行政机关的力量建立起中国特色的企业合规协同监管模式。企业合规是个社会系统工程,检察机关应发挥主导作用,协同地方行政机关,形成合力。检察机关可以牵头工商、市场、税务、审计、建设、司法、环保等行政机关联合成立企业合规第三方监管委员会,组建企业合规监管专业人员名单库,选派第三方监督评估小组对涉案企业合规计划的实施进行监管。检察机关作为涉案企业合规的办案机关,委托第三方监督评估小组进行监管,不能完全放手不管,既要对企业合规的运行效果进行监督,也要对第三方监督评估小组的工作进行监督,确保第三方监督评估的客观、独立、公正。最高人民检察院联合八个单位发布的《关于建立涉案企业合规第三方监督评估机制的指导意见(试行)》确定的原则是"检察主导、各方参与、客观中立、强化监督"。可以说,这是一种协同监管模式。该模式被认为是这种合规监管的成功模式,原因在于它创造了由资源共享、合作和信任确立措施产生的共赢局面。

如前所述,检察机关是涉案企业合规的主导者,这种主导责任在合规监管方面体现为以下两点:一是对合规计划运行过程及结果有效性的评估、审查责任。涉案企业从合规计划启动到最终合规计划有效性的监管评估,检察机关始终对整个过程起主导作用,并最终对有效性作出终局性判断,以此作为案件处理决定依据。二是委托第三方监管中的主导责任。检察官难以独立完成合规有效性的监管、评估、审查,委托第三方成为国际上较为通行的做法。但是需要特别注意的是,第三方监管本质上是检察机关委托第三方机构或人员进行监管。检察机关是委托方,第三方机构或人员是受托方,检察机关必须履行委托方的主导责任。检察机关是有效性标准运用的主体，第三方机构或人员本质上是协助检察机关、受检察机关委托履行监管责任。检察机关对第三方监督评估组织的组成人员名单、涉案企业合规计划、评估考察报告等负有审查责任，必要时应当开展实地调查核实工作。检察机关应当与第三方机构或人员、涉案企业签订三方委托协议。对于监管人员的选任，检察机关必须发挥主导作用，确保符合“三性”要求——独立性、专业性和公开性。

（三）建立中国特色的检察听证模式

合规不起诉的处置程序应当做到公开、公平、公正，防止权力寻租、滋生腐败。在国外，企业合规的暂缓起诉主要有两种模式：一是检察官自由裁量模式；二是司法审查模式。前者是由检察官决定；后者需要法官批准。[①]

对于我国而言，不起诉本来就是检察机关的权力，不起诉决定无须经过法官的批准，这对于自然人犯罪和单位犯罪并无不同；对于相对不起诉和附条件不起诉也无不同。企业合规的从宽量刑，由检察机关提出量刑建议，按照认罪认罚从宽制度的规定，法官一般应当采纳检察机关的从宽量刑建议。因此，构建中国特色的企业合规处理程序的要点包括：一是企业合规附条件不起诉，由检察机关决定，可以设置检察听证程序，确保不起诉的公平公正；二是企业合规从宽量刑，由检察机关提出量刑建议。

为确保量刑建议的公平公正，可以设置量刑建议听证环节。2020 年 10 月 20 日，最高人民检察院发布了《人民检察院审查案件听证工作规定》（以下简称《规定》）。根据《规定》，检察听证是指人民检察院对于符合条件的案件，组织召开听证会，就事实认定、法律适用和案件处理等问题听取听证员和其他参加人意见的案件审查活

---

① 参见陈瑞华：《企业合规视野下的暂缓起诉协议制度》，载《比较法研究》2020 年第 1 期。

动。适用对象包括:人民检察院办理羁押必要性审查案件、拟不起诉案件、刑事申诉案件、民事诉讼监督案件、行政诉讼监督案件、公益诉讼案件、审查逮捕案件等;听证员由与案件没有利害关系的社会人士3人至7人组成,除案件当事人及其诉讼代理人、辩护人之外,实践中一般会要求人大代表、政协委员、社区代表等参加。听证员的意见作为人民检察院依法处理案件的重要参考,对于拟不采纳听证员多数意见的,应当向检察长报告并获同意后作出决定。通过这样的听证程序,确保企业合规附条件不起诉和从宽量刑建议的公开、公正。实践中,检察机关对企业合规作出不起诉的案件,一般都进行了公开听证。引人注目的是,南京市检察机关实行更加严格的"双听证"制度,即在涉案企业建立合规计划的初期,检察机关针对涉案企业是否具备开展合规的条件、合规计划的设计是否具有科学性和合理性等问题,召开第一次专家听证咨询会。在合规考察期结束后,检察机关针对合规计划的有效性和是否作出不起诉处理决定召开第二次公开听证会。相较于完全流于形式的法官审批模式,这种中国特色的检察听证制度更具实质意义。在美国,检察官在暂缓起诉方面享有广泛的自由裁量权也广受批评。批评者认为,在此过程中,政府和公司之外的任何一方,包括投资者、雇员或社区代表,都缺席了。① 中国特色检察听证制度可以有效避免这样的弊端,中国特色的企业合规法律化,在案件处置程序上应当将检察听证程序进行法律化。

上述监管评估标准、办法均属于操作层面的制度建设,无须在立法层面进行规定,可以通过最高人民检察院会同相关部门制定规范性文件予以解决。对于检察听证制度,作为合规不起诉的重要程序设计,应当在《刑事诉讼法》中予以规定,可在第182条之一中单独规定一款,"人民检察院在作出附条件不起诉的决定前,应当举行公开

① See Cristie Ford & David Hess, *Can Corporate Monitorships Improve Corporate Compliance*, The Journal of Corporation Law, Vol. 34:3, p. 679 - 738(2009).

听证,听取调查机关、侦查机关、被害人、其他相关人员的意见"①。

当前,企业合规试点改革正在如火如荼地开展。截至2021年11月底,试点地区共办理涉企业合规案件525件,其中适用第三方监督评估机制案件254件,一些非试点地区的检察机关也根据本地情况在法律框架内开展涉案企业合规改革工作,最高人民检察院先后发布了两批企业合规典型案例。试点工作积累了很多宝贵的经验,但也暴露出诸多问题,如小微企业与大中型企业的差异、放过企业还是放过责任、合规计划流于纸面、行刑衔接、监管评估标准不明确不规范等问题。这些问题中,既有企业合规领域的共性问题,也有一些个性问题,单纯移植国外制度、直接套用国际标准并不能一劳永逸地解决,必须针对中国国情,提出中国特色的解决方案。构建中国特色的企业合规制度,既要与国际接轨,又要体现中国特色,以"世界的眼光,解决中国的问题"。

① 参见李勇:《企业附条件不起诉的立法建议》,载《中国刑事法杂志》2021年第2期。

第十四章　单位犯罪中的企业和个人的二元化模式

企业合规在理论上秉承“放过企业，严惩责任人”的原则，但是在美国的司法实践中却广泛存在“既放过企业，也放过责任人”的情况。而我国中小微企业众多，法人治理结构不健全，应当采取单位与责任人分离的二元化模式，类型化地处理“放过企业”与“严惩责任人”的关系。

——题记

企业合规在理论上秉承“放过企业，严惩责任人”的原则，但是在美国的司法实践中却又是另一番景象，广泛存在“既放过企业，也放过责任人”的情况。而我国中小微企业众多，法人治理结构不健全，家族色彩浓厚，企业与企业家密切关联，应当采取单位与责任人分离的二元化模式，以少捕慎诉慎押刑事司法政策为指南，以起诉必要性审查为标准，综合考量责任刑、预防刑和企业合规所承载的社会公共利益三个因素，类型化地处理“放过企业”与“严惩责任人”的关系。本章结合下面这个案例展开讨论：

2015 年至 2017 年，犯罪嫌疑单位江苏省某集团有限公司（以下简称 J 集团公司）主管公司招投标工作的总经济师孙某（另案处理，已判刑。判决前强制措施为取保候审）与经营开发部部长郑某、部长助理裴某（均取保候审），在多个建设工程项目的投标过程中，与其他投标单位串通投标报价，累计中标金额共计人民币 34.1 亿余元。J 集团公司注册资本 6.5 亿元人民币，年施工产值、年业务经营额均超百亿元，年纳税总额超 2 亿元，在册员工 6000 余人，带动农民工就业约 3 万人，拥有特级资质，承建过众多国家重点工程。2020 年 7 月，犯罪嫌疑人孙某涉嫌串通投标罪一案，犯罪嫌疑单位 J 集团公司、郑某及裴某涉嫌串通投标罪一案，先后分别移送检察机关审查起诉。犯罪嫌疑人孙某自愿认罪认罚，J 集团公司承诺合规，郑某、裴某认罪认罚。检察机关经审查认为，串通投标罪系轻罪，法定最高刑仅为有期徒刑 3 年；涉案的工程已经如期施工完毕并通过验收；如果对单位起诉，其特级资质会被撤销，对大量在建工程建设有影响，甚至会引发企业经营困难、员工失业等一系列严重社会问题；涉案企业规模大，法人治理结构相对完备，具备建立和实施合规计划的条件。后在检察机关的指导下，企业建立和实施合规计划，涉案企业合规第三方监管委员会委托 3 名专家组成监管小组进行合规监管。2021 年 10 月 15 日，南京市建邺区人民检察院召开听证会，对企业合规执行情况、第三方监管小组的评估报告和检察机关拟对案件的处理进行听证，根据听证情况依法对该公司作出不起诉决定并向涉案企业宣布。前后历经一年。对单位犯罪的直接主管人员孙某以串通投标罪提起公诉并判刑，对单位犯罪的直接责任人员郑某、裴某以情节轻微作出相对不起诉决定。

此案具有以下几个特点：一是对单位犯罪与涉案责任人孙某等做了分案处理。二是对全部涉案的孙某等人员均采取取保候审的强制措施，没有进行羁押。三是分案后的单位犯罪及企业合规的考察时间长达一年，与一般案件审查起诉期限不同。四是对单位犯罪的直接主管人员孙某另案处理，提起公诉并判刑；对单位经合规整改后作出不起诉决定；对单位犯罪的直接责任人郑某、裴某作出不起诉决定。五是对涉企业犯罪，将少捕慎诉慎押的刑事司法政策与企业合规试点改革相结合。这五个方面集中体现了办理涉案企业合规过程中如何处理“放过企业”与“严惩责任人”的问题,本章将围绕这个问题展开论述。

第一节　企业合规中“放过企业,严惩责任人”的由来与内涵

发端于美国的企业合规又称合规计划,其基本内涵就是对于建立并有效实施旨在预防和发现违法犯罪行为以及改善企业文化(“鼓励合乎道德的行为和承诺遵守法律”的企业文化)的内控体系的涉案企业,给予从宽甚至免除处罚激励的制度设计。最常见的就是检方与企业签署 DPA,对企业暂缓起诉(附条件不起诉)。给予企业暂缓起诉,对于责任人怎么办呢?美国从 1991 年《组织量刑指南》到今天《联邦商业组织起诉原则》(Principles of Federal Prosecution of Business Organizations),一直秉承的原则的是“放过企业,严惩责任人”。根据美国《联邦商业组织起诉原则》的规定,对公司的起诉不能替代对公司内部或外部刑事犯罪个人的起诉。由于公司只能通过个人行事,因此追究个人刑事责任可能会为未来的公司不法行为提供强大的威慑力。应追究可证明的个人刑事责任,特别是如果它涉及公司高级管理人员,即使面对公司认罪或对公司指控的其他处置,包括暂缓起诉或不起诉协议或民事决议。换言之,无论最终公司如何处置,都必须对可能承担责任的个人进行单独评估。在没有特殊情况或批准的部门政策(如反垄断部门的公司宽大政策)的情况下,任何公司决议都不应为任何个人提供免于刑事责任的保护。美国通常不会根据公司和解来免除个人的刑事责任。任何此类因特殊情况而免除个人刑事责任的行为必须得到助理司法部长或美国司法部长的亲自书

面批准。[①] 其主要理由是，合规计划由公司管理层制定，以防止和发现不当行为，并确保公司活动按照适用的刑事和民事法律、法规和规则进行。美国商务部鼓励这种企业自我监管，包括自愿向政府披露企业自行发现的任何问题。然而，合规计划的存在本身并不足以证明不对公司的高级职员、董事、雇员或代理人的犯罪行为提出指控。[②]

但是在美国的司法实践中，又广泛存在"既放过企业，也放过责任人"的情况。据统计，自 2001 年至 2012 年，在达成 DPA 和 NPA 的 255 个案件中，约 2/3 的案件中公司的高管和雇员都没有被起诉，仅有 1/3 的案件起诉了雇员（具体数字是 255 件中 89 件起诉了雇员，占比为 35%）。在上市公司中，高管和雇员被起诉率低至 25%。而且，美国司法部在协议中会对雇员给予宽大处理，甚至绝大多数情况下雇员根本不会被起诉。[③] 为什么理论与实践会有如此差异呢？美国学者加勒特认为，一方面，检察官调查白领犯罪的资源十分有限，公司内部结构复杂，调查成本高、难度大，动辄需要几年的时间；另一方面，很多责任人都是跨国公司的外国高管和雇员，检察官很难将其引渡到美国。此外，很多犯罪起诉高管效果更好，而仅仅起诉普通员工却没有太大意义。[④]

由此可见，所谓"放过企业，严惩责任人"，在美国也并非绝对。对于我国来说，中小微企业众多，法人治理结构不健全，家族色彩浓

---

① See Judice Manual (JM) §9 – 28. 210, https://www. justice. gov/jm/jm – 9 – 28000 – principles – federal – prosecution – business – organizations, Last accessed: 26 February 2022.

② See Judice Manual (JM) §9 – 28. 800, https://www. justice. gov/jm/jm – 9 – 28000 – principles – federal – prosecution – business – organizations, Last accessed: 26 February 2022.

③ 参见[美]布兰登·L. 加勒特:《美国检察官办理涉企案件的启示》，刘俊杰、王亦泽等译，法律出版社 2021 年版，第 98 – 99 页。

④ 参见[美]布兰登·L. 加勒特:《美国检察官办理涉企案件的启示》，刘俊杰、王亦泽等译，法律出版社 2021 年版，第 100 – 130 页。

厚,企业与企业家密切关联,是“放过企业”还是“严惩责任人”,应当结合我国的具体实际进行妥善处理。

第二节 重构单位犯罪责任追究的二元化模式

有人认为,我国《刑法》规定的单位犯罪实行“双罚制”是一个不可分割的整体,单位构成犯罪,才是追究法人内部成员刑事责任的依据和前提。个人的刑事责任是以单位构成犯罪并且追究刑事责任为前提,单位不承担刑事责任,当然不存在单位中的主管人员和直接责任人员作为个人承担刑事责任的问题,进而认为单位犯罪中的单位与责任人不能分案,且要么都起诉,要么都不起诉。其实这样的陈旧观念,与企业合规理念不相符合。对于企业合规案件,“放过企业”还是“严惩责任人”,应当重构单位与责任人分离的二元化模式,以少捕慎诉慎押的刑事司法政策为指针,以起诉必要性为基本标准,综合考量责任刑、预防刑和企业合规所承载的社会公共利益三个因素,类型化地妥当处理“放过企业”与“严惩责任人”的关系。

一、单位与责任人分离的二元化模式之内涵

如前所述,企业合规秉承单位犯罪中单位与个人责任切割和分离的原则。在现行的法律框架下,可以将单位犯罪中犯罪嫌疑单位和直接负责的主管人员或直接责任人(以下简称责任人)进行分案处理,也即对于单位犯罪,在诉讼程序上把单位和责任人分成两个案件。责任人因为被采取强制措施,办案期限应严格按照法律规定,一般情况下是审查起诉期限 1 个月,在符合法律规定的延长审查起诉期限、退回补充侦查的条件,且确有必要的情况下,才延长审查起诉

期限或退回补充侦查。但是单位由于不存在强制措施的问题，分案后，单位的办案期限不受责任人强制措施期限的限制。当然，也不能长期挂案，最高人民检察院、公安部发布的《公安机关办理经济犯罪案件的若干规定》第25条规定，公安机关对犯罪嫌疑人未采取强制措施，自立案之日起2年以内，仍然不能移送审查起诉或者依法作其他处理的，应当及时撤销案件。在《刑事诉讼法》未修改增设单位附条件不起诉的背景下，可以参照这个文件的规定，对单位的处理最长不超过2年。这样就给合规考察期限留下相对充分的余地。前述南京市建邺区人民检察院办理的J集团公司串通投标案，由于公司规模大，合规计划的建立、实施、评估、考察都需要大量的时间，检察机关采取单位犯罪与责任人分案处理的二元化模式，为企业合规争取到更多时间，从启动合规计划到最终对企业不起诉，长达一年。此案开创了国内办理企业合规案件单位与责任人"二元化"分案处理的先河。

二、单位与责任人分离的二元化模式之必要性及依据

（一）合规考察期限的需求

在目前法律没有修改的背景下，企业合规试点最大的难题之一是合规考察期过短。3个月速成的合规计划很容易流于形式、流于纸面。目前通行的做法：一是合规工作前置到侦查阶段，也就是利用提前介入侦查开展合规工作，向侦查阶段"借时间"。但是由于此时案件没有到检察环节，只能就企业是否具有开展合规的条件、风险评估等开展一些准备性的工作，无法纳入合规考察期限之内。二是利用延长审查起诉和退回补充侦查的期限，也就是为了将实际上并不需要延长审查起诉期限和退回补充侦查的案件"挪出"合规考察期而延长审查起诉期限和退回补充侦查。这种做法，一方面对单位犯罪的责任人是极不公平的，另一方面也有违法之嫌。《刑事诉讼法》第

172 条第 1 款规定:“人民检察院对于监察机关、公安机关移送起诉的案件,应当在一个月以内作出决定,重大、复杂的案件,可以延长十五日。”第 175 条第 2 款规定:“人民检察院审查案件,对于需要补充侦查的,可以退回公安机关补充侦查,也可以自行侦查。”也就是说,延长审查起诉期限的法定条件是“重大、复杂”,退回补充侦查的法定条件是“需要补充侦查”,“需要补充侦查”主要是指事实不清、证据不足。企业合规考察并不符合上述法定条件。三是利用取保候审案件的 1 年期限,即对于犯罪嫌疑人取保候审的案件,取保候审的期限是 1 年,所以审查起诉期限可以是 1 年。利用这 1 年的期限开展合规工作。这种做法也面临两大质疑,第一,《刑事诉讼法》第 172 条规定的审查起诉期限原则上是 1 个月,重大、复杂案件延长 15 日,并没有限定仅针对羁押措施的案件而不包括取保候审的案件。取保候审的案件审查起诉期限能否超过 1 个月或 45 天的限制,不无疑问。第二,因企业的合规整改让责任人承受漫长的诉讼等待也是不公平的。

(二)单位与责任人分离的二元化模式的法律依据

首先,我国《刑法》第 30 条规定:“公司、企业、事业单位、机关、团体实施的危害社会的行为,法律规定为单位犯罪的,应当负刑事责任。”第 31 条进一步规定,“单位犯罪的,对单位判处罚金,并对其直接负责的主管人员和其他直接责任人员判处刑罚”。上述规定就是我国《刑法》对单位犯罪“双罚制”的规定,其基本内涵的正确理解应当是:法律规定为单位犯罪的,才能追究单位的刑事责任,即在处罚单位的同时处罚责任人;法律没有规定单位犯罪的,不能处罚单位,只能处罚自然人。但是这并不意味着起诉责任人就一定要起诉单位,不起诉单位并不违反罪刑法定原则。

其次,无论是相对不起诉,还是未来立法中可能增设的单位犯罪附条件不起诉,本质上都属于酌定不起诉(附条件不起诉是附加条件的酌定不起诉)，[①]检察机关仍然认为构成犯罪，只是基于起诉必要性考虑而不予起诉。相对不起诉本身也是一种刑事上的否定性评价。对于企业合规来说，单位犯罪仍然是单位犯罪，即使是起诉责任人也应当引用单位犯罪的条款，责任人承担被追究刑事责任的基础依然是单位犯罪，只是单位犯罪中的单位基于合规整改，检察机关进行酌定不起诉而已。这与共同犯罪的分案处理具有相似性，如二人共同犯罪，其中一名共同犯罪人被起诉(依然要引用共同犯罪条款)，另一名共同犯罪人因情节轻微而由检察机关作出相对不起诉。事实上，司法解释对于单位犯罪中单位与责任人分案处理的二元化机制也是持肯定态度的。《最高人民法院关于适用〈中华人民共和国刑事诉讼法〉的解释》(法释〔2021〕1 号)第 340 条规定："对应当认定为单位犯罪的案件，人民检察院只作为自然人犯罪起诉的，人民法院应当建议人民检察院对犯罪单位追加起诉。人民检察院仍以自然人犯罪起诉的，人民法院应当依法审理，按照单位犯罪直接负责的主管人员或者其他直接责任人员追究刑事责任，并援引刑法分则关于追究单位犯罪中直接负责的主管人员和其他直接责任人员刑事责任的条款。"该规定为分案处理的二元化模式提供了规范依据，即起诉单位犯罪的责任人，虽然以单位犯罪的成立为前提，但并不以起诉单位为前提。从域外大陆法系刑法规定看，意大利 2001 年颁布的第 231 号法令第 6 条规定，如果公司能够证明在犯罪行为发生之前业已确立旨在防止该类犯罪行为的管理体制并且该体制得以有效运行，公司可以免于承担责任。

(三)单位与责任人分离的二元化模式理论依据

单位(法人)犯罪的归责基础一直是刑法理论争论的问题，但是组织责任论、系统责任论等越来越得到普遍认同，"企业公民"的观念

---

① 参见李勇：《企业附条件不起诉的立法建议》，载《中国刑事法杂志》2021 年第 2 期。

越来越深入人心。企业作为一个组织系统,能够影响员工作出不偏离常规的妥当选择。企业文化对员工的行为具有塑造作用。当一个组织表现出一种“不遵守法律的企业文化(不合规)”时,企业罪责就会显现出来。反之,当企业通过有效的合规计划实现了守法的企业文化时,就不应该受到惩罚,至少也应予以从宽处罚。[①] 单位责任的独立性进一步彰显,分案处理的法理依据是充分的。引人注目的是,刘艳红教授提出的“合规责任论”,她认为,单位责任是一种合规责任,它不同于基于个人行为的道义责任或规范责任,它是一种组织责任;而单位成员责任是一种传统的行为责任、道义责任、罪过责任,二者相互分离。[②] 这为单位与责任人分离的二元化模式进一步奠定了坚实的理论基础。

第三节 单位与责任人分离的二元化模式之操作

从司法实践中的具体操作来说,单位与责任人分离的二元化模式主要涉及两个方面的问题:一是单位与责任人分离的时机和阶段(诉讼阶段),也就是在什么诉讼阶段把单位和责任人分案处理;二是对单位和责任人如何分别追究或不追究刑事责任。

一、单位与责任人分离的诉讼阶段

从诉讼阶段上来说,单位与责任人分离的二元化模式直接体现

① 参见李勇:《检察视角下中国刑事合规之构建》,载《国家检察官学院学报》2020 年第 4 期。

② 参见刘艳红:《企业合规不起诉改革的刑法教义学根基》,载《中国刑事法杂志》2022 年第 1 期。

为分案时机,主要有以下几种情形:(1)侦查(调查)阶段分案移送。公安机关或监察机关在侦查、调查单位犯罪案件终结后,即将单位犯罪与责任人犯罪分案移送检察机关,检察机关分别受理,分案计算办案期限。检察机关也可以在提前介入阶段就建议公安、监管机关进行分案移送。(2)检察环节分案处理。如果公安、监察机关移送检察机关没有对单位与责任人进行分案,在检察环节分案也是可行的。具体分案的时机可以在案件管理部门受理即分案,也可以先整体受理,在审查过程中,承办检察官经审查认为符合开展企业合规的条件,提出拆分案件的意见,由分管检察长审批后进行分案处理。(3)公安、监察机关在移送检察机关时没有认定单位犯罪或遗漏认定单位犯罪(这种情况实践中经常发生),检察机关经审查认为系单位犯罪,其应当先追加认定单位,同时分案处理单位和责任人。实践中,有人认为,这种情况无须先追加认定单位再分案处理。这种做法设想的状况是:单位经过合规整改本来就是要不起诉的,先追加再分案,又不起诉,多此一举。这种做法显然是不妥当的,因为合规整改的结果并非一律不起诉,合规计划无效的单位还会再被提起公诉。实践中,也会有复杂的案件是上述几种情况的组合。

二、单位与责任人分离的责任追究类型

在办理企业合规案件过程中,"放过企业"还是"放过责任人"应当在准确把握起诉必要性这个根本标准的基础上类型化地处理。

首先,这里的"放过"不是说不构成犯罪,也不是阻却犯罪构成要件,而是不起诉(包括相对不起诉和将来立法上可能规定的附条件不起诉),说到底是一个起诉必要性把握的问题,所以更严谨的说法应该是"不起诉企业,还是不起诉责任人"的问题。

其次,"不起诉企业,还是不起诉责任人"的根本标准是起诉必要

性。起诉必要性与是否构成犯罪是两回事,起诉必要性是在构成犯罪的前提下权衡是否起诉的问题。从理论上来说,起诉必要性需要考量以下三个方面的因素:(1)责任刑,与构成要件该当行为的违法性相关的情节以及非法可能性(有责性)相关的情节,包括两项内容,一是不法事实(法益侵害事实),如行为、结果、手段、数额、次数、未遂、共犯关系;二是表明责任程度的事实,如目的、动机、责任能力、责任年龄、期待可能性等。(2)预防刑,即表明预防必要性大小的情节,包括犯罪前的情节,如前科、经历等;犯罪后的态度,如自首、坦白、累犯,赔偿、退赃、和解等。(3)社会公共利益,包括出于国家安全、国防、外交等政治需要的考虑,以及不特定多数社会公众的利益,也就是我们常说的政治效果和社会效果。

关于起诉必要性,我国《刑事诉讼法》第 176 条规定:"人民检察院认为犯罪嫌疑人的犯罪事实已经查清,证据确实、充分,依法应当追究刑事责任的,应当作出起诉决定"。其中"依法应当追究刑事责任"是指起诉必要性的衡量,衡量的因素就是责任刑、预防刑和社会公共利益。我国《刑法》第 37 条规定:"对于犯罪情节轻微不需要判处刑罚的,可以免予刑事处罚",其中"情节轻微不需要判处刑罚"即相对不起诉的实体法依据,"情节"是综合性,包括影响责任刑、预防刑和社会公共利益的各种情节。

就企业合规而言,一方面,企业合规原则上属于影响预防刑的因素,如果实施单位犯罪的企业建立有效的合规计划,实现预防目的,预防刑即降低乃至丧失,因此可以从宽量刑乃至不起诉,但是责任刑并没有受到影响,所以仍然是构成犯罪的行为。另一方面,企业合规也有社会公共利益的因素,因为起诉单位,可能导致企业倒闭,进而会影响就业、经济发展,最终损失的是社会公众,因此,合规从宽、合规不起诉有社会公共利益的考量。当然,前提是合规计划必须被证明是有效的,才能作为从宽的依据。[①] 因此,“放过企业”是有法律依据和法理依据的。

那么,单位犯罪中的责任人的起诉必要性如何把握呢?笔者认为,应当以少捕慎诉慎押的刑事司法政策为指针,坚持起诉必要性的三个要素进行类型化的处理,具体来说:(1)法定刑为3年以下的轻罪,责任刑本身就比较低,何况单位犯罪中的责任人与自然人犯罪中的犯罪人相比,责任刑本身就要低一些;同时责任人又认罪认罚,导致预防刑降低,符合相对不起诉的条件,就应该相对不起诉。这也是少捕慎诉慎押刑事司法政策的应有之义,不能以企业合规秉承“放过企业,严惩责任人”为由,反而对责任人进行起诉。当然,有的责任人如果不起诉不足以改造企业的治理结构,即使是轻罪也要起诉。(2)法定刑3年以上的重罪,且没有法定的减轻情节,责任刑和预防刑都相对较重,不宜“跨档量刑”进行相对不起诉。因此,应当对合规计划有效的企业不起诉(包括未来立法将增设的附条件不起诉),而对单位犯罪的责任人进行起诉。(3)法定刑3年以上的重罪,有法定减轻情节的,责任刑或预防刑都可能降低,具有相对不起诉的条件。例如,犯罪未遂、共同犯罪中的从犯,责任刑可以减轻;犯罪以后自首、立功、坦白并避免严重后果发生等,预防刑可以减轻,具有相对不起诉的条件。这种情况,可以对责任人作出相对不起诉。(4)如果单位犯罪的责任人是一般企业员工以及中层人员,“替代性较强,起诉他们并不能改造滋生犯罪的企业文化”,[②]在符合上述责任刑、预防刑轻微的条件下,基于社会公共利益的考量,起诉与否对于企业合规整改以及企业文化和治理结构的重塑无关紧要,就没有起诉的必要

---

① 参见李勇:《涉罪企业合规有效性标准研究——以A公司串通投标案为例》,载《政法论坛》2022年第1期。

② [美]布兰登·L.加勒特:《美国检察官办理涉企案件的启示》,刘俊杰、王亦泽等译,法律出版社2021年版,第99页。

性。例如,前述案例中,郑某和裴某属于公司的中层员工,他们听从上级的安排从事相关工作,起诉与否对企业合规整改关系不大,同时又是轻罪,且认罪认罚,完全符合相对不起诉的条件,没有起诉的必要性。(5)如果单位犯罪的责任人是企业的高级管理人员,尽管符合上述责任刑和预防刑轻微的条件,但其是企业系统性犯罪的"罪魁祸首",不严惩他,就难以在公司重塑合规的企业文化,也难以改造治理结构。特定情况下,"要想彻底改造企业文化,变更行业惯例,必须起诉公司高管"。[①] 因此,基于社会公共利益的考量,应起诉该责任人。例如,前述案例中,经审查发现,串通投标在该企业甚至行业内具有一定的普遍性,甚至有"潜规则"趋势,如果不起诉高管,对于改造企业文化难以有触动和威慑作用,因此,尽管是轻罪,检察机关还是对作为高管的孙某提起公诉。(6)如果单位犯罪的责任人是企业的核心技术人员,对于很多科创型小微企业来说,一个企业就靠这个核心技术人员支撑,这个技术人员只要入狱,这个企业也就倒闭,与起诉这个企业没什么不同,企业合规也无意义。这种情况下,如果涉嫌罪名是轻罪,在合规整改有效的前提下就应当在对企业合规不起诉的同时,也对该责任人不起诉。即使是涉嫌重罪,基于公共利益的考量,对责任人也尽可能不予羁押、判处缓刑。(7)如果单位犯罪的责任人是企业家(企业的负责人、创始人),对于很多中小型企业来说,企业与企业家融为一体。如果企业入狱,企业也就倒闭,群龙无首,根本无法建设和实施合规计划。这种情况下,如果涉嫌轻罪,固然是对企业和企业家均作不起诉决定;即使涉嫌重罪,在合规整改有效的前提下,对责任人也尽可能地判处缓刑、不予羁押。

---

① [美]布兰登·L.加勒特:《美国检察官办理涉企案件的启示》,刘俊杰、王亦泽等译,法律出版社2021年版,第99-100页。

三、二元分立后单位合规考察不通过的处理

如前所述，单位与责任人分立、分案处理后，对合规计划进行考察评估，如果经考察评估，认定合规计划有效，那么对于作为单位的企业作出不起诉处理。但是考察评估认定合规计划无效，该如何处理单位呢？此时责任人要么已经起诉甚至判决，要么已经作出了不起诉。有人据此认为，既然单位犯罪是单位犯罪与责任人的双罚制，责任人已经终结了诉讼程序，那么对单位再提起公诉就没有基础了。笔者认为，这种观点是不妥的，还是传统的单位责任理论。

首先，从实体上来说，今天的单位犯罪责任理论，普遍认为单位责任具有相对独立性，合规经考察评估为无效的，说明其犯罪预防的必要性仍然存在，单位承担刑事责任是理所当然的。其次，从程序上来说，对单位犯罪分案提起公诉并不存在障碍。单位的诉讼代表人出庭应诉，单位犯罪的辩护人出庭辩护，公诉人就单位进行指控，法院依法对单位判处罚金，完全没有障碍。

第十五章　企业合规附条件不起诉

当一个企业表现出不守法的企业文化时，企业罪责就会显现出来。反之，当企业通过有效的合规计划展现了守法的企业文化时，就不应该受到惩罚，至少也应从宽处罚。

——题记

我国企业合规计划发展的最大"瓶颈"是缺乏刑事法激励措施，现有相对不起诉制度在应对企业犯罪中运行不畅，难以起到激励企业建立合规计划的作用，急需在立法上增加附条件不起诉制度。

第一节　企业合规不起诉立法的必要性与可行性

一、增设企业合规不起诉立法的必要性

现行企业犯罪不起诉实践运行不畅。司法机关适用相对不起诉的积极性并不高。据统计，2014 年至 2018 年，不起诉率分别占比为 5.3%、5.3%、5.9%、6.3%、7.7%，虽然呈上升趋势，但占比仍然较低。而同期检察机关提起公诉的案件，最终判处管制、拘役、缓刑、免刑、单处罚金等轻刑的人数占同期生效判决人数的比例分别为 49%、

48.8%、49.7%、44.6%、44.5%。[①] 这些判轻刑的案件中相当一部分适用相对不起诉的效果会更好。认罪认罚案件适用不起诉的数量少且占比低的问题突出，"这表明不起诉的审前把关和分流作用未得到充分发挥，也影响了认罪认罚从宽制度的功效"。[②] 司法实践中还存在一种误区，即认为单位犯罪中不宜把直接负责的主管人员、直接责任人，与被告单位分案起诉或不起诉。换言之，对单位犯罪中的直接负责的主管人员、直接责任人员提起公诉，而对单位本身作不起诉的另案处理，被司法实践视为不合常规。因此，实践中对单位犯罪不起诉的案件更少。

这些为数不多的单位犯罪不起诉案件也存在诸多弊端。首先，不起诉的标准较为混乱，什么样的单位犯罪可以不起诉、什么样的单位犯罪应当起诉，尺度把握较随意。实践中，甚至出现为了不起诉而不起诉的案件，还有把原本就不构成犯罪（应当作绝对不起诉或存疑不起诉）的案件也作相对不起诉处理，更有把原本属于犯罪情节严重或者数额巨大的犯罪作了相对不起诉处理。其次，缺乏后续监督措施和手段，呈现"不诉了之"的局面，具体体现为以下三方面：(1)对企业的威慑力不足。涉嫌犯罪的企业不起诉之后，检察机关无权对其进行罚款，而行政机关的处罚要么缺位，要么处罚过轻，无法起到惩戒作用。(2)犯罪预防功能彰显不足。检察机关一旦作出不起诉决定之后，法律上没有相关的监管措施进行后续监督。(3)无助于改变企业内部治理结构和企业文化，检察机关无论是相对不起诉之前还是之后，都无法触及企业内部治理结构的改革。[③]

近年来，一些检察机关已经意识到对企业犯罪"不诉了之"存在

---

① 参见童建明：《论不起诉权的合理适用》，载《中国刑事法杂志》2019 年第 4 期。

② 参见陈国庆：《刑事诉讼法修改与刑事检察工作的新发展》，载《国家检察官学院学报》2019 年第 1 期。

③ 参见李勇：《检察视角下中国刑事合规之构建》，载《国家检察官学院学报》2020 年第 4 期。

的问题，在现有法律框架内采取了一些措施，但是这些措施收效甚微，主要表现为以下两种模式：一是训诫模式，即对单位犯罪不起诉之后，对企业相关负责人员进行训诫，教育其应当合法经营。但是，这种训诫对企业并无强制力。比如，下面这个案例：2016 年 11 月和 2017 年 4 月，犯罪嫌疑人董某在担任某犯罪嫌疑单位董事长期间，在没有真实货物交易的情况下，先后让两家皮包公司为其公司虚开增值税专用发票，税额共计人民币 30 余万元。案发后，犯罪嫌疑人投案自首，单位已补缴全部税款，认罪悔罪。检察机关对该案作出相对不起诉决定，并举行了"不起诉宣布训诫会，督促企业合法经营"。这样的训诫会类似于法治宣讲会，其预防效果有限，有"做秀"之嫌。二是检察建议模式，即对单位犯罪相对不起诉的同时，针对企业管理上存在的违法犯罪隐患和漏洞发出检察建议。这种综合治理性质的检察建议同样没有强制力，无法评估企业有无真正落实检察建议，即使不落实也没有惩戒措施。比如，下面这个案例：

2015 年 12 月，乌某在任某科技公司董事长期间，伙同该公司财务总监陈某经事先共谋，在没有货物实际交易的情况下，由陈某指使倪某（时任公司采购员），通过杜某及裴某、宋某（另案处理）居间介绍，采用虚构交易、支付开票费等手法，以单位名义，让他人为该公司虚开增值税专用发票 24 份，税额计人民币 377,344.79 元（均已抵扣）。案发后，该公司已补缴全部税款并缴纳滞纳金，倪某、杜某已分别退出违法所得人民币 24,727 元、20,776 元。该公司及各犯罪嫌疑人均自愿认罪认罚。检察机关对该公司及乌某、陈某等 4 人作相对不起诉处理，并向企业发出检察建议书，"督促该公司建立并完善企业合规制度"。

问题是谁来监督和评估有无采纳检察建议及采纳的效果，检察机关只是空洞地建议企业建立企业合规而无实际内容。上述问题相互叠加，决定了我国以企业犯罪附条件不起诉制度的推行来推动企业合规的必要性和紧迫性。有学者认为,与其引入企业合规还不如提倡“行政合规”。[①] 这显然是对企业合规的误解,这种误解可能源于“企业合规”这一表述。“企业合规”是德国及我国学者从刑事激励措施角度研究合规时而习惯使用的术语。事实上,合规计划的前置领域在“结构上是开放的”,涵盖了从商业伦理到民事责任、行政责任,再到刑事责任的规范。[②] 合规计划原本就包括“行政合规”,只不过,为了实现企业的合规经营,需要通过刑事激励这个核心的、终极的措施来鼓励、推动企业建立从商业伦理到民事、行政、刑事规范的全面合规。因此,从某种意义上说,“行政合规”本身就是个“伪概念”,如果一定要使用“行政合规”这个表述,那其与企业合规并不矛盾,与立法上设立附条件不起诉来推动企业全面合规也不矛盾。

二、企业犯罪附条件不起诉立法的可行性

当前,我国单位犯罪附条件不起诉立法时机已经到来,建构主义系统论为其奠定了理论基础,认罪认罚从宽制度为其确立了制度基础,企业合规试点为其积累了实践经验。

(一)企业犯罪附条件不起诉立法的理论基础

涉罪企业建立有效合规计划,为什么可以作为从宽处理甚至不起诉的因素予以考量呢?合规计划与单位刑事责任之间是何种关系?与罪刑法定原则、责任主义原则之间是否存在冲突?这是立法上设立企业犯罪附条件不起诉制度所要解决的首要理论问题。

法人犯罪始终面临可谴责性的正当根据问题,传统刑法理论认为,法人既没有可以谴责的灵魂和肉体,也无受刑能力;法人犯罪的

---

① 参见田宏杰:《刑事合规的反思》,载《北京大学学报(哲学社会科学版)》2020 年第 2 期。

② 参见[德]弗兰克·萨力格尔:《刑事合规的基本问题》,载李本灿等编译:《合规与刑法:全球视野的考察》,中国政法大学出版社 2018 年版,第 51、71－72 页。

归责问题一直是刑法理论的争议焦点。美国传统理论采取的是代位责任（vicarious criminal liability），即上级对其员工的行为所承担的责任。最初，在普通法中，这一概念（上级反应，referred to as respondent superior）不适用于民事或刑事案件——除非雇主指示员工从事不法行为，否则，员工的行为不能归责于雇主。后来逐步扩大到公司的刑事责任。[①] 但是，这种具有严格责任色彩的做法，背离了责任主义的要求。代位责任论可以说是风险社会的产物，美国法官罗伯特·H. 杰克逊在1952年的莫利赛特诉合众国案中回顾了“公共福利犯罪”的历史，认为这种犯罪是由工业革命后生活日益复杂所导致的，其中涉及的犯罪不依赖于精神因素，而仅存在于被禁止的作为或不作为。这种趋势要求规定无视任何意图成分的新责任和罪行。工业革命使越来越多的工人受到日益强大和复杂的机械装置的伤害——现代交通面临的难以忍受的伤亡风险、食品药品甚至证券发行不遵守谨慎标准所产生的风险。这些危险催生了越来越多和详细的条例，这些条例提高了控制影响公共健康、安全或福利的特定工业、贸易、财产或活动的人员的责任。[②] 时至今日，美国公司刑事责任的范围是庞大的，公司几乎可以根据任何一般刑事条款被起诉——包括《邮件和电报欺诈法》《反洗钱法》——或者几乎任何其他可能属于白领犯罪范围的行为。据估计，一家公司可能被起诉的联邦罪行超过30万项。[③] 从比较法的角度来看，美国这种广泛的公司责任具有独特性，是实用主义的结果而非教义学的结果，其正当性在于实

① See James M. Anderson and Ivan Waggoner, *The Changing Role of Criminal Law in Controlling*, Rand Corporation, 2014, p. 26 – 27.

② See James M. Anderson and Ivan Waggoner, *The Changing Role of Criminal Law in Controlling*, Rand Corporation, 2014, p. 34.

③ See Edward B. Diskant, *Comparative Corporate Criminal Liability: Exploring the Uniquely American Doctrine through Comparative Criminal Procedure*, The Yale Law Journal, 139(126 – 176)(2008).

用性而非学理性。这种代位责任理论,在美国也遭遇很多批评,甚至被认为是一个严重的错误。[①] 在欧洲大陆,“一个法人实体不应受责”的观念根深蒂固,法人犯罪的归责理论基础依然存在争议,但现实是法人犯罪在立法上越来越具有普遍性。

由社会学家卢曼的系统论发展而来的系统责任论成为有力的学说。卢曼将社会系统构想为一个自我指涉——封闭的、自我再制(Autopoiesis)的系统。自我再制的概念,源于智利生物学家及神经生理学家马徒拉纳(Humberto R. Maturana)及法芮拉(Francisco J. Varela)关于生命体自我再制理论。比如,细胞是一个自我再制系统,在分子层次上持续地制造出其组成部分(蛋白质、核酸等),这些组成部分是维持它们组织所必需的,组成部分借由它们的运作持续地生产着网络。与此同时,网络反过来生产它们这些组成部分。这种系统是自己与自己发生关联,是自我指涉的,但同时又是开放的,因为系统处在特定的环境中,对环境开放,依赖环境所供给的物质与能量。[②] 在马徒拉纳和法芮拉的自我再制概念基础上,卢曼发展出一个关于自我指涉系统的社会系统理论,社会构成体被描述为封闭运作的单元,这些单元经由元素的递回性生产来产生并维持自己。社会系统的最小单元即系统的元素称为沟通(kommunikation),社会系统是沟通系统,经由将沟通与沟通不断地衔接起来,系统就再生产自己。[③] 沟通是一种由信息(information)、传达(utterance)与理解(understanding)等三种选择综合而成的单元体。对系统而言,信息、传达与理解均无法独立于系统而存在,它们是在沟通过程中一起以一体

---

① See James M. Anderson and Ivan Waggoner, *The Changing Role of Criminal Law in Controlling*, Rand Corporation, 2014, p. 33.

② 参见 Georg Kneer、Armin Nassehi:《卢曼社会系统理论导引》,鲁贵显译,台北,巨流图书公司 1998 年版,第 65 – 67 页。

③ 参见 Georg Kneer、Armin Nassehi:《卢曼社会系统理论导引》,鲁贵显译,台北,巨流图书公司 1998 年版,第 84 页。

的方式被制造出来的。[①] 系统在系统内部运作上具有封闭性，但对环境具有开放性，与外在环境交换，因此，系统"对内自主但对外不自主"。由此，系统通过对环境的区分及反应，对内构成系统内部的结构变化及演进，从而自然而然发生系统与环境同时演进的现象，被称为"功能结构论"。卢曼的系统论中还有一个重要的概念是"复杂性化约"，复杂性是指世界上总是存在比现实性更多的可能性。因为现实性与可能性的落差，造成选择时的复杂，但是又必须借由选择的过程，将可能性选择出来，落实成为现实性。"复杂性化约"意指当系统在这种不断来回地观察、被观察及对观察的观察中，建立起自己的复杂性。为了使复杂性对人们造成的失望减到最低程度，人们不断地发展出一些结构，来规范复杂性与偶变性，希望透过正确的认知作出不令别人失望、不偏离常规的妥当的选择。[②]

根据卢曼的社会系统论，企业作为组织系统，也具有自我再制功能，公司的员工进入或退出这个作为组织系统的公司是按照规定的条件、程序进行的。也就是说，与公司成员资格条件结合在一起，公司借由规定的成员资格持续地再生产出特定的行为方式。组织的一个重要功能就在于将特殊的行为过程加以固定。[③] 建构主义系统论的代表人、德国学者迪兹(Carlos Gómez - Jara Díez)借鉴卢曼的社会系统论研究范式，提出企业罪责的建构主义概念，他认为，企业同样属于自我再制的系统，不同系统之间的区别仅在于它们实现自我再制的方式不同。企业实体通过企业决策进行自我再制，人类通过思

---

① 参见黄钲堤：《卢曼系统论的意义概念》，载《东吴社会学报》2007 年第 22 期。

② 参见柯青云：《法律系统的形成、运作及特色——卢曼系统理论取向》，台湾大学国家发展研究所 2007 年硕士学位论文，第 20 - 21 页。

③ 参见 Georg Kneer、Armin Nassehi：《卢曼社会系统理论导引》，鲁贵显译，台北，巨流图书公司 1998 年版，第 55 页。

维过程进行自我再制,法律系统通过法律沟通进行自我再制。[①] 在公司环境中,公平地说,随着时间的推移,一些公司倾向于发展内部的复杂性,最终使它们能够自我组织和自我治理。因此,承认公司经常在其自身的影响范围内达到一定的控制,这不仅符合逻辑,而且是必要的。[②] 通过不同内部的结构变化和演进,来规范复杂性与偶变性,对行为过程进行固定,形成一种组织文化,这种企业文化影响员工作出不偏离常规的妥当的选择。所以说,什么样的公司出什么样的人,什么样的公司文化造就什么样的员工。就此而言,企业文化是一个更适合理解公司主体性的概念,它也很好地吻合法律与社会运动的最新发展。[③] 当一个组织表现出一种"不遵守法律的企业文化(不合规)"时,企业罪责就会显现出来。反之,当企业通过有效的合规计划实现了守法的企业文化时,就不应该受到惩罚,至少也应从宽处罚。

因此,合规的企业文化是企业作为一种组织体所体现出的守法意识,有效的合规计划体现的是企业作为一种组织体对法律的敬畏、遵从,体现的是一种认罪悔罪的态度。建构主义系统论为企业犯罪责任奠定了基础。对于涉罪企业来说,"承诺合规 = 认罪认罚",实施了有效合规计划的涉罪企业理应获得从宽处罚,进而对企业犯罪可以作出附条件不起诉。这为企业犯罪附条件不起诉奠定了理论基

---

① See Carlos Gómez – Jara Díez, *Corporate Culpability as a Limit to the over Criminalization of Corporate Criminal Liability: The Interplay Between Self – Regulation, Corporate Compliance, and Corporate Citizenship*, 14 New Criminal Law Review: An International and Interdisciplinary Journal, p. 78 – 84(2011).

② See Carlos Gómez – Jara Díez, *Corporate Culpability as a Limit to the over Criminalization of Corporate Criminal Liability: The Interplay Between Self – Regulation, Corporate Compliance, and Corporate Citizenship*, 14 New Criminal Law Review: An International and Interdisciplinary Journal, 78(2011).

③ See Carlos Gómez – Jara Díez, *Corporate Culpability as a Limit to the over Criminalization of Corporate Criminal Liability: The Interplay Between Self – Regulation, Corporate Compliance, and Corporate Citizenship*, 14 New Criminal Law Review: An International and Interdisciplinary Journal, 78(2011).

础,并指明了建构方向。那种认为只有在美国替代责任论框架下的合规计划才有价值的观点是狭隘的。[①] 一方面,企业合规本质上是一种企业犯罪预防和治理的“合作模式”,是企业治理结构变革的推手,具有世界性趋势,即便是在排斥替代责任论的欧洲大陆法系,合规计划依然风靡,被视为新刑法的“风向标”。[②] 另一方面,在当今经济全球化的背景下,大型公司特别是跨国企业不可能将公司业务按照“大陆法系”和“英美法系”进行分类开展业务。合规计划不仅促使涉案企业治理结构的改革,也能推动其关联公司、子公司进行改革,进而促进其上下游产业链企业、客户、合作伙伴、投资对象等建立与之相适应的合规计划,这种连锁效应和辐射效果,有助于营造一个清廉、公平、规范的法治化营商环境。

(二)企业犯罪附条件不起诉立法的制度基础

从立法技术的角度来说,企业犯罪附条件不起诉应写入《刑事诉讼法》分则,根据分则受总则原则指导和制约的基本原理,需要在《刑事诉讼法》总则中找到相应的制度基础。认罪认罚从宽制度经过多年试点,于 2018 年刑事诉讼法修改时写入总则第 15 条,即“犯罪嫌疑人、被告人自愿如实供述自己的罪行,承认指控的犯罪事实,愿意接受处罚的,可以依法从宽处理”。这为企业犯罪附条件不起诉奠定了重要制度基础。

首先,认罪认罚从宽是一项“贯穿整个刑事诉讼程序的重要制度”,[③]理当平等适用于所有犯罪主体。同时,认罪认罚从宽也是被

---

① 参见田宏杰:《刑事合规的反思》,载《北京大学学报(哲学社会科学版)》2020 年第 2 期。

② 参见[德]托马斯·罗什:《合规与刑法:问题、内涵与展望——对所谓的“刑事合规”理论的介绍》,李本灿译,载赵秉志主编:《刑法论丛》(2016 年第 4 卷),法律出版社 2017 年版,第 357 页。

③ 孙谦:《检察机关贯彻修改后刑事诉讼法的若干问题》,载《国家检察官学院学报》2018 年第 6 期。

告人的一种权利，被告人有选择认罪认罚并获得从宽处罚的权利。因此，认罪认罚从宽制度既适用于自然人犯罪，也适用于单位犯罪。

其次，认罪认罚从宽制度中的“从宽”既包括量刑从轻，也包括相对不起诉。[①] 换言之，不起诉是认罪认罚从宽的应有之义。最高人民检察院的负责同志指出，“对符合条件的认罪认罚案件作出不起诉处理，是实体从宽的重要体现，也是审前分流的重要方式……对认罪认罚后属于没有争议、不需要判处刑罚的轻微刑事案件，依法作出不起诉决定……对其中法院有可能判处免刑或者单处罚金的轻微案件，依法作出不起诉决定，防止‘一诉了之’”。[②] 最高人民检察院检察长张军在北京大学作“中国特色社会主义司法制度的优越性”专题讲座时也指出，对涉民营企业案件坚持“可捕可不捕的不捕，可诉可不诉的不诉”的理念。[③] 单位犯罪认罪认罚的，“可诉可不诉”的就可以作出相对不起诉决定。既然可以相对不起诉，那么在理论上就可以附条件不起诉，因为附条件不起诉在某种意义上就是附条件的相对不起诉。

最后，认罪认罚从宽中“认罪”的内涵既包括自然人的悔罪，也包括企业的承诺合规。对于自然人来说，“认罪”就是指犯罪嫌疑人、被告人自愿如实供述自己的罪行，真诚悔过。作为现代刑法通说的并合主义刑罚论认为，刑罚裁量的两大决定性因素是责任刑和预防刑。由于被告人认罪悔罪，特殊预防的必要性明显降低；同时，通过给予被告人从宽处罚的激励，促进一般人对刑法规范的认同，进一步实现

---

① 下文中的“不起诉”没有特别说明的，均是指我国《刑事诉讼法》第 177 条第 2 款的相对（酌定）不起诉。

② 陈国庆：《刑事诉讼法修改与刑事检察工作的新发展》，载《国家检察官学院学报》2019 年第 1 期。

③ 参见《最高人民检察院检察长张军：民营企业在经济上犯罪的，可捕可不捕的不捕、可诉可不诉的不诉、可判实刑可判缓刑的判缓刑》，载澎湃网 2019 年 10 月 24 日，https://www.thepaper.cn/newsDetail_forward_4773409。

积极的一般预防,预防刑降低,刑罚随之减轻,进而体现从宽。对于没有“灵魂和肉体”的企业而言,这种认罪悔罪如何体现呢?如前所述,根据建构主义系统理论,公司企业特别是大型企业,是自我再制的系统,具有“企业公民”的地位,企业文化可以对员工关于什么是合法的、什么是不合法的看法产生影响,影响员工对某些法律规范的有效性或合法性的感知,所以公司应当承担责任。合规计划反映了一个特定公司的企业文化,我们有充分的理由在评估该公司是否有罪时将其考虑在内。如果一个公司在员工违法的时候存在有效的合规计划,那么这个公司不应该被认定为有不法行为,因为这样的公司已经履行了一个守法的企业公民所承担的义务。[①] 同样,当一个涉罪企业案发后,通过真诚努力建立并有效实施了合规计划,所体现出的合规意识和努力构建合规的企业文化,体现的是认罪悔罪态度,理应获得从宽处罚。

由此可见,认罪认罚从宽制度为企业犯罪附条件不起诉在《刑事诉讼法》总则上奠定了制度基础。有学者提出疑虑,对已经构成犯罪的企业,通过认罪认罚、承诺合规的方式,最终使其受到无罪处理,这可能不符合我国固有的“罪刑法定”“罪责刑相适应”的原则。[②] 这其实是误解。认罪认罚从宽、合规从宽与罪刑法定原则并不冲突。罪刑法定原则的基本内容是“法无明文规定不为罪,法无明文规定不处罚”。罪刑法定的目的是保障公民的自由,“仅当他的举止实现了之

① See Carlos Gómez – Jara Díez, *Corporate Culpability as a Limit to the over Criminalization of Corporate Criminal Liability*: *The Interplay Between Self – Regulation*, *Corporate Compliance*, *and Corporate Citizenship*, 14 New Criminal Law Review: An International and Interdisciplinary Journal, p. 78 – 92 (2011).

② 参见陈瑞华:《企业合规视野下的暂缓起诉协议制度》,载《比较法研究》2020 年第 1 期。

前法律规范予以确定的犯罪的构成要件要素,这个举止才是可罚的。"[①]它强调的是"法律没有规定的"则"不处罚",而非"法律规定的"则"必须处罚"。正如日本学者西田典之所指出的,如果是缩小、阻却处罚范围,则不一定要有明文的规定。例如,超法规的违法阻却事由、责任阻却事由,尽管刑法没有规定,却依然可以不定罪处罚。因此,如果是倾向于不处罚,即便是无明文规定,通过对相关联法规的解释,认为可以减轻处罚或视为不可罚的事由也是得到认可的。[②]

那么,我国《刑法》第 3 条前段为什么规定"法律明文规定为犯罪行为的,依照法律定罪处罚"呢?在笔者看来,对该条款的解释,必须回到罪刑法定的本质内涵上进行实质解释。罪刑法定的内涵包含构成要件的明确性、禁止溯及既往、禁止类推和禁止习惯法,其思想基础是民主主义和自由主义,罪刑法定的根本旨趣在于"节制国家权力的发动"。[③] 该条款前段的重心是"依照法律定罪处罚",其强调的是定罪量刑时要"依照法律"办案,不能恣意对公民定罪量刑,防止司法人员滥用权力,但并不禁止符合《刑法》规定但基于程序上的理由而不予处罚的情形。例如,刑事和解、超过追诉时效的案件,尽管符合《刑法》分则罪名的构成要件,但仍不予处罚。因此,基于认罪认罚、合规而从宽处理甚至免除处罚,并不违反罪刑法定原则。至于罪刑均衡原则,由于认罪认罚、合规降低了预防刑,因此从宽处罚乃至不起诉反而更加体现了罪刑均衡原则。

总之,合规从宽与认罪认罚从宽本质内涵相同,以认罪认罚从宽

---

① [德]乌尔斯·金德霍伊泽尔:《刑法总论教科书》(第 6 版),蔡桂生译,北京大学出版社 2015 年版,第 28 页。

② 参见[日]西田典之:《日本刑法总论》,刘明祥、王昭武译,中国人民大学出版社 2007 年版,第 33 页。

③ 参见林东茂:《刑法综览》(上篇),台北,一品文化出版社 2012 年版,第 64 页。

制度为契机建构中国式企业合规的观点,[①]越来越得到理论界和实务界认同。[②] 目前检察机关的试点均是以认罪认罚从宽制度为立足点的。而试图将合规作为刑法中的违法阻却事由或责任阻却事由的观点难以被接受,也容易引起误解。有学者之所以产生引入企业合规制度就是在立法层面将企业合规义务刑事化的误解;之所以产生既反对引入企业合规制度又赞同在法律上规定激励机制促进企业合规的矛盾,[③]是因为其纠结于合规是刑法上的违法阻却事由还是责任阻却事由,而没有从合规属于认罪认罚从宽事由、合规是企业采取包括遵守商业伦理规则、行政法规、刑事法律等在内的各项措施预防和治理企业犯罪的角度,去观察这一新生事物。事实上,企业合规何曾将合规作为企业的刑事义务?只是立法上对建立合规计划的企业在涉罪时给予刑事法上的激励和从宽处罚,绝不会对没有建立合规计划的不涉罪企业定罪判刑,何来刑事义务的法律化?正如认罪认罚是被告人的权利而绝非义务一样。或许用"合规计划"这一表述更有利于避免"企业合规"就是将合规作为企业刑事义务这样"望文生义"的误解。

(三)企业犯罪附条件不起诉立法的实践基础

首先,未成年人犯罪附条件不起诉实践效果为企业犯罪附条件不起诉积累了实践经验。我国刑事诉讼法2012年修改时,针对未成年人犯罪设立了附条件不起诉制度,即对于未成年人涉嫌《刑法》分

---

① 参见李勇:《检察视角下中国刑事合规之构建》,载《国家检察官学院学报》2020年第4期。

② 参见陈瑞华:《刑事诉讼的合规激励模式》,载《中国法学》2020年第6期;童建明:《充分履行检察职责 努力为企业发展营造良好法治环境》,载《检察日报》2020年9月22日,第3版;最高人民检察院第二十二批指导性案例"检例第81号";《"认罪认罚从宽与刑事合规"研讨会在蓬莱举行》,载《法治日报》2020年10月14日,第11版。

③ 参见田宏杰:《刑事合规的反思》,载《北京大学学报(哲学社会科学版)》2020年第2期。

则第四章、第五章、第六章规定的犯罪，可能判处1年有期徒刑以下刑罚，符合起诉条件，但有悔罪表现的，设置6个月以上1年以下的考验期，人民检察院可以作出附条件不起诉。所附加的条件包括遵守法律法规，服从监督，按照考察机关的要求接受矫治和教育等。如果在考验期内遵守所附条件的，在考验期满后作出相对不起诉决定；如果考验期内违反所附条件情节严重，或者实施新的犯罪、违反治安管理法规情节严重的，或者发现还有其他犯罪需要追诉的，则撤销附条件不起诉决定，提起公诉。实践证明，未成年人犯罪附条件不起诉制度运行8年多以来，对涉罪未成年人的教育矫治和预防未成年人犯罪发挥了重要作用。[①]这为单位犯罪附条件不起诉积累了重要经验。

其次，检察机关的试点探索为企业犯罪附条件不起诉提供了实践样本。近年来，检察机关积极探索合规不起诉，大致有以下两种模式：一是"不起诉前督促合规"模式。利用审查起诉期限作为合规承诺考验期，以考验期内合规实施情况作为不起诉考量因素。采取该模式的有浙江省岱山县人民检察院、深圳市龙华区人民检察院。深圳市龙华区人民检察院对移送审查起诉的涉民营经济案件，犯罪嫌疑人有修复受损法益意愿的，可以在法定审查起诉期间内设置法益修复考察期，原则上不羁押犯罪嫌疑人，由犯罪嫌疑人提出合规方案，对被侵害的法益进行修复，并视法益修复、认罪悔罪态度等情况作相对不起诉处理或提出从轻量刑的建议。二是"不起诉后建议合规"模式。该模式可以具体描述为"合规承诺书（认罪认罚具结书）+相对不起诉+检察建议书"。检察机关对于认罪认罚的企业作出相对不起诉后，针对企业管理存在的问题，给企业发出检察建议，督促企业建立合规计划。采取该模式的有南京市建邺区人民检察院、浙江温州市人民检察院等。

---

① 参见何挺：《附条件不起诉制度实施状况研究》，载《法学研究》2019年第6期。

关于合规的监督、考察和评估问题，实践中主要有以下两种模式：一是检察官监管模式。犯罪嫌疑单位签署合规承诺书（认罪认罚具结书），由检察官跟踪评估，根据情况作出不起诉处理或提出从轻处罚的量刑建议；[①]对能履行责任而拒不履行责任的犯罪嫌疑人，依法提起公诉。例如，深圳市龙华区人民检察院制定的《关于对涉民营经济刑事案件实行法益修复考察期的意见（试行）》规定了类似上述的内容。二是独立合规监管人模式。检察机关通过与司法行政机关、市场监管部门协作，选任独立的合规监管人。例如，深圳市宝安区人民检察院与司法局合作制定的《深圳市宝安区司法局关于企业刑事合规独立监控人选任及管理规定（试行）》，规定独立合规监管人由检察机关与司法行政机关从律师中选任，对企业合规情况进行调查，协助犯罪嫌疑企业制订合规计划并协助检察院监督合规计划的执行，出具阶段性书面监控报告，作为检察院作相应处理决定的参考。浙江省岱山县检察院出台的《涉企案件刑事合规办理规程（试行）》规定，合规监管员从律师事务所、会计师事务所、税务师事务所等单位人员中选任。

上述实践探索的基本特点是在现有法律框架内，依托认罪认罚从宽制度，最大限度地给予企业合规以刑事激励。这为我国企业犯罪附条件不起诉立法积累了宝贵的实践经验，但同时也面临一些瓶颈问题：一是法律依据不足甚至有违法风险，凡是改革需“于法有据”，急需在立法上确立附条件不起诉制度；二是“不起诉前督促合规”模式借用诉前期限作为考验期，时间过短，易出现合规流于形式的“装点门面”；三是“不起诉后建议合规”模式缺乏刚性，即使企业不执行或者执行不到位，也无法对已经作出的相对不起诉决定予以撤回。这些问题亟待通过立法来解决。

---

① 实践中，还有“附条件量刑建议”。参见李勇：《附条件量刑建议价值与适用》，载《检察日报》2021 年 2 月 8 日，第 3 版。

第二节　企业犯罪附条件不起诉的适用条件与程序

企业犯罪附条件不起诉在立法设计上需要重点规定适用条件和范围、合规考察、决策程序等。

一、企业犯罪附条件不起诉的适用条件

(一)是否需要限定刑罚条件

笔者认为,单位犯罪附条件不起诉的是单位,而不是责任人。根据本书第十四章的观点,企业合规中企业与个人责任追究的二元化模式,不宜将对责任人可能判处的刑罚作为单位附条件不起诉的条件。[①] 对于犯罪嫌疑单位、被告单位来说,并不存在有期徒刑的刑罚条件,只有罚金刑,而罚金刑的数额与有期徒刑不同,罚金刑的严厉程度与罚金绝对数额之间没有绝对的对应关系。例如,对于一个年利润只有 10 万元的小微企业来说,罚金 10 万元简直是灭顶之灾;对于一个年利润 1 亿元的企业来说,罚金 10 万元简直是“隔靴搔痒”。因此,单位犯罪附条件不起诉原则上不应该有刑罚条件的限制。

但是,对于单位犯罪中的责任人,不存在附条件不起诉的问题,而是符合一定条件的可以相对不起诉。按照本书第十四章的类型化处理规则,如果符合相对不起诉条件,刑罚条件应当限定为可能判处 3 年以下有期徒刑(指宣告刑而非法定刑)。首先,我国《刑法》第 37 条规定,“对于犯罪情节轻微不需要判处刑罚的,可以免予刑事处

① 笔者曾经主张将单位合规附条件不起诉限定为责任人可能判处 3 年以下有期徒刑的案件,后来笔者改变了这一观点。参见李勇:《企业附条件不起诉的立法建议》,载《中国刑事法杂志》2021 年第 2 期。

罚”;我国《刑事诉讼法》第 177 条第 2 款规定:“对于犯罪情节轻微,依照刑法规定不需要判处刑罚或者免除刑罚的,人民检察院可以作出不起诉决定。”上述两个条款也是司法实践中检察机关相对不起诉决定书必引的两个条文。司法实践中,“情节轻微”的基本尺度是可能判处 3 年以下有期徒刑的案件。其次,与刑事和解不起诉保持平衡。我国《刑事诉讼法》第 288 条规定的刑事和解可以不起诉的条件是“因民间纠纷引起,涉嫌刑法分则第四章、第五章规定的犯罪案件,可能判处三年有期徒刑以下刑罚”的案件和“除渎职犯罪以外的可能判处七年有期徒刑以下刑罚的过失犯罪”案件。

(二)是否需要限定罪名

关于这一点,无非两种方案:一种是不作罪名限制,另一种是限定为特定罪名。笔者认为,除涉及国家安全和恐怖主义活动外,原则上不宜作罪名限制。首先,我国《刑法》立法模式是以自然人犯罪为原则,以单位犯罪为例外的。我国《刑法》中规定的单位犯罪只有 160 余个,仅占全部罪名的 1/3。其次,我国单位犯罪的认定,司法实践采取“企业决策责任论”,强调“以单位名义”“集体研究决定或者有关负责人员代表单位决定”“为单位谋取利益”,导致单位犯罪成立范围较为狭窄。最后,我国《刑法》规定的单位犯罪均为法定犯,法定犯的典型特征是反伦理色彩弱,道德可谴责性低,对罪名不加区分适用附条件不起诉不会影响民众的法感情。

(三)应当具备何种条件

笔者认为,我国的企业犯罪附条件不起诉至少应当具备以下条件:(1)认罪认罚,即犯罪嫌疑单位承诺合规,对企业内部治理结构按照合规计划的要求进行全面改革,责任人真诚认罪悔罪。(2)公司积极采取补救措施进行法益修复。有被害人的应当赔偿损失并获得被害人谅解,有附带民事公益诉讼的应当积极履行相应的赔偿责任。需要说明的是,对企业犯罪作出附条件不起诉的,检察机关针对该企业提起的公益诉讼,既可以通过赔偿和解不起诉的方式结案,也可以单独提起民事公益诉讼,无论采取哪种方式,涉案单位均应当积极履行赔偿责任。(3)涉案企业应当没有曾因为同种罪名被刑事处罚过,或者曾因同种类行为被行政处罚过。(4)积极配合司法机关的调查、检察机关的监督。

二、企业犯罪附条件不起诉的合规考察程序

(一)附加的合规条件

从立法的角度来说,刑事诉讼法中对于企业犯罪附条件不起诉中所附加的条件,应当坚持"宜粗不宜细",因为合规计划是典型的"最佳实践",不同的企业、不同的行业有不同的合规要求,无法也不宜事无巨细地进行规定。立法上可以对带有普遍性和规律性的内容进行列举。我国立法可以原则性地规定以下条件:(1)遵守法律法规,服从监督;(2)遵守合规计划全部条款;(3)按照考察机关的规定定期报告企业经营活动情况及财务状况;(4)按照考察机关的要求改善企业治理结构和企业文化。

(二)合规计划评估考察

首先,关于考验期的设置。笔者认为,不宜低于 1 年,一个企业建立合规计划涉及人、财、物的重大调整,属于企业内部治理结构的重大变革,短时间内根本无法完成。一般来说,合规计划体系包括合规风险识别、合规制度建立、合规管理架构、合规运行机制等。作为合规计划的逻辑起点,风险评估就是一个浩大的系统工程,合规风险评估要做到对公司业务活动、产品、服务、运营等全链条、全覆盖、无死角,系统分析市场服务与销售权、决策及审核权、人事权、采购权、计量权、财务权等,详细梳理权责清单,这需要巨大的成本和时间。合规计划效果的评估更是一个漫长的过程。因此,利用审查起诉期限、提前介入等短暂的时间不可能真正实现合规计划有效性的评估。

考验期的长短与涉案企业的大小成正比,与涉案企业本来的合规程度成反比,需要结合个案进行考量。当然,为了促使涉案企业积极行动,也不宜将考验期设置过长,一般以 3 年为宜。因此,建议将考验期在立法上规定为 1 年以上 3 年以下。

其次,关于评估考察的主体。附条件不起诉属于诉前程序,理应由检察机关主导。对于我国而言,企业合规、企业犯罪附条件不起诉作为认罪认罚从宽制度的一部分,都是检察机关主导的,由检察机关主导对涉案企业合规计划执行和效果进行评估是恰当的,这也与我国未成年人犯罪附条件不起诉的考察模式保持一致。根据我国《刑事诉讼法》的规定,未成年犯罪附条件不起诉的考验期内,由人民检察院对被附条件不起诉的未成年犯罪嫌疑人进行监督考察,实践中检察机关也会与相关机构合作进行委托监督考察。考虑到企业管理的专业性和技术性,可以由检察机关委托第三方专业机构进行考察评估。

最后,评估考察的内容。评估考察的对象是涉案企业合规计划及其效果,同样属于"最佳实践"。因此,从立法的角度来说,没有必要在刑事诉讼法中对评估的具体内容和流程进行规定,可以由最高人民检察院单独或会同国务院相关部委制定实施细则。

在考验期内,遵守相关规定的,考验期满后由检察机关作出相对不起诉决定;考验期内违反相关规定,没有实现合规计划目标的,由检察机关撤销附条件不起诉决定,提起公诉。

三、企业犯罪附条件不起诉的决策程序

在国外,暂缓起诉协议是否需要经过法官批准,争议很大,主要有两种模式:一是检察官自由裁量模式,二是司法审查模式。前者检察官具有很大的自由裁量权,法官基本不干涉协议的签署;后者启动

谈判、签订 DPA 和修改条款都需要法官批准。[①] 需要说明的是，美国的暂缓起诉协议形式上需要法官批准，实际上则流于形式。在美国的司法实践中，暂缓起诉作为一种独特的检察决定传统，法院一直拒绝推翻检察官对暂缓起诉的选择。事实上，在提出起诉之前，没有哪位联邦法官能够介入暂缓起诉的谈判。即使在提出起诉后，也没有法律规定的阈值可以启动暂缓起诉的谈判。即使在向法院提出一项暂缓起诉的建议，由于当事各方之间没有正式的对敌争端，没有一位法官会有实质性的基础来修改其提议的条件。[②]

笔者认为，我国的企业犯罪附条件不起诉应当由检察机关决定。首先，附条件不起诉及其合规计划的特殊性，决定了引入法官司法审查会流于形式。就我国而言，法官在诉前介入案件的审查和调查，均缺乏法律依据，也与法院的宪法定位不符。这就决定了法官在诉前既难以全面掌握案件的事实和证据情况，也难以掌握涉案企业内部管理及合规情况。因此，法院无法对是否起诉作出判断，更无法对合规计划进行评估。其次，根据宪法和法律，刑事案件的起诉裁量权由检察机关行使。更何况未成年人犯罪附条件不起诉也是由检察机关决定，而无须法官批准，根据法秩序统一原理，由检察机关决定附条件不起诉是合适的。同时，我国检察机关是法律监督机关，对企业合规计划进行监督，也是检察监督的应有之义。最后，检察机关可以通过公开听证的方式限制自由裁量权。主张引入司法审查的主要理由在于担心检察机关滥用裁量权。事实上，检察机关近年来在不起诉案件中大力引入公开听证程序，最高人民检察院还出台《人民检察院检察听证室设置规范》《人民检察院审查案件听证工作规定》相关文

---

① 参见陈瑞华：《企业合规视野下的暂缓起诉协议制度》，载《比较法研究》2020 年第 1 期。

② See Benjamin M. Greenblum, *What Happens to a Prosecution Deferred? Judicial Oversight of Corporate Deferred Prosecution Agreements*, Columbia Law Review, Vol. 105, p. 1863 – 1898 (2005).

件对听证室布置、听证流程进行规定。从实践运行看，听证室布置接近于法庭布置，听证程序引入了辩论环节，除诉讼当事人参与听证外，还有人民监督员、人大代表、政协委员等参与其中。为防止检察官权力过大，防止企业犯罪附条件不起诉的滥用，可以在立法上规定企业犯罪附条件不起诉的案件一律实行公开听证。至于听证的具体流程，可以由最高人民检察院制定相关实施细则。

第三节 企业犯罪附条件不起诉的立法条文设计

关于立法模式，目前有两种方案：一是以认罪认罚从宽制度为基础采取修正案的“小修”模式。这是笔者在国内最早提出的方案，认为合规附条件不起诉是认罪认罚制度框架下的一种特别不起诉制度，与《刑事诉讼法》第 182 条规定的认罪认罚的特别不起诉制度具有“同源性”，并主张在现行《刑事诉讼法》第 182 条之后增加两个条款作为“第一百八十二条之一”和“第一百八十二条之二”。[①]二是特别程序“大修”模式，主张在《刑事诉讼法》中为企业合规制或单位刑事案件诉讼程序增设“特别程序”专门章节。[②]

笔者建议在现行《刑事诉讼法》第 182 条之后增加两个条款作为“第一百八十二条之一”和“第一百八十二条之二”。企业犯罪的附条件不起诉是认罪认罚制度框架下的一种特别不起诉制度，第 182 条规定的恰恰是认罪认罚的特别不起诉制度，二者具有“同源性”。

---

① 参见李勇：《企业附条件不起诉的立法建议》，载《中国刑事法杂志》2021 年第 2 期。

② 参见杨宇冠：《企业合规与刑事诉讼法修改》，载《中国刑事法杂志》2021 年第 6 期；李奋飞：《“单位刑事案件诉讼程序”立法建议条文设计与论证》，载《中国刑事法杂志》2022 年第 2 期。

同时,从立法技术上来说,未来的刑事诉讼法修改不宜大修,也不宜采取 2018 年那样打乱全部条文顺序的方式,应当借鉴刑法修正的模式,采取“之一”的条款设计,能够最大限度地节约立法资源,最大限度地保持刑事诉讼法的稳定性。综合前文所述,笔者建议对单位犯罪附条件不起诉的条款设计如下:

第一百八十二条之一　对犯罪嫌疑单位,具有下列情形的,人民检察院可以作出附条件不起诉的决定:

(一)直接负责的主管人员、直接责任人自愿认罪认罚;

(二)公司、企业具有实施合规计划的意愿和能力;

(三)积极采取措施赔偿、弥补因犯罪行为所造成的损失;

(四)积极配合司法机关的调查、侦查。

涉案企业因同种罪名被刑事处罚,或者因同种类行为被行政处罚的,不适用附条件不起诉程序。

人民检察院在作出附条件不起诉的决定前,应当举行公开听证,并听取调查机关、侦查机关、被害人、其他相关人员的意见。

第一百八十二条之二　人民检察院作出附条件不起诉时,应当设定一年以上三年以下的考验期,考验期从人民检察院作出附条件不起诉的决定之日起计算。在附条件不起诉的考验期内,由人民检察院或其委托的第三方机构对被附条件不起诉的公司、企业进行监督考察。

被附条件不起诉的公司、企业,应当遵守下列规定:

(一)遵守法律法规,服从监督;

(二)遵守合规计划全部条款;

(三)按照考察机关的规定定期报告企业经营活动情况

及财务状况；

（四）按照检察机关的要求改善企业治理结构和企业文化。

被附条件不起诉的公司、企业，在考验期内有下列情形之一的，人民检察院应当撤销附条件不起诉的决定，提起公诉：

（一）实施新的犯罪或者发现决定附条件不起诉以前还有其他犯罪需要追诉的；

（二）违反法律法规，情节严重的；

（三）违反考察机关有关附条件不起诉的监督管理规定，情节严重的。

被附条件不起诉的公司、企业，在考验期内没有上述情形，且经人民检察院或者其委托的第三方机构评估认定其合规计划有效的，考验期满后人民检察院应当作出不起诉的决定。

第十六章　检察机关开展企业合规的实务操作

检察机关主导涉案企业合规改革，推动企业治理结构变革，促进营商环境的法治化，以重塑检察权，推动检察职能由注重事后、消极预防向事前、积极预防转变。

——题记

检察机关主导企业合规改革，是新时代国家治理能力和治理体系现代化赋予检察机关的职责和使命。检察机关主导开展企业合规改革不仅重塑检察机关预防企业犯罪的角色，推动检察职能由注重事后、消极预防向事前、积极预防转变，使其成为企业治理结构变革的推动者，丰富检察权内涵，进而推动检察权在国家治理体系中角色的重大变革，而且推动行政执法机关转变对企业的执法理念，同时也推动企业治理的连锁反应，进而推动整个营商环境的法治化进程。

第一节　检察机关开展企业合规的类型

一、普通合规与简易合规

从美国和法国等制度和经验来看，涉案企业合规一般适用于50

人以上甚至500人以上的企业。我国有学者认为,合规不起诉制度应尽量适用于大型企业,对中小微企业应当慎重适用,因为国外的暂缓起诉协议制度几乎都适用于上市公司或者大型企业集团,这些企业中有股东会、董事会、监事会等完整且有效运行的现代公司治理结构,具备建立合规治理体系的基础条件,并且能够使其得到有效运行。只有在大型企业中,企业合规才能焕发生命力,发挥出制度优势和整改效果。① 甚至有学者认为,对于中小微企业而言,与其承受合规所需的时间、精力、金钱成本以及获得从宽处理的不确定性,还不如另行注册企业重新经营。② 然而在我国,中小微企业被形象地比喻为中国经济的"毛细血管",占各类市场主体的95.68%,在促进经济增长、扩大就业、提升市场活力方面发挥着重要作用。同时,由于并不具有完备的公司治理结构和现代化管理经验,与大型企业相比,中小微企业往往更容易陷入合规风险。这样的国情决定了中小微企业需要被纳入企业合规改革的范围内。从试点的情况下,中小微企业确实成为合规试点改革的主力军。事实上,ISO 37301:2021《合规管理体系　要求及使用指南》也并未对企业大小和规模作出限制,而是适用于所有类型和规模的组织。

但是对于大中型企业和小微企业而言,其合规管理的具体样态会有所差异。各地检察机关在试点过程中已陆续探索出针对大中型企业的"普通合规"模式、对于小微企业的"简易合规"模式,其特点就在于根据涉案企业规模的不同、合规需求的不同,因案而异、量体裁衣。一方面,对于大中型企业,针对企业内部治理结构、规章制度、人员管理等方面存在的问题,制定完善的合规计划,构建完备的合规

---

① 参见陈瑞华:《企业合规不起诉的八大争议问题》,载《中国法律评论》2021年第4期。

② 参见陈卫东:《从实体到程序:刑事合规与企业"非罪化"治理》,载《中国刑事法杂志》2021年第2期。

体系。另一方面,对于小微企业而言,经营规模、人力资源均有限,日常业务流程以及经营决策程序相对简单,基本由企业主直接决策,乃至犯罪活动都亲自指挥和参与,因此需要在分析涉罪企业具体犯罪的性质、原因的基础上,提出整改式的合规计划。[①] 针对小微企业的合规整改,可以简化乃至省略第三方监管机制。全国工商联办公厅、最高人民检察院办公厅等九部门联合出台的《涉案企业合规建设、评估和审查办法(试行)》第1条第4款也规定,“针对未启动第三方机制的小微企业合规,可以由人民检察院对其提交的合规计划和整改报告进行审查”。

事实上,无论是普通合规还是简易合规,其基本要素是相通的,不具备基本要素的合规不是真合规,只是基本要素的具体表现形态不同而已。比如,无论是普通合规还是简易合规,都应当有领导作用。大中型企业,可以成立合规委员会,设立首席合规官,下设合规部;小微企业,未必要成立合规委员会和首席合规官,很多小微企业根本无法成立合规委员会和设立首席合规官,但可以设立合规专员。因此,ISO 37301:2021《合规管理体系 要求及使用指南》一方面指出,“任何规模、复杂度或产业的组织都能应用本文件,通过遵守其要求创建合规管理体系……本文件正文中的每项要求都应被遵守……在实践中,小型组织通常更容易根据本文件实施合规管理体系,因为它们没有那么复杂。中小型组织通过使用本文件中要求的原则增强其组织的合规实践……对组织的活动、治理、方针负有最终责任和权力的一个人或一组人,最高管理者向其报告并对其负责”;另一方面也指出,“并不是所有的组织,尤其是小型组织,都会有一个独立于最高管理者的治理机构”。又如,无论什么规模的企业,建立合规计划都必须识别组织环境、合规风险,只不过大中型企业有专门的部门、

① 参见孙国祥:《企业合规改革实践的观察与思考》,载《中国刑事法杂志》2021年第5期。

团队开展组织环境、合规风险识别,而小微企业通过外包的方式开展识别工作。

二、事后合规与事前合规

事后合规是指企业涉案后,为了获得从宽处罚,基于执法、司法机关的压力,建立和实施合规计划,属于“亡羊补牢”;事前合规是指企业并没有涉案,为了企业健康发展的需要,主动建立和实施合规计划,属于“未雨绸缪”。司法机关、执法机关办理的涉案企业合规,属于事后合规。

从企业的角度来说,“未雨绸缪”显然要比“亡羊补牢”更为重要。例如,格力公司作为一个大型跨国企业,在 2021 年竟然因为产品安全合规受到美国严厉制裁。2021 年 10 月 29 日,美国司法部发布了一项格力电器和美国司法部达成的一项暂缓起诉协议。根据这份协议,格力电器及下属企业中国香港格力同意接受总额为 9100 万美元(约 5.83 亿元人民币)的罚款,并同意向因公司有缺陷的除湿机而引发的火灾进行相关赔偿。美国司法部公布的法庭文件显示,中国珠海格力、中国香港格力和美国格力知道它们的除湿机有缺陷,不符合适用的安全标准,可能会起火,但这几家公司没有向美国消费品安全委员会报告这一信息。在消费者对火灾及其造成的伤害的投诉不断增加后,这几家公司才报告并召回了这些除湿机。根据 DPA,格力公司建立合规计划,合规整改 3 年。[①] 这属于事后合规,但是这个事后合规的代价太大。如果格力公司在涉案之前就有完备且有效运行的合规计划,应该可以避免这样的低级错误。

检察机关开展事前合规的限度问题值得探讨。检察机关作为办案机关,重点是开展事后合规,但是事前合规也可以有限度地开展。

---

① 参见李映泉:《格力电器在美被罚 9100 万美元 已全部计提》,载证券时报网,https://stock.stcn.com/djjd/202111/t20211101_3822453.html。

检察机关开展事前合规是其预防犯罪职能和"谁执法,谁普法"的应有之义。当然,检察机关开展事前合规只能是宣传性、倡导性的,要遵循自愿和引导原则。从试点情况来看,目前主要有两种模式:一是江苏省张家港市人民检察院牵头企业合规监管委员会开展事前合规模式。由检察机关牵头成立企业合规监管委员会,并组织召开企业事前合规建设启动仪式,当地企业自愿报名成为首批事前合规建设试点单位,企业合规监管委员会组织开展评估,分级评定,颁发奖牌并定期公布,按照各行政主管部门的相关规定,在执法监管、奖励先进、行政审批等方面给予激励政策。比如,对于安全生产合规的企业,应急管理部门在制订日常执法检查计划和随机抽查时,减少对其执法检查的频次,一年不超过 1 次;在企业申请安全生产政策性资金、评先评优活动中,予以优先考虑。建立联合激励对象名录,作为安全生产典型示范企业加以宣传推广。二是江苏省南京市建邺区人民检察院与江苏省金融业协会基金联盟等合作开展私募基金领域的行业事前合规模式,制定私募基金企业合规指引,引导私募基金企业建立和实施合规计划。

三、企业合规、涉案企业合规与检察建议式合规

企业合规是相对宽泛的概念,包括非涉案企业开展的合规管理建设(事前合规),也包括企业违法、企业犯罪被执法和司法机关要求建立合规计划以换取从宽处罚,就刑事犯罪而言,就是单位犯罪(事后合规)。在企业管理领域所谈论的企业合规,主要是指事前合规;在法律领域所谈论的企业合规是指事后合规。在法律领域谈论企业合规时,一般没有必要刻意强调是事后合规或者涉案企业合规。

最高人民检察院 2021 年 3 月发布的《关于开展企业合规改革试点工作方案》使用的术语是"企业合规",该文件指出,开展企业合规改革试点工作,是指检察机关对于办理的涉企刑事案件,在依法作出

不批准逮捕、不起诉决定或者根据认罪认罚从宽制度提出轻缓量刑建议等的同时，针对企业涉嫌具体犯罪，结合办案实际，督促涉案企业作出合规承诺并积极整改落实，促进企业合规、守法经营，减少和预防企业犯罪，实现司法办案政治效果、法律效果、社会效果的有机统一。这里显然是指事后合规。2021 年 6 月，最高人民检察院联合八部委发布的《关于建立涉案企业合规第三方监督评估机制的指导意见（试行）》使用的术语是"涉案企业合规"。其中第 1 条指出："涉案企业合规第三方监督评估机制（以下简称第三方机制），是指人民检察院在办理涉企犯罪案件时，对符合企业合规改革试点适用条件的，交由第三方监督评估机制管理委员会（以下简称第三方机制管委会）选任组成的第三方监督评估组织（以下简称第三方组织），对涉案企业的合规承诺进行调查、评估、监督和考察。考察结果作为人民检察院依法处理案件的重要参考。"第 3 条进一步规定："第三方机制适用于公司、企业等市场主体在生产经营活动中涉及的经济犯罪、职务犯罪等案件，既包括公司、企业等实施的单位犯罪案件，也包括公司、企业实际控制人、经营管理人员、关键技术人员等实施的与生产经营活动密切相关的犯罪案件。"2022 年 4 月，全国工商联办公厅与最高人民检察院办公厅等九部门发布的《涉案企业合规建设、评估和审查办法（试行）》第 20 条规定，"本办法所称涉案企业，是指涉嫌单位犯罪的企业，或者实际控制人、经营管理人员、关键技术人员等涉嫌实施与生产经营活动密切相关犯罪的企业"。根据上述文件，涉案企业合规的范围比法律领域一般意义上的企业合规更广，就刑事领域而言，不仅包括单位犯罪，还包括企业人员个人实施的与生产经营活动密切相关的犯罪案件，如实际控制人、经营管理人员、关键技术人员等实施的职务侵占罪、挪用资金罪、非国家工作人员受贿罪等。就此而言，我们可以将涉案企业合规分为狭义的和广义的。狭义的涉案企业合规（真正意义上的企业合规），是针对单位犯罪而言的；广义的企业合规也包括企业的实际控制人、经营管理人员、关键技术人员等实施的与生产经营活动密切相关的犯罪案件。这种与企业经营活动密切相关的自然人犯罪案件开展的广义上的合规,并非严格意义上的企业合规,检察机关可以针对这种犯罪暴露出的企业经营管理过程中存在的问题,提出合规的检察建议,因此,可以概括为"检察建议式合规",这与传统的检察机关办理案件中发出社会治理检察建议没有本质的区别,区别仅在于这个检察建议的内容针对企业合规管理,融入合规要素。这种检察建议式的合规有两个限制条件:一是行为人是实际控制人、经营管理人员、关键技术人员等与企业治理结构紧密相关的人员;二是犯罪行为与企业生产经营活动密切相关。这两个限制条件的原理就在于,只有当这些个人犯罪反映出企业治理结构和企业文化具有合规改造的必要性时,才能纳入涉案企业合规的范围之内。至于《涉案企业合规建设、评估和审查办法(试行)》第 20 条第二款规定的"对与涉案企业存在关联合规风险或者由类案暴露出合规风险的企业,负责办理案件的人民检察院可以对其提出合规整改的检察建议。"同样属于检察建议式合规,这与传统的检察机关办理案件中发出社会治理检察建议没有本质的区别,只是这个检察建议的内容更加聚焦于企业合规管理,同时,由于合规监管本身对涉案单位具有制裁性质,在不构成单位犯罪的情况下,不应对企业启动第三方监管,合规检察建议执行情况也不应成为自然人获得从宽处罚的依据。

四、专项合规与全面合规

专项合规是指企业针对特定领域的合规风险,为避免企业因为违反相关法律法规遭受行政处罚、刑事追究以及其他方面的损失而建立起来的专门性合规管理体系。[①] 全面合规是指企业建立覆盖其全部业务合规风险的合规管理体系。有学者认为,涉案企业合规应当是专项合规,企业合规的灵魂并不是"大而全"的合规管理体系,而在于针对企业的"合规风险点"确立专项合规计划。[②] 也有学者认为,合规管理是一套系统性的、体系性的预防措施,不是一项或几项整改措施的简单相加,从经济学的角度来说,企业建立合规管理体系之后,每增加一个专项合规的边际成本是很低的。[③] 还有学者认为,企业合规就是全面合规,不存在专项合规。[④]

笔者认为,妥当的方案应当是:检察机关办理涉案企业合规案件,当然要求企业建立专项合规,并且考察的对象也是专项合规的有效性,即就涉案罪名的风险建立合规,如行贿罪,那就是反贿赂专项合规。对于涉案企业来说,当然需要优先按照检察机关的要求建立专项合规计划,在专项计划完成的情况下,企业可以自主自愿建立全面合规计划,但是全面合规计划不属于检察机关案件处理的考察对象。《涉案企业合规建设、评估和审查办法(试行)》第1条明确指出,"涉案企业合规建设,是指涉案企业针对与涉嫌犯罪有密切联系的合规风险,制定专项合规整改计划,完善企业治理结构,健全内部规章制度,形成有效合规管理体系的活动"。检察机关不得以专项合规计划以外的其他全面合规中的某项要素无效而认定合规无效,进而对企业作出起诉决定。例如,涉嫌串通投标犯罪,就是建立招投标专项合规;涉嫌污染环境犯罪,就是建立环保专项合规;涉嫌侵犯公民个人信息,就是建立数据专项合规。合规的考察也应当专门针对

---

① 参见陈瑞华:《企业合规基本理论》(第3版),法律出版社2022年版,第118页。

② 参见陈瑞华:《企业合规基本理论》(第3版),法律出版社2022年版,第118页。

③ 参见谢鹏程:《企业合规改革的九大问题》,载 https://xw.qq.com/cmsid/20211109A03U6N00。

④ 李本灿教授在2022年5月8日中国政法大学召开的"企业合规改革视野下刑事实体法的修改与完善"研讨会上提出该观点。

专项合规,而不能“跑偏”。比如,在一个串通投标专项合规监管过程中,监管人员发现该企业有扬尘被环保局处罚的情况,是否影响合规计划有效性评估呢?答案是否定的。明确这一点,实践意义重大,如下面这个案例:

王某在无锡市经营着两家汽车销售有限公司,这两家公司的上游厂家对特约销售服务店每年的广告宣传活动有着严格的考核要求。每到年底,王某都为如何完成汽车厂家下达的广告宣传指标头疼不已。2016 年 12 月,王某经人介绍认识了无锡某文化创意公司经营者周某,周某的公司恰好有多余的增值税专用发票,二人一拍即合。此后,王某通过虚开增值税专用发票解决公司的考核指标问题,周某也以这个办法给自己的公司增加业务量,以便在营收标准上达到上市条件。然而,违法行为终将败露。2021 年 6 月,王某、周某及其公司均因涉嫌虚开增值税专用发票罪被移送梁溪区检察院审查起诉。随后,该法院依法对王某及其公司启动了为期 4 个月的合规建设考察。考察过程中,孙某和同事梳理案件情况后,深入走访了王某经营的两家汽车销售有限公司。“你们在进行汽车修理时有没有做好废气、废水的处理工作?”孙凯问的这个和税务完全无关的问题,让王某一头雾水。①

王某之所以“一头雾水”,是因为这个排污问题已经超出其专项合规计划的范围。这个企业涉案的罪名是虚开增值税专用发票,对于检察机关来说,合规整改的目标是税收和发票管理,如果合规计划经考察评估,能够有效防止再次出现涉发票、涉税的违法犯罪行为,那么虚开增值税专用发票罪的预防必要性降低乃至消失,可以对该罪名不起诉。但是这个企业还有排污问题,而排污问题并不是涉案企业合规有效性评估的对象,更不能以出现这个排污问题就否定其

---

①　参见《企业合规在无锡:“这个加分项真的很有用”》,载网易网 2021 年 11 月 16 日,https://www.163.com/dy/atiche/GoVgCK5105149/Q3.html。

涉税企业合规的有效性。

如果是事前合规,那么对于企业来说,为了防止涉及违法犯罪的风险发生,结合企业实际建立符合自身情况的“全面合规”当然是优先选项。即便这样,这里的“全面合规”也是指针对企业自身实际的“全面”,而非大而全。合规具有有限性,把谋杀风险与闯红灯风险同等对待,可能会窒息企业发展的空间。如果是事后合规,针对涉案企业来说,当然优先解决涉案的专项合规整改,在专项合规整改获得成效后可以逐步拓展,最终实现“全面合规”。因此,《涉案企业合规建设、评估和审查办法(试行)》第 21 条规定:“涉案企业应当以全面合规为目标、专项合规为重点,并根据规模、业务范围、行业特点等因素变化,逐步增设必要的专项合规计划,推动实现全面合规。”这样的规定是科学的、合理的、切合实际的。

第二节　涉案企业合规的适用条件

与认罪认罚从宽一样,原则上应当坚持平等保护、应用尽用的原则,但是也有必要的条件,这些条件都是从基本原理中引申而来的。

一、基本条件

狭义的(真正意义上的)涉案企业合规是针对单位犯罪的,其适用的基本条件与认罪认罚从宽制度具有相通性,主要包括以下三个方面:

一是认罪认罚(承诺合规)。如前所述,单位犯罪的认罪认罚,其实就是涉案企业承诺合规,自愿建立和实施合规计划。作为一种协商型、合作型司法,涉案单位认罪认罚,自愿承诺合规是基本前提。

二是具备建立和实施合规计划的基本条件。合规从宽的宗旨是改善企业治理结构和重塑企业文化,基于社会公共利益的考量,挽救企业。如果一个涉案企业根本不能正常生产经营,不具备重塑治理结构和企业文化的基本条件,属于“救不活”的企业,那么开展合规建设是不可能完成的任务,也是无意义的。

三是配合调查。企业合规产生的直接动因是节约“公司犯罪”“白领犯罪”的调查、侦查成本。配合调查既是认罪认罚、承诺合规的具体体现,也是节约侦查、调查司法资源的基本要求。

《关于建立涉案企业合规第三方监督评估机制的指导意见(试行)》第4条规定了适用企业合规第三方机制的条件:“对于同时符合下列条件的涉企犯罪案件,试点地区人民检察院可以根据案件情况适用本指导意见:(一)涉案企业、个人认罪认罚;(二)涉案企业能够正常生产经营,承诺建立或者完善企业合规制度,具备启动第三方机制的基本条件;(三)涉案企业自愿适用第三方机制。”这些条件虽然是针对启动第三方机制的,但是与企业合规的适用条件基本相同,其中前两项分别是认罪认罚和具备建立和实施合规计划的基本条件,第三项条件包含了配合调查的要素。

二、其他条件

(一)弥补损失

有些企业犯罪已经造成损失,应当将弥补损失作为适用条件。为何将弥补损失作为其他条件,而没有列入基本条件之中呢？基于两方面的原因:其一,并非所有的犯罪都有直接的损失。没有造成损失的单位犯罪,不存在弥补损失的问题。例如,单位行贿犯罪,一般不存在造成直接经济损失的问题。其二,要考虑涉案企业弥补损失的能力。对于造成损失且能进行弥补的,应当将弥补损失作为适用企业合规的条件,这是其认罪认罚、承诺合规的应有之义。有些案件,尽管涉案企业有弥补损失的意愿,但是弥补的费用已经远远超过企业所能承受的范围,这种情况下,不应将弥补损失作为适用企业合规的前提条件,而应当先“救活企业”,在后续企业发展过程中逐步弥补损失、修复法益。例如,有的污染环境的案件,经评估,环境修复费用高达数十亿元,而这个企业的年利润也不过百万元,如果将数十亿元的赔偿损失作为适用企业合规的条件,则是不合理的。

(二)修复法益

刑法中有些罪名特别是在经济犯罪领域,保护的法益具有可修复性、可恢复性,这种修复主要是通过金钱赔偿、补偿来实现的。这种情况下,修复法益等同于赔偿损失,作为适用企业合规的条件是可行的。但是也有些犯罪的法益无法修复,也不可能修复。不能修复的法益侵害,就不宜将其作为适用企业合规的条件。例如,单位行贿罪,其所侵害的法益是公职人员职务行为的廉洁性和不可收买性,但是这个抽象的法益是无法直接进行修复的。

三、不适用企业合规的情况

《关于建立涉案企业合规第三方监督评估机制的指导意见(试行)》第5条规定:“对于具有下列情形之一的涉企犯罪案件,不适用企业合规试点以及第三方机制:(一)个人为进行违法犯罪活动而设立公司、企业的;(二)公司、企业设立后以实施犯罪为主要活动的;(三)公司、企业人员盗用单位名义实施犯罪的;(四)涉嫌危害国家安全犯罪、恐怖活动犯罪的;(五)其他不宜适用的情形。”

对于上述规定的理解应当注意以下几方面:

首先,其中第1项、第2项规定的情形不是真正的公司、企业,而是违法犯罪团伙、集团,根本不存在改善治理结构和重塑企业文化的问题,与企业合规的基本原理不符,当然不能适用于企业合规。

其次,第3项不是真正意义上的企业合规,也不是单位犯罪。如果企业的实际控制人、经营管理人员、关键技术人员盗用单位名义实施与企业生产经营或密切相关的犯罪，这种情况下虽然不适用真正意义上的企业合规，但是可能存在适用广义的企业合规即检察建议式企业合规的可能性。

最后，第4项规定涉及公共利益。合规从宽、合规不起诉的重要基础在于公共利益衡量。对于涉嫌危害国家安全犯罪、恐怖活动犯罪的公司、企业，出于公共利益的衡量，不宜通过合规整改予以挽救。

四、适用条件中的几个问题

（一）单位犯罪的责任人员认罪认罚是否适用企业合规的条件

《关于建立涉案企业合规第三方监督评估机制的指导意见（试行）》第4条规定适用企业合规第三方机制的条件之一是“涉案企业、个人认罪认罚”。正确理解这一规定需要把握以下两个方面：一是这里的个人认罪认罚，不是针对单位犯罪而言的，如前所述，该文件规定的涉案企业合规，既包括单位犯罪，也包括“企业实际控制人、经营管理人员、关键技术人员等实施的与生产经营活动密切相关的犯罪案件”，对于这些自然人犯罪，要想获得从宽处罚，必须认罪认罚。二是单位犯罪中的责任人是否认罪认罚，与单位犯罪的认罪认罚（承诺合规）并不完全对应。如前所述，企业合规的基础理论之一是单位与个人责任的二元分离。单位犯罪的责任人即使认罪认罚，也并不代表企业承诺合规，更不能代表其所在的企业能够建立和实施有效合规计划，特别是当这个责任人不是企业的法定代表人、实际控制人的时候。同理，即使单位犯罪的责任人拒绝认罪认罚，也并不能代表该企业就不会承诺合规并建立和实施有效合规计划。

（二）企业的纳税等情况是不是适用企业合规的条件

改革试点过程中，一些地方检察机关将涉案企业的纳税贡献度、带动就业情况等作为是否开展合规的条件。笔者认为，因司法资源和办案力量有限,该种做法在试点期间可以理解,但不能作为决定性因素。最高人民检察院相关试点文件的精神也是平等保护、平等挽救。企业能够正常生产经营、具备开展合规建设和实施的基本条件是适用企业合规的根本条件,纳税贡献度、带动就业情况只是其能够正常生产经营的表现形式之一,但不是决定性因素。更何况纳税贡献度和带动就业情况与企业利润状况、市场环境密切相关。比如,受到新冠肺炎疫情影响,很多生产型企业、劳动密集型企业处于亏损状态、不得不大量裁员,不能因为一时的纳税贡献度低、带动就业少就不给予适用合规的机会。

(三)被害人(单位)谅解是不是适用企业合规的条件

改革试点过程中,一些检察机关将被害人(单位)谅解作为启动涉案企业合规的必要条件,这其实是不合理的。在司法实践中,有些被害人(单位)提出的赔偿金额于法无据,明显超出其受损害程度,并以此为由不愿谅解,此时以未取得被害人谅解为由拒绝涉案企业开展合规,不仅显失公平,还会打击企业的合规积极性。与认罪认罚从宽制度一样,被害人(单位)是否谅解,会影响量刑,但不应成为是否适用认罪认罚从宽制度的决定性条件,也不应成为是否适用企业合规的决定性条件。

(四)适用企业合规的案件有无刑罚轻重限制

涉案企业合规不宜对刑罚轻重进行限定。涉案企业合规,既可能对企业作出不起诉决定,也可能是提起公诉但提出从宽处罚的量刑建议;既可以对可能判处3年以上有期徒刑的案件开展合规整改,也可以对可能判处3年以上有期徒刑的案件开展合规整改。

我国《刑法》第37条规定,对于犯罪情节轻微不需要判处刑罚的,可以免予刑事处罚。《刑事诉讼法》第177条第2款同样规定,对于犯罪情节轻微,依照刑法规定不需要判处刑罚或者免除刑罚的,人民检察院可以作出不起诉决定。这就是我国刑事诉讼中相对不起诉的法律规定。在司法实践中，“情节轻微”的基本尺度是3年以下有期徒刑的案件，这类案件被称为“轻罪案件”。在我国刑事诉讼法没有规定企业合规不起诉（附条件不起诉）的背景下，当前的企业合规试点改革，合规不起诉的法律依据和立足点就是上述相对不起诉的规定。因此，试点期间的合规不起诉，一般是针对轻罪案件。

涉案企业合规从宽，除了合规不起诉外，还应包括量刑从宽。最高人民检察院在《关于开展企业合规改革试点工作方案》中指出，检察机关在办理涉企刑事案件时，可以根据认罪认罚从宽制度提出轻缓量刑建议，并针对企业涉嫌具体犯罪，督促涉案企业作出合规承诺并积极整改落实。该工作方案为可能判处3年以上有期徒刑的案件进入合规领域提供了制度依据。在具体办理该类型案件时，可以根据涉案企业的合规整改情况决定从宽幅度。

未来刑事诉讼法修改后，应当秉承单位犯罪中单位责任与个人责任二元分离的原则，对单位附条件不起诉原则上不应与责任人可能判处的刑罚捆绑在一起。

（五）适用企业合规的案件有无罪名限制

一般而言，涉案企业合规不限定罪名。主要考虑以下因素：首先，我国《刑法》立法模式是以自然人犯罪为原则，以单位犯罪为例外的。我国《刑法》中规定的单位犯罪只有160余个，仅占全部罪名的1/3。其次，我国单位犯罪的认定，司法实践采取“企业决策责任论”，强调“以单位名义”“集体研究决定或者有关负责人员代表单位决定”“为单位谋取利益”，导致单位犯罪成立范围本来较为狭窄。最后，我国《刑法》规定的单位犯罪均为法定犯，法定犯的典型特征是反伦理色彩弱，道德可谴责性低，对罪名不加区分适用附条件不起诉不会影响民众的法感情。[①]

① 参见李勇：《企业附条件不起诉的立法建议》，载《中国刑事法杂志》2021年第2期。

涉及重大国家利益和社会公共利益的，针对涉案企业合规从宽或不起诉应有所限制。《关于建立涉案企业合规第三方监督评估机制的指导意见(试行)》第5条规定了涉嫌危害国家安全犯罪、恐怖活动犯罪的不能适用企业合规，首次以文件形式明确了企业合规关于罪名范围的排除性规定。

(六)企业合规是否限定为单位犯罪

最高人民检察院的多个文件均规定，涉案企业合规也包括公司、企业的实际控制人、经营管理人员、关键技术人员等实施的与生产经营活动密切相关的犯罪案件。对于这句话的理解应把握以下方面：

首先，这种情况不是真正意义上的、狭义的企业合规，而是广义上的企业合规。检察机关开展这类企业合规主要是检察建议式合规。

其次，对于这种情况的个人犯罪具有开展检察建议式合规的必要性。企业合规的宗旨是改善企业治理结构和重塑企业文化，故一般应针对单位犯罪，但如果企业相关人员所实施的自然人犯罪与企业治理结构密切关联，反映出企业治理结构上的问题和风险，那么建立和实施合规计划有利于企业改造治理结构，实现长远健康发展，那么就具有开展合规建设的基础。实践中，很多企业相关人员实施的犯罪，其实反映的是企业治理和管理方面的结构性问题，只是因为我国《刑法》对单位犯罪认定标准严苛，以及因证据问题而无法认定为单位犯罪，特别是当行为人是企业实际负责人或实际控制人、高层管理人员、核心技术人员时。例如，行贿案件，如果证据上并不能体现单位集体意志，或个人财产与企业财产混同，不能证实利益归单位所有，导致无法认定单位行贿罪，而只能认定为行贿罪。但就实际情况而言，该种行贿行为有可能是某一单位甚至某一行业的“潜规则”，即使因为证据原因不能认定为单位犯罪，仍然暴露出涉案企业在反腐败合规方面存在的问题，故有开展合规的必要。例如，江苏省张家港市检察院办理的魏某行贿案，魏某作为B公司实际负责人，先后给予时任某水务集团有限公司工程管理部经理的李某现金共计人民币 14 万元。考虑到 B 公司先后荣获 A 级纳税信用级别、环保产业骨干企业、环保行业优秀企业，属较为优质的潜力企业，故该院联合监委对 B 公司开展了合规考察，并最终对魏某作出不起诉决定。

第三节　开展涉案企业合规的步骤

检察机关作为涉案企业合规的主导者，如何开展针对大中型企业的普通合规、针对小微企业的简易合规、异地协作合规、检察建议式合规，是当前亟待解决的问题。

一、普通企业合规的步骤

普通企业合规是针对大中型企业的单位犯罪而言，这是严格意义上的、狭义的企业合规，也是标准的、真正意义上的企业合规。检察机关开展普通企业合规的主要步骤和流程如下：

（一）告知

针对单位犯罪，检察机关受理案件后 3 日内应当告知涉嫌单位犯罪的企业、公司关于企业合规的意义、内涵及其可能的法律后果。这与自然人的认罪认罚从宽制度告知是一脉相承的。正如认罪认罚从宽是自然人犯罪嫌疑人、被告人的权利一样，合规从宽也是单位犯罪嫌疑单位、被告单位的一种权利。（1）告知的对象是嫌疑单位（被告单位），具体可以是公司企业的负责人员、诉讼代表人等能够代表单位行使诉讼权利的人员。（2）告知的基本内容是企业合规的法律意义和后果。目前检察机关探索的一些告知文书，存在对企业合规的含义和要素叙述不准确的问题。笔者在这里提出一个合规告知书模板，建议稿如下：

×××人民检察院
涉案企业合规告知书

×××涉嫌×××罪一案，已由×××移送我院审查起诉，根据《中华人民共和国刑事诉讼法》《关于建立涉案企业合规第三方监督评估机制的指导意见(试行)》《最高人民检察院关于开展企业合规改革试点工作方案》等相关规定，现向你告知企业合规相关事项：

一、涉案企业合规是指涉案企业针对与涉嫌犯罪有密切联系的合规风险而建立、健全预防、发现、处置企业违法犯罪行为的内部控制机制，使企业及其员工的经营管理行为符合法律法规、监管规定、行业准则、国际条约、规则等要求，完善企业治理结构，形成合规文化的活动。

二、涉案企业可以自愿选择是否开展合规建设，并向检察机关提出申请。

三、涉案企业开展企业合规，应当向检察机关提供书面合规承诺，并通过专业人员制定和实施有效的合规计划。

四、涉案企业可以自愿选择是否接受检察机关以及第三方组织对该企业的合规计划进行监督、评估和考察。

五、合规计划监督、考察、评估的结论将作为检察机关依法作出处理决定的重要参考。

六、涉案企业的合规计划经评估为有效的，检察机关可以依法从宽处理；未履行合规承诺、合规计划未能有效实施的，将不能获得合规从宽处理。

本人已收到《涉案企业合规告知书》，已阅读并理解相关事项、权利及义务。

被告知人(签名)：

年　月　日

上述告知书的内容主要包括三个方面：一是企业合规的含义，在界定时参照当今国际上最新成果，强调了改善企业治理结构和重塑企业文化。二是犯罪嫌疑单位（被告单位）的自愿承诺合规、自愿选择权。三是建立和实施合规计划的法律后果。

（二）申请

与认罪认罚一样，合规从宽也是犯罪嫌疑单位、被告单位的权利，涉案的企业有选择权；正如自然人认罪认罚一样，必须是真实的、自愿性的，因此，检察机关开展企业合规应当遵循自愿性原则。自然人认罪认罚可以在侦查阶段、审查起诉阶段和审判阶段，企业合规与此略有不同。考虑到合规整改需要漫长的时间，笔者建议，企业合规的申请一般应在检察机关受理案件后 7 日内提出。当然，侦查机关也应告知嫌疑单位合规从宽的规定，但不能就从宽的具体内容作出承诺，这与认罪认罚从宽制度也是一样的。犯罪嫌疑单位可以在侦查阶段提出合规的意愿，但是正式申请应当到审查起诉阶段提出，并作出合规承诺。申请的形式不拘一格，可以是口头提出，也可以是书面提出。需要特别指出的是，此时的合规申请和合规承诺只是表明态度，并不需要详细说明合规承诺的内容，更不需要对合规计划具体内容作出具体承诺。

（三）审查

检察机关收到企业的合规申请后应当进行审查。审查的主要内容包括：(1)是否符合涉案企业合规的适用条件。(2)涉案企业合规承诺的真实性和自愿性。(3)涉案企业是否具有建立合规管理体系的基础条件。(4)案件事实是否清楚、证据是否确实充分，能否构成刑法中相应的罪名。如果涉案企业涉嫌的犯罪事实不清、证据不足，或者不构成犯罪，那么就应该作出存疑不起诉、绝对不起诉处理，不得开展涉案企业合规工作。(5)听取被害人（单位）意见。这一点与认罪认罚从宽制度听取被害人（单位）意见是相同的。被害人（单位）的意见、是否取得被害人（单位）的谅解，是检察机关开展企业合规及其从宽处理的参考因素，不是决定性要素。被害人（单位）是否同意、是否谅解不是认罪认罚从宽制度的决定性条件，也不是开展涉案企业合规的决定性条件。例如，某地检察院办理的 X 公司侵害商品名誉罪一案，该公司销售家用美容仪产品，公司员工人数 128 人，涉案前 9 个月的销售额为 13 亿余元、完税 2283 万余元，对当地就业、经济发展均有突出贡献。X 公司与 Y 公司是竞争关系，X 公司雇用水军诋毁 Y 公司的产品，涉嫌侵害商品声誉罪。案发后，某地检察机关批准逮捕了该公司两名主要负责人。X 公司有强烈的合规意愿，并且赔偿了 Y 公司的全部损失，但 Y 公司不愿意谅解并且要求继续羁押被告人。某地检察机关以被害单位 Y 公司不愿意谅解为由，不予开展企业合规工作，也不予进行羁押必要性审查。这种做法是错误的。事实上，Y 公司之所以获得赔偿后依然不愿意谅解，是因为两家公司之间存在竞争关系，Y 公司想借此机会击垮 X 公司，占领市场。检察机关应该从更高的站位、更加全局的角度看待被害人（单位）的态度。

需要说明的是，在当前的改革试点中，地方各级检察机关，决定拟开展涉案企业合规的，应当报省级人民检察院审批。在试点期间，这样的慎重态度是必要的。而未来进入立法之后，笔者认为，没有必要再经省级人民检察院审批。

（四）具结

这里的具结是指签署合规承诺书，与自然人签署认罪认罚具结书具有相通之处。合规承诺书的主要内容包括：（1）自愿认罪认罚；（2）积极配合司法机关的调查；（3）如果有损失的话，积极采取补救措施，赔偿损失，退缴违法所得；（4）承诺建立并实施有效的合规计划；（5）接受检察机关及企业合规第三方监管委员会对合规计划的监督、考察、评估；（6）按照检察机关、第三方监管组织的要求定期汇报合规整改情况;(7)其他需要承诺的事项。

合规承诺书模板建议稿如下:

合规承诺书

<u>　　×××公司　</u>自愿认罪认罚,自愿开始企业合规,并作出以下承诺:

一、自愿认罪认罚。

二、停止犯罪、违法、违规不当行为。

三、全力配合检察机关、公安机关、行政主管机关的调查。

四、积极采取补救措施,赔偿损失,退缴违法所得。

五、承诺建立并实施有效的合规计划。

六、接受检察机关及企业合规第三方监管委员会对合规计划的监督、考察、评估,合规考察期限为________。

七、按照检察机关、第三方组织的要求定期汇报合规整改情况。

本承诺书签订之日起××月内提交初步合规计划给检察机关审核。××月之内提交初期合规自查报告;××月内提交中期合规自查报告;合规期满前一个月提交合规终期自查报告。

八、其他需要承诺的事项(根据具体情况列明)。

承诺单位:

(印章)

负责人(签名):

日期:

笔者认为,检察机关在让涉案企业签署合规承诺书的同时,应当制作一份“合规建议书”作为附件。合规承诺书是犯罪嫌疑单位的单方承诺,而“合规建议书”是经过检察机关与犯罪嫌疑单位协商的结果。这与认罪认罚具结书附上量刑建议书是一样的,量刑建议书也是控辩协商的结果。合规建议书作为合规承诺书的附件意义重大,专业而科学的合规建议书将成为涉案企业设计和建立合规计划的指引。

笔者设计了下面的合规建议书模板建议稿,该建议稿的合规建议书融合了国际上通行的合规计划的基本要素(参见本书第十七章第二节),其意义在于指引检察官如何审查评估涉案企业的风险,指导涉案企业建立合规计划,防止企业建立的合规计划缺乏基本要素。需要特别说明的是,该合规建议书模板,只是提供一个框架性指引,在具体运用中,应当结合具体的案件和企业的实际情况,按照“最佳实践”的原则进行修改和调整。具体如下:

×××人民检察院

合规建议书

为了降低此类行为再次发生的风险,犯罪嫌疑单位×××公司同意将本附件作为合规承诺书的一部分。

一、经审查发现的合规风险主要包括(不限于)以下方面(也可以将该部分单独制作一份“合规风险提示”,江苏省检察机关有这样的做法):

……(叙写检察机关审查案件发现的合规风险点)

二、针对以上情况,本院建议针对××领域或××问题建立专项合规计划。根据实际情况及经营需要,公司根据需要逐步增设其他必要的专项合规计划,推动实现全面合规的目标。专项合规计划至少应包含以下要素:

1. 在风险识别的基础上建立合规管理的政策和制度(根据案件情况,必要时建议修改公司章程,将合规方针和政策写入公司章程)。

2. 设置与企业类型、规模、业务范围、行业特点等相适应的合规管理机构或管理人员（根据企业情况，成立公司合规委员会、设立首席合规、建立合规部门、合规专员），并明确岗位职权清单，确保质证明确、具体、可考核，确保合规职能的独立性和权威性，合规职能的运行不受不当干扰。对于涉及重大合规风险的决策具有充分发表意见与参与决策的权利（必要时，赋予首席合规官一票否决权）。

3. 建立与合规政策和制度相适应的监测、举报、调查、处理机制，保证及时发现和监控合规风险，纠正和处理违规行为，进行问责惩戒。上述运行、控制、调查、问责惩戒的过程及结果应当存档留痕。

4. 建立常态化的合规培训、沟通机制，将合规计划的内容写入员工手册，确保合规政策被全体公司人员所理解和掌握。

5. 建立合规绩效评价机制，将合规纳入绩效考核目标，与公司人员的报酬、晋升挂钩。培训应当存档留痕。

6. 建立内部审核机制。有计划地开展内部审核，定期对合规管理体系进行评审，以确保合规管理体系持续的适用性、充分性和有效性。定期开展管理评审、巡查、自下而上定期报告等。

7. 建立动态持续改进机制，保证合规管理制度、机制根据企业经营发展实际不断调整和完善。

8. 培育合规文化。涉案企业应该在其内部各个层级建立、维护并推广清晰的合规文化，并将合规文化融入其日常运作，逐步形成遵守合规、反对不合规的态度、习惯，最终形成鼓励合规、不容忍不合规的整体氛围。

×××人民检察院

年　月　日

（五）启动第三方机制

检察机关在与涉案企业就建立和实施合规计划达成一致意见

后，检察机关商请企业合规第三方监督评估机制管理委员会（以下简称第三方机制管委会），成立第三方组织，一般根据企业规模和监管考察的复杂程度，由数名人员组成第三方监管小组。《关于建立涉案企业合规第三方监督评估机制的指导意见（试行）》规定，第三方机制管委会应当根据案件具体情况以及涉案企业类型，从专业人员名录库中分类随机抽取人员组成第三方组织，并向社会公示。这里特别需要注意两点：一是第三方组织的人员组成，必须与企业类型及案件具体情况相匹配。例如，涉案企业涉嫌的污染环境罪，第三方组织的人员构成中应当有环保领域的专业人员。二是分类随机抽取。这里的随机抽取是以分类为前提的，如果没有分类，就无法进行随机抽取。比如，第三方机制专业人员名单库中，有环保类的、审计类、数据类、律师类等，如果涉案企业建立的是数据专项合规，那么就应当在数据类专业人员库中随机抽取，同时在律师类中随机抽取。如果一些地方没有条件建立分类专业人员名单库，也未必要随机抽取，可以采取行政机关推荐、专业人员自愿报名等灵活方式。第三方组织组成人员名单应当报送负责办理案件的人民检察院备案审查，检察机关应当对其专业性和是否存在应当回避的情形进行审查。人民检察院或者涉案企业、个人、其他相关单位、人员对选任的第三方组织组成人员提出异议的，第三方机制管委会应当调查核实并视情况作出调整。

第三方组织成立后，应当与检察机关、涉案企业签订三方监管协议，明确各方的权利义务。这里需要特别说明的是，第三方组织是临时组建的小组，应当由小组成员个人签名，他们以个人身份参与合规计划的监管、评估，不得以所在单位名义参与。一些地方检察机关直接将合规监管任务“发包”给一个律师事务所，这是违反利益规避原则的，是极不妥当的。三方监管协议的文书模板建议稿如下：

企业合规第三方监督评估机制
监管协议书

甲方：×××人民检察院（以下简称甲方）

乙方：×××公司（以下简称乙方）

丙方：第三方监督评估小组（以下简称丙方）

根据《中华人民共和国刑事诉讼法》《关于建立涉案企业合规第三方监督评估机制的指导意见（试行）》《涉案企业合规建设、评估和审查办法（试行）》等规定，为确保涉案企业合规的有效实施，就企业合规的监督、评估达成如下协议：

第一条　丙方监督评估工作的开展，遵循遵纪守法、客观中立、清正廉洁的原则。

第二条　丙方根据乙方企业类型、实际经营、合规计划、涉案情况等，商请甲方共同确定对乙方的合规考察期限。

第三条　丙方的主要职责包括：

（一）对合规计划提出修改完善意见，指导乙方作出整改方案；

（二）对乙方合规计划实施情况进行监督、评估，并及时通报甲方；

（三）根据乙方合规计划实施情况形成书面评估报告，并报送甲方。

第四条　丙方在履职过程中，不得泄露履职过程中知悉的国家秘密、商业秘密和个人隐私；不得利用履职便利，索取、收受贿赂或者非法侵占乙方财物；不得干扰乙方正常生产经营活动。

乙方或其他人员认为丙方违反上述规定，或涉嫌违法犯罪的，可以向甲方提出申诉、控告。

第五条　甲方对丙方的履职情况、乙方合规计划的执行情况等进行检查、监督。

第六条　考察期满后,甲方召开公开听证会,丙方成员须向听证代表介绍考察情况,乙方须接受听证代表质询。

第七条　甲方将丙方出具的合规评估报告、公开听证形成的意见等,作为对乙方作出起诉或者不起诉决定、是否提出从宽量刑建议的重要参考。

第八条　丙方在履职期间,以及履职结束后一年以内,不得与乙方产生业务往来、交易服务等可能有利益关系的行为。

第九条　本协议一式三份,自签订之日起生效。

甲方:	乙方:	丙方:
2021 年 9 月 6 日	2021 年 9 月 6 日	2021 年 9 月 6 日

(六)涉案企业提交初步合规计划及审查

涉案企业在自行承诺和风险识别的基础上,结合检察机关的合规建议,根据情况依靠自身的专业团队或者外聘专业团队建设和设计合规计划。结合办案期限和整体的合规考察期限,给予涉案企业一定的时间建立并提交初步的合规计划。检察机关对提交的初步合规计划进行审查,与合规考察期届满时的审查,形成“双审查”。当前,检察官普遍缺乏专业的合规知识,审查合规计划的专业能力薄弱,可以通过专家听证的方式,借助“外脑”进行审查。笔者曾经在南京市建邺区人民检察院提出“双听证”模式,目前已经得到全国多地检察机关的借鉴。检察机关既要防止企业应付而没有真实实施合规计划,又要防止企业真想合规但是因为合规计划不专业而无法真合规。传统合规监管侧重考察期满的结果,以“结果论”,忽视合规计划建立初期的指导。通过“双听证模式”,在涉案企业的合规计划建立的初期,组织第一次专家听证会,确保合规计划从一开始就“不走样”

“不误入歧途”,发现问题及时修改、完善。例如,笔者组织参与办理的A集团公司串通投标案,检察机关建议并指导A公司组建专业团队,进行长达3个月左右的风险识别,在风险识别的基础上建立、完善合规管理制度。检察机关在收到企业提交的初步合规计划后,组织第一次专家听证会,邀请多位合规领域专家对企业的合规计划设计及执行情况进行论证、评估,认为企业尽管建立了形式上符合ISO 37301:2021《合规管理体系　要求及使用指南》的标准,但这一合规计划空洞、抽象,缺乏有效性和针对性。A公司根据检察机关的建议,修订完善了《集团公司投标专项合规行动计划》,从投标禁止行为、投标关注重点、海外投标环境评估等9个方面,加强专项风险评估,全面梳理岗位职责及负面清单,将合规融入规章制度和管理流程。同时,进一步完善了合规运行支持体系,将合规运行结果全面系统融入员工业绩考评体系,考核结果作为干部任用、评先评优等工作的重要依据;进一步完善了匿名举报、举报者保护机制及合规奖惩制度。特别值得关注的是,该企业采取了以下四项合规整改措施:(1)在董事会之下设立由纪委书记担任负责人的合规委员会,确保合规委员会的权威性和独立性;(2)建立“合规一票否决”制,即首席合规官、合规部门对公司业务决策进行合规审查,并拥有一票否决权;(3)建立合规月度培训制度,将合规计划编入员工手册,并附负面清单和典型案例,遴选一名员工为“合规标杆员工”;(4)全面修订经营开发流程,修改绩效考核细则,将合规与晋升、奖金挂钩,每季度考核一次。

初步合规计划的听证,是一种专业性听证,与后面案件处理决定环节的社会性、公开性听证有所不同。由企业对初步合规计划的内容进行汇报,邀请合规领域的专家、学者对初步合规计划进行审查并提出完善建议。应当让第三方组织成员参加听证。邀请参加听证的专家、学者,既要有高校的学者,也要有法律实务界和企业管理实务界的专家。合规计划的设计具有特殊性,研究企业合规的法学学者并不一定懂得如何设计合规计划,号称专门做合规计划的律所设计的并不一定是真正的合规计划。

(七)监督、考察、评估

合规计划是一个动态持续的系统,千万不要等到合规计划修订完美后再实施,应当边修订完善边实施。合规计划投入实施,监管、考察、评估就应当同步启动。合规计划的监督、考察、评估包括三个方面:一是检察机关的监督、考察、评估。检察机关在合规计划的监管中处于主导地位,不能委托给第三方组织之后就“一放了之”。二是第三方组织的监督、考察、评估,这是合规计划监管的主要环节。当前,第三方机制的专业人员库,从合规的角度来说,并不一定“专业”。第三方机制的成员主要来自学者、企业管理人员、律师、审计师、税务师等。这些人员是某一个领域的专业人员,但是并不一定清楚是否合规。企业合规在国内近年来才兴起,真正既懂合规理论又懂合规实际操作的人凤毛麟角,所以检察机关应当发挥主导作用,邀请专家对第三方组织人员进行培训。三是企业内部的监督、考察和评估。合规计划的基本要素就是要建立内部的运行控制、检测、审计、评估机制。企业合规部门的重要职责就是负责合规计划的日常监督、考察和评估。具体的监督、考察、评估标准和方法见本书第十九章。

(八)对评估报告的审查

检察机关对评估报告的审查,包括两个方面:一是对企业定期提交的评估报告进行审查。对于企业来说,其定期提交的合规评估报告,应当同时向第三方组织和检察机关提交。二是对第三方组织提供的监管评估报告进行审查。实践中,检察官要注意审查第三方组织的评估报告有无照搬照抄企业的评估报告。企业提交的评估报告是供检察机关、第三方组织进行审查的,一般而言,应当至少提交二次至三次报告。

检察官对评估报告审查的核心要义是合规计划的有效性,确保“真监管”“真合规”,防止“纸面合规”和“纸面监管”。这一点一定要作为检察官审查合规报告的指导思想,否则,会流于形式。具体来说,重点把握以下方面:(1)检察机关对评估报告的审查,应当根据企业合规的基本要素、有效性标准等进行专业化的审查。在当前检察官普遍缺乏合规专业知识的背景下,可以聘请外部专家进行审查。(2)审查评估报告结论和意见的真实性、专业性。(3)审查评估过程及其依据的评估材料是否全面、客观、专业。(4)第三方组织及其组成人员是否存在可能影响公正履职的不当或违法犯罪行为。(5)将评估报告的审查作为判断合规计划有效性的重要依据。与合规计划初期的第一次审查有所不同,第一次审查侧重于合规计划的专业性;这里的第二次审查侧重于合规计划实施结果的有效性。“一头一尾”形成“双审查”机制。

(九)第二次听证

合规考察期届满时,召开第二次听证会。对涉案企业合规计划实施的效果和案件处理进行听证,与前面的合规计划初期的第一次听证,“一头一尾”,形成“双听证”模式。第二次听证的对象涉及两个方面的内容:一是合规计划实施的有效性;二是案件的处理决定,前者具有专业性,后者具有社会性。因此,第二次听证会的听证人员组成要兼顾专业性和社会性。在听证程序上,可以先由承办检察官汇报案件情况,再由第三方组织汇报合规考察评估情况,涉案企业对合规计划实施情况进行汇报、答辩。听证人员对合规有效性和案件能否作不起诉或量刑从宽处理进行评议。评议结果作为检察机关决定的参考。这样便形成“双审查”“双听证”的模式。

(十)处理决定

检察机关最终对案件处理作出决定,在作出处理决定时应重点考量以下因素：(1)结合对案件的事实、证据、定性量刑的审查情况；(2)检察官自行对企业合规计划实施情况的监督考察结果；(3)第三方组织对合规计划有效性的考察评估结果；(4)听证会的评议意见。处理决定涉及与行政机关衔接的，要与行政机关沟通(下一节详述)。对于通过有效性审查的，依法从宽处罚(包括作出相对不起诉处理或提出从宽量刑建议)；对于未通过有效性审查，依法提起公诉，如宿迁市宿城区检察院办理的 L 公司销售假冒注册商标的商品罪一案，涉案企业虽有部分整改，但合规计划的核心内容未得到有效落实，合规考察期满后，经第三方组织评估认为合规计划基本停留于“纸面”，尤其是未按照合规计划进行商标管理有效整改，最终认定合规考察结果为不合规，检察机关综合考量全案情况，依法提起公诉。

二、简易合规的步骤

小微企业内部结构相对简单，犯罪原因较为单一，管理模式也往往呈现家族式特点，决策权较为集中。因此，风险识别和合规管理制度设计相对简单，而且小微企业合规资源有限，漫长的诉讼程序极有可能会拖垮企业。我国企业设立成本相对较低，涉案人员更愿意通过注销企业另行注册的方式重新经营，而不是花费大量成本参与合规。① 因此，涉案的小微企业合规可以适度简化步骤。

首先，简易合规可以省略第三方机制，可以由检察官自行监管，由检察机关对其提交的合规计划和整改报告进行审查，以节约监管成本。

其次，简易合规应当致力于建立“小而精”的专项合规。小微企业的合规计划并不需要面面俱到，主要是对照检察机关的合规建议书，有针对性地开展专项合规整改。例如，南京市建邺区人民检察院

---

① 参见刘晓光、金华捷：《企业刑事合规本土化转化探索思考》，载《检察日报》2021年3月31日，第3版。

办理的一起环境污染案,涉案企业员工最多时也就近20人。该企业因私设暗管排放危险物质而涉嫌环境污染罪,在停止违法行为后,仅改进生产工艺就能够达到环保标准。因此,这样的简易合规主要围绕如何改进工艺、更新设备,企业负责人如何重视环保合规,如何提升员工环保意识,如何避免其他环保问题,有针对性地制定切实可行的计划。在企业制定并实施合规计划后,简化乃至省略合规考察期,检察机关应尽快联合行政主管部门展开专项评查,经评查,涉案企业已采取有效措施杜绝再犯风险,即可依程序作不起诉处理。

最后,简易合规应当具备合规计划的基本要素,要素的具体配置方式应当结合实际有所差异。比如,合规计划中“领导作用”,大中型企业可以设立合规委员会、设置首席合规官、成立合规部;对于小微企业来说,既无可能也无必要设置多层级的合规机构,设置一个合规专员即可。一个10人左右的企业,老板和股东为同一人,就一条生产线,企业也没有部门划分,根本没有设立合规委员会、成立合规部的可能性和必要性。其实,从合规管理机构设置上来说,企业负责人重视合规,增设一个合规专员就可以了。比如,下面这个案例:

某市S五交化贸易有限公司(以下简称S公司)2015年6月注册成立,注册资本200万元,在职员工3人,雎某某系该公司法定代表人、实际控制人。2018年11月22日,该市市场监督管理局在对S公司进行检查时,发现该公司疑似销售假冒“SKF”商标的轴承,并在其门店及仓库内查获标注“SKF”商标的各种型号轴承27,829个,金额共计68万余元。2018年12月17日,市场监督管理局将该案移送至市公安局。2019年2月14日,斯凯孚(中国)有限公司出具书面的鉴别报告,认为所查获的标有“SKF”商标的轴承产品均为侵犯该公司注册商标专用权的产品。2019年2月15日,公安机关对本案立案侦查。

2021年5月初,检察机关决定启动合规考察程序。检察机关联合公安机关对S公司启动合规监督考察程序,确定6个月的整改考察期。同时,企业合规监管委员会根据第三方监督评估机制,从第三方监管人员库中随机抽取以组建监督评估小组,跟踪S公司整改、评估合规计划落实情况。S公司的合规计划主要包括以下内容:(1)在公司合规章程中,作为公司股东的法定代表人,作出依法依规经营的承诺;(2)聘请外部法律专家担任公司合规顾问,协助公司开展合规管理工作;(3)建立四项专项合规管理体系,包括知识产权合规、发票管理合规、财务管理合规和税务管理合规,并确立了四种专项合规的目标、方法和文化建设的计划;(4)公司设立合规总负责人,由法定代表人(犯罪嫌疑人)担任,同时设立合规专员,由一名主要员工担任(犯罪嫌疑人的妻子),同时由合规顾问协助建立和完善合规管理体系等。①

这个案例中存在以下几个问题:(1)在职员工仅3人,一般的家庭作坊都比这个企业规模大,建立如此复杂的合规计划,既设置了合规总负责人(类似于首席合规官)又设置了合规专员,合规总负责人与合规专员还是夫妻关系,合规总负责人又是犯罪嫌疑人,这样的设计形式意义大于实质意义。(2)如此微小的企业,涉嫌的罪名是知识产权犯罪,竟然建立了四项合规计划,3名在职员工如何去实施这么复杂的合规计划。(3)一个家庭式的微型企业,修改公司章程有何意义。这样的企业,公司章程本身存在的意义就不大。这样的合规计划必然流于"纸面"。

三、检察建议式合规

最高人民检察院在相关文件中使用的"涉案企业合规",根据

---

① 参见陈瑞华:《中小微企业的合规计划》,载微信公众号"民主与法制周刊"2022年3月30日,https://mp.weixin.qq.com/s/_QRiCPcy-y39y-VAUlVHOw。

《涉案企业合规建议、评估和审查办法(试行)》,涉案企业不仅包括单位犯罪,也包括企业的实际控制人、经营管理人员、关键技术人员等实施的与生产经营活动密切相关的犯罪,对在关联合规风险或者由类案暴露出合规风险的企业,负责办理案件的人民检察院可以对其提出合规整改的检察建议。针对"企业的实际控制人、经营管理人员、关键技术人员等实施的与生产经营活动密切相关的犯罪"的企业合规,其实就是通过检察建议的方式对涉案企业违法犯罪的原因进行分析,对生产经营管理活动当中相关制度上的漏洞或者问题提出意见和建议,然后督促其进行合规整改。[①] 这其实是传统检察机关预防犯罪职能的一种形式。《人民检察院检察建议工作规定》第 11 条规定,涉案单位在预防违法犯罪方面制度不健全、不落实,管理不完善,存在违法犯罪隐患,需要及时消除的,人民检察院可以向有关单位和部门提出改进工作、完善治理的检察建议。因此,这样的合规类型,可以称为检察建议式合规。主要步骤如下:

一是分析犯罪原因,总结风险点。检察官在办理案件过程中,结合案件分析犯罪原因,总结涉案企业在管理上存在的问题。这类似于合规风险识别,原因分析、管理漏洞排查应当具体、深入,防止空话套话,流于形式。

二是制发检察建议。检察机关在以往办理被害企业的案件中,也会给被害企业发出社会治理类的检察建议,帮助被害企业整章建制,堵塞漏洞,这是检察机关履行预防犯罪职能、开展诉源治理的应有之义。只不过,现在更加注重从企业合规的角度帮助企业改善管理结构。在制发检察建议后,检察官还应当根据《人民检察院检察建议工作规定》,定期对检察建议的落实效果进行评估,如果涉案单位未进行落实整改,则通报行政主管部门或者行业自律组织。

---

① 参见关仕新:《涉案企业合规:在实践中升华理论》,载《检察日报》2022 年 1 月 21 日,第 3 版。

第四节 涉案企业合规中的刑、行、公衔接

一、企业合规中的刑、行刑衔接问题

如前所述,企业合规的前端是开放的,企业合规的"规"原本就包括行政之规与刑事之规。很多讨论企业合规中的刑行衔接,过于强调刑事不起诉之后继续移交给行政机关进行处罚,防止因为合规不起诉而逃避了行政处罚。这其实是传统的刑行衔接思维。企业合规中的刑行衔接主要包括以下几个方面的问题:

第一,合规计划的建立,不能只考虑刑事风险防控,更要注重行政违法风险防控,甚至还包括违反行业规则、行业标准、商业伦理等不当行为的风险防控。合规计划基本要素中组织环境的识别,其中最为重要的法律环境的识别,既包括刑事法律法规,也包括行政、民事法律法规,还包括行业规则、商业伦理、国际规则等。国内很多律师宣传做刑事合规业务,似乎其所建立和设计的合规计划只防控刑事法律风险,这对于企业(无论是涉案企业还是非涉案企业)来说是不可接受的。

第二,案件办理中的衔接。如前所述,真正意义上的企业合规是针对单位犯罪的,而单位犯罪基本上都是行政犯,以违反行政法规为前提。这类案件案发的常态应当是行政机关移送给公安机关。因此,为了便于后续企业合规工作的开展,在案件查处阶段就应注重行政机关与公安机关的衔接配合。在美国,涉及证券欺诈和违反《反海外腐败法》的案件,通常由检察官和美国证券交易委员会联合办理。

第三,企业合规监管过程中,行政机关与刑事司法机关之间的衔接配合。在涉案企业合规监管过程中,司法机关与行政机关应当密切配合,协同履职。《关于建立涉案企业合规第三方监督评估机制的

指导意见(试行)》以及《涉案企业合规建设、评估和审查办法(试行)》,都体现了合规监管中的刑事司法机关与行政机关之间的衔接和配合。

第四,检察机关对企业作出合规不起诉之后,重点不是检察机关将案件移送给行政机关进行行政处罚的问题,而是将合规有效性作为建议行政机关从宽乃至免除处罚的问题。《关于建立涉案企业合规第三方监督评估机制的指导意见(试行)》规定,检察机关对涉案企业作出不起诉决定,认为需要给予行政处罚、处分或者没收其违法所得的,应当依法向有关主管机关提出检察意见。但是从企业合规改革的初衷来说,更为重要的是检察机关对企业作出不起诉决定后,行政机关应当认可检察机关对合规有效性的认定结果,作为从轻、减轻或免除行政处罚的依据。要坚决防止检察机关费尽周折,企业也为合规建设和实施付出了巨大代价,好不容易"救活"的企业,被行政机关"一纸罚单"给罚"死"了。实践中,还有些行政机关"心有余而力不足",行政处罚即使按照法定最低限额处罚,很多小微企业依然承受不起,而法律又没有授权降档处罚。这涉及相关行政法规的修改问题。企业合规刑行衔接中还有一个重要的问题,是企业法人前科职业禁止制度(参见本书第十三章第二节)。

二、企业合规中的刑公衔接问题

涉案企业合规改革逐步走向深入,不仅涉及刑事检察,还涉及行政、公益诉讼检察等。应当发挥四大检察的职能,协同推进企业合规改革走向深入。涉案企业合规的刑行衔接已经引起了学界的广泛关注,但是企业合规与公益诉讼之间的关系很少被关注。事实上,公益诉讼制度可以作为企业合规的重要激励机制,也是构建中国特色企业合规制度的重要组成部分。

(一)公益诉讼制度作为企业合规激励机制的理论依据

涉案企业合规的核心在于改造企业治理结构和重塑企业文化。

从理论上来说，合规计划的前置领域在结构上是开放的，多维度的构建以刑事法律与其他法律交融的风险防范和公司治理体系是企业合规的关键所在。企业合规早已超越了刑事法领域，而覆盖行政法、民事法、行业规则和商业伦理等。一方面合规风险识别范围很广，显然不单是刑事法领域；另一方面激励措施不仅包括刑事责任，还包括行政责任以及世界银行的国际制裁等。企业合规的简史就是从刑事法领域向行政法领域、民事法领域甚至国际法领域等延伸的历史。这一点已得到国际社会普遍认可，根据国际标准化组织 ISO 37301:2021《合规管理体系—要求及使用指南》的规定，企业建立合规计划需要识别的合规义务涵盖了法律法规、监管要求、行业准则、良好实践、道德标准，以及组织自行制定或公开声明遵守的各类规则。

因此，企业合规的前置领域涵盖了刑事、民事、行政法规、行业规则等，相应的激励措施从刑事领域延伸到行政、民事等领域。换言之，涉案企业建立有效合规计划，不仅可能获得刑事从宽处罚、行政处罚减免，还可以获得公益诉讼赔偿的减、免、缓处遇，乃至公益诉讼终结。可见，在理论上，公益诉讼制度作为企业合规的激励机制是应有之义。

（二）公益诉讼制度作为企业合规激励机制的适用范围与方式

公益诉讼是中国特色检察制度中“四大检察”的重要方面，我国检察机关的公益诉讼包括民事公益诉讼和行政公益诉讼，其中民事公益诉讼包括单独的民事公益诉讼和刑事附带民事公益诉讼。涉案企业合规只涉及民事公益诉讼，包括单独的民事公益诉讼和刑事附带民事公益诉讼。对于涉案企业合规来说，如果企业涉嫌的犯罪侵害到不特定社会公众的利益，如环境污染、安全生产、食品药品安全、公民个人信息等，检察机关可以提起公益诉讼，要求涉案企业修复、赔偿等。公益诉讼制度作为企业合规的激励机制之适用方式，包括以下两个方面：

一是公益诉讼制度作为涉案企业公益损害赔偿和惩罚性赔偿

金、修复费用的减、免、缓处遇的激励机制。涉案企业的不法行为侵害到公共利益,检察机关提起民事公益诉讼或刑事附带民事公益诉讼,要求企业承担损害赔偿、惩罚性赔偿金、修复费用等,如果企业的合规计划经过评估是有效的,检察机关的公益诉讼请求可以减、免、缓,甚至可以终结诉讼。

二是公益诉讼制度作为合规监管的替代措施。“简易合规”一般可以不设置合规考察期。由于涉案企业是小微企业,罪行较轻,检察机关对企业作出相对不起诉的同时,发出合规检察建议。引入公益诉讼,则能够强化合规检察建议的刚性:如果涉案企业没有落实合规检察建议,检察机关则提起公益诉讼;如果涉案企业落实了合规检察建议,检察机关可以终结公益诉讼程序。这样,公益诉讼制度就发挥了合规监管的替代措施作用。例如,南京市建邺区人民检察院办理的某电子器件厂有限公司污染环境案,该公司私设暗管将生产产品过程中产生的含有镍、银等危险废液排放至下水道。涉案企业员工只有 9 人,犯罪原因相对单一,企业治理结构简单,且可用于合规建设方面的资金、人员等资源匮乏。检察机关开展环保专项的“简易合规”,探索“相对不起诉 + 检察建议 + 公益诉讼”的模式。企业先暂停生产线进行整改,检察机关对企业作出相对不起诉,同时发出合规检察建议。为确保合规检察建议得到落实,同步启动公益诉讼立案审查,督促企业合规整改。4 个月后,经评估,该企业已根据合规计划购进多台废气、粉尘处理设备,对焊锡、浇注等四道工艺进行改进,各生产线均已符合环保要求,检察机关遂终结公益诉讼。此案是目前国内首例利用公益诉讼实现合规监管的案例,成效显著。通过公益诉讼的合规监管替代措施,其优点在于,一方面,减少企业的合规成本、监管成本,降低企业负担;另一方面,通过公益诉讼这把悬在涉案企业头顶上“达摩克利斯”之剑,确保涉案企业“真整改”“真合规”。

第十七章　合规计划的设计与实施

没有触及治理结构的合规计划，不是真正的合规计划；没有重塑企业文化的合规计划，不是有效的合规计划。

——题记

合规出罪、合规从宽是建立在合规有效性基础之上的。设计一个好的合规计划是实施的基础，也是有效性的基础。如何设计和实施合规计划？这是一个极具实践性和专业性的问题。设计和实施一个好的合规计划，不仅需要深厚的专业知识，还需要丰富的实践经验。当前，实践中很多合规计划的设计、实施缺乏专业性，必然流于“纸面”。企业合规计划设计与实施最根本的问题是要预防“纸面合规”，纸面合规通常表现为“纸面设计”、“纸面实施”和“纸面监管”。“纸面设计”就是合规计划的设计停留于纸面上，没有与企业实际结合，不符合“最佳实践”的要求；“纸面实施”就是合规计划没有真正实施，而是应付检查，“锁在抽屉里落满灰尘”；“纸面监管”就是合规计划在实施过程中，无论是内部监管还是外部监管，停留于“填表打钩”，流于形式。本章阐述合规计划的设计与实施问题。

第一节 当前合规计划设计、实施中的问题

当前我国企业合规试点改革中,面临的重要问题是“纸面设计”和“纸面实施”问题。具体表现在以下方面:

一、合规风险识别“浮于表面”

到底有哪些风险?风险产生的原因是什么?这是建立合规计划体系的前提。以涉案企业合规为例,企业向检察机关提交合规承诺之后,按照检察机关的要求设计合规计划,一些企业及其聘请的律师团队,在很短的时间内就完成了风险识别。所形成的风险识别仅仅停留在梳理法律法规上,没有把合规义务与公司的经营活动、产品、服务和运行联系起来,也没有深入分析风险产生的原因及可能的后果,更没有对风险进行分级。如下面这个案例:

某公司行贿、串通投标案,该公司所在地为S市,在全国多个城市设有办事处,其副总经理兼任N市办事处负责人,与总经理经商量后实施行贿犯罪以及串通投标犯罪。案发后,检察机关开展企业合规工作。该企业聘请了此案的辩护人同时负责合规计划的设计和实施。

该辩护人身在N市,而该公司所在地为S市,两市相隔1000多公里。或许是因为新冠肺炎疫情,该辩护人没有前往该公司调查,竟然短时间内完成合规风险识别和合规体系建设,让人匪夷所思。所谓的风险识别报告就是法律梳理。从案件审查发现,犯罪嫌疑人通过股票交易的方式向某国家工作人员行贿,而风险识别里竟然没有涉及股票交易问题;犯罪嫌疑人还与客户以签订虚假合同的方式套

取公司资金向某国家工作人员行贿,而风险识别报告里对于第三方问题只字未提;犯罪嫌疑人还通过虚假的餐饮发票报销以套取资金向某国家工作人员行贿,而风险识别报告里竟然没有提及财务管理、报销流程方面的风险。风险识别完全浮于表面,没有与企业的业务活动、产品、服务等融合。

二、合规管理体系“假大空”

实践中,很多合规管理体系“假大空”,似乎放在任何一个企业、任何一个行业“都行”,其实是“都不行”。原则、目标、宗旨长篇大论,但是具体到业务流程则浮于表面。例如,有的涉案企业委托律师团队制作《反舞弊合规管理制度》,通篇都是“严禁……”“不得……”“不允许……”,这些都是法律中明确规定的,没有与这个涉案企业具体的业务结合起来,只是口号式地禁止员工做什么,而没有告诉员工该怎么做。有的涉案企业建立的《反商业贿赂合规管理体系》,就是把《刑法》中关于贿赂犯罪的条款变换为禁止实施何种行为。

三、合规计划的设计与实施“两张皮”

实践中,一些企业涉案后积极设计合规计划,以换取从宽处罚,一般都是委托律师事务所设计合规计划,设计之后如何实施,律师事务所不再过问。聘请的律师团队只管“设计”不管“实施”,只“画图纸”不管“施工”。由于当前法律没有修改,检察机关办案期限有限,合规考察时间过短,有的地方从设计合规计划到考察结束,总共只有3个月时间。3个月时间用来进行风险评估都不够,用来设计合规计划更是十分困难,用来设计并实施合规计划几无可能。某地一个企业案发后,1个月之内设计了合规计划,3个月考察结束,检察机关做了不起诉处理,再过3个月竟然再犯同样的罪。由此可见,该设计与实施完全是“两张皮”。

四、专业性严重不足

企业合规是一个新生事物,又是一个交叉学科。它不仅是一个法律问题,更是一个经济学问题、管理学问题,特别是一个企业管理的实践问题。真正懂合规设计和实施的人才严重匮乏。研究企业合规与设计合规计划完全是两回事。懂合规未必懂企业管理,懂企业管理未必懂合规,这是当前合规实践面临的难题。笔者从实践中见到的不专业现象有:(1)把合规计划当成工作计划。一些企业提交的合规计划书,竟然是工作计划、工作安排进度表;对合规计划望文生义地理解,文件名称是“合规计划”,里面的内容是某年某月至某年某月做什么事的工作计划表。(2)涉案企业建立合规计划后,涉嫌犯罪的责任人没有处理,既没有被开除,也没有被降级、调离,而是在原岗位继续任职。这种情况在实践中并不少见。例如,一个涉案单位犯行贿罪,实施行贿的人是该公司的副总经理陆某。案发后,开展企业合规工作,公司聘请某律师事务所建立合规计划,成立所谓的“合规管理中心”,而该中心的副组长竟然就是本案的犯罪嫌疑人陆某,简直让人目瞪口呆。(3)培训、沟通被理解为单纯的法治宣传、普法教育。在一个单位行贿罪的案例中,合规培训的内容竟然是《民法典》。没有把培训、沟通的重点放在公司合规管理制度上,员工不了解公司的合规管理制度,如何期望员工去执行这些制度?如何期待员工按照合规管理的要求做正确的事?

第二节　合规计划设计的基本原则与要素

一、合规计划设计的目标

设计合规计划,一定要明确合规计划的根本目标:改造企业的治理结构和重塑企业文化。对此，无论是检察机关、行政执法机关建议、指导、督促企业建立合规计划，还是律师受聘为企业建立合规计划，都要有明确的认识。在当前的改革试点中，检察官指导和建议企业建立合规计划，一定要始终围绕这个根本目标；受聘律师更要围绕这个根本目标为企业设计合规计划。合规计划不是花拳绣腿，更不是应付检查，目的就是要改造企业的治理结构和重塑企业文化，让一个涉案企业实现根本性的改变，脱胎换骨。合规计划的根本目标是确保真合规，防止假合规、纸面合规的关键所在。以下面这个案例进一步阐述：

某公司，从事通信软件的研发、制造和服务业务。该公司董事长、总经理王某控股 42%。王某决定拨款作为“公关费”，安排其他人员进行“公关”（行贿），6 年间行贿 700 余万元。公司财务人员以及其他董事也提出过反对，但是该董事长长期以来作为控股股东，搞“一言堂”，一个人说了算。

该公司拨专款“公关”，可见，行贿在这个公司已经成为一种“潜规则”，一种“沟通文化”；没有权力制约机制，大事小情都是董事长王某一人说了算。这样的企业，如果要开展涉案企业合规，就必须修改公司章程，重新架构公司的权力结构，彻底改造公司的治理结构，否则，所有的合规管理体系都会被架空；这样的企业，如果要开展涉案企业合规，就必须重塑企业文化，彻底扭转行贿成风的不良企业文化，形成一个行贿可耻、清廉的企业文化，否则，形式上再完备的合规计划也于事无补。今天做了不起诉处理，明天就可能再次行贿。

总之，企业合规根本目标在于改造企业治理结构、重塑企业文化。

二、合规计划设计的基本原则

根据 ISO 37301:2021《合规管理体系　要求及使用指南》，合规计划(合规管理体系)的设计应当遵循适宜性(suitability)、充分性(adequacy)、有效性(effectiveness)的原则("三性"原则)。国内法学界和企业界关于合规计划设计原则的表述大同小异,基本上都被适宜性、充分性、有效性涵盖。

(一)适宜性原则

合规计划是"最佳实践",没有能够用于所有企业的通用模板,如果有,那也一定是"纸面合规"。适宜性的基本内涵就是适合企业的自身实际情况,针对企业行业属性、自身实际情况和特点,量身定制,所谓适合自己的才是最好的。适宜性主要体现在以下几个方面:一是不同规模的企业,其合规计划有不同的要求,大型企业的合规计划在小型企业中无法运行,小型企业的合规计划也不适合于大型企业。二是不同行业、不同类型的企业,合规计划是不同的。例如,食品生产与钢铁冶炼,合规计划具体内容和侧重点就差别巨大。三是组织环境的动态变化要求合规计划持续改进以与变化了的组织环境保持适宜性。企业所处的法律和监管环境不断变化,法律法规的修改、产品标准的修订、行业规章的完善、监管要求的调整、市场环境的变化,要求企业的合规计划保持动态的适宜性。合规计划是一个不断变化、演变的动态系统,合规或不合规的状态会随着时间的推移而演变,监管的要求也会不断变化,合规也需要不断改进。①

(二)充分性原则

充分性是指合规管理体系结构合理、程序完善、资源充足,能够满足组织管理和控制过程的需要。充分性与全面性是不同的概念。一些观点要求企业合规计划符合全面性的原则,这是有误导性的。

---

① See Robert C. Bird & Stephen Kim Park, *Turning Corporate Compliance into Competitive Advantage*, University of Pennsylvania Journal of Business Law, Vol. 19:2, p. 297(285 - 304)(2017).

合规计划不一定得大而全,大而全容易流于形式、流于纸面。合规是不完美的、有限的,虽然通过强有力的执法和明确的授权可以遏制恶劣行为,但是错误、事故和误解依然不可避免,实践中总有瑕疵。[①] 充分性强调不是面上的广,而是线上的深。充分性主要体现为相互关联的两个方面:一是是否充分识别风险,并建立了充分的控制过程;二是实施这些控制过程是否有足够的资源。如果全面识别了所有大大小小的风险、瑕疵,而根本没有足够的资源去控制,同样是不符合充分性要求的。

(三)有效性原则

根据 ISO 37301:2021《合规管理体系　要求及使用指南》,有效性是指策划的活动得以实现的程度和策划的结果得以达到的程度。有效性原则关注的焦点是合规计划在实践中有无起作用,也就是合规计划实现管理目标的程度和效用,也就是合规计划是否能够有效地预防和阻止不当、违法、犯罪行为。一个有效的合规管理体系,不仅能够表明组织承诺并始终致力于遵守相关法律法规、监管规定、行业准则、商业惯例、道德规范、标准等合规义务,而且还展示出组织具有随着合规义务变化不断持续改进的持续合规能力。企业应当通过多种方法进行持续和定期的评估,如利用评审或内部审核等手段进行测量。

适宜性、充分性、有效性"三性"之间是相互关联的,有效性是最终目标,适宜性和充分性是有效性的重要保障。"三性"被形象地称为"能不能用""够不够用""有没有用",也可以统称为"最佳实践"。

---

① See Robert C. Bird & Stephen Kim Park, *Turning Corporate Compliance into Competitive Advantage*, University of Pennsylvania Journal of Business Law, Vol. 19:2, p. 285 – 340 (2017).

三、合规计划设计的基本要素

从实践的角度来说，设计合规计划的基本要素，最佳的借鉴就是 ISO 37301:2021《合规管理体系　要求及使用指南》。该文件共计设计了 7 项一级要素，26 项二级要素。7 项要素分别为组织环境、领导作用、策划、支持、运行、绩效评价、改进，26 项二级要素项下还有三级和四级要素指标。这里将 7 项一级要素和 26 项二级要素，以及部分三级要素列出见表 17－1（限于篇幅四级要素没有列表）：

表 17－1　合规计划的基本要素

<table>
<tr><th>一级要素</th><th>二级要素</th><th>三级要素</th></tr>
<tr><td>1. 组织环境</td><td>（1）理解组织及其环境
（2）理解相关方的需求和期望
（3）确定合规管理体系的范围
（4）合规管理体系
（5）合规义务
（6）合规风险评估</td><td>略</td></tr>
<tr><td rowspan="8">2. 领导作用</td><td rowspan="3">（7）领导和承诺</td><td>治理机构和最高管理者</td></tr>
<tr><td>合规文化</td></tr>
<tr><td>合规治理</td></tr>
<tr><td>（8）合规方针</td><td>略</td></tr>
<tr><td rowspan="4">（9）岗位、职责和权限</td><td>治理机构和最高管理者</td></tr>
<tr><td>合规团队</td></tr>
<tr><td>管理层</td></tr>
<tr><td>工作人员</td></tr>
<tr><td>3. 策划</td><td>（10）应对风险和机会的措施
（11）合规目标和实现目标的策划
（12）变更的策划</td><td>略</td></tr>
</table>

续表

一级要素	二级要素	三级要素
4. 支持	(13)资源	
	(14)能力	通则
		雇佣流程
		培训
	(15)意识	略
	(16)沟通	略
	(17)文件化信息	通则
		文件化信息的创建和更新
		文件化信息的控制
5. 运行	(18)运行的策划和控制 (19)建立控制和程序 (20)报告疑虑 (21)调查过程	略
6. 绩效评价	(22)监视、测量、分析和评价	通则
		合规绩效反馈来源
		指标制定
		合规报告
		记录保存
	(23)内部审核	通则
		内部审核程序
	(24)管理评审	管理评审输入
		管理评审结果
7. 改进	(25)持续改进 (26)不合规和纠正措施	略

当然,上述要素只是参考要点,需要结合企业的实际情况进行具体设计和构建,不能照搬照抄或生搬硬套,否则,很容易流于“纸面打钩”。笔者认为,在参考上述要素指标时,应当坚持以风险为导向,致力于建立风险防御(识别)体系、风险监控体系、风险应对体系。①ISO 37301:2021《合规管理体系　要求及使用指南》列举的要素基本上都可以归入这三大体系。例如,组织环境、政策和程序、领导作用等都属于风险防御体系;运行、调查、控制、举报等都属于风险监控体系;报告、改进、纠正等都属于风险应对体系。笔者参与起草的中国中小企业协会团体标准《中小企业合规管理体系有效性评价》也基本上遵循了风险识别、风险监控和风险应对这样的思路。

第三节　合规计划设计的步骤和方法

设计合规计划是一个耗时耗力的专业性、系统性工程,设计合规的团队应当制定工作计划,按照步骤层层推进,确保每一步扎实有效。

一、设计合规计划的十大步骤

(一)进驻企业调查

由于企业合规是“最佳实践”,因此,设计合规计划,必须了解企业的情况,也就是2021年的ISO 37301:2021《合规管理体系　要求及使用指南》所强调的“理解组织”。合规计划设计的人员、团队应当进驻到企业开展深入调查了解,不能浮于表面,更不能“隔空”了解。实践中,一些法律团队给企业设计合规计划,竟然没有进驻企业,甚至没去过企业,这不可能真正设计出符合企业实际的合规计

① 参见李勇:《涉罪企业合规有效性标准研究——以A公司串通投标案为例》,载《政法论坛》2022年第1期。

划。进驻企业的时间长短视企业的规模、内部结构的复杂程度、行业特点等而定，但是有一点是确定的，那就是不能时间过短、走马观花。

调查了解企业及其合规状况的主要内容，应当围绕与合规计划的目标和宗旨相关，并影响其实现合规计划预期结果的内部和外部因素，包括但不限于以下方面：(1)商业模式，包括组织活动和运行的战略、性质、规模、复杂性和可持续性；(2)与第三方业务关系的性质和范围；(3)企业所在地及其行业所面临的法律和监管环境；(4)经济状况；(5)企业所处的社会、文化、环境背景；(6)企业的内部结构、方针、过程、程序和资源以及技术；(7)企业现有的合规文化状况；(8)理解利益相关方的需要和期望，对于涉案企业来说，特别要理解执法、司法机关的需求和期望，明确哪些需求将通过合规管理体系予以解决；(9)确定合规管理体系的范围，也就是界定合规管理体系的边界和适用性，以确立其范围。

(二)开展合规风险识别

在了解企业基本情况的基础上，接下来就要开展合规风险识别了。这是设计合规计划最为重要、最为基础的环节。风险识别不深入、不精准，就不可能建立起符合“最佳实践”要求的合规计划。具体来说：

首先，对企业所处的环境予以识别和分析，这些环境既涉及法律法规、监管要求、行业准则、良好实践、道德标准，又涉及组织自行制定或公开声明遵守的各类规则。合规风险或者说合规义务的识别，不单纯是刑事义务，对于合规计划的建构来说，刑事合规这个术语是极具误导性的。企业设计合规计划，不是说只识别刑事犯罪风险，而不管行政违法风险甚至行业规章的风险。行政违法和刑事犯罪一纸之隔，有时只有数额差异。比如，充电器存在起火风险，违反行业安全标准，产品质量安全存在重大隐患，多次起火，如果没有导致人员伤亡或者重大经济损失，可能不构成刑事犯罪，但构成行政违法；向前一步,就是刑事犯罪。如果设计的合规计划只预防犯罪,对行政违法和行业标准不管不问,这无疑是把企业推向风险的"火山口"。所以ISO 37301:2021《合规管理体系　要求及使用指南》中的组织环境识别包括法律法规、行业规则、行业标准、商业伦理。如果一个企业生产的产品不符合行业标准,离刑事犯罪也就不远了。

其次,识别与企业的产品、服务或活动有关的合规义务、评估合规风险。利益和权力是合规风险分布的典型领域。在企业管理学中,风险识别的方法有"八项权力识别模型",具体包括:(1)市场服务与销售权;(2)决策及审核权;(3)人事权;(4)采购权;(5)放行与许可权;(6)计量权;(7)财务资金权;(8)关键信息权。

再次,风险分级。应当对识别到的风险按照风险严重程度和发生可能性进行分级。合规的资源是有限的,应合理配置资源,优先解决严重且发生可能性大的风险。按照风险严重程度可以分为不重要的、次要的、重要的、灾难性的、毁灭性的;按照发生可能性可以分为几乎没有、不太可能、有可能、极有可能、几乎确定。如图17-1所示:

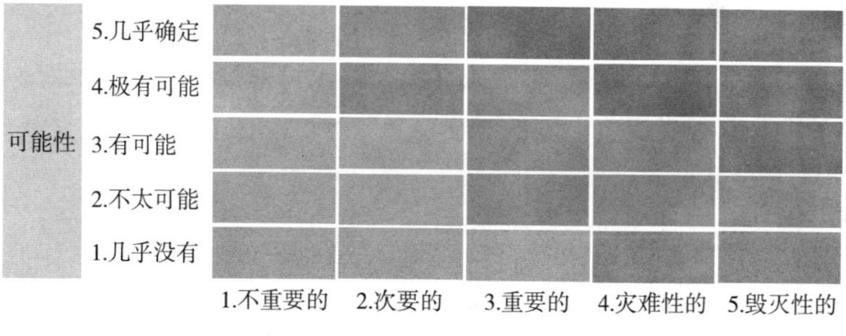

图17-1　可能性vs影响风险矩阵

最后,评估与外包或第三方相关的合规风险。这是实践中容易忽略的。一些企业的相关业务是外包给第三方,这种情况下,对第三方应当进行尽职调查,评估合规风险。

(三)搭建合规组织架构

在企业管理中,人的因素是至关重要的。领导层、高级管理层对合规计划的支持和承诺是合规计划真正建立和有效实施的关键保障,在中国,被形象地称为“一把手”工程。如果员工看到“一把手”对合规采取消极应付的态度,那么他们就会知道这个合规计划其实就是用来“应付检查”的,这个合规计划就不可能真正发挥效用。

有效合规计划的创建和执行需要一个精干团队的持续努力,需要付出一定的资源和成本。在公司内部应该有一个独立的机构负责合规计划的执行和实施,其负责人通常被称为首席合规官(CCO)以及其他合规官员(中小型企业可以是合规专员)。这些合规官应当有一定的地位并保持独立性,首席合规官能够直达公司管理层,可以直接向公司最高管理者汇报。各个业务部门可以设立合规联络员,负责本部门与合规部的联络工作。治理机构和最高管理者应确保下列原则得到实施:(1)合规职能应能直达公司领导层,包括向领导层直接汇报、定期提交报告以及参加会议;(2)合规职能的独立性,确保合规职能的运行不受任何不当干扰、压力;(3)合规职能具有适当的权限和能力。例如,笔者组织办理的一起A公司串通投标案,在检察机关的建议下,A公司的首席合规官由纪委书记兼任,并且对招投标决策具有一票否决权。中国的国有企业、大型企业中纪委书记是特殊岗位,专门从事监督执纪,兼具独立性和权威性,由纪委书记兼任首席合规官是这类企业的最佳选择。

合规计划的组织管理建构基本模式有二:(1)最高管理者要展现对合规管理体系的领导作用和积极承诺。(2)大型企业董事会下设合规管理委员会——首席合规官的独立性和权威性(直达董事会)——合规职能部门(与法务部有本质不同,原则是不能合二为一)——业务部门设立合规联络员。对于中小企业来说,在企业负责人积极承诺和支持的前提下,可以设置合规专员。

这里需要特别说明的是,合规管理人员是专设还是兼理?从理论上来说,为了保证合规官员的权威性和独立性,合规官包括首席合规官、合规部门人员、合规专员应当是专职的,不能从事相关业务活动又监督自己的业务活动,这无异于“既当运动员又当裁判员”。但是对于小微企业来说,一律要求设置专职的合规专员也存在困难,实践中可以兼职,但是基本原则是兼职的工作与合规工作不能存在利益冲突,避免“既当运动员又当裁判员”是底线要求。例如,有些小微企业,办公室主任、总经理秘书等平时的工作是负责后勤保障,不从事业务工作,那么他们就可以兼任合规专员。因此,《涉案企业合规建设、评估和审查办法(试行)》第7条第2款规定的“合规管理机构或者管理人员可以专设或者兼理,合规管理的职责必须明确、具体、可考核”中的“兼理”应当设定限制条件,即兼理的工作不能与合规监管工作存在利益冲突,不得违反“既当运动员又当裁判员”的规则。

合规部门的职能与传统的法务部门是不同的,这是很多实践人士所误解的。合规部门负责合规管理体系的运行,根据ISO 37301:2021《合规管理体系　要求及使用指南》,合规部门的职能包括:(1)促进识别合规义务;(2)记录对合规风险的评估;(3)使合规管理体系与合规目标保持一致;(4)监视和测量合规绩效;(5)分析和评估合规管理体系的绩效,以决定是否需要采取纠正措施;(6)建立合规报告和记录制度;(7)确保按计划的时间间隔对合规管理体系进行评审;(8)建立提出疑虑以及确保疑虑得到解决的机制;(9)监督履行已识别的合规义务的职责在整个组织内得到有效分配;(10)监督合规义务纳入方针、过程和程序;(11)监督所有相关人员按要求接受培训;(12)监督建立合规绩效指标;(13)向相关人员提供与合规方针、过程和程序有关的资源;(14)就合规相关事宜向组织提供建议。

(四)建立合规管理制度

建立合规管理制度是设计企业合规的中心环节。合规的政策、程序需要落实到制度上，其载体就是制度。对外制定合规政策；对内制定员工手册，建立“隔离带”和“防火墙”。

合规管理制度应当符合以下要求：(1)与企业的价值观、目标和战略保持一致；(2)阐明企业所要遵守的合规义务；(3)规定合规职能；(4)规定不遵守组织的合规义务、方针、过程和程序的后果；(5)有举报机制，鼓励提出疑虑，并且禁止任何形式的报复；(6)用通俗易懂的语言书写，易于所有人员理解其原则和意图；(7)被适当地实施和执行；(8)作为文件化信息可获取；(9)在组织内传达；(10)必要时，便于利益相关方获取。

对于涉案企业来说，必要时应当修改公司章程。实践中，有些企业公司董事长搞“一言堂”，独断专行从事违法犯罪活动，这种情况下，只有修改公司章程，重新架构权力配置，才能真正改变公司治理结构。

（五）配置合规支持、运行机制

合规计划的运行需要充分的资源保障及配套机制。配置合规支持机制包括：一是确定并提供所需的资源，如财务资源、工作环境与基础设施等；赋予合规部门接触高级决策者并在决策过程中有早期提出建议的机会，接触组织的所有层级，接触所有需要的人员、文件化信息和数据，就相关法律、法规、规范和组织标准收集专家意见。二是招聘能胜任且能遵守合规要求的员工，对违反合规要求的员工采取纪律处分等管理措施。三是提供培训，提升员工合规意识。四是开展内部和外部沟通与宣传。五是创建、控制和维护文件化信息。

配置合规运行机制包括：(1)实施控制以管理其合规义务和相关合规风险。应对这些控制措施进行维护、定期评审和测试，以确保其持续有效。测试控制是指实施经过设计的活动以检验控制措施是否按照既定目的运行、不能被规避、是否切实有效地降低风险的后果或可能性。(2)确保第三方过程得到控制和监视。(3)建立举报程序，鼓励员工善意报告疑似和已发生的不合规行为。(4)企业应制定、建立调查处理及反馈机制,以评估、评价、调查有关涉嫌或实际的不合规情形的报告,并作出结论。调查过程应确保能公平、公正地作出决定,应由具备相应能力的人员独立进行,且避免利益冲突。

(六)修订或重构绩效评价机制

绩效评价是对合规管理体系建立并运行后的绩效、体系有效性进行评价,对于查找可能存在的问题、后续改进合规管理体系等具有重要意义。没有配套的量化绩效考核,制度都是苍白无力的。对公司原有的绩效考核评价体系进行修订,应全面融入合规因素。

(七)建立内部审核机制

策划、制定、实施和维护一个或多个审核方案,包括频次、方法、职责、策划要求和报告。有计划地开展内部审核,定期对合规管理体系进行评审,以确保合规管理体系持续的适用性、充分性和有效性。定期开展管理评审(巡查)、自下而上的定期报告。

(八)建立动态持续改进机制

风险点是动态的。改进是对合规管理体系运行中发生不合格或不合规情况作出反应,评价是否需要采取措施;消除不合格或不合规的根本原因,以避免再次发生或在其他地方发生,并持续改进以确保合规管理体系的动态持续有效。

一是企业应持续改进合规管理体系的适宜性、充分性和有效性。当企业认为有必要对合规管理体系进行变更时,应有计划地实施。企业应结合变更的目的及其潜在后果、合规管理体系设计和运行的有效性、充足资源的可用性、职责和权限的分配或再分配进行改进。二是应对不合规,采取纠正措施。发生不合规时,企业应对不合规作出反应,并视情况采取控制和纠正措施;消除造成不合规的原因。同行业、同领域特别是竞争对手所犯下的错误,应当吸取教训,对照教训更新和完善合规计划，打补丁、修补合规计划。[1]

(九)编制合规管理手册、员工手册

管理体系文件一般包括三个层级：第一层级为纲领性文件(如管理手册)，第二层级为规章制度(如各层级管理制度、办法)，第三层级为操作规范(如作业指导书)。合规管理体系内容庞大，分布广泛，为了便于实施和执行，也便于培训沟通，编制成册是必要的。一般而言，合规管理手册或者员工手册包括但不限于以下内容：(1)前言或说明；(2)术语与定义；(3)合规方针(政策)；(4)合规管理的组织架构；(5)合规管理角色与职责；(6)合规义务；(7)合规风险评估、分析；(8)合规举报与调查机制；(9)合规保障机制；(10)合规培训；(11)合规绩效考核；(12)合规审核与改进；(13)合规文化；(14)附件。

(十)培育合规文化

合规文化是企业形成的关于遵守法律、法规、行业规则等重要性或正当性的观念、价值观。企业应当创造和培养合规的企业文化，在其内部各个层级建立、维护并推广清晰的合规文化，并将合规文化融入企业经营的日常运作。合规计划转变为企业文化，是合规有效性评价的根本标准；企业的合规管理能否成功，很大程度上取决于企业的合规文化能否渗透到企业的各个层级和领域并持续发挥作用。

在建立合规管理体系应对合规风险的同时，企业应贯彻合规的企业文化，以员工手册、行为准则或其他形式呈现出来，使企业内外部人员在规定不清、不全或没有规定的情况下，根据原则性的指引开展业务，并应对合规风险。以下四个方面是建立、维护和推广良好合规文化的有效路径：(1)领导层定调并以身作则；(2)管理层推动且言行一致；(3)团队协作，形成鼓励合规、不容忍不合规的团队氛围；

---

① See Karen L. Shapiro, 10 *Steps to a Better Day*: *The Key Components of Compliance*, Business Law Today, Vol. 13:1, p. 38 –43(September/October 2003).

(4)同事间正面影响。

二、合规计划设计中的注意事项

第一,深入企业,不能闭门造车。时刻牢记深入了解企业,将合规融入企业各个业务环节。没有适用于所有企业的合规模板,只有“最佳实践”。应进驻企业,了解需求,跟踪业务运营方式和流程,确保合规融入业务流程。

第二,所有的政策、制度做到三个“c”,即清晰(clear)、简洁(concise)、完整(complete)。(1)清晰——政策必须易于理解。如果从公司的不同部门来的3个员工对政策的含义给出相似的答案,那基本上算是清晰的;如果发现有两个人对政策有不同的理解,那就是不够清晰。应确保企业中的每个人都知道有合规政策和程序,知道如何找到这些政策和程序,知道有问题应该联系谁。(2)简洁——说你需要的和需要你说的(say what you need, and need what you say),其他一切都是不必要的,并且以后可能会成为一个麻烦。(3)完整——覆盖业务流程,避免漏洞。与公司不同部门和级别的员工一起测试。一线的人会知道你是否错过了重要的东西。①

第三,合规管理的要求必须纳入可测算、可量化的考核,这样才能真正实施。如果一家公司希望自己的合规计划得到遵守,它应该制定绩效标准,将合规转化为可考核的要素纳入绩效。应衡量企业如何满足这些标准,并向员工和管理层公布考核数据。将合规纳入员工晋升、薪酬计划是必选动作。

第四,从不报告异常情况的合规不是好合规。监管对于确保合规计划的有效性当然必不可少,但只报告好消息而不报告坏消息的监管等于没有监管,一直没有异常报告可能是因为合规计划根本没有真正运行。

---

① See Karen L. Shapiro, 10 *Steps to a Better Day*: *The Key Components of Compliance*, Business Law Today, Vol. 13:1, p. 38 - 43(2003).

第五,合规是有限的,也是动态的。没有一成不变的合规计划,没有一劳永逸的合规管理体系;风险不断动态变化,合规计划不断动态更新。合规是不完美的,也是有限的。合规应当与资源配置相适应,没有资源基础,不切实际的合规计划等于没有合规计划。

第四节 合规计划的实施与运行

合规计划的运行包括四个循环往复的步骤:Plan(计划)—Do(执行)、Check(检查)—Act(改进)。这就是管理学中的“PDCA 循环”。“PDCA 循环”最初由美国质量管理专家沃尔特·A. 休哈特首先提出,被爱德华兹·戴明发扬光大,又称“戴明环”。ISO 37301:2021《合规管理体系 要求及使用指南》制定了合规管理体系通用要素框架(见图 17-2),借鉴了管理学中的“PDCA 循环”。

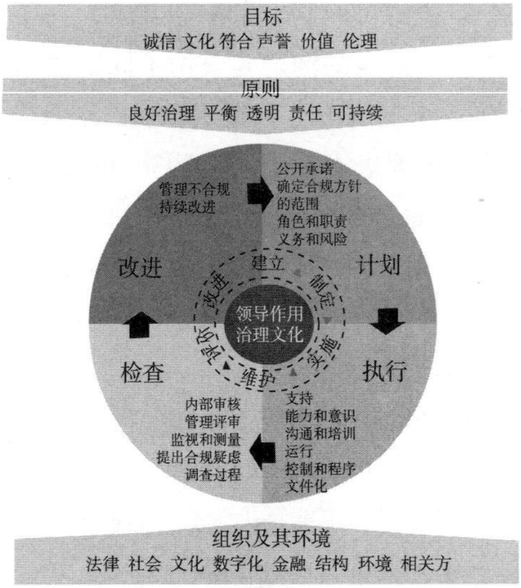

图 17-2 合规管理体系通用要素

一、“PDCA 循环”是一个螺旋式上升的闭环

（1）“P”（Plan）计划，包括合规政策、方针和目标的确定，即合规计划的体系性方案。（2）“D”（Do）执行，即配置相关的支持、控制、运行体系，将合规计划付诸实施。（3）“C”（Check）检查，即通过管理评审、绩效评价、监视、测量、异常报告等不断发现问题，分析原因，明确效果。（4）“A ”（Act）改进，对总结检查的结果进行处理，对成功的经验加以肯定，并予以标准化；对失败的教训也要总结，不断纠正。以上四个过程不是运行一次就结束，而是周而复始地进行，不断发现问题，不断修改完善，螺旋式上升，周而复始，持续循环。

二、领导作用是关键，改善治理结构和重塑企业文化是目标

ISO 37301:2021《合规管理体系　要求及使用指南》中的合规管理体系运行流程图的“圆心”醒目地标注了“领导作用”（leadership）、“治理”（governance）、“文化”（culture）。如前所述，合规计划的根本目标在于改善治理结构和重塑企业文化，没有触及治理结构的合规计划不是真正的合规计划，没有重塑企业文化的合规计划不是有效的合规计划。领导是确保合规计划运行有效性的重要保障。如果说合规计划的设计是“一把手”工程，那合规计划的运行更是“一把手”工程。如果公司领导层特别是公司的最高领导人不重视合规计划的执行，不以身作则，不带头按照合规计划办事，那么其他人不会真正按照合规计划的要求去开展工作。领导层的信守承诺和率先垂范是合规计划运行的关键所在。

三、计划与改进首尾相连

“PDCA 循环”中，设计合规计划是起点，持续改进是结尾，但是

结尾并不是终结,而是与起点首尾相连,无尽循环。就起点而言,如何设计合规计划,前文已经详述。下面重点阐述持续改进。

(一)持续改进的意义与功能

ISO 37301:2021《合规管理体系 要求及使用指南》最后一章规定了持续改进(continual improvement),该标准用了两句话来描述和定义持续改进:"组织应设法持续改进合规管理体系的适宜性、充分性和有效性。"

首先,持续改进本质上是提高绩效的一种循环活动。这个循环不是一个单循环,而是一个螺旋式上升,不断改善和提高的动态循环。持续改进是这个循环运行的重要支撑。其次,持续改进的对象是组织的合规管理体系。合规管理体系理论上又称为合规计划。根据 ISO 37301:2021《合规管理体系 要求及使用指南》,这里的合规管理体系是指组织为确立方针、政策和目标以及实现这些目标的过程所形成的相互关联或相互作用的一组要件。具体来说,包括组织的结构、岗位和职责(与领导作用相关)、运作(与组织环境、策划、支持、运行、绩效评价、改进相关)。再次,持续改进的目标是确保企业的合规管理体系始终具有"三性",即适宜性、充分性、有效性。尽管一个企业当初建立的合规计划符合企业的实际情况,具备适宜性、充分性和有效性,但是随着时间的推移,组织环境的变化,就未必符合"三性"的要求,因此,需要持续动态调整和更新。持续改进达到目标就是确保企业合规管理体系始终符合"三性"的要求。最后,组织所收集、分析和评价的信息以及纳入合规报告的信息,应作为识别该组织合规绩效改进的基本依据。

合规是一个不断变化、演变的动态系统,合规或不合规的状态会随着时间的推移而演变,监管的要求也会不断变化,合规也需要不断改进。[①] 持续改进的功能，就是适应合规动态变化的特点，对合规管理体系不断进行调整、改善，确保企业的合规管理系统始终与内外部环境的更新、监管要求变更、风险点变化等保持“同频共振”，以确保企业的合规管理体系符合“三性”的要求，实现公司合规管理的绩效。一个企业的合规管理体系是否有效的重要标志是其持续改进和发展的能力。因为公司的业务活动、运营环境、法律法规、行业标准、监管要求不断变化和调整，合规义务、合规风险持续动态变化，如果合规管理体系一成不变或者没有及时更新，这样的合规管理系统、合规计划就会流于形式，“锁在抽屉里积满灰尘”。[②] 从这个意义上来说，持续改进的功能在于检测公司合规管理体系的有效性。

（二）持续改进的基本方法

根据 ISO 37301:2021《合规管理体系　要求及使用指南》，持续改进应当将以下要素结合起来进行考量：变更的目的及其潜在后果；合规管理体系设计和运行的有效性；充足资源的可用性；职责和权限的分配或再分配。持续改进的基本方法如下：

一是风险评估动态更新。持续更新是建立在风险评估动态更新的基础之上的，否则，持续改进既没有依据也没有目标。风险评估更新是建立在常态化的内部设计、控制测试基础之上的。合规管理人员应当自问这样的问题：（1）是否有专门的部门或人员跟踪了解外部、内部法律、规则的变化？（2）是否根据合规义务、监管要求等变化持续进行风险评估？（3）有无根据情况变化对风险等级定期或不定期进行调整？（4）是否吸取了同行业、同领域特别是竞争对手的经验

---

① See Robert C. Bird & Stephen Kim Park, *Turning Corporate Compliance into Competitive Advantage*, University of Pennsylvania Journal of Business Law, Vol. 19:2, p. 296 – 297 (2017).

② See David Hess, *Ethical Infrastructure and Evidence – Based Corporate Compliance and Ethics Programs: Policy Implications from the Empirical Evidence*, New York University Journal of Law and Business, Vol. 12:2, p. 338 – 339 (2016).

教训作为更新和完善本公司合规计划的信息?[①]

二是措施持续改进。针对更新的风险点采取新的措施或者对原有措施进行改进和修补,合规管理人员应当自问这样的问题:(1)有无根据风险变化而调整、修改、完善对应的管控措施?(2)合规政策、流程和操作手册多久审查或更新一次?(3)是否定期或不定期进行偏离性分析,以确定在政策、控制或培训中是否存在未充分关注特定的风险领域?(4)企业采取哪些方法来确保政策、流程和操作手册符合公司及其业务部门的实际,具有适应性、充分性和有效性?(5)企业是否根据本企业的不合规行为以及同行业其他企业类似的经验教训来审查和调整其合规计划?

三是效果持续跟踪。更新改进了控制措施,这些措施是否真正能够应对变化了的风险,需要持续跟踪改进的效果,要不断进行偏离性分析,以确定特定的风险领域是否在其政策、控制或培训中得到充分的处理?公司采取了哪些步骤来确定其政策程序对特定的业务活动是否有成效?

(三)持续改进的操作步骤

持续改进的操作步骤一般包括目标设定、现状调查、原因分析、调整政策、培训沟通、政策试行、效果检测。这也是一个循环,效果检测发现新的问题,需要改进目标,循环往复,实现持续改进,如图17-3所示。

① See Karen L. Shapiro, 10 *Steps to a Better Day*: *The Key Components of Compliance*, Business Law Today, Vol. 13:1, p. 42(2003).

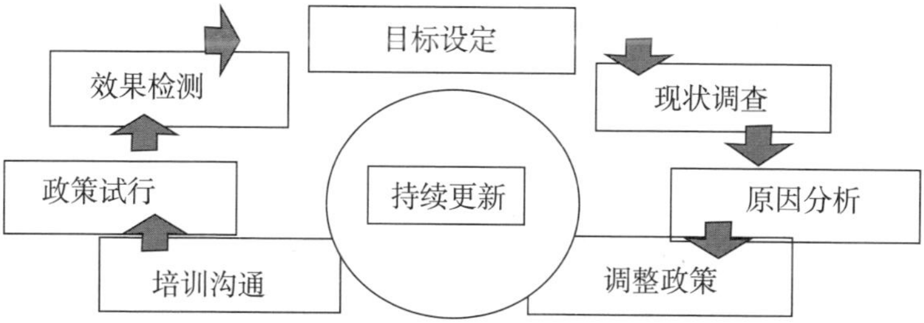

图 17-3 持续改进的操作步骤

1. 目标设定。持续更新是建立在风险评估动态更新的基础之上的，否则，持续改进既没有依据也没有目标。根据动态变化风险确定每一次具体的持续改进的目标，也就是每一次持续改进要解决什么问题，需要改进合规管理体系中哪些方面和环节必须明确。比如，政府环保部门对扬尘的监管要求发生变化，控制得更严格了。那么持续改进的目标就是采取措施把扬尘控制在符合政府新的监管要求上来。为了增强改进的效果，尽量确定与改进主题相符合的可量化的衡量指标，一般由改进前数值与改进目标数值组成。

2. 现状调查。合规管理体系的充分性和有效性宜通过多种方法进行持续和定期的评估，如评审或内部审核、测试，若发现问题，就要启动持续改进，因此持续改进的基础是合规运行过程中通过调查、审计、内部测试等方法发现问题。但是，这并不意味着在启动持续改进后就不需要再次调查，而是应当针对发现的问题再次深度调查，也可谓“二次调查”。这里的“二次调查”目标性更强，调查得更深、更细、更具体，以获取更充分的信息。因为，持续改进的基本依据是组织所收集、分析和评价的信息以及纳入合规报告的信息。

3. 原因分析。原因分析与现状调查在实务中基本上是同步进行或交叉进行的，单列出来是为了强调和突出原因分析的重要性，防止将现状调查等同于信息收集。调查报告不能仅有数据罗列和现状描述，必须要有原因分析，只有找到根本原因，才能制定有针对性的改进措施。这里的原因分析重点是原有的政策程序与管理目标的偏离性分析。对于涉及业务专业领域的问题,合规部的人员对原因的分析不能闭门造车,而应当与专业部门进行充分的沟通,必要时进行专家论证。

4. 调整政策。在对问题进行调查和原因分析的基础上,采取针对性的措施,对原有合规计划的政策、程序进行调整、修改、完善、增删,弥补漏洞,确保不良问题和缺陷不再出现,包括操作流程、操作手册的修改和更新。调整的政策和程序应当充分听取业务部门的意见,还要有配套的可供执行的资源,确保政策和程序是具体的、可理解的、可执行的、可操作的和可验证的,杜绝流于形式。

5. 培训沟通。认知是预防的前提,通过培训、沟通将合规的制度和理念传达到每一位公司成员,让其了解、认同和接受公司的合规政策。改进后的政策程序,要想得到有效执行,就必须将更新后的政策程序传达到每一名员工,确保员工能够理解和认知更新后的政策程序,并按照更新后的政策程序开展生产、经营和业务活动。

6. 政策试行。实践中很难有完美的政策和一劳永逸的程序,为了确保改进的政策程序具有适宜性,可以"边行边试"不断调整和完善。

7. 效果检测。测量、验证和分析实施更新改进后的措施之结果,对实施情况进行监控、测量、验证,分析其结果,确认已采取了解决办法,实现了改进目标。这一步是对效果进行确认;效果要进行量化,若还未达到预期的目标,还需要重复前面的步骤,再次进行持续改进。

第十八章　企业合规的监管

“纸面监管”与“纸面合规”一样，都是企业合规改革中的“大忌”。

——题记

我国企业合规改革初期的关注点主要偏重于宏观法律制度的构建，对合规计划的设计、监管、评估关注不多。实践中，涉案企业为了获得从宽处罚而匆忙地搭建起用来“装点门面”的合规计划，而有的检察机关将原本无效的合规计划评估为有效的合规计划。这种“装点门面”的现象是值得警惕的。湖北随州的一个合规考察案例值得关注：检察机关在办理某矿业公司非法占用农用地一案时，经过1个月的合规考察，发现该矿业公司违法占地状态一直持续。检察机关认为，合规整改不到位，考察评估结果不合格，决定对该矿业公司提起公诉。这个案件，短短1个月的合规考察就被评估为不通过。1个月的时间，对于制订一个专项合规计划来说，都是不够用的。为什么这么快就评估为无效？这个企业当初为何被纳入合规监管考察对象？合规计划实施过程中谁来监管？监管的标准、方法、期限等一系列问题，都值得反思。如何建构有中国特色的合规监管制度、监管模式是个急迫的问题。

第一节 企业合规监管的内涵

一、合规监管的内涵

企业合规始终面临的灵魂拷问:合规计划能够有效地阻止和预防违法犯罪行为吗?如何确保合规计划是真正有效的?如何防止合规计划只是企业为了逃避处罚和制裁而制作的“装饰门面的合规”或“纸面合规”?合规计划的监管是检验合规有效与否的根本方法。探索构建有中国特色的监管人制度,对于确保企业合规改革成效至关重要。企业合规的监管(monitor)①是合规计划实施和有效运作的关键环节,也是预防“纸面合规”、防止企业合规流于形式的重要制度设计。

企业合规监管最早源于诉讼中的“特别专家”(special masters)制度。特别专家源于司法机关的辅助手段,可以追溯到16世纪初。使用外部监管资源有着悠久的历史渊源。企业监管人一定程度上遵循使用“外部”资源来利用其资源的逻辑推进自己的监督目标。②

所谓合规监管员(corporate monitor),又被称为合规监管人,是指那些接受检察机关或法院的委派或授权,监督指导涉案企业进行合规体系建设的专业人员。在美国,合规监管人的基本内涵是作为暂缓起诉协议或不起诉协议的一部分,被任命监督公司一段时间的人员。此类协议是由政府监管机构和作为执法行动主体的公司签订

① 与“monitor”相关联的术语还有“audit”和“Review”。“audit”是指审计、审核,是合规计划运行中的基本要素,意为企业内部对合规计划的运行控制。“Review”是审查的意思,是指对合规计划的审查、复盘。

② See Vikramaditya Khanna & Timothy L. Dickinson, *The Corporate Monitor: The New Corporate Czar*, Michigan Law Review, Vol. 105:8, p. 1713 – 1756(2007).

的。如果公司满足协议的条款,就可以避免起诉。监管员在这些协议中的影响范围可能仅限于合规问题,也可能更广泛地扩展到公司业务的许多(或所有)方面。监管员的报酬由公司支付。[①] 在美国司法实践中,称呼具有多样性,有的称为独立监管员、有的称为独立审查员、独立顾问、特别合规官等,共同特点是,均不是公司员工,独立于公司之外,受聘展开调查、提出建议、向检方及公司递交报告。[②]

公司犯罪案件的起诉难度大、证据复杂且费用昂贵,往往耗费大量司法资源。此外,公司通常比普通刑事被告可以获得更多的辩护资源,这增加了被起诉的可能性。强有力的辩护和潜在的上诉对于司法机关来说,都需要巨大司法资源配置。因此,双方都有强烈的和解动机,这就导致大量 DPA 和 NPA 出现。作为 DPA 或 NPA 的一部分,政府经常寻求一个监督者被任命对公司或其运营的某些方面承担持续的监督责任。如果监管员对公司实施合规计划的努力不满意,那么在某些情况下,监管员可以向司法机关建议废止 DPA 并重新启动起诉。[③]

二、合规监管员的类型

按照合规监管介入涉案企业的深度和监管的力度,可将监管员分为顾问(Advisor)型监管、审计师(Auditor)型监管、助理(Associ - ate)型监管和监事(Autocrat)型监管四种类型。[④]

---

① See Vikramaditya Khanna & Timothy L. Dickinson, *The Corporate Monitor: The New Corporate Czar*, Michigan Law Review, Vol. 105:8, p. 1713 - 1756(2007).

② 参见[美]布兰登·L. 加勒特:《美国检察官办理涉企案件的启示》,刘俊杰、王亦泽等译,法律出版社 2021 年版,第 212 - 213 页。

③ See Vikramaditya Khanna & Timothy L. Dickinson, *The Corporate Monitor: The New Corporate Czar*, Michigan Law Review, Vol. 105:8, p. 1713 - 1756(2007).

④ See Cristie Ford & David Hess, *Can Corporate Monitorships Improve Corporate Compliance*, The Journal of Corporation Law, Vol. 34:3, p. 679 - 738(2009).

1. 顾问型监管。这是最低限度的监督，一般适用于违法犯罪在企业内部并没有那么普遍。当政府认为不法行为没有在企业中普遍存在，或者是没有被企业文化有意（或无意）鼓励时，顾问可能是合适的。不法行为实际上是由少数不守规矩的员工造成的，这种情况下，监管员的角色相当于设立一位顾问来帮助公司适当地修改其合规程序和内部控制，并确保适当的资源用于合规。也许这种情况的监管甚至不应该被称为严格意义上的合规监管。

2. 审计师型监管。审计师型监管的作用和力度比顾问型监管高一个级别。一般适用于这样的情况：执法和司法机关对公司进行必要改革的能力或意愿缺乏信心，或者在审查期间所观察到的公司合规计划的执行需要一定的外部压力。涉案的不法行为超出少数个人，或者有证据表明不良企业文化是造成不法行为的关键因素，所以需要比顾问型监管更严格的监管模式。

3. 助理型监管。助理型监管模式，与其他模式、简单使用制裁、罚款方式相比，在理论上提供了对公司业务进行长期、有意义的监督，这是一种更加常态和制度化的监督。助理型监管属于中间层次的监管角色，不仅要履行类似审计师的职责，还要与合规官员、董事会或其他相关的公司官员充当"合伙人"的角色。

4. 监事型监管。这是一种更加严格的监督，监管的力度和深度类似于公司的监事。在公司中，监事的职责就是常态化监督董事、高级管理人员履行职责。[①] 监管员的权力范围很大。拉科夫法官在世通案终审判决中阐述：企业监管员角色和职责稳步扩大，现在不仅充当金融监管者，而且作为监督者，在公司的内部控制和公司治理方面

---

① See Cristie Ford & David Hess, *Can Corporate Monitorships Improve Corporate Compliance*, The Journal of Corporation Law, Vol. 34:3, p. 679 – 738(2009).

发起了巨大的改进。①

第二节　检察主导下的协同监管模式之提倡

一、常见的监管模式

企业合规改革试点以来，全国多地检察机关探索形成了多种合规监管的模式。关于企业合规的监管模式主要有以下四种：一是检察主导监管模式。该模式主要由检察机关对涉嫌犯罪企业履行合规承诺情况进行监督考察，主要出现在检察机关开展企业合规改革试点的初期。针对一些小微企业，简化程序也可以采取这种监管模式。二是检行联合模式。检察机关根据案件所涉领域，联合行政部门如生态环境局、应急管理局等共同负责监督考察工作。例如，辽宁省人民检察院联合十家行政机关制定了《关于建立涉罪企业合规考察制度的意见》。三是委托独立监控人监管。广东省深圳市宝安区人民检察院在全国首创了“企业刑事合规独立监控人”制度，区别于上述几种模式的突出特点是独立监控人是受犯罪嫌疑企业委托而对企业合规情况进行调查、规划、监督的律师事务所。四是第三方监管模式。2021 年 6 月 3 日，最高人民检察院等九部门发布了《关于建立涉案企业合规第三方监督评估机制的指导意见（试行）》，从国家层面建立涉案企业合规第三方监管机制，由检察机关联合行政机关成立一个松散的企业合规第三方机制管委会，组建专业人员库。目前司法实践中，监督考察的模式以这种第三方监管模式为主，由专门成立的第三方监督评估组织对企业合规计划完成情况进行监督考察。

---

① See Vikramaditya Khanna & Timothy L. Dickinson, *The Corporate Monitor: The New Corporate Czar*, Michigan Law Review, Vol. 105:8, p. 1713 – 1756(2007).

二、检察主导下的协同监管模式之提倡

社会治理可以分为两种基本方式:一种是政府指令型,形成他组织秩序;另一种是社会协同型,通过协作、共治形成自组织秩序。20世纪70年代,德国物理学家赫尔曼·哈肯创立了新兴系统学科——协同学。他在研究中发现激光在远离平衡时所发生地从无序到有序的变化,进而研究了不同学科中存在的非平衡有序结构形成的现象,即各类系统中的自组织现象,认为整个环境中的各个系统之间存在相互影响而又相互合作的关系,通过协同从无序到有序。换言之,协同就是在一定条件下复杂系统内部各子系统间通过非线性作用而产生的协同现象和效应,从无序混乱状态变为宏观有序结构的机理和过程,以使系统形成一种自组织结构。[①] 所谓自组织系统,是在没有外界环境的特定干预下产生其结构或功能的。但是,在自组织系统和人造装置之间并不存在不可逾越的鸿沟,在各种装置中设置了某种边界条件,从而使器件能够产生自组织的功能。[②]

协同理论被广泛用来理解纷繁的社会现象,其认为社会协同就是在社会分工基础上,通过社会组织的共同工作,实现社会系统的有序和持续发展。在公共治理领域,它内蕴着协同精神和善治理念,倡导公权力机构与私人市场、公民社会建立基于公共利益的协作与互动关系,理性合作的共同实施对社会公共事务的治理,从而最大限度地实现公共利益促进国家正义事业。[③] 企业合规就是这种协作在法律层面和企业管理层面的体现。企业合规本质上是一种合作型司法,对于企业犯罪治理来说,属于协商、协作治理模式。协同监管是

---

① 参见H. 哈肯:《高等协同学》,郭治安译,科学出版社1989年版,第87页。

② 参见H. 哈肯:《高等协同学》,郭治安译,科学出版社1989年版,“前言”。

③ 参见欧黎明、朱秦:《社会协同治理:信任关系与平台建设》,载《中国行政管理》2009年第5期。

企业合规计划有效性监管的最佳方式。在协同监管框架下,政府监管机构与企业和社会共同分担监管职能以实现政策目标,一定程度上将管理权力从国家政府机构移交给附属机构和民间社会行动者。

检察主导下的协同监管模式就是对涉案企业合规的监管工作,由检察机关主导,协同行政机关、其他组织、个人开展涉案企业合规的监管,最大限度地防止"纸面合规",努力实现合规计划的有效实施。企业合规与认罪认罚从宽制度一样,本质上属于诉前程序,涉案企业与检察机关合作,属于控辩合作型司法。无论是合规(附条件不起诉)还是提出从宽的量刑建议,都是在诉前进行的。因此,检察机关成为理所当然的主导者。检察机关必须履行起企业合规有效性审查、评估的主导责任。需要指出的是,这种协同监管与检察机关主导作用是不矛盾的,检察机关不过多干预具体的监管过程,但是对监管员的选任、监管员提供的报告、有效性审查都必须起主导作用。《关于建立涉案企业合规第三方监督评估机制的指导意见(试行)》确定的原则是"检察主导、各方参与,客观中立、强化监督"。检察官或许比任何其他政府行为体都更有权力要求合规改革并监督其实施。[①]

协同监管模式的优势在于创造了由资源共享、合作和信任产生的共赢局面。这种共赢效应可能使企业达到合规均衡,在这种均衡中,公司在其合规实践中在技术和配置上更加具有效率。换句话说,公司以尽可能低的成本实现了最大的风险降低效益。监管机构通过与涉案公司建立合作伙伴关系以及分享专业知识来进一步作出回应。在这一点上,公司不仅更好地了解监管机构的目标和态度,而且还从负责执行合规的机关学习如何最好地有效合规。这反过来又可以促进对监管合规的进一步投资,从而进一步加深信任关系,扩大信息交流,并降低双方的监控成本,创造了一种通常被称为"元监管"的

---

① See Brandon L. Garrett & Gregory Mitchell, *Testing Compliance*, Law and Contemporary Problems, Vol. 83:4, p. 47 – 84(2020).

状态。在“元监管”伙伴关系中，政府仅在远处观察公司行为，关注的不是监控而是评估公司的合规职能和控制，并确保它们正常运作。[①]监管不再是硬生生的命令，而成为监管者鼓励公司实施和维持其内部合规控制最佳实践的一种手段。这恰恰是企业文化核心标准所追求的“润物细无声”的效果。

第三节　检察主导下的协同监管的结构要素

一、监管主体

（一）检察主导下的监管组织

企业合规不仅仅是法律问题，也是企业管理问题，更是社会系统工程。检察官难以独立完成合规的监管，委托第三方成为国际上较为通行的做法。检察机关发挥主导作用，协同地方行政机关，形成合力，其牵头工商、市场、税务、审计、建设、司法、环保等行政机关联合成立企业合规第三方机制管委会，组建包括行业领域专业人士、合规专家学者在内的监管专业人员名单库，选派第三方监督评估小组对涉案企业合规计划的实施进行监管，打造检察主导下的协同监管。例如，南京市建邺区人民检察院联合工商联、司法局、市场监管局、金融监管局等成立第三方机制管委会，由第三方机制管委会选任组成第三方监督评估组织，对涉案企业的合规承诺进行调查、评估、监督和考察。经推荐、考察、公示等环节，组建了由律师、经济师、企业高管、专家学者等组成的第三方监督评估专业成员库。同时，建邺区人民检察院还牵头第三方机制管委会研究制定《企业合规操作指引》

---

① See Robert C. Bird & Stephen Kim Park, *Turning Corporate Compliance into Competitive Advantage*, University of Pennsylvania Journal of Business Law, Vol. 19:2, p. 285 – 340 (2017).

《〈关于建立涉案企业合规第三方监督评估机制的指导意见(试行)〉实施细则》(以下简称《实施细则》)等文件,明确第三方组织的职责权限,确保第三方监管的独立性。

尽管监管主体是协同的,但是检察机关必须发挥主导作用。在委托第三方监督评估小组进行监管的同时,检察机关不能"放手不管",仍然要发挥主导作用、承担主导责任,这种主导责任体现在以下方面:首先,对合规计划运行过程及结果有效性的评估、审查责任。涉案企业从合规计划启动到最终合规计划有效性的监管评估,检察机关始终对整个过程起主导作用,并最终对有效性与否作出终局性决定,以此作为案件处理决定依据。其次,委托第三方监管中的主导责任。第三方监管本质上是检察机关委托第三方机构或人员进行监管。检察机关是委托方,第三方机构或人员是受托方,检察机关必须履行委托方的主导责任。第三方机构或人员本质上是协助检察机关、受检察机关委托履行监管责任。检察机关对第三方监督评估组织的组成人员名单、涉案企业合规计划、评估考察报告等负有审查责任,必要时应当开展实地调查核实工作。检察机关应当与第三方机构或人员、涉案企业签订三方委托协议。对于监管人员的选任,检察机关必须发挥主导作用,确保符合"三性"要求——独立性、专业性和公开性。第三方监管员应当保持独立性,遵循业务回避原则,制订合规计划的人员及其所在单位,与评估监管合规有效性的人员及其所在单位必须是分离的,也不能是该公司企业的股东或有其他任职;专业性要求监管人员必须具备合规的专业知识和实践能力;公开性要求监管人员名单库应当向社会公开,接受公众监督。

(二)监管员的选任

从国际上看,合规监管员的选任没有固定模式,有的有涉案企业选任,有的由检察官选任,有的由法官选任。在大多数情况下,是在与公司"协商"之后选任监管员,或者政府和公司选择一名"双方同意"的监管员。在其他情况下,公司选择一名监管员,检察官保留否决权。目前主要使用前检察官和类似的律师作为监管员,这并非有意识的选择,人们一致认为,使用这类监管员可以最有效地解决公司合规问题。有学者建议,为了解决这一僵化模式,政府必须参与甄选过程,并根据监管员应该具备的技能和经验实施遴选,这与合规专业人员不断增长有关。在选择监管员时,政府与公司选择监管员之间必须有一定的平衡,政府只保留否决权。如果公司对过程控制过多,那么它可能会试图选择对公司友好的监管员。监管员有可能开始将公司视为自己的客户,特别是如果监管员接受了面试,他必须说服公司雇用他。如果政府控制过多,可能会引发对选择监管员程序的合法性的担忧(基于个人关系而不是业绩),或者这种程序对公司不会有好处。如前所述,企业的认同和信任是监管员成功的关键因素。应通过一个程序来选任监管员,在这个过程中,各方应选择一位都能接受的监管员。此外,在监管后审查期间(我们建议的改革在下文中),政府应收集监管员工作表现的数据,并确保参与遴选过程的政府官员能够获得这些信息。①

我国的企业合规改革,具有后发优势,避免了国外关于监管员选任的混乱。目前,我国的第三方组织是在检察主导的协同机制下,由检察机关牵头各行政机关共同推荐、选拔产生专业人员名录库。第三方组织是试点地区第三方机制管委会选任组成的负责对涉案企业的合规承诺及其完成情况进行调查、评估、监督和考察的临时性组织。根据《实施细则》的规定,涉案企业、提出适用企业合规及第三方机制申请的,人民检察院应当依法受理并进行审查。经审查认为符合适用条件的,应当商请本地区第三方机制管委会启动第三方机制。第三方机制管委会收到人民检察院商请后,应当综合考虑案件涉嫌

---

① See Cristie Ford & David Hess, *Can Corporate Monitorships Improve Corporate Compliance*, The Journal of Corporation Law, Vol. 34:3, p. 679 – 738(2009).

罪名、复杂程度以及涉案企业类型、规模、经营范围、主营业务等因素,从专业人员名录库中分类随机抽取人员组成第三方组织。专业人员名录库中没有相关领域专业人员的,第三方机制管委会可以采取协商邀请的方式,商请有关专业人员参加第三方组织。第三方组织一般由 3 至 7 名专业人员组成,针对小微企业的第三方组织也可以由 2 名专业人员组成。第三方机制管委会应当将第三方组织组成人员名单及提出意见的方式向社会公示,接受社会监督。涉案企业、人员或者其他相关单位、人员对选任的第三方组织组成人员提出异议,或者第三方组织组成人员申请回避的,第三方机制管委会应当及时调查核实并视情况作出调整。

（三）监管员的专业性问题

监管员缺乏合规专业知识,是个世界难题。在国外的司法实践中,监管员有以下几个共同的特点:一是缺乏进行合规监管的经验。许多监管员似乎只任职一次;二是监管员通常是前检察官或政府部门雇员;三是他们之所以被选中是因为他们了解相关的实体法,并在该行业或有类似行业的工作经验。[①] 超过半数的合规监督员都是由前任检察官担任的。这种在合规监督员上“任人唯亲”的做法,引发社会各界的担忧。[②] 这反映出监管员专业性的两难困境。

我国目前也面临监管员的专业不强的问题。一些监管员在某一方面具有专业知识,但是对于企业合规知之甚少。笔者了解到这样一个案件,一个科技型公司涉嫌单位行贿犯罪,某地检察机关开展企业合规工作,聘请了一位法学教授作为监管员,但是该法学教授是法理学教授,既没有企业管理经验,也没有合规工作经验,甚至从来没

---

① See Cristie Ford & David Hess, *Can Corporate Monitorships Improve Corporate Compliance*, The Journal of Corporation Law, Vol. 34:3, p. 679 – 738(2009).

② 参见[美]布兰登·L. 加勒特:《美国检察官办理涉企案件的启示》,刘俊杰、王亦泽等译,法律出版社 2021 年版,第 212 – 213 页。

有发表过任何一篇与企业管理和企业合规相关的文章。这样的监管必然会流于形式。

二、监管对象

笔者认为,合规计划一般来说是针对大型企业。但是我国中小型企业众多,而且中小微企业是经营不规范甚至违法犯罪的“重灾区”,应当将中小微企业也纳入企业合规考察范围,但是监管模式有别。针对大型企业可以采取第三方监管的模式,对小微企业可以简化监管程序,缩短甚至省略监管期限。对于小微企业可以采取检察官直接监管的模式,也可以借鉴顾问型监管的模式。

事实上,在国外合规监管对象是否包括小微企业并非没有争议,也并非没有先例。对小公司(包括所有权和控制权关系密切的公司)实施监管的原因有很多:诉讼成本和诉讼失败的可能性,希望更集中的监管和教育能帮助该公司合规,或者仅仅是希望在还有其他选择的情况下不毁掉该公司。对于这些企业来说,个人和公司之间的界限比较模糊。相比之下,这些小公司可能是特别好的监管对象。许多中小型企业盈利能力微乎其微,无法在合规等问题上投入太多资源。它们往往缺乏专业知识和认识,在没有严格执行监管的情况下,它们可能不会将合规优先事项纳入其业务流程。所以,这些小型公司可能恰恰是合规监管的合适对象 ,这些企业可能是在关键时刻从一些援助和教育中获益最多的公司。相关公司或企业可以是“大到不能倒”,或者是小到可以学习和改革自己,或者介于两者之间,都可能成为合规监管的对象。①

① See Cristie Ford & David Hess, *Can Corporate Monitorships Improve Corporate Compliance*, The Journal of Corporation Law, Vol. 34:3, p. 679 – 738(2009).

三、监管期限

我国在目前法律没有修改的背景下,企业合规试点最大的难题之一是合规考察期过短。3 个月速成的合规计划很容易流于形式、流于纸面。目前通行的做法:一是合规工作前置到侦查阶段,也就是利用提前介入侦查,实现向侦查阶段“借时间”。但是由于此时案件没有到检察环节,只能就企业是否具有开展合规的条件、风险评估等进行一些准备性的工作,而无法纳入合规考察期限之内。二是利用取保候审案件的 1 年期限。但是,合规计划的设计、建立一般也需要 2 个至 3 个月时间,留给合规实施考察的时间也就不多了。

笔者认为,在现行的法律框架下,可以将单位犯罪中犯罪嫌疑单位和直接负责的主管人员或直接责任人(以下简称自然人)分案处理。自然人因为被采取强制措施,办案期限应严格按照法律规定,但是单位由于不存在强制措施的问题,分案后,办案期限不受自然人强制措施期限的限制,同时根据经济犯罪案件办理的司法解释规定,最长不得超过 2 年,这样就给合规考察期限留下充分的余地。有人对单位犯罪中自然人与单位分案处理有担忧,其实这种担忧是没有必要的。单位犯罪分案处理在法律和理论层面均无障碍。首先,企业合规原则上秉承“尽量放过企业,严惩责任人”,这意味着分案处理是必然结果,只是分案的时间节点是在受理案件甚至侦查阶段,或是在提起公诉时。其次,《刑法》规定的单位犯罪“双罚制”的基本内涵是法律规定为单位犯罪的才能在处罚自然人的同时处罚单位,法律没有规定单位犯罪的不能处罚单位。但是这并不意味着起诉自然人就一定要起诉单位,不起诉单位并不违反罪刑法定原则。更何况,相对不起诉本身也是认为构成犯罪只是免除刑事责任追究,这本身也是一种刑事上的否定性评价。最后,单位(法人)犯罪的发展,使得单位责任的相对独立性逐步取得共识。组织责任论、建构主义系统责任论已经占据主流地位,“企业公民”的概念逐步深入人心,单位责任的独立性进一步彰显,分案处理的法理依据是充分的。如果不“定期评估”其有效性,则任何合规计划都不会“有效”。①

四、监管费用

关于监管费用问题,目前主要有两种模式:一是由财政拨款支付;二是由涉案企业支付。笔者认为,检察机关组织召开听证会、专家咨询会等,本质上属于办案经费范畴,该费用由国家财政负担从检察机关办案经费中支出,不属于严格意义上的监管费用。但是监管小组的费用应当由涉案企业承担,特别是未来实行监管员常驻企业进行长达两三年的监管,费用更应该由企业承担。理由涉案企业涉嫌犯罪,合规计划作为从宽事由的正当性根据就在于企业自我进行法益修复和自我重建预防体系,企业合规的目的是重塑企业治理结构和治理模式,理当由企业自行承担治理成本,不能因为企业“生病”而由全体纳税人付“医药费”;合规本身具有制裁属性,支付给监管员的费用可以被视为对公司的额外现金制裁。②

监管小组的报酬由涉案企业支付,但是不是由涉案企业直接支付给监管小组的人员;为了保持独立性,涉案企业将费用交到第三方机制管委会(账户可以设立在工商联),由第三方机制管委会按照工作量,集体研究后发放给监管小组成员。检察机关对于费用的使用、发放标准要起到主导和牵头作用,涉案企业费用缴纳的标准,按照涉案的罪名、违法犯罪的严重程度、缴纳能力等综合考量,在检察机关牵头监管委员会的协同监督下实现专款专用。

---

① See Brandon L. Garrett & Gregory Mitchell, *Testing Compliance*: *Law and Contemporary Problems*, Vol. 83:4, p. 47 – 84(2020).

② See Vikramaditya Khanna & Timothy L. Dickinson, *The Corporate Monitor*: *The New Corporate Czar*, Michigan Law Review, Vol. 105:8, p. 1713 – 1756(2007).

五、协同监管的限度

如前所述,按照监管严厉程度监管员类型,从小到大分别是:顾问、审计师、助理和监事。在其最普通的版本中,监管员可能只是充当顾问的角色。根据协议,监管员被称为"外部顾问",将被聘请"就适当的合规计划向公司提供建议"。审计师承担的职责是向执法或司法机关保证,公司在实施内控和新的合规计划方面,确实做到了言行一致。必要时,审计师也可以提出改进建议。另外,助理不仅要履行审计师的职责,而且还要与合规官员、董事会或其他相关公司官员共同充当"合伙人"的角色。[①] 鉴于合规监管员的权力过大且可能存在不合理行使权力的问题,有人批评合规监管员是"公司的独裁者"。[②]他们就会像沙皇一样拥有相当大但基本上不受约束的权力。[③]

关于监管限度问题,我国在改革的初期就防止两种不良倾向:一是不认真履行监管职责的问题。从目前试点的情况看,不是监管员的权力过大,过度行使权力的问题,而是监管员不认真行使权力的问题较为严重。在试点的情况下,合规监管员都是兼职的,基本不在涉案企业坐班,而是随机抽查、飞行检查,这就导致监管力度和效果大打折扣。监管报酬较低,以江苏省张家港市为例,根据《张家港市推进企业合规经费管理暂行办法》,监管员的监管报酬一般在 1 万至 3 万元。而国外一些合规监管员每小时收费高达 290 美元至 895

---

① See Cristie Ford & David Hess, *Can Corporate Monitorships Improve Corporate Compliance*, The Journal of Corporation Law, Vol. 34:3, p. 679 – 738(2009).

② 参见[美]布兰登 · L. 加勒特:《美国检察官办理涉企案件的启示》,刘俊杰、王亦泽等译,法律出版社 2021 年版,第 226 页。

③ See Vikramaditya Khanna & Timothy L. Dickinson, *The Corporate Monitor: The New Corporate Czar*, Michigan Law Review, Vol. 105:8, p. 1713 – 1756(2007).

美元。[①]

二是滥用权力的问题。合规是无限的也是有限的,无限是指合规无止境,合规风险是动态的,永无止境,合规管理制度要不断调整和完善;有限是指合规需要成本,企业的承受能力也是有限的,企业追求利润和效率。所以,在评估考察的时候,要客观面对合规的有限性。要防止监管员借用监管之名干预企业生产经营活动。合规监管员在监管活动中,不宜直接命令公司采用特定计划,而是告诉公司不遵守某些计划可能会被起诉。[②] 同时,也要防止监管员与企业相互勾结,形成利益共同体。所以,一定要发挥检察机关的主导作用,检察机关要成为合规监管员的监督者。

---

① 参见[美]布兰登·L. 加勒特:《美国检察官办理涉企案件的启示》,刘俊杰、王亦泽等译,法律出版社 2021 年版,第 226 页。

② See Vikramaditya Khanna & Timothy L. Dickinson, *The Corporate Monitor: The New Corporate Czar*, Michigan Law Review, Vol. 105:8, p. 1713 – 1756(2007).

第十九章　企业合规有效性评估

设计和实施合规计划是一项专业性很强的“技术活”，没有技术指标作为基础是不可能有效的；即使有技术指标，如果不能深入企业的“基因”而成为一种文化，也不可能是有效的。建立在技术指标基础之上，形成“目之所及，所有的人都在做正确事”的合规文化才是合规有效性的终极标准。

——题记

第一节　合规评估验收的主体

企业合规的评估验收主体，就是由谁对涉案企业合规的有效性进行评估验收。评估验收是以监管为前提的，所以评估验收与合规监管是一体两面的关系。在企业合规的监管过程中，有几个关键词值得注意：

一是监管（monitor），是指确定体系、过程或活动的状态，确定状态可能需要检查、监督或认真观察；强调执法机关及委托的第三方监管人对涉案企业合规有效性进行监管。

二是审核（audit，也有人翻译为审计）。根据 ISO 37301：2021《合规管理体系　要求及使用指南》中的定义，审核是指获取审核证据并对其进行客观评价,以判定审核准则满足程度的系统的、独立的过程。审核可能为内部审核(第一方)或外部审核(第二方或第三方),也可能为多体系审核(合并两个或多个主题)。内部审核由组织自己或代表组织的外部机构开展。

三是审查(review)。ISO 37301: 2021《合规管理体系 要求及使用指南》中的管理评审(management review)治理机构和最高管理者应在策划的时间间隔内组织合规管理体系的评审,以确保合规管理体系持续的适用性、充分性和有效性。包括企业自身相关人员和部门对合规计划的审查、复盘,也可以涵盖执法机关及其委托的第三方的审查。

探索构建有中国特色的检察主导下的"协同监管"模式对于确保企业合规改革成效至关重要,评估验收的主体包括以下方面:

一、检察机关是评估验收的主导方

《关于建立涉案企业合规第三方监督评估机制的指导意见(试行)》第1条规定,涉案企业合规第三方监督评估机制,是指人民检察院在办理涉企犯罪案件时,对符合企业合规改革试点适用条件的,交由第三方机制管委会选任组成的第三方监督评估组织,对涉案企业的合规承诺进行调查、评估、监督和考察。实际上,就是检察机关在办理涉案企业合规时协同其他行政机关、部门组成第三方进行监管。第三方监管人员开展监管工作实际上是对检察机关负责,受检察机关委托。因此,检察机关在此过程中发挥主导作用是必然的。由于企业合规本质上是一种合作型司法,对于企业犯罪治理来说,属于协商治理模式,协同监管是企业合规计划有效性监管的最佳方式。在协同监管框架下,政府监管机构与企业和社会共同分担监管职能、实现政策目标。一定程度上,这将管理权力从国家政府机构移交给附属机构和民间社会行动者。需要指出的是,这种协同监管与检察机关主导作用是不矛盾的,检察机关不过多干预具体的监管过程,但是对监管员的选任、监管员提供的报告、有效性审查都必须起主导作用。这种主导体现在以下五个方面:(1)严把第三方机制的启动关,依职权或依申请启动第三方机制时,必须审查是否符合企业合规试点及第三方机制的适用条件。(2)严把第三方组织人员的选任关,如果发现明显不当的,必须向第三方机制管委会提出意见建议,作出调整。对于监管人员的选任,检察机关必须发挥主导作用,确保符合"三性"要求——独立性、专业性和公开性。(3)严把合规计划有效性审查关,对涉企业合规计划执行、第三方组织合规考察书面报告等提出审查意见。(4)引导第三方机制管委会建立合规有效性监管评估的标准、方法,防止"纸面合规"和"纸面监管"。(5)对第三方监管人员的监管、评估工作进行监督。《实施细则》第13条规定,第三方机制管委会办公室牵头组建巡回检查小组,邀请人大代表、政协委员、人民监督员、退休法官、退休检察官以及会计、审计、法律、合规等相关领域的专家学者担任巡回检查小组成员,对试点地方第三方机制管委会和相关第三方组织及其组成人员的履职情况开展不预先告知的现场抽查和跟踪监督。这里的巡回检查小组的组建也是在检察机关主导下进行。例如,南京市建邺区检察院在办理某集团公司案件中,在合规监管三方协议中明确第三方组织在履职过程中,不得泄露商业秘密,不得索取、收受贿赂或者非法侵占涉案企业财物,不得干扰正常生产经营活动等,牵头第三方机制管委会成立巡回检查小组,对第三方组织的工作情况进行监督,一经发现有违法违规行为即列入监管人"黑名单"。

就企业合规有效性评估验收而言,检察机关的主导作用体现为:(1)对合规计划运行过程及结果有效性的验收评估的责任。涉案企业从合规计划启动到最终合规计划有效性的监管评估验收,检察机关始终对整个过程起主导作用,并最终对有效性与否作出终局性决定,以此作为案件处理决定依据。(2)对第三方的评估报告的审查责任。第三方监管本质上是检察机关委托第三方机构或人员进行监管。检察机关是委托方,第三方机构或人员是受托方,检察机关必须履行委托方的主导责任。第三方机构或人员本质上是协助检察机关、受检察机关委托履行监管责任。检察机关要对第三方监管人员出具的评估报告履行审查责任。《实施细则》第 37 条规定,负责选任第三方组织的第三方机制管委会和负责办理案件的人民检察院收到第三方组织报送的合规考察书面报告后,应当及时进行审查。(3)在合规监管阶段,检察机关不是交给第三方监管小组就“一放了之”,而是自行对合规计划的实施情况进行评估。检察机关要到企业实地走访、调查、问卷、访谈,对合规计划的运行效果、有效性进行评估。例如,南京市建邺区人民检察院在办理某集团公司案件时,多次调查走访企业,并对企业人员开展随机访谈和问卷测试。(4)检察机关是对合规计划评估验收终局性结论的主体。涉案企业合规计划是否有效,是否通过验收,能否作为案件从宽处理的依据,由检察机关最终作出决定。

二、第三方监管人是评估验收的直接主体

在第三方监管的模式下,对涉案企业的合规计划进行监管、评估验收的直接主体是第三方监管人。第三方监管人的职责和性质决定了其是涉案企业评估验收的直接主体。根据《实施细则》第 16 条、第 33 条的规定,第三方组织是试点地方第三方机制管委会选任组成的负责对涉案企业的合规承诺及其完成情况进行调查、评估、监督和考察的临时性组织。第三方组织在合规考察期届满后,应当对涉案企业的合规计划完成情况进行全面了解、监督、评估和考核,并制作合规考察书面报告。评估报告是检察机关对涉案企业合规计划有效性进行判断的基本载体。

第三方监管人作为评估验收的直接主体，作为主导方的检察机关要给予其相关的监管评估职权，根据《实施细则》等相关规定，第三方监管人有权对涉案企业人员开展访谈、问卷调查、知识测试；可以调阅涉案企业的相关业务处理流程的原始文件；可以查阅涉案企业的相关系统及数据、业务凭证、工作记录等。

三、企业是合规评估验收的配合方

企业是合规计划的运行主体，是合规计划评估验收的核心利益攸关方。在合规验收评估过程中，企业作为配合方，发挥好配合作用。主要体现为两个方面：

一是对检察机关以及第三方监管人的评估验收工作的配合。《实施细则》第 36 条规定，涉案企业及其人员对第三方组织开展的检查、评估应当予以配合并提供便利，如实填写、提交相关文件、材料，不得弄虚作假。第三方监管人以及检察机关对涉案企业开展调阅档案、访谈、问卷、测试等评估验收活动时，企业应当全力配合。

二是涉案企业是合规计划的运行主体，同时其自身也要开展评估工作，确保合规计划持续有效，并将企业自身开展的内部评估及时向第三方监管人以及检察机关报告，协同开展好评估验收工作。根据 ISO 37301:2021《合规管理体系　要求及使用指南》，企业也持续开展合规计划的评估审查工作，具体来说：(1)企业实施控制以管理其合规义务和相关合规风险。应对这些控制措施进行维护、定期评审和测试，以确保其持续有效。(2)组织应对合规管理体系进行监视，评价合规绩效及合规管理体系的有效性，以确保合规目标的实现，包括确定需要被监视和测量的对象；适用的监视、测量、分析和评价方法，以确保有效的结果；何时应实施监视和测量；何时应对监视和测量的结果进行分析和评价。(3)企业应策划、制定、实施和维护一个或多个审核方案，包括频次、方法、职责、策划要求和报告，并界定每次审核的目标、准则和范围;合理选择审核员并实施审核,以确保审核过程客观公正,将审核结果报告给相关管理者和管理层。管理层应组织合规管理体系的评审,以确保合规管理体系持续的适用性、充分性和有效性。

第二节　合规有效性评估验收的标准

合规计划具有很强的专业性和技术性,凡是专业性和技术性的事项,都是有标准的,没有标准在实践中就寸步难行。有学者认为,合规有效性是没有标准的,这种标准虚无主义的观点之所以产生,是因为其完全不了解实践,也不愿意了解实践。

2021 年 6 月 3 日,最高人民检察院联合司法部、财政部等九个单位印发《关于建立涉案企业合规第三方监督评估机制的指导意见(试行)》,规定由检察机关授权委托第三方监督评估组织对涉案企业的合规计划进行调查、评估、监督和考察,标志着我国涉案企业合规改革试点工作进入更加关注合规有效性的新阶段。但是,该指导意见并无就如何评估验收合规计划的有效性进行详细的规定。2022 年 4 月,最高人民检察院办公厅、全国工商联办公厅等九部门联合印发了《涉案企业合规建设、评估和审查办法(试行)》,其第 14 条规定,有效性评估重点包括以下内容:(1)对涉案合规风险的有效识别、控制;(2)对违规违法行为的及时处置;(3)合规管理机构或者管理人员的合理配置;(4)合规管理制度机制建立以及人力物力的充分保障;(5)监测、举报、调查、处理机制及合规绩效评价机制的正常运行;(6)持续整改机制和合规文化已经基本形成。这基本上涵盖了合规计划的主要技术指标,特别是最后一项提到的文化指标,与笔者一直以来主张的“以技术指标为基础，以文化指标为核心”的观点是一致的。[①] 但是，由于处于改革试点期间，内容过于粗放，实践中难以操作，细化的空间巨大。笔者借鉴 ISO 37301:2021《合规管理体系　要求及使用指南》和其他国家评估企业合规计划有效性标准，并结合笔者参与起草的中国中小企业协会团体标准《中小企业合规管理体系有效性评价》以及相关试点经验做法，进行阐述。

一、ISO 37301:2021 国际标准合规有效性主要指标

2021 年 4 月 13 日，ISO 37301:2021《合规管理体系　要求及使用指南》国际标准正式发布实施。该指南的制定对于各类组织的合规管理能力建设、政府监管活动、国际贸易交流、沟通合作改善等具有重要意义，其规定了组织建立、运行、维护和改进合规管理体系的要求，并提供了使用指南，适用于全球任何类型、规模、性质和行业的组织；主要内容包括七大要素。第一项要素是组织环境。组织所处的环境构成了组织赖以生存的基础。这些环境既涉及法律法规、监管要求、行业准则、良好实践、道德标准，又涉及组织自行制定或公开声明遵守的各类规则，因此建立合规管理体系首先要对组织所处的环境予以识别和分析。第二项要素是领导作用。领导是合规管理的根本，对于整个组织树立合规意识、建立高效的合规管理体系具有至关重要的作用。第三项要素是策划。策划预测潜在的情形和后果，对于确保合规管理体系实现预期效果、防范并减少不希望的影响、实现持续改进具有重要作用。第四项要素是支持。支持是合规管理的重要保障，对于合规管理体系在各个层面得到认可并保障合规行为实施具有重要的支持作用。第五项要素是运行。运行是立足于执行层面，策划、实施和控制满足合规义务和战略层面规划措施及相关的

---

① 参见李勇：《涉罪企业合规有效性标准研究——以 A 公司串通投标案为例》，载《政法论坛》2022 年第 1 期。

流程，以确保组织运行合规管理体系。第六项要素是绩效评价。绩效评价是对合规管理体系建立并运行后的绩效、体系有效性进行评价，对于查找可能存在的问题、后续改进合规管理体系等具有重要意义。第七项要素是改进。改进是对合规管理体系运行中发生不合格或不合规情况作出反应、评价是否需要采取措施，消除不合格或不合规的根本原因，以避免再次发生或在其他地方发生，并持续改进，以确保合规管理体系的动态持续有效。七大要素又可以再细分为26个要素，这26个要素之下又细分更多指标要素（参见本书第十七章第二节）。不难看出，该指南是一个具有广泛适用性的合规管理体系，也是一个最低限度的国际标准。其最大的特点是融入了企业文化，将合规渗透到组织的文化和员工的行为态度中，成为企业核心价值和公司治理的组成部分。

二、美国的企业合规有效性评估标准

（一）"黄金标准七要素"

源于《组织量刑指南》的"七要素"一度被誉为企业合规有效性评估的"黄金标准"（又称"黄金标准七条"），其出台的初衷是作为检察官决定是否起诉企业时评估涉案企业合规计划的参考标准。由于其自带"官方"属性，成为企业建立合规计划的标准，也是律师、企业合规官等内部评估的参考标准。"七要素"标准从1991年诞生，经历过多次修改和完善。

1. 1991年版"七要素"标准。1991年美国联邦量刑委员会发布的《组织量刑指南》，列出了有效合规计划的七个标准：(1)组织必须建立明确的合规标准和程序，以防止和检测违法犯罪行为。(2)组织领导层对合规的承诺、监督和支持。(3)该组织必须非常谨慎，不将实质性裁量权授予有违法倾向的人员，在招聘员工和员工晋升过程中排除不道德的人员。(4)持续地开展合规培训和教育、沟通。

(5)监督、审计和报告以及定期对项目有效性自我评估。(6)纪律执行和激励与合规情况一致。(7)发现违法犯罪行为后采取一切合理的纠正措施。①

2. 2004 年版"七要素"。由于"七要素"标准过于抽象和模糊，一方面存在难以操作的问题，另一方面也容易被企业"打钩"式地从形式上满足，加之安然公司等案件的发生，导致业界对合规计划能否有效预防违法犯罪产生诸多质疑。这就迎来了《组织量刑指南》2004 年的修改，主要体现：一是更加强调组织领导的角色。二是强调组织促进和执行其计划的责任。三是要求组织定期评估犯罪行为的风险，并根据需要修改合规计划。四是引入组织文化，特别提到了"合规和道德计划"。②这样，根据 2004 年修改后的《组织量刑指南》，有效推行合规和道德计划至少需要七个步骤：(1)该组织应制订防止和调查犯罪行为的标准和程序。(2)管理当局应该了解项目并对项目的实施和有效性进行合理的监督……由"高级人员"对计划全面负责，应给予计划负责人足够的资源，适当的权力，以及直接访问治理机构或治理机构的适当自主权。(3)如果有人从事非法活动或其他与本计划不一致的行为，则不应将其置于"组织的实质职权人员"之内。(4)对包括代理商在内的组织各级人员进行有效的培训。(5)组织应该通过"监视和审计以发现犯罪行为"来确保员工遵循该计划，测试该计划的有效性，并确保员工了解"报告或寻求有关潜在或实际犯罪行为的指导，而不必担心报复"的机制。(6)公司应该采取激励措施以确保遵守该计划，并对"参与犯罪行为和未能采取合理措施防止或发现犯罪行为"采取"适当的纪律措施"。(7)对于发现的任何犯罪行为，公司应根

---

① See Maurice E. Stucke, *In Search of Effective Ethics & Compliance Programs*, Journal of Corporation Law, Vol. 39; p. 796 – 797(2014).

② See David Hess, *Ethical Infrastructure and Evidence – Based Corporate Compliance and Ethics Programs: Policy Implications from the Empirical Evidence*, New York University Journal of Law and Business, Vol. 12:2, p. 335 – 339(2016).

据需要修改程序,以防止今后发生类似行为。[①]

3. 2010年以后的"七要素"标准。美国联邦量刑委员会于2010年再次修订了《组织量刑指南》,提高了设立首席道德与合规官(或类似角色)的重要性。在修订之前,如果高层人员(或具有"实质性权力"的人)在发生不当行为时,参与、宽恕或故意不知道罪行的,组织将被拒绝给予具有有效合规和道德计划的优惠待遇。根据此次修正案,如果该组织能证明下列所有条件,该组织将不会被拒绝给予优惠待遇:(1)对合规和道德计划负有运营责任的个人或其他个人,有直接向管理当局或相应的下属机构报告的义务。(2)在被外部发现(或有可能被发现)之前,组织通过合规和道德计划发现了违规行为。(3)该组织立即向有关政府部门报告了这一违规行为。(4)对合规和道德计划负有操作责任的个人,没有参与、宽恕或故意不知道违法行为。[②]

事实上,2004年和2010年修订《组织量刑指南》的基本初衷,是试图阻止"纸面合规",将组织文化作为合规计划的一部分,并通过提高首席合规官、首席道德与合规官等类似角色的作用,并要求企业董事会和企业高层领导人员更多地参与,以期将合规计划的有效性落到实处。2004年和2010年修正案是鼓励制定真正有效的合规计划以及整合合规与文化的重要法案。

(二)现行实质化的"三要素"标准

为解决合规有效性评估这一世界难题,美国司法部可谓煞费苦心,在《组织量刑指南》的基础上,并借鉴经济合作与发展组织《内部

---

① See David Hess, *Ethical Infrastructure and Evidence - Based Corporate Compliance and Ethics Programs: Policy Implications from the Empirical Evidence*, New York University Journal of Law and Business, Vol. 12:2, p. 338 - 339(2016).

② See David Hess, *Ethical Infrastructure and Evidence - Based Corporate Compliance and Ethics Programs: Policy Implications from the Empirical Evidence*, New York University Journal of Law and Business, Vol. 12:2, p. 340(2016).

控制、道德和合规的良好实践指南》《企业反腐败道德与合规手册》等资源，制定出台了更加实质化的《企业合规计划评估指南》。

1. 2017 年 2 月，美国司法部欺诈科发布了第一份《企业合规计划评估指南》（Evaluation of Corporate Compliance Programs，以下简称《指南》）。《指南》将主题内容分为 11 个部分：（1）潜在行为的分析和补救；（2）中高级管理人员；（3）自治和资源；（4）政策与程序；（5）风险评估；（6）培训和交流；（7）机密报告和调查；（8）奖励和纪律措施；（9）持续改进、定期测试和审查；（10）第三方管理；（11）并购。[①] 值得注意的是，《指南》没有"公式化"地评估公司合规计划的有效性，而是强调每个公司的风险状况和降低风险的解决方案需要具体有针对性地评估。但是，该文件列出了检察官在做出个性化决定时可能会问到的常见的 119 个问题。许多问题围绕三个关键的途径来探讨公司是否将合规融入其文化：（1）公司吸取经验教训的过程；（2）把关人的有效性；（3）合规融入业务。

2. 2019 年版《指南》。美国司法部于 2019 年 4 月发布了新修订的《指南》。2019 年版《指南》强调不是"一刀切""公式化"地评估，而是根据每一种情况作出个性化的决定，列出了检察官在评估时关注的三个基本问题：第一，公司的合规计划设计合理吗？第二，这个合规计划是否得到了认真和真诚的应用？换句话说，这个计划是否有效地实施了？第三，公司的合规计划在实践中起作用了吗？笔者将之概括为"三要素"，即设计合理性、实施有效性和结果有用性。[②] 这三个要素只是基本要素，围绕这三个基本问题分解为 12 个一级指标、48 个二级指标，进而细化为 150 余个具体问题（有的一个问题里面包含并列的

---

① See *DOJ Issues New Guidance on Corporate Compliance Programs*（Fed. 21，2017），https://www.morganlewis.com/pubs/2017/02/doj-issues-new-guidance-on-corporate-compliance-programs.

② 参见李勇：《涉罪企业合规有效性标准研究——以 A 公司串通投标案为例》，载《政法论坛》2022 年第 1 期。

多个问题,如果拆分计算则总共160余个)。[①]

3. 2020年版《指南》。仅一年两个月之后,2020年6月1日美国司法部发布了第二次修订版《指南》,延续了2019年版的思路,整体框架及主要内容保持不变,修改的内容可以概括为三个方面:

(1)对第二个基本问题的修改。2020年版《指南》对三个"基本问题"中的第二个问题进行了修改,这是此次修改的最大亮点,前后对比如表19-1所示:

表19-1　2019年版、2020年版《指南》基本问题修订对照

2019年版	2020年版
公司的合规计划设计合理吗?	公司的合规计划设计合理吗?
这个合规计划是否得到了认真和真诚的应用? 换句话说,这个计划是否有效地实施了?	这个计划是否被认真地、真诚地实施? 换句话说,该计划是否有足够的资源和权限使其有效运作?
公司的合规计划在实践中起作用了吗?	公司的合规计划在实践中起作用了吗?

将第二个基本问题中的"是否有效地实施"改为"是否有足够的资源和权限使其有效运作"。这样的修改,基于三方面考虑:其一,制定合规计划成本高昂,合规计划的运行实施成本更高,没有足够的资源,易流于纸面。其二,合规风险是动态的,合规计划必须持续更新和改进。试图一次投入而一劳永逸是不可实现的,而动态改进就需要不断地投入资源。其三,公司的合规官员以及其他从事合规运行的人员应当具有一定的独立性和权威性。合规计划是"一把手"工程,要想让合规融入企业文化,改变治理结构,公司领导层必须重视并赋予合规官足够的权限。

① See *U. S. Department of Justice Criminal Division*, Evaluation of Corporate Compliance Programs(Updated June 2019).

(2)增加了两个三级指标。①第一个基本问题的一级指标“风险评估”项目中,增加了“经验教训”作为二级指标,并设置问题:“公司是否有一个过程来跟踪并将公司自身的先前问题,以及在同一行业和/或地理区域内运营的其他公司的经验教训纳入其定期风险评估?”这个新增要素,具有重要意义。对于一个良好的合规计划来说,不仅要能吸取自身的教训,更要能吸取同行的经验教训。②第二个基本问题中的一级指标“自主权和资源”项下,增设了“数据资源和访问”作为独立的二级指标,并设置问题:“合规和控制人员是否对相关数据源具有足够的直接或间接访问权限,能够允许他们及时有效地监视和/或测试程序、控制和交易?”“是否存在任何限制访问相关数据源的障碍,如果存在,公司将如何解决这些障碍?”

(3)对原有表述的增删改。①第一个基本问题的一级指标“风险评估”中,强调“检察官应努力了解公司为何选择以其现有的方式设立合规计划,以及公司合规计划为何以及如何随着时间的推移而更新”。二级指标“更新和修订”中增加“定期审查是否仅限于及时的‘快照’或基于跨职能部门对运行数据和信息的连续访问?定期检查是否导致策略、程序及控制的更新?”②第一个基本问题的一级指标“政策与程序”项下的二级指标“可及性”中增加问题:“政策和程序是否以可搜索的格式发布以便于参考?”“公司是否跟踪各种政策和程序的使用情况,以了解哪些政策吸引了相关员工的更多关注?”③第一个基本问题的一级指标“培训与沟通”项下,增加表述“无论是线上还是线下,是否有员工可以在培训中提出问题?”“公司是否评估了培训对员工行为或操作的影响程度?”④在第一个基本问题的一级指标“匿名举报机制和调查流程”项下,增设问题“公司是否测试了举办热线的有效性,如从头到尾进行跟踪报告?”⑤第一个基本问题的一级指标“第三方管理”项下的二级指标“关系管理”中增设问题:“公司是否在关系的整个生命周期内或主要在入职过程中进行第三方风险管理?”⑥在第一个基本问题的一级指标“兼并与收购”项下,强调将被收购企业及时有序地整合到现有合规计划结构和内部控制中的,强调收购前和收购后全面的尽职调查。⑦在第三个基本问题的一级指标“持续改进”项下,强调评估公司“是否根据自己的不当行为和/或其他面临类似风险的公司的经验教训中来审查和调整其合规计划?”[①] ⑧还增加了一些其他具体问题。修改后2020年版的指标如表19－2所示:

表19－2　2020年版《指南》的具体指标

一、公司的合规计划是否设计良好?	(一)风险评估	1. 风险管理流程:(1)公司采用什么方法来识别、分析、处理它所面临的特定风险?(2)公司收集了哪些信息或标准来检测存在问题的不当行为类型?(3)这些信息或标准如何影响公司的合规计划? 2. 与风险相匹配的资源配置:(4)公司是否投入了不成比例的资源将大量时间用于监管低风险领域,而非高风险领域?(5)公司是否对高风险交易提出更高的要求,而不是把重点放在更温和、更常规的接待和娱乐活动方面? 3. 更新和修订:(6)风险评估是否现行有效并且需要定期审核?(7)定期审查是否仅限于及时的“快照”或基于跨职能部门对运行数据和信息的连续访问?(8)定期检查是否导致策略、程序及控制的更新?(9)这些更新是否对不当行为或因合规计划而发现的风险作出了解释? 4. 经验教训:(10)公司是否有一个过程来跟踪并将公司自身的先前问题,以及在同一行业和/或地理区域内运营的其他公司的经验教训纳入其定期风险评估?

① See *U. S. Department of Justice Criminal Division*, Evaluation of Corporate Compliance Programs (Updated June 2020).

续表

	（二）政策和程序	5. 设计：(11)公司在设计和执行政策与程序的流程是怎样的以及有无实时更新？(12)参与政策与程序设计的主体是谁？(13)出台前有无与业务部门商讨？ 6. 全面性：(14)公司采取了哪些措施来监管和实施政策和程序，以应对和处理公司面临的一系列风险，包括法律和监管环境的变化。 7. 可及性：(15)公司如何向所有员工和相关第三方传达其政策和程序？(16)如果公司在国外有子公司，外籍员工是否存在语言或其他障碍？(17)政策和程序是否以可搜索的格式发布以便于参考？(18)公司是否跟踪各种政策和程序的使用情况，以了解哪些政策吸引了相关员工的更多关注？ 8. 运营整合责任：(19)谁负责整合政策和程序？(20)政策和程序的推出是否确保了员工能理解？(21)合规政策和程序是如何通过公司内部控制系统得到加强的？ 9. 把关人：(22)如果有的话，给予控制过程的关键把关人(如具有批准权限或认证职责的人)提供了什么指导和培训？(23)他们知道要查找什么样的不当行为吗？(24)他们是否知道何时以及如何提高警惕？
	（三）培训和沟通	10. 基于风险的培训：(25)员工是否接受过相关控制职能方面的培训？(26)公司是否为高风险和控制职能的员工提供了量身定制的培训，包括针对不当行为发生区域风险的培训？(27)负责监督的人员是否接受过不同或补充的培训？(28)公司进行了哪些分析来确定谁应该接受培训以及培训的主题？ 11. 培训的形式、内容、效果：(29)培训的形式和语言是否适合？(30)培训是在线提供还是面对面提供(或两者兼而有之)以及做出这种选择的理由是什么？(31)培训是否从以前的合规事件中吸取了教训？(32)无论是线上还是线下，是否有员工可以在培训中提出问

续表

		题？（33）公司如何衡量培训的有效性？（34）员工是否接受过所学知识的测试？（35）公司是如何处理那些没有通过全部或部分测试的员工的？（36）公司是否评估了培训对员工行为或操作的影响程度？ 12. 关于违规行为的沟通：（37）高级管理层采取了哪些措施让员工了解公司在不当行为方面的立场？（38）当员工因未遵守公司政策、程序和控制而被解雇或受到其他处分时，通常会进行哪些沟通（如匿名描述导致纪律处分的不当行为类型）？ 13. 可获得的指导：（39）员工可以获得哪些资源来提供与合规政策相关的指导？（40）公司如何评估其员工是否知道何时寻求建议，以及他们是否愿意这样做？
	（四）匿名举报机制和调查流程	14. 举报机制的有效性：（41）公司是否有匿名举报机制，如果没有，为什么没有？（42）如何向公司员工和第三方宣传举报机制？（43）这些举报机制被使用过吗？（44）公司如何评估其收到的指控的严重性？（45）合规部门是否完全有权获得举报和调查信息？ 15. 由合适的人员进行合理范围的调查：（46）公司如何确定哪些投诉或危险信号值得进一步调查？（47）公司如何确保调查的范围是适当的？（48）公司采取什么措施来确保调查是独立、客观、适当地进行，并适当地记录在案？（49）公司如何决定由谁来进行调查，以及由谁来进行调查？ 16. 调查响应：（50）公司是否运用时间指标来确保响应性？（51）公司是否有监控调查结果的程序，并确保对调查结果或建议的回应负责？ 17. 资源和调查结果跟踪：（52）报告及调查机制是否得到足够资源支持？（53）公司如何从报告机制中收集、跟踪、分析和使用信息？（54）公司是否定期分析报告或调查发现不当行为模式或其他合规缺陷的危险信号？（55）公司是否测试了举办热线的有效性，如从头到尾进行跟踪报告

续表

	（五）第三方管理	18. 基于风险与整合流程：（56）公司的第三方管理流程如何与公司识别的企业风险的性质和级别相对应？（57）这个过程是如何整合相关的采购和供应商管理过程中的？ 19. 适当的控制：（58）公司如何确保有适当的商业理由使用第三方？（59）如果第三方参与了潜在的不当行为，使用这些第三方的商业理由是什么？（60）存在什么样的机制来确保合同条款具体说明要履行的服务，付款条款是适当的，所描述的合同工作得到履行，以及报酬与所提供的服务相称？ 20. 关系管理：（61）公司如何考虑和分析针对合规风险的第三方的薪酬和激励结构？（62）公司如何监控其第三方？（63）公司是否拥有分析第三方账簿和账簿的审计权利？（64）公司过去是否行使过这些权利？（65）公司如何对第三方关系经理进行合规风险培训，以及如何管理合规风险？（66）公司如何激励第三方的合规和道德行为？（67）公司是否在关系的整个生命周期内或主要在入职过程中进行第三方风险管理？ 21. 实际行动与后果：（68）公司是否跟踪第三方尽职调查中发现的危险信号，以及如何处理这些危险信号？（69）公司是否对未通过公司尽职调查或被终止的第三方进行跟踪？（70）公司是否采取措施确保这些第三方不会被聘用或在以后重新聘用？（71）如果经调查第三方曾参与不当行为，在尽职调查中或雇佣后被识别到危险信号，公司是怎么处理的？（72）是否有类似的第三方因合规问题而被暂停、终止或审计？
	（六）兼并与收购	22. 尽职调查流程：（73）公司是否能够完成收购前的尽职调查，如果不能，原因何在？（74）是否在尽职调查期间发现不当行为或不当行为风险？（75）谁对被收购/合并的实体进行了风险评估，如何进行的？（76）并购的尽职调查程序是怎样的？ 23. 并购流程中的整合：（77）合规功能是如何整合到并购、收购和整合过程中的？

续表

		24. 尽职调查与实施相结合的流程:(78)公司在尽职调查过程中发现的不当行为或不当行为风险的跟踪和补救流程是怎样的?(79)公司在实体上实施合规政策和程序以及在新收购的实体上进行购后审核的流程是怎样的?
二、合规计划是否有足够的资源和权限使其有效运作	(七)中高层领导的合规承诺	25. 高层行为:(80)高级领导人如何通过他们的言行鼓励或阻止合规,包括调查中涉及的不当行为类型?(81)他们采取了哪些具体的行动来展示公司在合规和补救工作中的领导能力?(82)他们如何为下属树立正确的行为榜样?(83)为了追求新业务或更大的收入,经理们是否容忍了更大的合规风险?(84)管理者是否鼓励员工采取不道德的行为来实现业务目标,或阻碍合规人员有效地履行职责? 26. 共同承诺:(85)高层领导和中层管理利益相关者(如业务和运营经理、财务、采购、法律、人力资源)采取了哪些行动来证明他们对合规人员的承诺,包括他们的补救措施?(86)面对利益或商业目标的竞争,他们是否坚持这一承诺? 27. 监督:(87)董事会有哪些合规方面的专业知识?(88)董事会和或外部审计员是否就合规和控制职能举行过执行会议或私人会议?(89)在不当行为发生的领域,董事会和高级管理层在行使监督职责时检查了哪些类型的信息?
	(八)自主权和资源	28. 组织架构:(90)公司的合规职能在哪里(如在法律部门内,在一个业务职能下,或作为一个独立的职能向首席执行官和/或董事会报告)?(91)合规部门向谁报告?(92)合规部门是由指定的首席合规官或公司内的其他高管来运行的吗?以及这个人在公司内是否有其他角色?(93)合规人员是否致力于合规职责,或者他们在公司内部是否有其他的非合规职责?(94)为什么公司选择了现有的合规结构?

续表

		29. 资历和地位:(95)在职位、薪酬水平、级别/头衔、汇报线、资源和与关键决策者的接触方面,合规部门与公司的其他业务部门相比如何?(96)合规和相关控制职能部门人员的流动率是多少?(97)合规在公司的战略和运营决策中扮演了什么?(98)公司如何应对合规引起关注的具体情况?(99)是否有交易或交易因合规问题而被停止、修改或进一步审查? 30. 经验和资格:(100)合规和控制职能部门的人员对他们的角色和职责有适当的经验和资格吗?(101)这些职位的经验和资格是否随时间而改变?(102)公司如何进一步对合规以及其他管理人员的培训进行投资?(103)谁考核合规部门的绩效,以及考核流程是什么? 31. 资金和资源:(104)合规人员是否有足够的人手来有效地审计、记录、分析并根据合规工作的结果采取行动?(105)公司是否拨出足够的资金?(106)是否曾有过合规部门提出的资源请求被拒绝的情况,如果是这样,理由是什么? 32. 数据资源和访问:(107)合规和控制人员是否对相关数据源具有足够的直接或间接访问权限,能够允许他们及时有效地监视和/或测试程序、控制和交易?(108)是否存在任何限制访问相关数据源的障碍,如果存在,公司将如何解决这些障碍? 33. 自主权:(109)合规和相关控制职能部门是否直接向董事会和/或审计委员会的任何人汇报?(110)他们多久与董事见面一次?(111)高级管理人员出席这些会议吗?(112)公司如何确保合规控制职能的人员的独立性? 34. 外包合规职能:(113)公司是否将其所有或部分合规职能外包给外部公司或顾问,如果有,原因是什么?(114)谁负责监督或与外部公司或顾问联络?(115)外部公司或顾问对公司信息的访问权限是多少?(116)如何评估外包流程的有效性?

续表

	（九）奖惩措施	35. 人力资源流程：（117）谁参与纪律决定的制定，包括针对问题中的不当行为？（118）是否每个不当行为都遵循同样的流程，如果没有的话，为什么？（119）处分的真实原因是否传达给员工，如果没有的话，为什么？（120）是否因法律或调查相关的原因限制信息披露，或由于其他不成文的因素来保护公司免受举报或外部调查？ 36. 适用的一致性：（121）纪律措施和激励措施是否在整个组织内公平和一致的执行？（122）合规职能部门是否监督了调查以及相关纪律是否保持了一致性？（123）是否有类似的不当行为被不公正对待的例子，如果有，为什么？ 37. 激励机制：（124）公司是否考虑过其激励和奖励对合规的影响？（125）公司如何激励合规和道德行为？（126）出于合规和道德考虑而采取的行动（如取消晋升或奖励）的具体例子？（127）谁来决定包括奖金在内的薪酬，以及合规人员的纪律和晋升？
三、公司的合规计划是否在实践中起作用	（十）持续改进、定期测试和审查	38. 内部审计：（128）确定内部审计在何处进行以及多久进行一次审计的流程是什么？（129）该流程背后的基本原理是什么？（130）如何进行审计？（131）什么类型的审计可以发现与不当行为相关的问题？（132）这些审计是否进行了，结果是什么？（133）哪些类型的相关审计发现和补救进度已定期向管理层和董事会报告？（134）管理层和董事会是如何跟进的？（135）内部审计多久对高风险领域进行一次评估？ 39. 控制测试：（136）公司是否审查并审计了与不当行为相关的合规计划？（137）公司进行哪些控制测试、合规数据的收集和分析、员工和第三方的访谈？（138）如何报告结果和跟踪行动项目？ 40. 持续更新：（139）公司多久更新一次风险评估，并审查一次合规政策、程序和实践？（140）公司是否进行了偏离分析，以确定特定的风险领域是否在其政策、控制或培训中得到

续表

		充分的处理？(141)公司采取了哪些步骤来确定政策/程序/实践对特定的业务部门/子公司是否有意义？(142)公司是否根据自己的不当行为和/或其他面临类似风险的公司的经验教训中来审查和调整其合规计划？ 41. 合规文化：(143)公司测试合规文化的频率和方式？(144)公司是否寻求各级员工的意见，以确定他们是否察觉到高级和中级管理人员对合规的承诺？(145)公司采取了哪些措施来应对合规文化的测量？
	(十一)不合规行为的调查	42. 合格人员在合理范围内调查：(146)公司如何确保调查范围合理、独立、客观、适当地进行，并适当地记录在案？ 43. 对调查结果的回应：(147)公司的调查是否被用于确定根本原因、系统漏洞和问责失误，包括在监督经理和高级管理人员之中？(148)对调查结果作出回应的程序是什么？(149)调查结果最高可以提交到公司里哪个层级？
	(十二)任何不当行为的分析和补救	44. 根本原因分析：(150)公司对有争议的不当行为的根本原因分析是什么？(151)是否发现了任何系统性问题？(152)公司里谁参与了这项分析？ 45. 先前的缺陷：(153)什么控制程序失灵了？(154)如果政策或程序应该禁止不当行为，它们是否得到有效执行？(155)是否具有对这些政策和程序负有责任的部门？ 46. 支付系统：(156)有问题的不当行为是如何获得资金支持的？(157)哪些程序本可以防止或发现对这些资金的不当使用？(158)这些流程是否得到了改进？ 47. 供应商管理：(159)如果供应商参与了不当行为，选择供应商的流程是怎样的，供应商是否走了这个流程？ 48. 违规前兆：(160)是否有事先的机会发现问题中的不当行为，如发现相关控制失败或指控、投诉或调查的审计报告？(161)该公司对错失这些机会的原因有何分析？

续表

		49. 补救措施:(162)公司为降低未来不再发生同样或类似问题的风险,做了哪些具体的改变?(163)哪些具体的补救措施解决了在根本原因和错过的机会分析中发现的问题? 50. 问责:(164)公司对不当行为采取了哪些纪律处分,这些处分是否及时?(165)经理是否对在其监督下发生的不当行为负责?(166)公司是否考虑过对监管不力的纪律处分?(167)公司有何记录(如员工纪律处分的次数及处分种类)?(168)公司是否曾因此类不当行为而终止或以其他方式处罚过任何人(减少或取消奖金,发出警告信等)?

三、笔者所倡导的"双层次"评估标准

根据前述国际组织和外国企业合规有效性评估,我们可以得出以下几个方面的经验:

一是企业合规有效性评估标准经历了从形式到实质、从抽象到具体的过程。"七要素"标准比较抽象,也容易形式化,也不宜实际操作。为解决这一问题,才有了后来的《指南》,2017 年版的《指南》将内容进一步分为 11 个主题;2019 年版围绕三个基本问题,分为 12 个一级指标,47 个二级指标,150 个具体问题;2020 年版二级指标扩展到 49 个,具体问题近 180 个。这些具体问题的设计都非常具体和具有针对性,例如,员工和第三方的访谈进行了哪些测试?公司对风险评估的更新多久审查一次?又如,关于合规文化,问题设计包括公司对合规文化的测试多久开展一次?是如何测试的?公司是否征求各级员工的意见,以确定他们是否理解高级和中级管理层对合规的承诺?公司在测试合规文化方面采取了哪些措施?

二是合规有效性评估标准与企业合规一样都是"最佳实践"。不同行业的企业、同一行业不同规模的企业,应该有不同的合规计划;不同的合规计划也有不同的评估标准。评估标准不能过于"公式化"

如何做到一方面有标准可供评估,另一方面又防止企业对照标准进行"纸面勾选",确实是个难题。

三是合规文化是企业合规有效性的根本标准。一级二级指标也好,具体问题也罢,都是形式、手段,合规有无融入企业文化才是终极标准。① 我国企业合规改革试点,可以在借鉴的基础上,建立以企业文化为核心中国特色的合规评价体系。笔者参与起草的中国中小企业协会团体标准《中小企业合规管理体系有效性评价》也坚持了这样的理念,在开篇引言部分就指出"引导和促进其合规管理体系建设,提升合规管理能力,识别和防范合规风险,建设合规文化"。在其他的各项评价要素中,合规文化几乎贯穿始终。

四是合规有效性评估应当以检察机关为主导。首先,合规有效性标志的制定应当以检察机关为主导。由于检察机关的权威性,其制定出台的有效性评估标准,就"溢出"了检察系统内部,而成为律师、企业合规师甚至其他行政机关建立、评估企业合规计划的参照。对于我国来说,检察机关正在主导企业合规改革试点,对于合规计划的评估标准的制定是我国检察机关义不容辞的责任。其次,在运用评估标准对涉案企业合规有效性进行监管评估的主体上,检察机关始终是"主角"。尽管涉案的合规部门有审查、测试、评估的责任,第三方监管组织进行监管和评估,但是检察机关不仅要对它们的监管和评估结果进行审查,还要对它们的监管、评估过程进行监督,甚至还要直接对涉案企业合规有效性进行测试。

五是评估方法与评估标准同等重要。即便有了评估标准,如果采取流于纸面的"查台账""查档案"的方法去考察有无满足这样的标准,则是没有意义的。必须要有实质性的评估方法,避免形式主义。我国检察机关在制定评估标准时,应当对基本的评估方法进行

---

① 参见李勇:《涉罪企业合规有效性标准研究——以 A 公司串通投标案为例》,载《政法论坛》2022 年第 1 期。

指引,防止单纯的书面式审查。

有效的合规计划应当具备一些必不可少的制度要素,根据我国本土企业实际情况,借鉴国际组织和其他国家的经验,探索"以企业文化为核心"的"双层次"有效性评估验收标准,进而对合规计划进行个性化的判断。"双层次"标准包括技术指标和文化指标,企业合规计划的终极目标是将合规融入企业文化。其中,技术指标是显性形式要件和基础标准,文化指标是隐性实质要件和核心标准。技术指标是实现文化指标的必要非充分条件,二者是阶层递进的关系。[①] 笔者参与起草的中国中小企业协会团体标准《中小企业合规管理体系有效性评价》基本上也是采取了这样的思路,第六至八章是技术指标,第九章是文化指标,附录A、B两张表格是技术指标,附录C是文化指标。

(一)评估验收企业合规计划有效性的技术指标

1. 评估验收涉案企业有无建立合规预防体系

所谓"合规预防体系",是指企业建立防御违法犯罪风险的体系,该方面评估验收主要内容包括但不限于以下方面:

(1)政策程序。一是企业是否设置专门独立的机构或合规专员,按照一定的程序参与制订和实施合规计划,并在广泛征求意见的基础上经常更新;二是企业是否设计具有适应性、针对性、具体性和可操作性的流程,借助审计、法务等职能,监督保障合规计划的高效执行;三是企业是否通过适当的方式确保所有员工及相关第三方认可、理解合规计划,使其清楚应当关注哪些不当行为及如何上报问题。例如,南京市建邺区人民检察院办理的A公司串通投标案中,第一次评估时,发现该公司的合规政策和程序仅仅是照搬照抄行业道德准则,停留在"严禁……严禁……"等口号上,理想空洞,而没有嵌入投

① 参见李勇:《涉罪企业合规有效性标准研究——以A公司串通投标案为例》,载《政法论坛》2022年第1期。

标业务的具体流程中，不具备有效性。听取专家意见和检察机关建议后，A公司从投标禁止行为、投标关注重点、海外投标环境评估等9个方面，修订完善了《集团公司投标专项合规行动计划》，成效明显。

（2）管理层承诺。一是企业领导层、高级管理层是否准确无误地传达了公司的道德标准，并以身作则引领合规；二是企业中级管理层是否在日常工作中通过自身言行鼓励合规，强调合规标准及其重要性；三是企业管理层是否在竞争利益或商业目标面前，对任何合规风险均持零容忍态度。例如，南京市建邺区人民检察院办理的A公司串通投标案中，涉案企业修改公司章程，确立合规管理条款，使其成为具有最高效力的合规准则，这是企业合规计划得以运行的前提和基础。通过将合规写入公司章程，确立基本的合规组织和管理结构，涉案企业向全社会作出了合规承诺，并使得各项合规管理制度具有了规范效力。①

（3）组织架构。一是企业内部是否设置专门独立的机构或合规专员，负责合规计划的执行和实施；二是合规机构或专员是否拥有足够的资源，如是否有足够的人手执行必要的审计、文件审查和分析等工作；三是合规机构或专员是否拥有足够的自主权，如可以直接向董事会或审计委员会报告合规事务。例如，南京市建邺区人民检察院办理的A公司串通投标案中，涉案企业在董事会之下设立合规管理委员会，由纪委书记担任负责人，董事长、总裁、各分管领导、主管部门负责人、合规管理专职人员、法律顾问等为委员会委员，确保合规委员会的权威性和独立性；并建立"合规一票否决"制，即首席合规官、合规部门对公司业务决策进行合规审查，拥有一票否决权，企业中高层不得越过董事会向首席合规官下达指令或者干涉首席合规官的决策行为。

① 参见陈瑞华：《大型企业的有效合规计划》，载《民主与法制》2022年第7期。

(4)培训与沟通。一是企业是否常态化为内部员工和商业伙伴提供针对性培训;二是企业是否根据人员性质和岗位职责的不同,以符合受众规模、认知水平和专业的方式进行精准培训;三是企业培训是否对以往违规案例进行剖析,通过对员工测试进一步衡量培训的有效性;四是当企业员工因不当行为被惩戒时,管理层以何种沟通方式让其知晓企业的立场。例如,南京市建邺区人民检察院办理的A公司串通投标案中,涉案企业建立了合规月度培训制度,将合规制度和理念传达到每一位企业成员,确保合规计划发挥实质作用,而非"一纸空文"。

2. 评估验收涉案企业有无建立合规监控体系

所谓合规监控体系,是指企业建立随时监测、识别并区分违法犯罪风险的体系,该方面评估验收主要内容包括但不限于:

(1)日常监控机制。一是企业是否建立完善的风险管理流程,有效收集、利用各种信息或指标识别、监测、分析已出现或潜在的风险;二是企业是否对监测到的风险进行等级划分,在管控中高风险和低风险时,合理配置时间和资源,实现经济效益最大化;三是企业的风险评估制度是否现行有效,能够结合已发现的问题或以往的经验教训作出调整。例如,南京市建邺区人民检察院办理的A公司串通投标案中,涉案企业合规管理部门负责针对业务立项、业务开展、内部管理等,对照相应法律法规进行日常全流程监控,并提交合规风险报告。

(2)举报机制。一是企业是否建立可信赖的匿名举报机制,使员工可以毫无压力地报告违反企业行为准则、政策规定的可疑或已经存在的不当行为;二是企业是否健全举报人保护措施,严禁对举报人打击报复,对因举报而遭受损失的举报人给予一定的补偿;三是企业是否设立向举报人反馈调查进度和答复最终结果的流程,尽到回应义务。例如,南京市建邺区人民检察院办理的A公司串通投标案中,涉案企业保障包括员工、客户、股东、合作方、信息使用者在内的所有利益相关方,可以通过电话或信函等方式正常行使举报违法违规行为的权利,首席合规官、合规管理部应当对此保密。[①]

（3）第三方管理机制。一是企业是否了解第三方合作伙伴的资质和关系,是否被作为隐瞒不法行为的代理人、顾问或分销商;二是企业是否了解第三方合作伙伴的信誉,以及在交易中需要对方的理由;三是企业是否对第三方合作伙伴进行尽职调查,若发现危险信号,是否及时解决并持续监控。该机制的积极意义在于可以实现企业内部最佳管理,还可以将企业责任与第三方责任进行切割分离。一项有效的合规计划,可以证明企业不仅没有参与第三方的违法违规行为,并对此不存在失职或管理不当等问题。[②]

（4）内部审核机制。一是企业是否自上而下地定期或不定期巡视合规计划的执行情况;二是企业是否进行合规计划执行的偏离分析,以确定是否存在未充分关注的特定风险领域,从而调整合规计划。事实上,实现真正有效的合规主要依靠企业自身力量,只有企业自我诊断排毒,才能步入合规经营、长效发展的轨道。

（5）审计机制。一是企业是否按照科学的办法有计划地定期开展内部合规审计工作;二是经审计发现存在不当行为时,是否将审计结果以及补救进展情形向企业管理层和董事会汇报。展开来说,合规审计是对合规管理工作进行全面评价和监督的重要手段,应重点审查合规体系的运行情况、合规程序的执行情况以及对财务控制和其他内控手段的实施情况。合规审计可以保障公司合规制度得以遵守,预防违法违规行为发生。合规审计可分为:全面合规审计与专项合规审计;定期合规审计、临时合规审计和后续合规审计。合规审计

---

① 参见陈瑞华:《大型企业的有效合规计划》,载《民主与法制》2022 年第 7 期。

② 参见陈瑞华:《企业合规基本理论》(第 2 版),法律出版社 2021 年版,第 263 页。

应当遵循独立原则、客观原则和公正原则。[①]

3. 评估验收涉案企业有无建立合规应对体系

所谓合规应对体系，是指企业建立对监测到的风险以及已经出现的风险作出反应的体系，该方面评估验收主要内容包括但不限于：

（1）调查不当行为。一是企业是否快速响应，设定合理的调查期限，并实时跟踪调查进度，确保调查结果的可靠性；二是企业是否组织合格的人员在适当范围内进行独立、客观的调查，并作相应记录和归档；三是企业是否定期对举报内容和调查结果进行监控、分析，查处相关责任人，排查合规系统漏洞，完善合规管理制度。实际操作层面上，对于违法违规行为，合规管理机构可独立展开调查，也可以经董事会批准后委托其他机构调查，并向最高决策层汇报，同时提出解决方案。

（2）奖励与惩戒。一是企业是否对部门及员工进行考核，并将考核结果作为干部任用、薪资待遇等重要依据；二是企业有无基于考核结果建立奖惩机制，对依法依规经营、防范合规风险、避免企业遭受损失的部门或员工给予激励，对隐瞒合规风险、违法违规的部门或员工给予惩处；三是企业实施奖惩机制在内部有无得到公正的执行，不因职务高低而有所区别对待。例如，南京市建邺区人民检察院办理的 A 公司串通投标案中，涉案企业全面修改绩效考核细则，并组织每季度考核一次，将考核结果与晋升、奖金等挂钩，以达到激励合规、惩治违规的效果。

（3）分析与纠正。一是企业是否对重大合规事件的发生原因进行了周密的分析，制订整改方案；二是企业是否针对重大合规事件果断采取适当的纠正措施，如补救挽损、缴纳罚款、赔偿被害人等，并修订合规计划，以避免此类不当行为再次发生；三是企业是否对责任人

---

① 参见李玉华：《有效刑事合规的基本标准》，载《中国刑事法杂志》2021 年第 1 期。

进行查处问责，涉及违法犯罪行为时，将其移送行政机关或司法机关，并配合调查。具体而言，经调查认为存在违法行为或者事实时，合规管理机构应及时向最高决策层报告，并建议向执法或者司法机关披露。合规管理机构应与调查机关充分合作，合作方式包括主动承认违法事实、提供相应证据或者证人、接受制裁、赔偿损失、恢复原状等。①

（4）持续改进。一是企业是否不定期对其制订的合规计划进行"回头看"，根据监管要求相应调整；二是企业是否对合规计划的执行进行动态跟踪，排查障碍和问题，持续修复与更正。我国 ISO 19600：2014《合规管理体系　要求及使用指南》第 3.6 条规定，发生以下情形时，宜对合规风险进行周期性再评估：①新的或改变的活动、产品或服务；②组织结构或战略改变；③重大的外部变化，如金融经济环境、市场条件、债务和客户关系；④合规义务改变；⑤不合规。故有效合规计划的标志在于企业对合规计划的改进和发展，应当与时俱进，根据其违规事件的教训而对合规计划进行修订；采取合理措施，以便确保遵守组织的合规和道德程序，包括监控和审计，以发现犯罪行为，以及定期评估合规计划实施的有效性。②

（二）评估验收企业合规计划有效性的文化指标

合规免疫系统要实质地发挥效果就需要形成"免疫记忆"，将技术指标转化为企业文化。企业文化具有抽象性、模糊性，但并非不可把握，可以从态度、习惯、氛围三个维度进行综合考察。③

---

① 参见周振杰：《合规计划有效性评估的核心问题》，载《国家检察官学院学报》2022 年第 1 期。

② 参见陈瑞华：《有效合规计划的基本标准——美国司法部〈公司合规计划评价〉简介》，载《中国律师》2019 年第 9 期。

③ 参见李勇：《涉罪企业合规有效性标准研究——以 A 公司串通投标案为例》，载《政法论坛》2022 年第 1 期。

1. 评估验收涉案企业有无树立合规态度

考察态度,是指评估企业全体人员是否对合规经营保持积极正面的态度,树立起“做正确的事”的态度。该方面评估主要内容包括但不限于:一是企业是否将合规作为全体员工行为准则,渗透到各项业务流程,覆盖关联单位及人员;二是企业是否将合规计划编入员工手册,并附负面清单和先进典型事例等,宣传普及企业合规文化;三是企业全体人员是否对合规计划均作出绝对支持和执行承诺,自觉抵制不当行为。

员工更看重管理层的行为是否真正致力于合规,当组织基调适配于所声明的共同价值观时,便有助于推动这些价值观在组织中的接受程度和嵌入程度。高层是最具影响力的组织合规基调制定者,态度不能含混不清。当高层奖励不当行为实施者或自身实施犯罪时,员工很容易识别出高层对组织文化的虚假承诺。当高层发出混淆信号时,员工便很难评估高层态度。[1] 实践表明,这种态度是具有可测量性的。例如,南京市建邺区人民检察院办理的 A 公司串通投标案中,我们采取匿名问卷调查、员工随机访谈、特殊合作伙伴访谈等方式来衡量涉案企业员工的合规态度。

2. 评估验收涉案企业有无养成合规习惯

考察习惯,是指评估企业是否通过相应的一系列合规技术措施,促使合规计划转化为企业员工的行为习惯。该方面评估主要内容包括但不限于:一是企业合规计划实施后,从管理层到员工,以往不规范的行为习惯是否得到改观;二是企业是否通过场景测试,考察员工有无坚守合规承诺,并分析测试结果,形成文件化信息。

人员是合规管理的关键,决定合规计划实施的成效。企业应当基于业务及管理需求,按照“横向到边、纵向到底”的原则,在各部门、

① 参见王志刚、覃已:《论刑事合规计划的实质有效性》,载《西南石油大学学报(社会科学版)》2022 年第 1 期。

子公司设置合规联络人，负责推动相应的合规管理工作。企业亦须对合规人员开展培训，建立岗位素质模型，提升合规人员的专业能力。企业可以通过建立制度化、常态化培训机制和测试机制，确保所有人员理解、遵循企业合规战略及具体要求，养成合规行为习惯，践行依法合规、诚信经营的价值观，营造健康和谐的经营环境。①

3. 评估验收涉案企业有无营造合规氛围

考察氛围，是指评估企业是否形成依法合规、守法经营的价值观，营造人人合规的文化氛围。该方面评估主要内容包括但不限于：一是企业采取何种方式努力营造合规光荣、不合规可耻的氛围；二是企业是否存在不当行为，采取何种措施去发现并纠正不当行为；三是企业员工是否对合规达成共识、相互感染，合规已成为一种美德信念在企业内传播和流行；四是企业有无增强可持续发展能力。合规文化的评价指标可详见表 19 - 3。

有效的合规计划应当营造一种互相尊重、程序正义的组织氛围。当企业遇到难关时，员工能够彼此理解尊重，保障他人合法利益不受侵犯。只有兼顾决策过程公开透明和合规计划公平运行时，员工才会相信管理层的权威，进而促进员工对企业组织文化的遵从。例如，南京市建邺区人民检察院办理的 A 公司串通投标案中，孙某作为工程投标负责人，带头实施串通投标行为，并安排经营开发部的部长助理郑某邀约其他投标单位“商量”投标价格。侦查人员问郑某为何不反对这种行为，郑某回答称“这是公司甚至行业的惯例和潜规则”。这说明串通投标已成该公司的一种不良氛围，重建合规计划的目标就是重塑一种排斥、鄙视串标、围标的氛围。

---

① 参见郭小明、刘润兴：《如何设计有效的刑事合规计划》，载《检察日报》2021 年 10 月 18 日，第 3 版。

表 19－3　合规文化评价指标

<table>
<tr><td rowspan="3">合规文化评价</td><td rowspan="2">态度</td><td>合规文化创建和培养的目标是要促使从高级管理层到员工全体人员树立一种“做正确的事”的态度</td></tr>
<tr><td>1. 合规文化的承诺
(1)公司管理层是否承诺自上而下地实施合规文化?
(2)公司管理层有无利用各种时机、场合以身作则推广合规文化?
(3)公司员工有无对合规文化作出认同的承诺?
(4)在招聘新员工、员工晋升时,有无将合规文化作为考察因素,筛选不认同本公司合规文化的人员?
(5)公司采取了哪些措施来鼓励坚守合规文化的员工和行为与惩戒不遵守合规文化的员工和行为?
2. 合规文化的沟通与传达
(1)管理层是否清楚地表达了公司的道德规范,以明确且毫不含糊的措辞传达、传播并通过实例表明公司严格遵守了这些规范?
(2)采取何种方式、何种载体来宣传合规文化?
(3)有无将合规文化融入日常培训?
(4)员工对合规文化的内涵是否清楚?
(5)公司是否寻求各级员工的意见,以确定他们是否理解管理层对合规的承诺?
3. 对不合规行为的反应
(1)当本公司或同行业公司出现不当行为时,管理层、员工对这类行为的反应如何?
(2)管理人员是否为了实现业务目标鼓励员工实施不道德行为或者阻止合规人员有效履行他们的职责?</td></tr>
<tr><td>习惯</td><td>1. 改变
(1)公司合规计划实施后,从管理层到员工,经营行为习惯有无发生变化?
(2)以往不规范的行为习惯有无得到改观?
2. 测试
(1)公司有无开展考察、测试员工遵守合规的行为习惯的变化?
(2)在面对竞争利益或业务目标时,员工是否坚守他们的承诺?
(3)公司有无对员工的行为习惯开展测试?有无对测试结果进行分析并进行文件化信息?</td></tr>
</table>

续表

	氛围	1. 氛围营造 (1)公司采取何种方式营造合规光荣、不合规可耻的氛围? (2)公司是否存在不当行为的潜规则? (3)有无采取措施以及采取何种措施去发现不当行为的潜规则? (4)采取何种措施纠正不当行为的潜规则? 2. 检测 (1)公司有无以及多久开展一次对员工遵守合规的问卷和访谈? (2)合规是一种美德的信念在公司中的传播和流行的程度如何? 采取何种方式进行衡量? (3)同事间有无形成合规意识的相互传递和影响? (4)有无形成环顾四周,所见之处,员工都在“做正确的事”的场景?

(三)合规监管考察期间发生不当违法犯罪行为如何处理

需要特别指出的是,在合规考察期间,如果发生不当、违法甚至犯罪行为,合规计划是否一定无效呢? 这个问题不能一概而论。实践中,一些地方一旦合规考察期间发生不当、违法犯罪行为就一票否决合规计划的有效性,这种做法是错误的。合规计划运行的“PDCA循环”就是要发现问题不断持续改进,合规计划的基本要素是风险监测和应对体系,通过合规计划发现不当、违法犯罪行为并迅速作出应对反应,是合规计划有效运行的应有之义。从不报告异常情况的合规不是好合规。监管对于确保合规计划的有效性当然必不可少,但只报告好消息而不报告坏消息的监管等于没有监管,从来没有异常报告可能是因为合规计划根本没有真正运行。不能认为只要合规考察期间发生违法犯罪行为就一定无效,而是看如何发现违法犯罪行为以及发现之后是如何行动的。如果通过合规计划发现并迅速作出了合理反应,恰恰说明合规计划有效;如果违法犯罪行为的发生,不是合规体系发现的,而是外部执法机关发现的,合规计划没有作出适当反应,甚至公司还试图隐瞒,那么就是合规计划无效。西门子公司在合规考察期间发生了贿赂事件,但西门子公司通过反贿赂合规计划及时发现了该贿赂行为,并迅速作出反应,中止了该笔交易,并开除员工,向司法机关报告。这被监管机构认为是合规计划有效性的表现之一。[①]

第三节　合规有效性评估验收的方法

2022 年 1 月 4 日,最高人民检察院办公厅联合司法部办公厅、财政部办公厅等九部门在《关于建立涉案企业合规第三方监督评估机制的指导意见(试行)》的基础上,印发《实施细则》。《实施细则》第 35 规定:“监督、评估方法应当紧密联系企业涉嫌犯罪有关情况,包括但不限于以下方法:(一)观察、访谈、文本审阅、问卷调查、知识测试;(二)对涉案企业的相关业务与管理事项,结合业务发生频率、重要性及合规风险高低进行抽样检查;(三)对涉案企业的相关业务处理流程,结合相关原始文件、业务处理踪迹、操作管理流程等进行穿透式检查;(四)对涉案企业的相关系统及数据,结合交易数据、业务凭证、工作记录以及权限、参数设置等进行比对检查。”鉴于以上规定较为笼统,结合前文所述,笔者认为,评估验收涉案企业的合规计划有效性,基本方法也是按照从形式到实质,从技术指标到文化指标评估,可以通过常规审查、飞行检查、问卷访谈、场景测试等对涉案企业合规整改进行评分,全面审查涉案企业有无建立合规屏障。[②]

---

① 参见郭凌晨、丁继华、王志乐主编:《合规:企业合规管理体系有效性评估》,企业管理出版社 2021 年版,第 122 - 212 页。

② 参见李勇:《涉罪企业合规有效性标准研究——以 A 公司串通投标案为例》,载《政法论坛》2022 年第 1 期。

一、评估验收企业合规计划的思路与原则

（一）评估验收的基本思路

评估验收的基本思路是坚持从技术指标到文化指标层层递进，这个思路应当贯穿于评估验收人员思维过程的始终。也就是说，先通过文件审阅、飞行检查等方法评估一个企业的合规管理体系基本要素的技术指标是否具备，这是基础性条件。比如，如果一个合规管理体系只有政策、程序要素，根本没有运行、控制等要素，那么可以想见这种合规计划只能停留于纸面。在具备基本技术指标的基础上，进一步通过穿行测试、问卷、访谈、模拟测试等方法评估其合规计划有无真正实施并融入企业文化，成为员工的行动自觉，成为一种态度、习惯和氛围。这个指导思想决定了评估验收人员在制订评估计划、策划评估方法、设计问卷调查表和访谈提纲等过程中，要将这种阶层递进的方法论作为基本的逻辑方法。

（二）评估验收的原则

1. 全面性原则。全面性原则不是要求涉案企业建立全面的合规计划，而是指评估验收要覆盖到合规计划的基本要素和全部运行过程，也就是评价内容和结果能够反映企业合规计划的建立、实施、检查、持续改进的全过程；也不是要求“凡事必查”，而是应当结合企业的合规义务和合规风险来科学确定该审查过程中的重点问题和难点问题，不断提升合规审查的针对性和有效性，防止出现“盲目审查”的问题。①

2. 个性化原则。合规计划的评估应当坚持“一案一评”，评估验收的基本技术指标和文化指标是共通的，但是这些指标在具体应用中又是个性化的，在不同的行业、不同的企业有不同的表现形式。比

---

① 参见陈坚：《企业合规改革研究》，法律出版社2022年版，第258页。

如,合规计划的负责人,在大中型企业表现为首席合规官,在小微企业表现为合规专员。不能“一刀切”地要求所有企业都要成立合规委员会、都要设立首席合规官。

3. 可量化原则。评估指标应当做到可量化、可证实、可追溯,设置便于实际操作的一系列量化指标体系和评估工作程序。在评估工作结束之前,与被评估企业就有效性评估结果进行必要沟通,核实评估过程中发现的问题,给予被评估单位解释和反馈的机会,以保证评估结果具有可证实性,评估材料足以支持评估报告的结论。评估报告内容至少应包括:评估依据、评估范围和对象、评估程序和方法、评估内容、发现的问题及改进建议、涉案问题的整改情况等。

二、评估验收企业合规计划的具体方法

(一)评估验收的步骤

一般而言,合规计划有效性评估验收包括评估验收的准备、评估验收的实施和评估验收的报告三个阶段。

1. 评估验收的准备。在评估验收的准备阶段应当制订评估验收的方案、计划,根据涉案的具体情况和企业的实际情况,明确评估验收的范围、目标等。对于涉案企业来说,评估验收人员要与执法、司法机关充分沟通验收、评估的范围和目标。同时,还要对评估验收的工作进展、步骤、分工、评估工具等进行策划。

2. 评估验收的实施。根据评估验收准备阶段的方案、计划开展评估验收的具体工作。对照技术指标和文化指标,层层推进,客观、全面评估合规计划的实施情况,在评估验收的实施过程中,应当将评估的依据、信息资料、评估过程等全程留痕,做到可量化、可追溯。

3. 评估验收的报告。评估验收小组,根据评估验收实施的过程及结果,撰写评估报告,对有效性作出客观公正的判断,并给出评估意见。

（二）评估验收的方法

1. 常规审查的文件审阅法（又称文档审阅）。常规审查方法侧重于合规有效性的技术指标，主要是调阅企业的档案、文件、财务资料等。这是评估验收的基础性工作，也是常规性方法。

2. 飞行检查。飞行检查（unannounced inspection）是跟踪检查的一种形式，指事先不通知被检查部门而实施的现场检查。飞行检查作为一种突击性检查，具有秘密性、突击性、迅速性和检查项目内容的不确定性等特点，有利于强化企业的自律意识和守法自觉性，是检测企业合规计划是否有效实施、是否融入企业员工的内心、是否潜入经营的各个方面和环节、是否成为一种企业文化的重要手段。飞行检查与下述问卷、访谈、场景测试、穿行测试相结合，能够兼顾合规有效性的技术指标和文化指标。

3. 问卷。问卷是了解企业管理人员及员工对合规的态度、习惯以及有无形成一种文化氛围的有效手段。该方法的关键在于设计合理且有针对性的“调查问卷”。南京市建邺区人民检察院在办理一件企业合规案件中，笔者组织团队研究“问卷调查表”评估验收，问题设计遵循从技术指标到文化指标逐步递进的原则。在飞行检查中，临时召集100名员工进行匿名问卷调查。例如，针对文化指标中的“态度”，我们设计了这样的问题：投标项目通过资格预审后，其他公司找到你称：“为了节约成本，大家商量一个报价浮动区间，然后公平竞争，这样对大家都好”，你会怎么做？选项设计：A. 向领导汇报；B. 直接拒绝；C. 不知道怎么办；D. 写下你自己的办法。在访谈中，类似问题我们会进一步追问：如果你的上级要求你去联系其他投标单位，你会怎么做？是先执行再汇报，还是向合规部举报，或者你有其他办法。又如，针对文化指标中的“习惯”，我们设计这样的问题：资格预审通过后，接下来你会做哪些工作？根据他的回答，检测其开展业务流程是按照以往的惯例执行，还是按照新的合规流程执行，以此检测合规制度有无转化为行为习惯。再如,针对文化指标中的“氛围”,我们设计这样的问题:庞某被选为“合规标杆员工”并当选党代表,你觉得她当选的原因是什么?对她身边的其他员工有什么影响?这是从正面角度检测合规氛围的形成。另外,从负面角度设计了这样的问题:如果你和你身边的同事知道某经理通过串通报价而中标,超额完成当季度业绩,他及其所带领的团队获得丰厚奖金,你会怎么做?选项设计:A. 羡慕;B. 祝贺;C. 让他们请客;D. 鄙视;E. 举报。最后,通过对回收的样本进行统计分值,按照不达标、达标、良好、优秀进行分级评估,以确定有无形成“环顾四周,所见之处,员工都在做正确的事”的态度、习惯和氛围。

合规有效性调查问卷的设计,一般分为三个层次:一是被问卷人基本情况;二是合规计划的技术指标;三是合规计划的文化指标。

4. 访谈。访谈与问卷在功能上具有相似性,都是了解企业管理人员及员工对合规的态度、习惯以及有无形成一种文化氛围的有效手段。使用该方法应当注意以下三点:一是设计专业性的“访谈提纲”。实践中,很多人误以为访谈就是调查走访,就是找员工随意谈话。企业合规监管中的访谈技术性要求很高,必须设计专业性的访谈提纲。二是访谈原则上应当个别进行,而非座谈会,目的就是防止相互影响和干扰,影响访谈内容的客观性和真实性。三是最好随机、匿名。例如,审查合规培训沟通实施情况,仅查培训记录甚至是“逢训必考”的试卷,也未必能真正审查出其有效性,因为这些技术指标容易“作假”。如果对参加过培训的员工进行匿名访谈,通过几个提问,就能确切地知道有无培训及培训的效果如何,并进一步确定员工是否从内心接受培训内容,并内化为工作中坚守的态度和习惯。

合规有效性访谈提纲的设计思路与问卷调查基本相同,也是分为三个层次,分别是被访谈者基本情况、合规有效性技术指标、合规有效性文化指标。与问卷调查不同的是,访谈提纲的问题更具开放

性和包容性。比如,下面这份访谈提纲①,节选了部分内容予以展示:

×××有限公司合规有效性审查

访谈提纲

1. 请先介绍一下您的工作岗位及职责。

2. 请谈一谈您所了解的公司合规建设情况(如设置了哪些合规管理机构、建立了哪些管理制度、有无专项合规计划、有无培训考核机制、违反合规如何惩罚等)。

3. 请谈一谈对集团公司开展合规必要性的认识(如合规的含义、合规的意义等,意义可从对于企业及对于员工两方面入手)。

4. 请回忆参与了公司哪些合规培训(明确时间、地点以核实真实性)。培训的内容主要是什么,从中学到了什么?

5. 是否了解公司制定的《岗位合规行为负面清单》,公司通过哪些方式让员工知晓该清单(有无集中培训、上墙公示等)? 请大致说出其中3条禁止性规定?

……

9. 您认为公司或身边同事是否存在合规风险? 如果存在,您是否愿意向合规管理部门举报? 主要考虑是什么?

10. 如果在项目投标阶段,其他竞标方或者其他利益相关人员向您或您的同事提出吃饭送礼、价格同盟、贿赂舞弊等想法,您会如何处理?

11. 您觉得公司开展合规管理以来,是否给您的工作带来不便?

12. 您和您的同事自开展合规管理以来工作方式和流程有什么变化?

---

① 南京市建邺区人民检察院的李倩雯检察官对该访谈提纲的制作作出了贡献。

13. 您和您的同事如何看待和评价公司开展合规计划建设？

……

5. 场景测试。企业合规的场景测试有点类似于“钓鱼执法”。例如，一个涉案企业的合规计划中禁止员工收受旨在对其工作施加不当影响的宴请或礼品，那么为了检测这一合规条款是否实际产生效果，就可以实际测试业务员是否会拒绝礼品或宴请邀约。例如，可以抽查投标项目，监管人员假装是通过另一家投标公司的人员，在投标报价前的“敏感期”，打电话邀约 A 公司负责该项目的人员出来吃饭，测试其态度。

6. 穿行测试。穿行测试多运用于财务审计领域，指追踪交易在财务报告信息系统中的处理过程，注册会计师了解被审计单位业务流程及其相关控制时经常使用的审计程序。在企业合规有效性评估中，是指在正常运行条件下，将初始数据输入内控流程，穿越全流程和所有关键环节，把运行结果与设计要求对比，以发现合规内控流程的缺陷。

三、评估报告的撰写

第三方组织在合规考察期届满后，在对涉案企业的合规计划完成情况进行监督、评估和考核的基础上，制作合规评估考察报告。

1. 评估报告的基本内容。根据《实施细则》第 33 条，评估报告一般应当包括但不限于以下内容：(1)涉案企业履行合规承诺、落实合规计划情况；(2)第三方组织开展了解、监督、评估和考核情况；(3)第三方组织监督评估的程序、方法和依据；(4)监督评估结论及意见建议；(5)其他需要说明的问题。

2. 评估报告的基本格式。关于评估报告的基本框架结构，一般来说，包括以下方面：一是首部，包括引言、术语与释义、引用的规范性文件。二是正文部分,一般包括:(1)评估小组的成员及基本信息、被评估涉案企业的基本信息;(2)评估的范围和目标;(3)评估程序、方法和依据;(4)涉案企业履行合规承诺、落实合规计划情况;(5)第三方组织开展了解、监督、评估和考核情况;(6)监督评估结论及改进的意见、建议。三是其他说明的问题,一般包括免责声明、关于第三方组织成员不同意见的处理等。第三方组织的组成人员对合规评估报告有不同意见的,应当在报告中说明其不同意见及理由。四是落款问题,合规评估报告应当由第三方组织全体组成人员个人签名,而不是成员所在单位盖章。

四、评估验收的等级划分与处理决定

在评估验收过程中可以根据实际情况采取逐项打分、分级评估的方法。前文所述的常规审查、飞行检查、问卷访谈及场景测试四种评估方法,每项评估满分均为100分,结合具体评估标准对每次评估进行量化打分,从而计算出四项评估的各自平均分值。根据四项评估分值及其他具体情形,评估认定的结果可以划分为不合格、合格、良好、优秀四个等级,具体标准参照如下:四项评估中若有任何一项得分在70分以下,为不合格;四项得分均在70分以上,为合格;四项得分均在80分以上,为良好;四项得分均在90分以上,为优秀;四项得分不在同一计分档次的,以最低分所在的层级计算。如前所述,在合规考察期间发生不当、违法甚至犯罪行为,不一定意味着合规计划无效。

检察机关对第三方组织的评估过程和评估报告具有审查职责,必要时可以对涉案企业合规管理工作和第三方组织的评估活动进行调查和督导。若发现并经调查核实第三方组织违反诚实、信用、谨慎、勤勉等义务,有权不采纳评估结论,或者提请第三方机制管委会决定,重新组建第三方职责并进行评估。检察机关应结合真实可信

的评估结果、第三方组织的考察情况以及听证情况,经检察委员会讨论研究后,对涉案企业作出相应的处理决定:若评估结果为不合格,可以视情况延长考验期或提起公诉;若评估结果为合格以上,可以作为提出从宽量刑建议或不起诉的依据。

第二十章　企业合规中法律人的职能定位

企业合规的性质决定了检察官是主导者，但法官绝非局外人、更非观望者，而是合规量刑从宽的主导者，律师是企业合规的建设者。

——题记

企业合规是推动企业治理结构变革的重要推手，从这个意义上来说，企业合规是全新的公司治理理论，属于管理学的范畴；同时，企业合规的“规”是广义上的法律，并且其建立需要法律激励措施，因而属于法学的范畴。企业合规改革中，作为法律职业共同体的检察官、法官、律师均承担不同的角色，发挥各自的职能作用。

第一节　检察官在企业合规中的职能定位

一、涉案企业合规（事后合规）的主导者

（一）检察官主导作用的内在逻辑

作为舶来品，企业合规在中国的兴起，与检察机关的主导推动密不可分。如本书在导言中所阐述的，在2018年中兴事件之前，我国

金融领域就已经尝试企业合规,2018 年之后,其他领域也在开展企业合规工作,但是基本上都停留在行业倡导层面。直到 2020 年,最高人民检察院开展试点工作,企业合规改革面貌为之一新。截至目前的试点改革,检察机关依然在主导推进。这种现象的产生,并非偶然,而是具有内在的制度逻辑和法理逻辑。

首先,从制度逻辑层面看,我国检察机关是宪法规定的法律监督机关,具有独特的社会治理使命和责任,这是中国特色社会主义检察制度的重要方面。参与社会治理,是检察职能的应有之义。检察机关既不同于法官,也不同于行政机关,而是介于两者之间的独立的司法机构。①

其次,从法理逻辑层面看,检察官主导企业合规是由其诉讼角色配置决定的。与认罪认罚从宽制度一样,企业合规主要是审前程序,检察官主导审前程序是刑事诉讼角色配置决定的。通过刑事激励措施促使企业建立合规,离不开检察机关的推动。从涉罪企业合规风险排查、企业承诺合规的具结、合规有效性评估,到从宽处罚的量刑建议、不起诉的决定,都离不开检察机关。根本原因在于合规计划与认罪认罚从宽一样,本质上属于控辩协商,属于审前程序。通过合规计划,检察机关由此深入企业治理结构改变的"深水区",检察官成为促使公司治理结构改变的推动者。法官作为中立的裁判者角色,既无法深入企业调查是否具备开展合规的条件,也无法对企业合规计划的实施有效性进行监管和评估,更无法像检察机关一样作为控方与被告单位进行定罪量刑协商。刑事诉讼控辩审"三角形"架构决定了法官居中裁判的角色地位,他无法倒向任何一方开展审前的"提前介入"工作。

---

① 参见[德]克劳思·罗科信:《刑事诉讼法》(第 24 版),吴丽琪译,法律出版社 2003 年版,第 66 页。

（二）检察官主导作用的体现

具体来说，检察官在办理涉案企业合规时的主导作用体现在以下方面。

一是主导涉案企业合规的启动。涉案犯罪的企业，在自愿认罪认罚，配合调查，承诺合规，向检察机关提出申请，检察机关经审查后，符合条件可以启动企业合规整改。当然，检察官在办理涉企犯罪案件时，在案件受理后甚至在提前介入侦查阶段，就可以告知涉案企业、人员关于企业合规的意义及其法律后果。因此，涉案企业合规的启动是检察主导下进行的。

二是主导涉案企业合规计划的审查。涉案企业承诺合规，并着手建立合规计划，检察官应当对合规计划进行审查，以确定该企业是否具有建立合规计划的条件，其提交的合规计划是否符合专业性的要求，是否具有针对性、具体性、适应性和可操作性。

三是主导企业合规计划的监管、评估。企业合规计划建立后就要进行实施，是否有效实施，这是检察官对案件最终作出处理决定的重要依据。检察官可以采取自行监管、委托监管、第三方监管等模式，但是必须要发挥主导作用。

四是决定涉案企业合规整改后的处置。检察官对合规计划的实施情况、合规整改效果进行审查后，对案件要作出处理决定。一般来说，有以下几种处理结果：（1）合规整改无效，对案件提起公诉；（2）合规整改有效，对案件作出不起诉决定；（3）合规整改有效，对案件提起公诉并提出从宽量刑建议。作出这些处理决定是检察机关的主导职责，特别是不起诉的决定是检察机关独有的法定职能。

二、非涉案企业合规（事前合规）的引导者

非涉案企业合规，又称“事前合规”，是相对于涉案企业合规（又称“事后合规”）而言的，是指未涉案的企业，自主建立合规计划，以

防止未来可能出现的违规、违法乃至犯罪行为。

从企业管理的角度来说，任何一家企业都有必要建立合规管理制度。合规计划是现代企业治理策略、企业战略、核心竞争力之一。企业经营管理面临的传统风险主要有经营风险和财务投融资风险，在合规时代，第三大风险——合规风险悄然来临。这里的合规风险就是企业因违法违规行为而受到监管处罚和刑事处罚的风险。这个风险一旦变成现实，企业就可能被剥夺特许经营资格，甚至被吊销营业执照，从而遭受经济损失乃至声誉损失，由此引发的“雪崩效应”会使企业承受灾难性的代价。因此，合规计划与业务管理、财务管理成为现代企业管理的三大支柱。对于企业来说，合规引发的损失与投资经营失策、失败相比，有过之而无不及。合规计划是一种企业治理结构的变革，是“最佳经营方式”、企业经营战略。合规计划成为改变企业治理结构的引擎。从这个角度来说，企业最好是在没有涉案时就建立合规计划，扎好 “羊圈”的篱笆；而不仅仅是涉案后才“亡羊补牢”。但是，企业以追求利润为目标，没有涉案时，企业建立一项高成本的合规计划的积极性必将大打折扣。

作为独立自主经营的企业，按照市场经济的法则，国家不能强制干预非涉案企业建立合规计划，只能引导和鼓励企业建立合规计划。问题是，谁来引导和鼓励？笔者认为，行政机关、行业协会固然可以引导和鼓励，正如企业合规改革试点之前相关行业所开展的工作，但是法律的激励作用显然更好。因此，检察机关开展事前合规工作，具有体现法律激励作用的天然优势。检察机关开展事前合规也具有法律依据和法理基础。按照“谁执法，谁普法”的原则，检察机关开展涉案企业合规的工作，就有责任向非涉案企业进行普法宣传企业合规的意义。同时，检察机关具有预防犯罪的职能。检察机关以往开展企业犯罪预防的方式，基本上体现为法治讲座、以案说法、警示教育、检察建议等，难以触及企业内部治理结构，属于典型的“蜻蜓点水”模式。合规计划的引入将会使检察机关预防企业犯罪职能和功效实现“升级换代”,对非涉案企业引导其建立合规计划,推动企业治理结构和企业文化的转型升级,进而从整体上改善营商环境。在我国,合规计划的引入将使检察机关预防企业犯罪工作从“蜻蜓点水”模式转变为“追根溯源”模式,真正实现政治效果、法律效果和社会效果的统一。①

现代社会分工越来越精细化,社会结构越来越复杂化,所面临的风险越来越多元化,国家管理资源越来越捉襟见肘。大型公司、跨国企业内部结构复杂,国家无法对这些大型企业涉及的专业领域风险进行有效监管,由于其规模庞大、内部结构复杂,国家制定的法律并不能完全符合具体企业的实际情况,国家无法有效地进行外部直接干预或管制。合规计划将风险管理和风险控制交由这些公司自我调节,因为只有这些公司拥有资源和风险。允许公司自我调节对政府来说在经济上更有效率。②当然,检察机关开展事前合规是有限度的,应当坚持“引导而不主导”“鼓励而不干预”的原则。不能强制非涉案企业建立合规体系,更不存在启动第三方监管督促其建立合规体系。

第二节　法官在企业合规中的职能定位

如前所述,检察官和法官的角色性质不同,加之企业合规诉前程序的特点,决定了检察官在企业合规中的主导作用,但是法官在企业合规中依然发挥了重要作用,并非企业合规的“局外人”。

---

①　参见李勇:《检察视角下中国刑事合规之构建》,载《国家检察官学院学报》2020 年第 4 期。

②　See Carlos Gómez – Jara Díez, *Corporate Culpability as a Limit to the Over criminalization of Corporate Criminal Liability: The Interplay Between Self – Regulation, Corporate Compliance, and Corporate Citizenship*, New Criminal Law Review, An International and Interdisciplinary Journal , Vol. 14:1, p. 78 – 96(2011).

就我国而言，不起诉是法定的检察职权，不存在法官批准的问题。因此，企业合规不起诉，以及未来立法上可能要增设的合规附条件不起诉，均不存在需要法官批准的问题。[①] 但是，法官在企业合规中依然具有十分重要的地位和作用，法官应当积极参与这项改革之中，应当作为参与者，而非观望者。法官在我国企业合规中的职能定位至少包括如下方面。

一、作为量刑因素的合规有效性审查者

根据《最高人民检察院关于开展企业合规改革试点工作方案》的规定，企业合规改革试点工作，是指检察机关对于办理的涉企刑事案件，在依法作出不批准逮捕、不起诉决定或者根据认罪认罚从宽制度提出轻缓量刑建议等的同时，针对企业涉嫌具体犯罪，结合办案实际，督促涉案企业作出合规承诺并积极整改落实，促进企业合规守法经营，减少和预防企业犯罪，实现司法办案政治效果、法律效果、社会效果的有机统一。合规从宽包括不批准逮捕、不起诉以及轻缓量刑建议，将合规整改作为量刑轻缓的因素。

只有被证明是有效的合规计划才能成为量刑从宽的因素，因此，法官在裁量刑罚时，应当对涉案企业合规有效性进行审查，经审查确认为有效的，应当采纳检察机关的量刑建议；如果经审查认为是无效的，就应当通知检察机关调整量刑建议，检察机关不予调整的，不予采纳量刑建议。可见，合规量刑激励机制中，法官在合规有效性审查中具有重要地位和作用。当然，这不仅需要法官积极履行合规审查职责，更需要法官具备合规审查的能力。如果法官对当前的企业合规改革淡漠，那么在合规案件审理中必然会消极，久而久之会在企业合规案件中被边缘化。

① 参见李勇：《企业附条件不起诉的立法建议》，载《中国刑事法杂志》2021 年第 2 期。

二、合规量刑从宽的决定者

如前所述，检察机关对涉案企业建立并实施合规计划的，可以作出不起诉决定，虽然对一些重罪案件依然会提起公诉，但会提出从宽处理的量刑建议。检察机关会根据合规整改情况提出量刑建议，但量刑建议只是求刑权，最终的决定权依然在法官。法官经审查确认为合规计划有效，且检察机关的量刑建议合法、合理的，应当采纳检察机关的量刑建议；如果经审查认为合规计划是无效的，就应当通知检察机关调整量刑建议，检察机关不予调整的，法官直接作出判决。我们习惯于谈企业合规，自然想到不起诉、附条件不起诉，但是我国《刑法》中重罪案件较多，而涉企犯罪案件中，有大量的案件并不符合不起诉的条件，合规从宽的案件不在少数，因而法官在合规量刑中大有可为。

最高人民检察发布的第二批企业合规典型案例六，就是一个合规量刑从宽的案例。简要案情如下：

> 海南省文昌市S科技开发有限公司（以下简称S公司）系当地高新技术民营企业，翁某某系该公司厂长。2015年至2016年，张某某（另案处理）在海南省文昌市翁田镇某处实施非法采矿，经张某某雇请的王某某（另案处理）联系，将采挖的石英砂出售给S公司。S公司厂长翁某某为解决生产原料来源问题，在明知石英砂为非法采挖的情况下，仍予以收购，共计3.69万吨。随后，翁某某安排公司财务部门通过公司员工陈某某及翁某某个人账户，将购砂款转账支付给王某某，王某某再将钱取出交给张某某。经审计，S公司支付石英砂款共计125万余元。2020年2月，文昌市公安局在侦查张某某涉恶犯罪团伙案件时，发现翁某某涉嫌

掩饰、隐瞒犯罪所得犯罪线索。2021年1月，翁某某经公安机关传唤到案后，如实供述犯罪事实，自愿认罪认罚。2021年2月，文昌市公安局以翁某某涉嫌掩饰、隐瞒犯罪所得罪移送文昌市检察院审查起诉。检察机关经审查，以涉嫌掩饰、隐瞒犯罪所得罪追加S公司为被告单位。2021年9月，文昌市检察院根据案情，结合企业合规整改情况，以S公司、翁某某涉嫌掩饰、隐瞒犯罪所得罪依法提起公诉，并提出轻缓量刑建议。2021年11月，文昌市法院采纳检察机关全部量刑建议，以掩饰、隐瞒犯罪所得罪分别判处被告单位S公司罚金3万元；被告人翁某某有期徒刑1年，缓刑1年6个月，并处罚金人民币1万元；退缴的赃款125万余元予以没收，上缴国库。

三、特定情况下审判阶段合规整改的主导者

根据《最高人民检察院关于开展企业合规改革试点工作方案》的规定，检察机关开展涉案企业合规的条件之一是企业及其人员自愿认罪认罚、自愿承诺合规。理论上和未来的实践中均存在这样的可能性，即有些涉案企业在检察机关审查起诉阶段不愿意认罪认罚、不愿承诺合规，但是案件到了审判阶段又愿意认罪认罚、承诺合规。在这种情况下，法院可以在审判期间，督促企业建立并实施合规计划，法官主导或委托第三方进行合规监管、评估，经审查认为合规计划有效的，可以作出从宽的判决，甚至可以作出免除处罚的判决。这与认罪认罚从宽制度一样，大量的自然人犯罪案件，在检察机关审查起诉阶段不愿意认罪认罚，到审判阶段后重新认罪认罚。

值得欣慰的是，浙江省绍兴市上虞区人民法院在探索审判阶段开展涉案企业合规建设方面，迈出了可喜的一步，对一起单位犯罪案

件开展合规审查。案情如下：

> 2016 年下半年至 2020 年 9 月，被告单位 A 公司在明知被告人王某某、姚某某等人无危险废物经营许可证的情况下，将生产过程中装有涂料残液的废包装桶出售给王某某、姚某某等人进行非法处置。废包装桶几经周转，最终被作为废铁运至下游钢厂进行熔冶钢铁等，严重污染大气生态环境。其中 A 公司非法处置危险废物达 500 余吨，违法所得 160 余万元。检察机关对 A 公司提起公诉。2022 年 2 月 15 日下午，上虞区人民法院召开了企业合规整改评审会暨判前社会效果评估会，组建由区人大代表、政协委员、法学界学者、环境保护高级工程师、企业高管、环境执法工作人员等共同参与的专家评审团队。与会专家一致认为，A 公司合规整改措施取得了较好成效。最终法院根据 A 公司、沈某某等人自愿认罪认罚、合规整改情况、专家评审意见等，对 A 公司及涉案人员酌情从宽及从轻处罚。①

总之，法官绝非这场重大改革的局外人，更不能作为观望者，而是合规量刑从宽的主导者。

第三节　律师在企业合规中的职能定位

企业合规人才严重匮乏，2021 年 3 月 18 日人社部、市场监管总

① 参见上虞人民法院民事审判第三庭：《以司法之力助推企业合规建设丨上虞法院审结一起污染环境案！》，载上虞人民法院网 2022 年 3 月 15 日，https://mp.weixin.qq.com/s/hCFwrRpwHC4T5g7xymBwug。

局、统计局联合发布的18个新职业中就有企业合规师。《中华人民共和国职业分类大典》对企业合规师的定义是：从事企业合规建设、管理和监督工作，使企业及企业内部成员行为符合法律法规、监管要求、行业规定和道德规范的人员。

毫无疑问，企业合规已经成为律师业务的新增长点，成立合规部的律师事务所不少，号称做合规的律师也不少。但真正懂合规、能做合规的律师事务所、律师其实很少。律师在企业合规中的角色定位主要表现为以下三个方面。

一、事后合规的“急诊医生”

企业一旦涉及单位犯罪或者行政违法，几乎面临灭顶之灾。这种事后合规，律师的角色类似于“急诊医生”，应当坚持“生命至上”。律师应积极向执法、司法机关提出合规申请，同时着手开展企业合规的建设工作。如果企业已有合规计划，应当完善或重建合规计划；如果企业并无合规计划，应当从零做起，建立合规计划。在通过检察机关的审查后，还应当协助企业实施合规计划，确保有效性。律师通过合规计划为企业争取从宽处罚的机会，挽救企业于危难之中，让企业“起死回生”，类似于“急诊医生”。对于涉嫌单位犯罪的刑事案件来说，这样的事后合规业务，是另一种形态的单位犯罪辩护业务；既属于刑事辩护业务的一部分，又不同于传统的刑事辩护业务。对于涉嫌行政违法、可能面临行政处罚的行政案件来说，这是行政处罚案件中产生的新的业务类型。

二、事前合规的“健康顾问”

对于未涉案的企业来说，建立一整套合规计划是企业的重大战略。有战略眼光的企业和企业家，应当着眼于事前合规。事前合规建设是一项专业性很强的浩大工程，需要专业的团队方能完成。一般来说,大中型企业即使有自己的合规部门和团队,建立一整套有效的合规计划也是极其困难的。理想的状态是外聘专业的律师团队进驻企业,与企业自身的合规团队协作建立合规计划;合规计划建立好之后,由企业自身的合规团队进行运行、控制和持续改进。相对来说,这样的做法成本更加合适。事前合规重在防患于未然,是在对企业进行“体检”的基础上,持续保持“健康”。因此,事前合规中律师的角色相对于“健康顾问”“保健医生”。

三、第三方监管的监管员

对于涉案企业来说,合规计划的监督、评估涉及启动第三方机制问题。目前,各地检察机关协同行政机关成立企业合规第三方机制管委会,并组建专业人员名单库,其成员最为重要的组成部分是律师。目前,律师对于担任第三方监管员热情很高,尽管相对于前两种角色来说,报酬极低。律师主要是基于参与监管可以学习和了解企业合规的运作,为后续开展事前合规和事后合规业务积累经验、打造品牌和扩大影响力。另外,第三方监管员的角色带有公益性质,也是律师社会责任的一部分,应当鼓励律师积极参与第三方监管工作。从这个意义上来说,律师是企业合规的建设者。

附件一　认罪认罚与企业合规百问索引

附件二　认罪认罚从宽制度规范性文件

最高人民法院、最高人民检察院、公安部、国家安全部、司法部关于适用认罪认罚从宽制度的指导意见

（2019 年 10 月 11 日）

适用认罪认罚从宽制度，对准确及时惩罚犯罪、强化人权司法保障、推动刑事案件繁简分流、节约司法资源、化解社会矛盾、推动国家治理体系和治理能力现代化，具有重要意义。为贯彻落实修改后刑事诉讼法，确保认罪认罚从宽制度正确有效实施，根据法律和有关规定，结合司法工作实际，制定本意见。

一、基本原则

1. 贯彻宽严相济刑事政策。落实认罪认罚从宽制度，应当根据犯罪的具体情况，区分案件性质、情节和对社会的危害程度，实行区别对待，做到该宽则宽，当严则严，宽严相济，罚当其罪。对可能判处三年有期徒刑以下刑罚的认罪认罚案件，要尽量依法从简从快从宽办理，探索相适应的处理原则和办案方式；对因民间矛盾引发的犯罪，犯罪嫌疑人、被告人自愿认罪、真诚悔罪并取得谅解、达成和解、尚未严重影响人民群众安全感的，要积极适用认罪认罚从宽制度，特别是对其中社会危害不大的初犯、偶犯、过失犯、未成年犯，一般应当体现从宽；对严重危害国家安全、公共安全犯罪，严重暴力犯罪，以及

社会普遍关注的重大敏感案件，应当慎重把握从宽，避免案件处理明显违背人民群众的公平正义观念。

2. 坚持罪责刑相适应原则。办理认罪认罚案件，既要考虑体现认罪认罚从宽，又要考虑其所犯罪行的轻重、应负刑事责任和人身危险性的大小，依照法律规定提出量刑建议，准确裁量刑罚，确保罚当其罪，避免罪刑失衡。特别是对于共同犯罪案件，主犯认罪认罚，从犯不认罪认罚的，人民法院、人民检察院应当注意两者之间的量刑平衡，防止因量刑失当严重偏离一般的司法认知。

3. 坚持证据裁判原则。办理认罪认罚案件，应当以事实为根据，以法律为准绳，严格按照证据裁判要求，全面收集、固定、审查和认定证据。坚持法定证明标准，侦查终结、提起公诉、作出有罪裁判应当做到犯罪事实清楚，证据确实、充分，防止因犯罪嫌疑人、被告人认罪而降低证据要求和证明标准。对犯罪嫌疑人、被告人认罪认罚，但证据不足，不能认定其有罪的，依法作出撤销案件、不起诉决定或者宣告无罪。

4. 坚持公检法三机关配合制约原则。办理认罪认罚案件，公、检、法三机关应当分工负责、互相配合、互相制约，保证犯罪嫌疑人、被告人自愿认罪认罚，依法推进从宽落实。要严格执法、公正司法，强化对自身执法司法办案活动的监督，防止产生“权权交易”、“权钱交易”等司法腐败问题。

二、适用范围和适用条件

5. 适用阶段和适用案件范围。认罪认罚从宽制度贯穿刑事诉讼全过程，适用于侦查、起诉、审判各个阶段。

认罪认罚从宽制度没有适用罪名和可能判处刑罚的限定，所有刑事案件都可以适用，不能因罪轻、罪重或者罪名特殊等原因而剥夺犯罪嫌疑人、被告人自愿认罪认罚获得从宽处理的机会。但“可以”适用不是一律适用，犯罪嫌疑人、被告人认罪认罚后是否从宽，由司法机关根据案件具体情况决定。

6."认罪"的把握。认罪认罚从宽制度中的"认罪",是指犯罪嫌疑人、被告人自愿如实供述自己的罪行,对指控的犯罪事实没有异议。承认指控的主要犯罪事实,仅对个别事实情节提出异议,或者虽然对行为性质提出辩解但表示接受司法机关认定意见的,不影响"认罪"的认定。犯罪嫌疑人、被告人犯数罪,仅如实供述其中一罪或部分罪名事实的,全案不作"认罪"的认定,不适用认罪认罚从宽制度,但对如实供述的部分,人民检察院可以提出从宽处罚的建议,人民法院可以从宽处罚。

7."认罚"的把握。认罪认罚从宽制度中的"认罚",是指犯罪嫌疑人、被告人真诚悔罪,愿意接受处罚。"认罚",在侦查阶段表现为表示愿意接受处罚;在审查起诉阶段表现为接受人民检察院拟作出的起诉或不起诉决定,认可人民检察院的量刑建议,签署认罪认罚具结书;在审判阶段表现为当庭确认自愿签署具结书,愿意接受刑罚处罚。

"认罚"考察的重点是犯罪嫌疑人、被告人的悔罪态度和悔罪表现,应当结合退赃退赔、赔偿损失、赔礼道歉等因素来考量。犯罪嫌疑人、被告人虽然表示"认罚",却暗中串供、干扰证人作证、毁灭、伪造证据或者隐匿、转移财产,有赔偿能力而不赔偿损失,则不能适用认罪认罚从宽制度。犯罪嫌疑人、被告人享有程序选择权,不同意适用速裁程序、简易程序的,不影响"认罚"的认定。

三、认罪认罚后"从宽"的把握

8."从宽"的理解。从宽处理既包括实体上从宽处罚,也包括程序上从简处理。"可以从宽",是指一般应当体现法律规定和政策精神,予以从宽处理。但可以从宽不是一律从宽,对犯罪性质和危害后果特别严重、犯罪手段特别残忍、社会影响特别恶劣的犯罪嫌疑人、被告人,认罪认罚不足以从轻处罚的,依法不予从宽处罚。

办理认罪认罚案件,应当依照刑法、刑事诉讼法的基本原则,根据犯罪的事实、性质、情节和对社会的危害程度,结合法定、酌定的量刑情节,综合考虑认罪认罚的具体情况,依法决定是否从宽、如何从宽。对于减轻、免除处罚,应当于法有据;不具备减轻处罚情节的,应当在法定幅度以内提出从轻处罚的量刑建议和量刑;对其中犯罪情节轻微不需要判处刑罚的,可以依法作出不起诉决定或者判决免予刑事处罚。

9. 从宽幅度的把握。办理认罪认罚案件,应当区别认罪认罚的不同诉讼阶段、对查明案件事实的价值和意义、是否确有悔罪表现,以及罪行严重程度等,综合考量确定从宽的限度和幅度。在刑罚评价上,主动认罪优于被动认罪,早认罪优于晚认罪,彻底认罪优于不彻底认罪,稳定认罪优于不稳定认罪。

认罪认罚的从宽幅度一般应当大于仅有坦白,或者虽认罪但不认罚的从宽幅度。对犯罪嫌疑人、被告人具有自首、坦白情节,同时认罪认罚的,应当在法定刑幅度内给予相对更大的从宽幅度。认罪认罚与自首、坦白不作重复评价。

对罪行较轻、人身危险性较小的,特别是初犯、偶犯,从宽幅度可以大一些;罪行较重、人身危险性较大的,以及累犯、再犯,从宽幅度应当从严把握。

四、犯罪嫌疑人、被告人辩护权保障

10. 获得法律帮助权。人民法院、人民检察院、公安机关办理认罪认罚案件,应当保障犯罪嫌疑人、被告人获得有效法律帮助,确保其了解认罪认罚的性质和法律后果,自愿认罪认罚。

犯罪嫌疑人、被告人自愿认罪认罚,没有辩护人的,人民法院、人民检察院、公安机关(看守所)应当通知值班律师为其提供法律咨询、程序选择建议、申请变更强制措施等法律帮助。符合通知辩护条件的,应当依法通知法律援助机构指派律师为其提供辩护。

人民法院、人民检察院、公安机关(看守所)应当告知犯罪嫌疑人、被告人有权约见值班律师,获得法律帮助,并为其约见值班律师提供便利。犯罪嫌疑人、被告人及其近亲属提出法律帮助请求的,人民法院、人民检察院、公安机关(看守所)应当通知值班律师为其提供法律帮助。

11. 派驻值班律师。法律援助机构可以在人民法院、人民检察院、看守所派驻值班律师。人民法院、人民检察院、看守所应当为派驻值班律师提供必要办公场所和设施。

法律援助机构应当根据人民法院、人民检察院、看守所的法律帮助需求和当地法律服务资源,合理安排值班律师。值班律师可以定期值班或轮流值班,律师资源短缺的地区可以通过探索现场值班和电话、网络值班相结合,在人民法院、人民检察院毗邻设置联合工作站,省内和市内统筹调配律师资源,以及建立政府购买值班律师服务机制等方式,保障法律援助值班律师工作有序开展。

12. 值班律师的职责。值班律师应当维护犯罪嫌疑人、被告人的合法权益,确保犯罪嫌疑人、被告人在充分了解认罪认罚性质和法律后果的情况下,自愿认罪认罚。值班律师应当为认罪认罚的犯罪嫌疑人、被告人提供下列法律帮助:

(一)提供法律咨询,包括告知涉嫌或指控的罪名、相关法律规定,认罪认罚的性质和法律后果等;

(二)提出程序适用的建议;

(三)帮助申请变更强制措施;

(四)对人民检察院认定罪名、量刑建议提出意见;

(五)就案件处理,向人民法院、人民检察院、公安机关提出意见;

(六)引导、帮助犯罪嫌疑人、被告人及其近亲属申请法律援助;

(七)法律法规规定的其他事项。

值班律师可以会见犯罪嫌疑人、被告人,看守所应当为值班律师会见提供便利。危害国家安全犯罪、恐怖活动犯罪案件,侦查期间值班律师会见在押犯罪嫌疑人的,应当经侦查机关许可。自人民检察院对案件审查起诉之日起,值班律师可以查阅案卷材料、了解案情。人民法院、人民检察院应当为值班律师查阅案卷材料提供便利。

值班律师提供法律咨询、查阅案卷材料、会见犯罪嫌疑人或者被告人、提出书面意见等法律帮助活动的相关情况应当记录在案,并随案移送。

13. 法律帮助的衔接。对于被羁押的犯罪嫌疑人、被告人,在不同诉讼阶段,可以由派驻看守所的同一值班律师提供法律帮助。对于未被羁押的犯罪嫌疑人、被告人,前一诉讼阶段的值班律师可以在后续诉讼阶段继续为犯罪嫌疑人、被告人提供法律帮助。

14. 拒绝法律帮助的处理。犯罪嫌疑人、被告人自愿认罪认罚,没有委托辩护人,拒绝值班律师帮助的,人民法院、人民检察院、公安机关应当允许,记录在案并随案移送。但是审查起诉阶段签署认罪认罚具结书时,人民检察院应当通知值班律师到场。

15. 辩护人职责。认罪认罚案件犯罪嫌疑人、被告人委托辩护人或者法律援助机构指派律师为其辩护的,辩护律师在侦查、审查起诉和审判阶段,应当与犯罪嫌疑人、被告人就是否认罪认罚进行沟通,提供法律咨询和帮助,并就定罪量刑、诉讼程序适用等向办案机关提出意见。

五、被害方权益保障

16. 听取意见。办理认罪认罚案件,应当听取被害人及其诉讼代理人的意见,并将犯罪嫌疑人、被告人是否与被害方达成和解协议、调解协议或者赔偿被害方损失,取得被害方谅解,作为从宽处罚的重要考虑因素。人民检察院、公安机关听取意见情况应当记录在案并随案移送。

17. 促进和解谅解。对符合当事人和解程序适用条件的公诉案件，犯罪嫌疑人、被告人认罪认罚的，人民法院、人民检察院、公安机关应当积极促进当事人自愿达成和解。对其他认罪认罚案件，人民法院、人民检察院、公安机关可以促进犯罪嫌疑人、被告人通过向被害方赔偿损失、赔礼道歉等方式获得谅解，被害方出具的谅解意见应当随案移送。

人民法院、人民检察院、公安机关在促进当事人和解谅解过程中，应当向被害方释明认罪认罚从宽、公诉案件当事人和解适用程序等具体法律规定，充分听取被害方意见，符合司法救助条件的，应当积极协调办理。

18. 被害方异议的处理。被害人及其诉讼代理人不同意对认罪认罚的犯罪嫌疑人、被告人从宽处理的，不影响认罪认罚从宽制度的适用。犯罪嫌疑人、被告人认罪认罚，但没有退赃退赔、赔偿损失，未能与被害方达成调解或者和解协议的，从宽时应当予以酌减。犯罪嫌疑人、被告人自愿认罪并且愿意积极赔偿损失，但由于被害方赔偿请求明显不合理，未能达成调解或者和解协议的，一般不影响对犯罪嫌疑人、被告人从宽处理。

六、强制措施的适用

19. 社会危险性评估。人民法院、人民检察院、公安机关应当将犯罪嫌疑人、被告人认罪认罚作为其是否具有社会危险性的重要考虑因素。对于罪行较轻、采用非羁押性强制措施足以防止发生刑事诉讼法第八十一条第一款规定的社会危险性的犯罪嫌疑人、被告人，根据犯罪性质及可能判处的刑罚，依法可不适用羁押性强制措施。

20. 逮捕的适用。犯罪嫌疑人认罪认罚，公安机关认为罪行较轻、没有社会危险性的，应当不再提请人民检察院审查逮捕。对提请逮捕的，人民检察院认为没有社会危险性不需要逮捕的，应当作出不批准逮捕的决定。

21. 逮捕的变更。已经逮捕的犯罪嫌疑人、被告人认罪认罚的，人民法院、人民检察院应当及时审查羁押的必要性,经审查认为没有继续羁押必要的,应当变更为取保候审或者监视居住。

七、侦查机关的职责

22. 权利告知和听取意见。公安机关在侦查过程中,应当告知犯罪嫌疑人享有的诉讼权利、如实供述罪行可以从宽处理和认罪认罚的法律规定,听取犯罪嫌疑人及其辩护人或者值班律师的意见,记录在案并随案移送。

对在非讯问时间、办案人员不在场情况下,犯罪嫌疑人向看守所工作人员或者辩护人、值班律师表示愿意认罪认罚的,有关人员应当及时告知办案单位。

23. 认罪教育。公安机关在侦查阶段应当同步开展认罪教育工作,但不得强迫犯罪嫌疑人认罪,不得作出具体的从宽承诺。犯罪嫌疑人自愿认罪,愿意接受司法机关处罚的,应当记录在案并附卷。

24. 起诉意见。对移送审查起诉的案件,公安机关应当在起诉意见书中写明犯罪嫌疑人自愿认罪认罚情况。认为案件符合速裁程序适用条件的,可以在起诉意见书中建议人民检察院适用速裁程序办理,并简要说明理由。

对可能适用速裁程序的案件,公安机关应当快速办理,对犯罪嫌疑人未被羁押的,可以集中移送审查起诉,但不得为集中移送拖延案件办理。

对人民检察院在审查逮捕期间或者重大案件听取意见中提出的开展认罪认罚工作的意见或建议,公安机关应当认真听取,积极开展相关工作。

25. 执法办案管理中心建设。加快推进公安机关执法办案管理中心建设,探索在执法办案管理中心设置速裁法庭,对适用速裁程序的案件进行快速办理。

八、审查起诉阶段人民检察院的职责

26. 权利告知。案件移送审查起诉后，人民检察院应当告知犯罪嫌疑人享有的诉讼权利和认罪认罚的法律规定，保障犯罪嫌疑人的程序选择权。告知应当采取书面形式，必要时应当充分释明。

27. 听取意见。犯罪嫌疑人认罪认罚的，人民检察院应当就下列事项听取犯罪嫌疑人、辩护人或者值班律师的意见，记录在案并附卷：

（一）涉嫌的犯罪事实、罪名及适用的法律规定；

（二）从轻、减轻或者免除处罚等从宽处罚的建议；

（三）认罪认罚后案件审理适用的程序；

（四）其他需要听取意见的情形。

人民检察院未采纳辩护人、值班律师意见的，应当说明理由。

28. 自愿性、合法性审查。对侦查阶段认罪认罚的案件，人民检察院应当重点审查以下内容：

（一）犯罪嫌疑人是否自愿认罪认罚，有无因受到暴力、威胁、引诱而违背意愿认罪认罚；

（二）犯罪嫌疑人认罪认罚时的认知能力和精神状态是否正常；

（三）犯罪嫌疑人是否理解认罪认罚的性质和可能导致的法律后果；

（四）侦查机关是否告知犯罪嫌疑人享有的诉讼权利，如实供述自己罪行可以从宽处理和认罪认罚的法律规定，并听取意见；

（五）起诉意见书中是否写明犯罪嫌疑人认罪认罚情况；

（六）犯罪嫌疑人是否真诚悔罪，是否向被害人赔礼道歉。

经审查，犯罪嫌疑人违背意愿认罪认罚的，人民检察院可以重新开展认罪认罚工作。存在刑讯逼供等非法取证行为的，依照法律规定处理。

29. 证据开示。人民检察院可以针对案件具体情况，探索证据开示制度,保障犯罪嫌疑人的知情权和认罪认罚的真实性及自愿性。

30. 不起诉的适用。完善起诉裁量权,充分发挥不起诉的审前分流和过滤作用,逐步扩大相对不起诉在认罪认罚案件中的适用。对认罪认罚后没有争议,不需要判处刑罚的轻微刑事案件,人民检察院可以依法作出不起诉决定。人民检察院应当加强对案件量刑的预判,对其中可能判处免刑的轻微刑事案件,可以依法作出不起诉决定。

对认罪认罚后案件事实不清、证据不足的案件,应当依法作出不起诉决定。

31. 签署具结书。犯罪嫌疑人自愿认罪,同意量刑建议和程序适用的,应当在辩护人或者值班律师在场的情况下签署认罪认罚具结书。犯罪嫌疑人被羁押的,看守所应当为签署具结书提供场所。具结书应当包括犯罪嫌疑人如实供述罪行、同意量刑建议、程序适用等内容,由犯罪嫌疑人、辩护人或者值班律师签名。

犯罪嫌疑人认罪认罚,有下列情形之一的,不需要签署认罪认罚具结书:

(一)犯罪嫌疑人是盲、聋、哑人,或者是尚未完全丧失辨认或者控制自己行为能力的精神病人的;

(二)未成年犯罪嫌疑人的法定代理人、辩护人对未成年人认罪认罚有异议的;

(三)其他不需要签署认罪认罚具结书的情形。

上述情形犯罪嫌疑人未签署认罪认罚具结书的,不影响认罪认罚从宽制度的适用。

32. 提起公诉。人民检察院向人民法院提起公诉的,应当在起诉书中写明被告人认罪认罚情况,提出量刑建议,并移送认罪认罚具结书等材料。量刑建议书可以另行制作,也可以在起诉书中写明。

33. 量刑建议的提出。犯罪嫌疑人认罪认罚的,人民检察院应当就主刑、附加刑、是否适用缓刑等提出量刑建议。人民检察院提出量刑建议前,应当充分听取犯罪嫌疑人、辩护人或者值班律师的意见,尽量协商一致。

办理认罪认罚案件,人民检察院一般应当提出确定刑量刑建议。对新类型、不常见犯罪案件,量刑情节复杂的重罪案件等,也可以提出幅度刑量刑建议。提出量刑建议,应当说明理由和依据。

犯罪嫌疑人认罪认罚没有其他法定量刑情节的,人民检察院可以根据犯罪的事实、性质等,在基准刑基础上适当减让提出确定刑量刑建议。有其他法定量刑情节的,人民检察院应当综合认罪认罚和其他法定量刑情节,参照相关量刑规范提出确定刑量刑建议。

犯罪嫌疑人在侦查阶段认罪认罚的,主刑从宽的幅度可以在前款基础上适当放宽;被告人在审判阶段认罪认罚的,在前款基础上可以适当缩减。建议判处罚金刑的,参照主刑的从宽幅度提出确定的数额。

34. 速裁程序的办案期限。犯罪嫌疑人认罪认罚,人民检察院经审查,认为符合速裁程序适用条件的,应当在十日以内作出是否提起公诉的决定;对可能判处的有期徒刑超过一年的,可以在十五日以内作出是否提起公诉的决定。

九、社会调查评估

35. 侦查阶段的社会调查。犯罪嫌疑人认罪认罚,可能判处管制、宣告缓刑的,公安机关可以委托犯罪嫌疑人居住地的社区矫正机构进行调查评估。

公安机关在侦查阶段委托社区矫正机构进行调查评估,社区矫正机构在公安机关移送审查起诉后完成调查评估的,应当及时将评估意见提交受理案件的人民检察院或者人民法院,并抄送公安机关。

36. 审查起诉阶段的社会调查。犯罪嫌疑人认罪认罚,人民检察院拟提出缓刑或者管制量刑建议的,可以及时委托犯罪嫌疑人居住地的社区矫正机构进行调查评估,也可以自行调查评估。人民检察院提起公诉时,已收到调查材料的,应当将材料一并移送,未收到调查材料的,应当将委托文书随案移送;在提起公诉后收到调查材料的,应当及时移送人民法院。

37. 审判阶段的社会调查。被告人认罪认罚,人民法院拟判处管制或者宣告缓刑的,可以及时委托被告人居住地的社区矫正机构进行调查评估,也可以自行调查评估。

社区矫正机构出具的调查评估意见,是人民法院判处管制、宣告缓刑的重要参考。对没有委托社区矫正机构进行调查评估或者判决前未收到社区矫正机构调查评估报告的认罪认罚案件,人民法院经审理认为被告人符合管制、缓刑适用条件的,可以判处管制、宣告缓刑。

38. 司法行政机关的职责。受委托的社区矫正机构应当根据委托机关的要求,对犯罪嫌疑人、被告人的居所情况、家庭和社会关系、一贯表现、犯罪行为的后果和影响、居住地村(居)民委员会和被害人意见、拟禁止的事项等进行调查了解,形成评估意见,及时提交委托机关。

十、审判程序和人民法院的职责

39. 审判阶段认罪认罚自愿性、合法性审查。办理认罪认罚案件,人民法院应当告知被告人享有的诉讼权利和认罪认罚的法律规定,听取被告人及其辩护人或者值班律师的意见。庭审中应当对认罪认罚的自愿性、具结书内容的真实性和合法性进行审查核实,重点核实以下内容:

(一)被告人是否自愿认罪认罚,有无因受到暴力、威胁、引诱而违背意愿认罪认罚;

(二)被告人认罪认罚时的认知能力和精神状态是否正常;

(三)被告人是否理解认罪认罚的性质和可能导致的法律后果;

（四）人民检察院、公安机关是否履行告知义务并听取意见；

（五）值班律师或者辩护人是否与人民检察院进行沟通，提供了有效法律帮助或者辩护，并在场见证认罪认罚具结书的签署。

庭审中审判人员可以根据具体案情，围绕定罪量刑的关键事实，对被告人认罪认罚的自愿性、真实性等进行发问，确认被告人是否实施犯罪，是否真诚悔罪。

被告人违背意愿认罪认罚，或者认罪认罚后又反悔，依法需要转换程序的，应当按照普通程序对案件重新审理。发现存在刑讯逼供等非法取证行为的，依照法律规定处理。

40. 量刑建议的采纳。对于人民检察院提出的量刑建议，人民法院应当依法进行审查。对于事实清楚，证据确实、充分，指控的罪名准确，量刑建议适当的，人民法院应当采纳。具有下列情形之一的，不予采纳：

（一）被告人的行为不构成犯罪或者不应当追究刑事责任的；

（二）被告人违背意愿认罪认罚的；

（三）被告人否认指控的犯罪事实的；

（四）起诉指控的罪名与审理认定的罪名不一致的；

（五）其他可能影响公正审判的情形。

对于人民检察院起诉指控的事实清楚，量刑建议适当，但指控的罪名与审理认定的罪名不一致的，人民法院可以听取人民检察院、被告人及其辩护人对审理认定罪名的意见，依法作出裁判。

人民法院不采纳人民检察院量刑建议的，应当说明理由和依据。

41. 量刑建议的调整。人民法院经审理，认为量刑建议明显不当，或者被告人、辩护人对量刑建议有异议且有理有据的，人民法院应当告知人民检察院，人民检察院可以调整量刑建议。人民法院认为调整后的量刑建议适当的，应当予以采纳；人民检察院不调整量刑建议或者调整后仍然明显不当的，人民法院应当依法作出判决。

适用速裁程序审理的，人民检察院调整量刑建议应当在庭前或者当庭提出。调整量刑建议后，被告人同意继续适用速裁程序的，不需要转换程序处理。

42. 速裁程序的适用条件。基层人民法院管辖的可能判处三年有期徒刑以下刑罚的案件，案件事实清楚，证据确实、充分，被告人认罪认罚并同意适用速裁程序的，可以适用速裁程序，由审判员一人独任审判。人民检察院提起公诉时，可以建议人民法院适用速裁程序。

有下列情形之一的，不适用速裁程序办理：

（一）被告人是盲、聋、哑人，或者是尚未完全丧失辨认或者控制自己行为能力的精神病人的；

（二）被告人是未成年人的；

（三）案件有重大社会影响的；

（四）共同犯罪案件中部分被告人对指控的犯罪事实、罪名、量刑建议或者适用速裁程序有异议的；

（五）被告人与被害人或者其法定代理人没有就附带民事诉讼赔偿等事项达成调解或者和解协议的；

（六）其他不宜适用速裁程序办理的案件。

43. 速裁程序的审理期限。适用速裁程序审理案件，人民法院应当在受理后十日以内审结；对可能判处的有期徒刑超过一年的，应当在十五日以内审结。

44. 速裁案件的审理程序。适用速裁程序审理案件，不受刑事诉讼法规定的送达期限的限制，一般不进行法庭调查、法庭辩论，但在判决宣告前应当听取辩护人的意见和被告人的最后陈述意见。

人民法院适用速裁程序审理案件，可以在向被告人送达起诉书时一并送达权利义务告知书、开庭传票，并核实被告人自然信息等情况。根据需要，可以集中送达。

人民法院适用速裁程序审理案件，可以集中开庭，逐案审理。人民检察院可以指派公诉人集中出庭支持公诉。公诉人简要宣读起诉书后,审判人员应当当庭询问被告人对指控事实、证据、量刑建议以及适用速裁程序的意见,核实具结书签署的自愿性、真实性、合法性,并核实附带民事诉讼赔偿等情况。

适用速裁程序审理案件,应当当庭宣判。集中审理的,可以集中当庭宣判。宣判时,根据案件需要,可以由审判员进行法庭教育。裁判文书可以简化。

45. 速裁案件的二审程序。被告人不服适用速裁程序作出的第一审判决提出上诉的案件,可以不开庭审理。第二审人民法院审查后,按照下列情形分别处理:

(一)发现被告人以事实不清、证据不足为由提出上诉的,应当裁定撤销原判,发回原审人民法院适用普通程序重新审理,不再按认罪认罚案件从宽处罚;

(二)发现被告人以量刑不当为由提出上诉的,原判量刑适当的,应当裁定驳回上诉,维持原判;原判量刑不当的,经审理后依法改判。

46. 简易程序的适用。基层人民法院管辖的被告人认罪认罚案件,事实清楚、证据充分,被告人对适用简易程序没有异议的,可以适用简易程序审判。

适用简易程序审理认罪认罚案件,公诉人可以简要宣读起诉书,审判人员当庭询问被告人对指控的犯罪事实、证据、量刑建议及适用简易程序的意见,核实具结书签署的自愿性、真实性、合法性。法庭调查可以简化,但对有争议的事实和证据应当进行调查、质证,法庭辩论可以仅围绕有争议的问题进行。裁判文书可以简化。

47. 普通程序的适用。适用普通程序办理认罪认罚案件,可以适当简化法庭调查、辩论程序。公诉人宣读起诉书后,合议庭当庭询问被告人对指控的犯罪事实、证据及量刑建议的意见,核实具结书签署的自愿性、真实性、合法性。公诉人、辩护人、审判人员对被告人的讯问、发问可以简化。对控辩双方无异议的证据,可以仅就证据名称及证明内容进行说明;对控辩双方有异议,或者法庭认为有必要调查核实的证据,应当出示并进行质证。法庭辩论主要围绕有争议的问题进行,裁判文书可以适当简化。

48. 程序转换。人民法院在适用速裁程序审理过程中,发现有被告人的行为不构成犯罪或者不应当追究刑事责任、被告人违背意愿认罪认罚、被告人否认指控的犯罪事实情形的,应当转为普通程序审理。发现其他不宜适用速裁程序但符合简易程序适用条件的,应当转为简易程序重新审理。

发现有不宜适用简易程序审理情形的,应当转为普通程序审理。

人民检察院在人民法院适用速裁程序审理案件过程中,发现有不宜适用速裁程序审理情形的,应当建议人民法院转为普通程序或者简易程序重新审理;发现有不宜适用简易程序审理情形的,应当建议人民法院转为普通程序重新审理。

49. 被告人当庭认罪认罚案件的处理。被告人在侦查、审查起诉阶段没有认罪认罚,但当庭认罪,愿意接受处罚的,人民法院应当根据审理查明的事实,就定罪和量刑听取控辩双方意见,依法作出裁判。

50. 第二审程序中被告人认罪认罚案件的处理。被告人在第一审程序中未认罪认罚,在第二审程序中认罪认罚的,审理程序依照刑事诉讼法规定的第二审程序进行。第二审人民法院应当根据其认罪认罚的价值、作用决定是否从宽,并依法作出裁判。确定从宽幅度时应当与第一审程序认罪认罚有所区别。

十一、认罪认罚的反悔和撤回

51. 不起诉后反悔的处理。因犯罪嫌疑人认罪认罚,人民检察院依照刑事诉讼法第一百七十七条第二款作出不起诉决定后,犯罪嫌疑人否认指控的犯罪事实或者不积极履行赔礼道歉、退赃退赔、赔偿

损失等义务的,人民检察院应当进行审查,区分下列情形依法作出处理:

(一)发现犯罪嫌疑人没有犯罪事实,或者符合刑事诉讼法第十六条规定的情形之一的,应当撤销原不起诉决定,依法重新作出不起诉决定;

(二)认为犯罪嫌疑人仍属于犯罪情节轻微,依照刑法规定不需要判处刑罚或者免除刑罚的,可以维持原不起诉决定;

(三)排除认罪认罚因素后,符合起诉条件的,应当根据案件具体情况撤销原不起诉决定,依法提起公诉。

52. 起诉前反悔的处理。犯罪嫌疑人认罪认罚,签署认罪认罚具结书,在人民检察院提起公诉前反悔的,具结书失效,人民检察院应当在全面审查事实证据的基础上,依法提起公诉。

53. 审判阶段反悔的处理。案件审理过程中,被告人反悔不再认罪认罚的,人民法院应当根据审理查明的事实,依法作出裁判。需要转换程序的,依照本意见的相关规定处理。

54. 人民检察院的法律监督。完善人民检察院对侦查活动和刑事审判活动的监督机制,加强对认罪认罚案件办理全过程的监督,规范认罪认罚案件的抗诉工作,确保无罪的人不受刑事追究、有罪的人受到公正处罚。

十二、未成年人认罪认罚案件的办理

55. 听取意见。人民法院、人民检察院办理未成年人认罪认罚案件,应当听取未成年犯罪嫌疑人、被告人的法定代理人的意见,法定代理人无法到场的,应当听取合适成年人的意见,但受案时犯罪嫌疑人已经成年的除外。

56. 具结书签署。未成年犯罪嫌疑人签署认罪认罚具结书时,其法定代理人应当到场并签字确认。法定代理人无法到场的,合适成年人应当到场签字确认。法定代理人、辩护人对未成年人认罪认罚有异议的,不需要签署认罪认罚具结书。

57. 程序适用。未成年人认罪认罚案件,不适用速裁程序,但应当贯彻教育、感化、挽救的方针,坚持从快从宽原则,确保案件及时办理,最大限度保护未成年人合法权益。

58. 法治教育。办理未成年人认罪认罚案件,应当做好未成年犯罪嫌疑人、被告人的认罪服法、悔过教育工作,实现惩教结合目的。

十三、附则

59. 国家安全机关、军队保卫部门、中国海警局、监狱办理刑事案件,适用本意见的有关规定。

60. 本指导意见由会签单位协商解释,自发布之日起施行。

人民检察院办理认罪认罚案件
开展量刑建议工作的指导意见

(2021 年 11 月 15 日)

为深入贯彻落实宽严相济刑事政策,规范人民检察院办理认罪认罚案件量刑建议工作,促进量刑公开公正,加强对检察机关量刑建议活动的监督制约,根据刑事诉讼法、人民检察院刑事诉讼规则等规定,结合检察工作实际,制定本意见。

第一章 一 般 规 定

第一条 犯罪嫌疑人认罪认罚的,人民检察院应当就主刑、附加刑、是否适用缓刑等提出量刑建议。

对认罪认罚案件,人民检察院应当在全面审查证据、查明事实、准确认定犯罪的基础上提出量刑建议。

第二条 人民检察院对认罪认罚案件提出量刑建议,应当坚持以下原则：

（一）宽严相济。应当根据犯罪的具体情况，综合考虑从重、从轻、减轻或者免除处罚等各种量刑情节提出量刑建议，做到该宽则宽，当严则严，宽严相济，轻重有度。

（二）依法建议。应当根据犯罪的事实、性质、情节和对于社会的危害程度等，依照刑法、刑事诉讼法以及相关司法解释的规定提出量刑建议。

（三）客观公正。应当全面收集、审查有罪、无罪、罪轻、罪重、从宽、从严等证据，依法听取犯罪嫌疑人、被告人、辩护人或者值班律师、被害人及其诉讼代理人的意见，客观公正提出量刑建议。

（四）罪责刑相适应。提出量刑建议既要体现认罪认罚从宽，又要考虑犯罪嫌疑人、被告人所犯罪行的轻重、应负的刑事责任和社会危险性的大小，确保罚当其罪，避免罪责刑失衡。

（五）量刑均衡。涉嫌犯罪的事实、情节基本相同的案件，提出的量刑建议应当保持基本均衡。

第三条　人民检察院对认罪认罚案件提出量刑建议，应当符合以下条件：

（一）犯罪事实清楚，证据确实、充分；

（二）提出量刑建议所依据的法定从重、从轻、减轻或者免除处罚等量刑情节已查清；

（三）提出量刑建议所依据的酌定从重、从轻处罚等量刑情节已查清。

第四条　办理认罪认罚案件，人民检察院一般应当提出确定刑量刑建议。对新类型、不常见犯罪案件，量刑情节复杂的重罪案件等，也可以提出幅度刑量刑建议，但应当严格控制所提量刑建议的幅度。

第五条　人民检察院办理认罪认罚案件提出量刑建议，应当按照有关规定对听取意见情况进行同步录音录像。

第二章 量刑证据的审查

第六条 影响量刑的基本事实和各量刑情节均应有相应的证据加以证明。

对侦查机关移送审查起诉的案件,人民检察院应当审查犯罪嫌疑人有罪和无罪、罪重和罪轻、从宽和从严的证据是否全部随案移送,未随案移送的,应当通知侦查机关在指定时间内移送。侦查机关应当收集而未收集量刑证据的,人民检察院可以通知侦查机关补充相关证据或者退回侦查机关补充侦查,也可以自行补充侦查。

对于依法需要判处财产刑的案件,人民检察院应当要求侦查机关收集并随案移送涉及犯罪嫌疑人财产状况的证据材料。

第七条 对于自首情节,应当重点审查投案的主动性、供述的真实性和稳定性等情况。

对于立功情节,应当重点审查揭发罪行的轻重、提供的线索对侦破案件或者协助抓捕其他犯罪嫌疑人所起的作用、被检举揭发的人可能或者已经被判处的刑罚等情况。犯罪嫌疑人提出检举、揭发犯罪立功线索的,应当审查犯罪嫌疑人掌握线索的来源、有无移送侦查机关、侦查机关是否开展调查核实等。

对于累犯、惯犯以及前科、劣迹等情节,应当调取相关的判决、裁定、释放证明等材料,并重点审查前后行为的性质、间隔长短、次数、罪行轻重等情况。

第八条 人民检察院应当根据案件情况对犯罪嫌疑人犯罪手段、犯罪动机、主观恶性、是否和解谅解、是否退赃退赔、有无前科劣迹等酌定量刑情节进行审查,并结合犯罪嫌疑人的家庭状况、成长环境、心理健康情况等进行审查,综合判断。

有关个人品格方面的证据材料不得作为定罪证据,但与犯罪相关的个人品格情况可以作为酌定量刑情节予以综合考虑。

第九条　人民检察院办理认罪认罚案件提出量刑建议,应当听取被害人及其诉讼代理人的意见,并将犯罪嫌疑人是否与被害方达成调解协议、和解协议或者赔偿被害方损失,取得被害方谅解,是否自愿承担公益损害修复及赔偿责任等,作为从宽处罚的重要考虑因素。

犯罪嫌疑人自愿认罪并且有赔偿意愿,但被害方拒绝接受赔偿或者赔偿请求明显不合理,未能达成调解或者和解协议的,可以综合考量赔偿情况及全案情节对犯罪嫌疑人予以适当从宽,但罪行极其严重、情节极其恶劣的除外。

必要时,人民检察院可以听取侦查机关、相关行政执法机关、案发地或者居住地基层组织和群众的意见。

第十条　人民检察院应当认真审查侦查机关移送的关于犯罪嫌疑人社会危险性和案件对所居住社区影响的调查评估意见。侦查机关未委托调查评估,人民检察院拟提出判处管制、缓刑量刑建议的,一般应当委托犯罪嫌疑人居住地的社区矫正机构或者有关组织进行调查评估,必要时,也可以自行调查评估。

调查评估意见是人民检察院提出判处管制、缓刑量刑建议的重要参考。人民检察院提起公诉时,已收到调查评估材料的,应当一并移送人民法院,已经委托调查评估但尚未收到调查评估材料的,人民检察院经审查全案情况认为犯罪嫌疑人符合管制、缓刑适用条件的,可以提出判处管制、缓刑的量刑建议,同时将委托文书随案移送人民法院。

第三章　量刑建议的提出

第十一条　人民检察院应当按照有关量刑指导意见规定的量刑基本方法,依次确定量刑起点、基准刑和拟宣告刑,提出量刑建议。

对新类型、不常见犯罪案件,可以参照相关量刑规范和相似案件的判决提出量刑建议。

第十二条 提出确定刑量刑建议应当明确主刑适用刑种、刑期和是否适用缓刑。

建议判处拘役的,一般应当提出确定刑量刑建议。

建议判处附加刑的,应当提出附加刑的类型。

建议判处罚金刑的,应当以犯罪情节为根据,综合考虑犯罪嫌疑人缴纳罚金的能力提出确定的数额。

建议适用缓刑的,应当明确提出。

第十三条 除有减轻处罚情节外,幅度刑量刑建议应当在法定量刑幅度内提出,不得兼跨两种以上主刑。

建议判处有期徒刑的,一般应当提出相对明确的量刑幅度。建议判处六个月以上不满一年有期徒刑的,幅度一般不超过二个月;建议判处一年以上不满三年有期徒刑的,幅度一般不超过六个月;建议判处三年以上不满十年有期徒刑的,幅度一般不超过一年;建议判处十年以上有期徒刑的,幅度一般不超过二年。

建议判处管制的,幅度一般不超过三个月。

第十四条 人民检察院提出量刑建议应当区别认罪认罚的不同诉讼阶段、对查明案件事实的价值和意义、是否确有悔罪表现,以及罪行严重程度等,综合考量确定从宽的限度和幅度。在从宽幅度上,主动认罪认罚优于被动认罪认罚,早认罪认罚优于晚认罪认罚,彻底认罪认罚优于不彻底认罪认罚,稳定认罪认罚优于不稳定认罪认罚。

认罪认罚的从宽幅度一般应当大于仅有坦白,或者虽认罪但不认罚的从宽幅度。对犯罪嫌疑人具有自首、坦白情节,同时认罪认罚的,应当在法定刑幅度内给予相对更大的从宽幅度。

第十五条 犯罪嫌疑人虽然认罪认罚,但所犯罪行具有下列情形之一的,提出量刑建议应当从严把握从宽幅度或者依法不予从宽:

（一）危害国家安全犯罪、恐怖活动犯罪、黑社会性质组织犯罪的首要分子、主犯；

（二）犯罪性质和危害后果特别严重、犯罪手段特别残忍、社会影响特别恶劣的；

（三）虽然罪行较轻但具有累犯、惯犯等恶劣情节的；

（四）性侵等严重侵害未成年人的；

（五）其他应当从严把握从宽幅度或者不宜从宽的情形。

第十六条　犯罪嫌疑人既有从重又有从轻、减轻处罚情节，应当全面考虑各情节的调节幅度，综合分析提出量刑建议，不能仅根据某一情节一律从轻或者从重。

犯罪嫌疑人具有减轻处罚情节的，应当在法定刑以下提出量刑建议，有数个量刑幅度的，应当在法定量刑幅度的下一个量刑幅度内提出量刑建议。

第十七条　犯罪嫌疑人犯数罪，同时具有立功、累犯等量刑情节的，先适用该量刑情节调节个罪基准刑，分别提出量刑建议，再依法提出数罪并罚后决定执行的刑罚的量刑建议。人民检察院提出量刑建议时应当分别列明个罪量刑建议和数罪并罚后决定执行的刑罚的量刑建议。

第十八条　对于共同犯罪案件，人民检察院应当根据各犯罪嫌疑人在共同犯罪中的地位、作用以及应当承担的刑事责任分别提出量刑建议。提出量刑建议时应当注意各犯罪嫌疑人之间的量刑平衡。

第十九条　人民检察院可以根据案件实际情况，充分考虑提起公诉后可能出现的退赃退赔、刑事和解、修复损害等量刑情节变化，提出满足相应条件情况下的量刑建议。

第二十条　人民检察院可以借助量刑智能辅助系统分析案件、计算量刑，在参考相关结论的基础上，结合案件具体情况，依法提出量刑建议。

第二十一条 检察官应当全面审查事实证据，准确认定案件性质，根据量刑情节拟定初步的量刑建议，并组织听取意见。

案件具有下列情形之一的，检察官应当向部门负责人报告或者建议召开检察官联席会议讨论，确定量刑建议范围后再组织听取意见：

（一）新类型、不常见犯罪；

（二）案情重大、疑难、复杂的；

（三）涉案犯罪嫌疑人人数众多的；

（四）性侵未成年人的；

（五）与同类案件或者关联案件处理结果明显不一致的；

（六）其他认为有必要报告或讨论的。

检察官应当按照有关规定在权限范围内提出量刑建议。案情重大、疑难、复杂的，量刑建议应当由检察长或者检察委员会讨论决定。

第四章 听取意见

第二十二条 办理认罪认罚案件，人民检察院应当依法保障犯罪嫌疑人获得有效法律帮助。犯罪嫌疑人要求委托辩护人的，应当充分保障其辩护权，严禁要求犯罪嫌疑人解除委托。

对没有委托辩护人的，应当及时通知值班律师为犯罪嫌疑人提供法律咨询、程序选择建议、申请变更强制措施等法律帮助。对符合通知辩护条件的，应当通知法律援助机构指派律师为其提供辩护。

人民检察院应当为辩护人、值班律师会见、阅卷等提供便利。

第二十三条 对法律援助机构指派律师为犯罪嫌疑人提供辩护，犯罪嫌疑人的监护人、近亲属又代为委托辩护人的，应当听取犯罪嫌疑人的意见,由其确定辩护人人选。犯罪嫌疑人是未成年人的,应当听取其监护人意见。

第二十四条 人民检察院在听取意见时,应当将犯罪嫌疑人享有的诉讼权利和认罪认罚从宽的法律规定,拟认定的犯罪事实、涉嫌罪名、量刑情节,拟提出的量刑建议及法律依据告知犯罪嫌疑人及其辩护人或者值班律师。

人民检察院听取意见可以采取当面、远程视频等方式进行。

第二十五条 人民检察院应当充分说明量刑建议的理由和依据,听取犯罪嫌疑人及其辩护人或者值班律师对量刑建议的意见。

犯罪嫌疑人及其辩护人或者值班律师对量刑建议提出不同意见,或者提交影响量刑的证据材料,人民检察院经审查认为犯罪嫌疑人及其辩护人或者值班律师意见合理的,应当采纳,相应调整量刑建议,审查认为意见不合理的,应当结合法律规定、全案情节、相似案件判决等作出解释、说明。

第二十六条 人民检察院在听取意见的过程中,必要时可以通过出示、宣读、播放等方式向犯罪嫌疑人开示或部分开示影响定罪量刑的主要证据材料,说明证据证明的内容,促使犯罪嫌疑人认罪认罚。

言词证据确需开示的,应注意合理选择开示内容及方式,避免妨碍诉讼、影响庭审。

第二十七条 听取意见后,达成一致意见的,犯罪嫌疑人应当签署认罪认罚具结书。有刑事诉讼法第一百七十四条第二款不需要签署具结书情形的,不影响对其提出从宽的量刑建议。

犯罪嫌疑人有辩护人的,应当由辩护人在场见证具结并签字,不得绕开辩护人安排值班律师代为见证具结。辩护人确因客观原因无法到场的,可以通过远程视频方式见证具结。

犯罪嫌疑人自愿认罪认罚,没有委托辩护人,拒绝值班律师帮助的，签署具结书时，应当通知值班律师到场见证，并在具结书上注明。值班律师对人民检察院量刑建议、程序适用有异议的，检察官应当听取其意见，告知其确认犯罪嫌疑人认罪认罚的自愿性后应当在具结书上签字。

未成年犯罪嫌疑人签署具结书时，其法定代理人应当到场并签字确认。法定代理人无法到场的，合适成年人应当到场签字确认。法定代理人、辩护人对未成年人认罪认罚有异议的，未成年犯罪嫌疑人不需要签署具结书。

第二十八条 听取意见过程中，犯罪嫌疑人及其辩护人或者值班律师提供可能影响量刑的新的证据材料或者提出不同意见，需要审查、核实的，可以中止听取意见。人民检察院经审查、核实并充分准备后可以继续听取意见。

第二十九条 人民检察院提起公诉后开庭前，被告人自愿认罪认罚的，人民检察院可以组织听取意见。达成一致的，被告人应当在辩护人或者值班律师在场的情况下签署认罪认罚具结书。

第三十条 对于认罪认罚案件，犯罪嫌疑人签署具结书后，没有新的事实和证据，且犯罪嫌疑人未反悔的，人民检察院不得撤销具结书、变更量刑建议。除发现犯罪嫌疑人认罪悔罪不真实、认罪认罚后又反悔或者不履行具结书中需要履行的赔偿损失、退赃退赔等情形外，不得提出加重犯罪嫌疑人刑罚的量刑建议。

第三十一条 人民检察院提出量刑建议，一般应当制作量刑建议书，与起诉书一并移送人民法院。对于案情简单、量刑情节简单，适用速裁程序的案件，也可以在起诉书中载明量刑建议。

量刑建议书中应当写明建议对犯罪嫌疑人科处的主刑、附加刑、是否适用缓刑等及其理由和依据，必要时可以单独出具量刑建议理由说明书。适用速裁程序审理的案件，通过起诉书载明量刑建议的，可以在起诉书中简化说理。

第五章　量刑建议的调整

第三十二条　人民法院经审理,认为量刑建议明显不当或者认为被告人、辩护人对量刑建议的异议合理,建议人民检察院调整量刑建议的,人民检察院应当认真审查,认为人民法院建议合理的,应当调整量刑建议,认为人民法院建议不当的,应当说明理由和依据。

人民检察院调整量刑建议,可以制作量刑建议调整书移送人民法院。

第三十三条　开庭审理前或者休庭期间调整量刑建议的,应当重新听取被告人及其辩护人或者值班律师的意见。

庭审中调整量刑建议,被告人及其辩护人没有异议的,人民检察院可以当庭调整量刑建议并记录在案。当庭无法达成一致或者调整量刑建议需要履行相应报告、决定程序的,可以建议法庭休庭,按照本意见第二十四条、第二十五条的规定组织听取意见,履行相应程序后决定是否调整。

适用速裁程序审理认罪认罚案件,需要调整量刑建议的,应当在庭前或者当庭作出调整。

第三十四条　被告人签署认罪认罚具结书后,庭审中反悔不再认罪认罚的,人民检察院应当了解反悔的原因,被告人明确不再认罪认罚的,人民检察院应当建议人民法院不再适用认罪认罚从宽制度,撤回从宽量刑建议,并建议法院在量刑时考虑相应情况。依法需要转为普通程序或者简易程序审理的,人民检察院应当向人民法院提出建议。

第三十五条　被告人认罪认罚而庭审中辩护人作无罪辩护的,人民检察院应当核实被告人认罪认罚的真实性、自愿性。被告人仍然认罪认罚的,可以继续适用认罪认罚从宽制度,被告人反悔不再认罪认罚的,按照本意见第三十四条的规定处理。

第三十六条 检察官应当在职责权限范围内调整量刑建议。根据本意见第二十一条规定,属于检察官职责权限范围内的,可以由检察官调整量刑建议并向部门负责人报告备案;属于检察长或者检察委员会职责权限范围内的,应当由检察长或者检察委员会决定调整。

第六章 量刑监督

第三十七条 人民法院违反刑事诉讼法第二百零一条第二款规定,未告知人民检察院调整量刑建议而直接作出判决的,人民检察院一般应当以违反法定程序为由依法提出抗诉。

第三十八条 认罪认罚案件审理中,人民法院认为量刑建议明显不当建议人民检察院调整,人民检察院不予调整或者调整后人民法院不予采纳,人民检察院认为判决、裁定量刑确有错误的,应当依法提出抗诉,或者根据案件情况,通过提出检察建议或者发出纠正违法通知书等进行监督。

第三十九条 认罪认罚案件中,人民法院采纳人民检察院提出的量刑建议作出判决、裁定,被告人仅以量刑过重为由提出上诉,因被告人反悔不再认罪认罚致从宽量刑明显不当的,人民检察院应当依法提出抗诉。

第七章 附 则

第四十条 人民检察院办理认罪认罚二审、再审案件,参照本意见提出量刑建议。

第四十一条 本意见自发布之日起施行。

附件三　企业合规相关规范性文件

最高人民检察院关于开展企业合规改革试点工作方案

（2021 年 3 月 19 日）

检察机关开展企业合规改革试点工作是深入贯彻党的十九大和十九届二中、三中、四中、五中全会精神，认真贯彻习近平法治思想，助力实现“十四五”规划和 2035 年远景目标的重要举措，对于促进国家治理体系和治理能力现代化具有重要意义。为确保试点工作依法有序推进，制定如下方案。

一、内涵、目标和原则

（一）基本内涵

开展企业合规改革试点工作，是指检察机关对于办理的涉企刑事案件，在依法做出不批准逮捕、不起诉决定或者根据认罪认罚从宽制度提出轻缓量刑建议等的同时，针对企业涉嫌具体犯罪，结合办案实际，督促涉案企业作出合规承诺并积极整改落实，促进企业合规守法经营，减少和预防企业犯罪，实现司法办案政治效果、法律效果、社会效果的有机统一。

（二）主要目标

检察机关开展企业合规改革试点，旨在充分发挥检察职能，加大对民营经济平等保护，更好落实依法不捕不诉不提出判实刑量刑建议等司法政策，既给涉案企业以深刻警醒和教育，防范今后可能再发生违法犯罪，也给相关行业企业合规经营提供样板和借鉴，为服务"六稳""六保"，促进市场主体健康发展，营造良好法治化营商环境，推动形成新发展格局，促进经济社会高质量发展，助推国家治理体系和治理能力现代化提供新的检察产品，贡献更大检察力量。

（三）基本原则

1. 坚持党的领导。服务和保障市场主体健康发展，促进经济社会高质量发展，是检察机关贯彻落实习近平法治思想的重要体现。试点地区检察机关要进一步提高认识，主动向党委、党委政法委汇报，争取人大、政府支持，加强与市场监管、税务、工商联、律师协会等单位联系，建立联席会议制度和第三方监管机制，在党委及其政法委领导下稳步推进改革试点工作。

2. 坚持检察职责定位。要立足于刑事、民事、行政、公益诉讼"四大检察"职能，督促企业履行合规承诺，促进企业合规经营，建立现代企业管理制度，服务保障经济社会高质量发展。

3. 严格依法有序推进。试点应严格依照法律规定，按照试点方案要求，有规划、分步骤进行。未经立法授权，各试点单位不得突破法律规定试行对涉企业犯罪附条件不起诉（暂缓起诉）等做法。地方检察院开展企业合规试点，要层报高检院同意。

二、主要内容

（一）企业范围和案件类型

企业范围包括各类市场主体，主要是指涉案企业以及与涉案企业相关联企业。国企民企、内资外资、大中小微企业，均可列入试点范围。案件类型包括企业经济活动涉及的各种经济犯罪、职务犯罪。

（二）试点形式和内容

1. 与依法适用认罪认罚从宽制度和检察建议结合起来。通过适用认罪认罚从宽制度等，对涉企案件，做到依法能不捕的不捕、能不诉的不诉、能不判实刑的要提出判缓刑的量刑建议，督促企业建立合规制度，履行合规承诺。

2. 与依法清理“挂案”结合起来。通过积极推动企业合规试点工作，提出企业合规建设意见和建议，包括整改方向和意见，同时促进“挂案”清理工作，依法平等保护企业合法权益。

3. 与依法适用不起诉结合起来。不起诉类型既包括刑事诉讼法第一百七十五条第四款规定的不起诉，也包括刑事诉讼法第一百七十七条第一款、第二款规定的不起诉，以及刑事诉讼法第一百八十二条规定的不起诉。对不起诉案件，做到应听证尽听证。

（三）积极探索建立第三方监管机制

各试点单位应当结合本地实际，探索建立包括市场监管部门、税务部门、工商联等以及律师、审计师、会计师、人民监督员、人大代表、政协委员等在内的企业合规第三方监管机制。通过第三方监管，监督、促进企业践行合规承诺。检察机关要定期检查合规建设情况，并根据案件具体情况依法作出相应处理。

三、工作步骤

（一）扩大试点范围，规范试点工作。对于前一时期试点工作中的不规范做法，依法予以规范，同时适当扩大试点范围，开展为期一至二年的试点。

（二）总结试点经验，申请全国人大常委会授权开展涉企业犯罪附条件不起诉试点。在第二期试点一年左右基础上，总结试点经验和效果，向中央政法委专题汇报；向全国人大常委会申请扩大附条件不起诉适用范围，对合规建设效果较好的涉案企业，可以附条件不起诉，同时授权部分检察机关开展试点。

（三）提出立法建议，推动立法。在总结试点经验基础上，向中央改革办、中央政法委和全国人大常委会专题报告，提出建立涉企业犯罪附条件不起诉制度的立法建议，推动相关立法修改。

四、第二期试点时间、范围和工作要求

（一）试点时间和范围

试点时间:2021 年 3 月至 2022 年 3 月。

试点范围:北京、辽宁、上海、江苏、浙江、福建、山东、湖北、湖南、广东。上述省级检察院可根据本地情况,自行确定 1 至 2 个设区的市级院及其所辖基层院作为试点单位。已经试点的基层院所属市级院可将该市检察机关整体纳入试点范围,并报高检院备案。

（二）工作要求

1. 加强组织领导。各试点单位要严格按照高检院的统一部署,树立检察工作“一盘棋”意识,把试点工作抓紧抓实。试点院党组要将试点工作列入重要议事日程,成立以检察长为组长、有关院领导和业务部门负责人为成员的试点工作领导小组,一把手亲自抓,其他院领导负起应有的领导责任。上级院要加强对下督促检查,确保试点工作顺利进行,取得实效。

2. 依法有序推进试点。试点单位要严格按照现行法律规定和本方案的试点范围开展试点。遇到重大问题,要及时向上级院和当地党委政法委报告。试点期间确定适用企业合规的案件由省级院统一把关,争议案件可以对口向高检院相关业务厅请示。地方制发的有关规范性文件及时报高检院法律政策研究室备案。各地非试点单位不得以企业合规名义进行改革试点或宣传报道。

3. 积极向党委、党委政法委报告。各试点单位要及时向地方党委、党委政法委报告,积极争取人大、政府和有关部门的支持,注重与公安机关、工商联、市场监管部门等单位的沟通协调,共同推进试点工作有序稳妥开展。

最高人民检察院、司法部、财政部、生态环境部、国务院国有资产监督管理委员会、国家税务总局、国家市场监督管理总局、中华全国工商业联合会、中国国际贸易促进委员会关于建立涉案企业合规第三方监督评估机制的指导意见（试行）

（2021年6月3日）

为贯彻落实习近平总书记重要讲话精神和党中央重大决策部署，在依法推进企业合规改革试点工作中建立健全涉案企业合规第三方监督评估机制，有效惩治预防企业违法犯罪，服务保障经济社会高质量发展，助力推进国家治理体系和治理能力现代化，根据刑法、刑事诉讼法等法律法规及相关政策精神，制定本指导意见。

第一章　总　　则

第一条　涉案企业合规第三方监督评估机制（以下简称第三方机制），是指人民检察院在办理涉企犯罪案件时，对符合企业合规改革试点适用条件的，交由第三方监督评估机制管理委员会（以下简称第三方机制管委会）选任组成的第三方监督评估组织（以下简称第三方组织），对涉案企业的合规承诺进行调查、评估、监督和考察。考察结果作为人民检察院依法处理案件的重要参考。

第二条　第三方机制的建立和运行，应当遵循依法有序、公开公正、平等保护、标本兼治的原则。

第三条　第三方机制适用于公司、企业等市场主体在生产经营活动中涉及的经济犯罪、职务犯罪等案件，既包括公司、企业等实施的单位犯罪案件，也包括公司、企业实际控制人、经营管理人员、关键技术人员等实施的与生产经营活动密切相关的犯罪案件。

第四条 对于同时符合下列条件的涉企犯罪案件,试点地区人民检察院可以根据案件情况适用本指导意见:

(一)涉案企业、个人认罪认罚;

(二)涉案企业能够正常生产经营,承诺建立或者完善企业合规制度,具备启动第三方机制的基本条件;

(三)涉案企业自愿适用第三方机制。

第五条 对于具有下列情形之一的涉企犯罪案件,不适用企业合规试点以及第三方机制:

(一)个人为进行违法犯罪活动而设立公司、企业的;

(二)公司、企业设立后以实施犯罪为主要活动的;

(三)公司、企业人员盗用单位名义实施犯罪的;

(四)涉嫌危害国家安全犯罪、恐怖活动犯罪的;

(五)其他不宜适用的情形。

第二章 第三方机制管委会的组成和职责

第六条 最高人民检察院、国务院国有资产监督管理委员会、财政部、全国工商联会同司法部、生态环境部、国家税务总局、国家市场监督管理总局、中国国际贸易促进委员会等部门组建第三方机制管委会,全国工商联负责承担管委会的日常工作,国务院国有资产监督管理委员会、财政部负责承担管委会中涉及国有企业的日常工作。

第三方机制管委会履行下列职责:

(一)研究制定涉及第三方机制的规范性文件;

(二)研究论证第三方机制涉及的重大法律政策问题;

(三)研究制定第三方机制专业人员名录库的入库条件和管理办法;

(四)研究制定第三方组织及其人员的工作保障和激励制度;

（五）对试点地方第三方机制管委会和第三方组织开展日常监督和巡回检查；

（六）协调相关成员单位对所属或者主管的中华全国律师协会、中国注册会计师协会、中国企业联合会、中国注册税务师协会、中国贸促会全国企业合规委员会（中国贸促会商事法律服务中心）以及其他行业协会、商会、机构等在企业合规领域的业务指导，研究制定涉企犯罪的合规考察标准；

（七）统筹协调全国范围内第三方机制的其他工作。

第七条　第三方机制管委会各成员单位建立联席会议机制，由最高人民检察院、国务院国有资产监督管理委员会、财政部、全国工商联负责同志担任召集人，根据工作需要定期或者不定期召开会议，研究有关重大事项和规范性文件，确定阶段性工作重点和措施。

各成员单位应当按照职责分工，认真落实联席会议确定的工作任务和议定事项，建立健全日常联系、联合调研、信息共享、宣传培训等机制，推动企业合规改革试点和第三方机制相关工作的顺利进行。

第八条　试点地方的人民检察院和国资委、财政部门、工商联应当结合本地实际，参照本指导意见第六条、第七条规定组建本地区的第三方机制管委会并建立联席会议机制。

试点地方第三方机制管委会履行下列职责：

（一）建立本地区第三方机制专业人员名录库，并根据各方意见建议和工作实际进行动态管理；

（二）负责本地区第三方组织及其成员的日常选任、培训、考核工作，确保其依法依规履行职责；

（三）对选任组成的第三方组织及其成员开展日常监督和巡回检查；

（四）对第三方组织的成员违反本指导意见的规定，或者实施其他违反社会公德、职业伦理的行为，严重损害第三方组织形象或公信力的，及时向有关主管机关、协会等提出惩戒建议，涉嫌违法犯罪的，及时向公安司法机关报案或者举报，并将其列入第三方机制专业人员名录库黑名单；

（五）统筹协调本地区第三方机制的其他工作。

第九条 第三方机制管委会应当组建巡回检查小组，按照本指导意见第六条第五项、第八条第三项的规定，对相关组织和人员在第三方机制相关工作中的履职情况开展不预先告知的现场抽查和跟踪监督。

巡回检查小组成员可以由人大代表、政协委员、人民监督员、退休法官、检察官以及会计审计等相关领域的专家学者担任。

第三章 第三方机制的启动和运行

第十条 人民检察院在办理涉企犯罪案件时，应当注意审查是否符合企业合规试点以及第三方机制的适用条件，并及时征询涉案企业、个人的意见。涉案企业、个人及其辩护人、诉讼代理人或者其他相关单位、人员提出适用企业合规试点以及第三方机制申请的，人民检察院应当依法受理并进行审查。

人民检察院经审查认为涉企犯罪案件符合第三方机制适用条件的，可以商请本地区第三方机制管委会启动第三方机制。第三方机制管委会应当根据案件具体情况以及涉案企业类型，从专业人员名录库中分类随机抽取人员组成第三方组织，并向社会公示。

第三方组织组成人员名单应当报送负责办理案件的人民检察院备案。人民检察院或者涉案企业、个人、其他相关单位、人员对选任的第三方组织组成人员提出异议的，第三方机制管委会应当调查核实并视情况做出调整。

第十一条 第三方组织应当要求涉案企业提交专项或者多项合规计划，并明确合规计划的承诺完成时限。

涉案企业提交的合规计划，主要围绕与企业涉嫌犯罪有密切联系的企业内部治理结构、规章制度、人员管理等方面存在的问题，制定可行的合规管理规范，构建有效的合规组织体系，健全合规风险防范报告机制，弥补企业制度建设和监督管理漏洞，防止再次发生相同或者类似的违法犯罪。

第十二条　第三方组织应当对涉案企业合规计划的可行性、有效性与全面性进行审查，提出修改完善的意见建议，并根据案件具体情况和涉案企业承诺履行的期限，确定合规考察期限。

在合规考察期内，第三方组织可以定期或者不定期对涉案企业合规计划履行情况进行检查和评估，可以要求涉案企业定期书面报告合规计划的执行情况，同时抄送负责办理案件的人民检察院。第三方组织发现涉案企业或其人员尚未被办案机关掌握的犯罪事实或者新实施的犯罪行为，应当中止第三方监督评估程序，并向负责办理案件的人民检察院报告。

第十三条　第三方组织在合规考察期届满后，应当对涉案企业的合规计划完成情况进行全面检查、评估和考核，并制作合规考察书面报告，报送负责选任第三方组织的第三方机制管委会和负责办理案件的人民检察院。

第十四条　人民检察院在办理涉企犯罪案件过程中，应当将第三方组织合规考察书面报告、涉案企业合规计划、定期书面报告等合规材料，作为依法作出批准或者不批准逮捕、起诉或者不起诉以及是否变更强制措施等决定，提出量刑建议或者检察建议、检察意见的重要参考。

人民检察院发现涉案企业在预防违法犯罪方面制度不健全、不落实，管理不完善，存在违法犯罪隐患，需要及时消除的，可以结合合规材料，向涉案企业提出检察建议。

人民检察院对涉案企业作出不起诉决定，认为需要给予行政处罚、处分或者没收其违法所得的，应当结合合规材料，依法向有关主管机关提出检察意见。

人民检察院通过第三方机制，发现涉案企业或其人员存在其他违法违规情形的，应当依法将案件线索移送有关主管机关、公安机关或者纪检监察机关处理。

第十五条 人民检察院对于拟作不批准逮捕、不起诉、变更强制措施等决定的涉企犯罪案件，可以根据《人民检察院审查案件听证工作规定》召开听证会，并邀请第三方组织组成人员到会发表意见。

第十六条 负责办理案件的人民检察院应当履行下列职责：

(一)对第三方组织组成人员名单进行备案审查，发现组成人员存在明显不适当情形的，及时向第三方机制管委会提出意见建议；

(二)对涉案企业合规计划、定期书面报告进行审查，向第三方组织提出意见建议；

(三)对第三方组织合规考察书面报告进行审查，向第三方机制管委会提出意见建议，必要时开展调查核实工作；

(四)依法办理涉案企业、个人及其辩护人、诉讼代理人或者其他相关单位、人员在第三方机制运行期间提出的申诉、控告或者有关申请、要求；

(五)刑事诉讼法、人民检察院刑事诉讼规则等法律、司法解释规定的其他法定职责。

第十七条 第三方组织及其组成人员在合规考察期内，可以针对涉案企业合规计划、定期书面报告开展必要的检查、评估，涉案企业应当予以配合。

第三方组织及其组成人员应当履行下列义务：

(一)遵纪守法，勤勉尽责，客观中立；

(二)不得泄露履职过程中知悉的国家秘密、商业秘密和个人隐私；

（三）不得利用履职便利，索取、收受贿赂或者非法侵占涉案企业、个人的财物；

（四）不得利用履职便利，干扰涉案企业正常生产经营活动。

第三方组织组成人员系律师、注册会计师、税务师（注册税务师）等中介组织人员的，在履行第三方监督评估职责期间不得违反规定接受可能有利益关系的业务；在履行第三方监督评估职责结束后一年以内，上述人员及其所在中介组织不得接受涉案企业、个人或者其他有利益关系的单位、人员的业务。

第十八条　涉案企业或其人员在第三方机制运行期间，认为第三方组织或其组成人员存在行为不当或者涉嫌违法犯罪的，可以向负责选任第三方组织的第三方机制管委会反映或者提出异议，或者向负责办理案件的人民检察院提出申诉、控告。

涉案企业及其人员应当按照时限要求认真履行合规计划，不得拒绝履行或者变相不履行合规计划、拒不配合第三方组织合规考察或者实施其他严重违反合规计划的行为。

第四章　附　　则

第十九条　纪检监察机关认为涉嫌行贿的企业符合企业合规试点以及第三方机制适用条件，向人民检察院提出建议的，人民检察院可以参照适用本指导意见。

第二十条　试点地方人民检察院、国资委、财政部门、工商联可以结合本地实际，参照本指导意见会同有关部门制定具体实施办法，并按照试点工作要求报送备案。

本指导意见由最高人民检察院、国务院国有资产监督管理委员会、财政部、全国工商联会同司法部、生态环境部、国家税务总局、国家市场监督管理总局、中国国际贸易促进委员会负责解释，自印发之日起施行。

中华全国工商业联合会办公厅、最高人民检察院办公厅、司法部办公厅、财政部办公厅、生态环境部办公厅、国务院国有资产监督管理委员会办公厅、国家税务总局办公厅、国家市场监督管理总局办公厅、中国国际贸易促进委员会办公室《关于建立涉案企业合规第三方监督评估机制的指导意见（试行）》实施细则

（2022 年 1 月 4 日）

为深入学习贯彻习近平新时代中国特色社会主义思想，全面贯彻习近平法治思想，完整、准确、全面贯彻新发展理念，认真落实最高人民检察院、司法部、财政部、生态环境部、国务院国资委、税务总局、市场监管总局、全国工商联、中国贸促会《关于建立涉案企业合规第三方监督评估机制的指导意见（试行）》（以下简称《指导意见》），依法推进企业合规改革试点工作，规范涉案企业合规第三方监督评估机制管理委员会（以下简称第三方机制管委会）以及第三方监督评估机制（以下简称第三方机制）相关工作有序开展，结合工作实际，制定本实施细则。

第一章　第三方机制管委会的组成和职责

第一条　第三方机制管委会是承担对第三方机制的宏观指导、具体管理、日常监督、统筹协调等职责，确保第三方机制依法、有序、规范运行，以及第三方监督评估组织（以下简称第三方组织）及其组成人员依法依规履行职责的议事协调机构。

第二条　第三方机制管委会成员单位包括最高人民检察院、司

法部、财政部、生态环境部、国务院国资委、税务总局、市场监管总局、全国工商联、中国贸促会等部门，并可以根据工作需要增加成员单位。

第三条　第三方机制管委会履行下列职责：

（一）研究制定涉及第三方机制的规范性文件；

（二）研究论证第三方机制涉及的重大法律政策问题；

（三）研究制定第三方机制专业人员名录库的入库条件和管理办法；

（四）研究制定第三方组织及其组成人员的工作保障和激励制度；

（五）对试点地方第三方机制管委会和第三方组织开展日常监督和巡回检查；

（六）协调相关成员单位对所属或者主管的中华全国律师协会、中国注册会计师协会、中国企业联合会、中国注册税务师协会、中国贸促会全国企业合规委员会（中国贸促会商事法律服务中心）以及其他行业协会、商会、机构等在企业合规领域的业务指导，研究制定涉企犯罪的合规考察标准；

（七）统筹协调第三方机制的其他工作。

第二章　第三方机制管委会联席会议的职责

第四条　第三方机制管委会建立联席会议机制，以联席会议形式研究制定重大规范性文件，研究论证重大法律政策问题，研究确定阶段性工作重点和措施，协调议定重大事项，推动管委会有效履职尽责。

第五条　联席会议由最高人民检察院、国务院国资委、财政部、全国工商联有关负责同志担任召集人，管委会其他成员单位有关负责同志担任联席会议成员。联席会议成员因工作变动需要调整的，由所在单位提出，联席会议确定。

第六条 联席会议原则上每半年召开一次，也可以根据工作需要临时召开。涉及企业合规改革试点工作及重大法律政策议题的由最高人民检察院召集，涉及第三方机制管委会日常工作及民营企业议题的由全国工商联召集，涉及国有企业议题的由国务院国资委、财政部召集。召集人可以根据议题邀请其他相关部门、单位以及专家学者参加会议。

第七条 联席会议以纪要形式明确会议议定事项，印发第三方机制管委会各成员单位及有关方面贯彻落实，重大事项按程序报批，落实情况定期报告联席会议。

第八条 联席会议设联络员，由第三方机制管委会各成员单位有关司局负责同志担任。在联席会议召开之前，应当召开联络员会议，研究讨论联席会议议题和需提交联席会议议定的事项及其他有关工作。

联络员应当根据所在单位职能，履行下列职责：

（一）协调本单位与其他成员单位的工作联系；

（二）组织研究起草有关规范性文件，研究论证有关法律政策问题，对有关事项或者议题提出意见建议；

（三）组织研究提出本单位需提交联席会议讨论的议题；

（四）在联席会议成员因故不能参加会议时，受委托参加会议并发表意见；

（五）组织落实联席会议确定的工作任务和议定事项。

第九条 联席会议设联系人，由第三方机制管委会各成员单位有关处级负责同志担任，负责日常联系沟通工作，承办联席会议成员及联络员的交办事项。

第三章 第三方机制管委会办公室的职责

第十条 第三方机制管委会下设办公室作为常设机构，负责承担第三方机制管委会的日常工作。办公室设在全国工商联，由全国工商联有关部门负责同志担任办公室主任，最高人民检察院、国务院国资委、财政部有关部门负责同志担任办公室副主任。

第十一条　第三方机制管委会办公室履行下列职责：

（一）协调督促各成员单位落实联席会议确定的工作任务和议定事项；

（二）收集整理各成员单位提交联席会议研究讨论的议题，负责联席会议和联络员会议的组织筹备工作；

（三）协调指导联席会议联系人开展日常联系沟通工作；

（四）负责国家层面第三方机制专业人员名录库的建立选任、日常管理、动态调整，并建立禁入名单等惩戒机制；

（五）组织开展对试点地方第三方机制管委会和第三方组织日常监督和巡回检查；

（六）承担第三方机制管委会及其联席会议交办的其他工作。

第十二条　第三方机制管委会办公室应当采取有效措施，建立健全第三方机制管委会联合调研、信息共享、案例指导、宣传培训等机制，并加强与中华全国律师协会、中国注册会计师协会、中国企业联合会、中国注册税务师协会、中国贸促会全国企业合规委员会（中国贸促会商事法律服务中心）以及其他行业协会、商会、机构的工作联系。

第十三条　第三方机制管委会办公室牵头组建巡回检查小组，邀请人大代表、政协委员、人民监督员、退休法官、退休检察官以及会计、审计、法律、合规等相关领域的专家学者担任巡回检查小组成员，对试点地方第三方机制管委会和相关第三方组织及其组成人员的履职情况开展不预先告知的现场抽查和跟踪监督。

第三方机制管委会办公室应当将巡回检查情况及时报告第三方机制管委会及其联席会议，并提出改进工作的意见建议。

第十四条 第三方机制管委会办公室可以推动各成员单位、各工作联系单位根据工作需要互派干部挂职交流，探索相关单位工作人员兼任检察官助理制度，并协调各成员单位视情派员参与第三方机制管委会办公室工作，提升企业合规工作专业化规范化水平。

第十五条 试点地方的人民检察院和国资委、财政、工商联等有关单位应当结合本地实际，组建本地区的第三方机制管委会并建立联席会议机制，设立第三方机制管委会办公室负责日常工作。

第四章 第三方组织的性质

第十六条 第三方组织是试点地方第三方机制管委会选任组成的负责对涉案企业的合规承诺及其完成情况进行调查、评估、监督和考察的临时性组织。

第十七条 第三方组织的运行应当遵循依法依规、公开公正、客观中立、专业高效的原则。

第十八条 试点地方第三方机制管委会负责对其选任组成的第三方组织及其组成人员履职期间的监督、检查、考核等工作，确保其依法依规履行职责。

第五章 第三方机制的启动

第十九条 人民检察院在办理涉企犯罪案件时，应当注意审查是否符合企业合规试点以及第三方机制的适用条件，并及时听取涉案企业、人员的意见。经审查认为符合适用条件的，应当商请本地区第三方机制管委会启动第三方机制。

公安机关、纪检监察机关等办案机关提出适用建议的，人民检察院参照前款规定处理。

第二十条 涉案企业、人员及其辩护人、诉讼代理人以及其他相关单位、人员提出适用企业合规试点以及第三方机制申请的，人民检察院应当依法受理并进行审查。经审查认为符合适用条件的,应当商请本地区第三方机制管委会启动第三方机制。

第二十一条　第三方机制管委会收到人民检察院商请后,应当综合考虑案件涉嫌罪名、复杂程度以及涉案企业类型、规模、经营范围、主营业务等因素,从专业人员名录库中分类随机抽取人员组成第三方组织。

专业人员名录库中没有相关领域专业人员的,第三方机制管委会可以采取协商邀请的方式,商请有关专业人员参加第三方组织。

同一个第三方组织一般负责监督评估一个涉案企业。同一案件涉及多个涉案企业,或者涉案企业之间存在明显关联关系的,可以由同一个第三方组织负责监督评估。

第二十二条　涉案企业、人员的居住地与案件办理地不一致的,案件办理地第三方机制管委会可以委托涉案企业、人员居住地第三方机制管委会选任组成第三方组织并开展监督评估,或者可以通过第三方机制管委会成员单位及其所属或者主管的行业协会、商会、机构的异地协作机制,协助开展监督评估。

第二十三条　第三方组织一般由 3 至 7 名专业人员组成,针对小微企业的第三方组织也可以由 2 名专业人员组成。

同一名专业人员在不存在利益关系、保障工作质量的条件下,可以同时担任一个以上第三方组织的组成人员。

第三方机制管委会应当根据工作需要,指定第三方组织牵头负责人,也可由第三方组织组成人员民主推举负责人,并报第三方机制管委会审定。

第二十四条　第三方机制管委会应当将第三方组织组成人员名单及提出意见的方式向社会公示,接受社会监督。

公示期限由第三方机制管委会根据情况决定,但不得少于五个工作日。公示可以通过在涉案单位所在地或者有关新闻媒体、网站发布公示通知等形式进行。

第二十五条 涉案企业、人员或者其他相关单位、人员对选任的第三方组织组成人员提出异议,或者第三方组织组成人员申请回避的,第三方机制管委会应当及时调查核实并视情况作出调整。

公示期满后无异议或者经审查异议不成立的,第三方机制管委会应当将第三方组织组成人员名单报送负责办理案件的人民检察院备案。人民检察院发现组成人员存在明显不适当情形的,应当及时向第三方机制管委会提出意见建议,第三方机制管委会依照本条第一款的规定处理。

第二十六条 人民检察院对第三方机制管委会报送的第三方组织组成人员名单,经审查未提出不同意见的,应当通报第三方机制管委会,并由第三方机制管委会宣告第三方组织成立。

第三方组织存续期间,其组成人员一般不得变更。确需变更的,第三方机制管委会应当依照本实施细则相关规定处理。

第六章 第三方机制的运行

第二十七条 第三方组织成立后,应当在负责办理案件的人民检察院的支持协助下,深入了解企业涉案情况,认真研判涉案企业在合规领域存在的薄弱环节和突出问题,合理确定涉案企业适用的合规计划类型,做好相关前期准备工作。

第三方机制管委会可以根据工作需要,指派专门人员负责与选任组成的第三方组织及负责办理案件的人民检察院、涉案企业联络沟通,协调处理第三方机制启动和运行有关事宜。

第二十八条 第三方组织根据涉案企业情况和工作需要,应当要求涉案企业提交单项或者多项合规计划,对于小微企业可以视情简化。

涉案企业提交的合规计划,应当以全面合规为目标、专项合规为重点,主要针对与企业涉嫌犯罪有密切联系的企业内部治理结构、规章制度、人员管理等方面存在的问题,制定可行的合规管理规范,构建有效的合规组织体系,完善相关业务管理流程,健全合规风险防范报告机制,弥补企业制度建设和监督管理漏洞,防止再次发生相同或者类似的违法犯罪。

第二十九条　第三方组织应当对涉案企业合规计划的可行性、有效性与全面性进行审查,重点审查以下内容:

(一)涉案企业完成合规计划的可能性以及合规计划本身的可操作性;

(二)合规计划对涉案企业预防治理涉嫌的犯罪行为或者类似违法犯罪行为的实效性;

(三)合规计划是否覆盖涉案企业在合规领域的薄弱环节和明显漏洞;

(四)其他根据涉案企业实际情况需要重点审查的内容。

第三方组织应当就合规计划向负责办理案件的人民检察院征求意见,综合审查情况一并向涉案企业提出修改完善的意见。

第三十条　第三方组织根据案件具体情况和涉案企业承诺履行的期限,并向负责办理案件的人民检察院征求意见后,合理确定合规考察期限。

第三十一条　在合规考察期内,第三方组织可以定期或者不定期对涉案企业合规计划履行情况进行监督和评估,可以要求涉案企业定期书面报告合规计划的执行情况,同时抄送负责办理案件的人民检察院。

第三方组织发现涉案企业执行合规计划存在明显偏差或错误的,应当及时进行指导、提出纠正意见,并报告负责办理案件的人民检察院。

第三十二条　第三方组织发现涉案企业或其人员尚未被办案机

关掌握的犯罪事实或者新实施的犯罪行为，应当中止第三方监督评估程序，并及时向负责办理案件的人民检察院报告。

负责办理案件的人民检察院接到报告后，依照刑事诉讼法及相关司法解释的规定依法处理。

第三十三条 第三方组织在合规考察期届满后，应当对涉案企业的合规计划完成情况进行全面了解、监督、评估和考核，并制作合规考察书面报告。

合规考察书面报告一般应当包括以下内容：

（一）涉案企业履行合规承诺、落实合规计划情况；

（二）第三方组织开展了解、监督、评估和考核情况；

（三）第三方组织监督评估的程序、方法和依据；

（四）监督评估结论及意见建议；

（五）其他需要说明的问题。

第三十四条 合规考察书面报告应当由第三方组织全体组成人员签名或者盖章后，报送负责选任第三方组织的第三方机制管委会、负责办理案件的人民检察院等单位。

第三方组织组成人员对合规考察书面报告有不同意见的，应当在报告中说明其不同意见及理由。

第三十五条 本实施细则第三十一条、第三十三条规定的监督、评估方法应当紧密联系企业涉嫌犯罪有关情况，包括但不限于以下方法：

（一）观察、访谈、文本审阅、问卷调查、知识测试；

（二）对涉案企业的相关业务与管理事项，结合业务发生频率、重要性及合规风险高低进行抽样检查；

（三）对涉案企业的相关业务处理流程，结合相关原始文件、业务处理踪迹、操作管理流程等进行穿透式检查；

（四）对涉案企业的相关系统及数据，结合交易数据、业务凭证、工作记录以及权限、参数设置等进行比对检查。

第三十六条　涉案企业及其人员对第三方组织开展的检查、评估应当予以配合并提供便利，如实填写、提交相关文件、材料，不得弄虚作假。

涉案企业或其人员认为第三方组织或其组成人员的检查、评估行为不当或者涉嫌违法犯罪的，可以向负责选任第三方组织的第三方机制管委会反映或者提出异议，或者向负责办理案件的人民检察院提出申诉、控告。

第三十七条　负责选任第三方组织的第三方机制管委会和负责办理案件的人民检察院收到第三方组织报送的合规考察书面报告后，应当及时进行审查，双方认为第三方组织已经完成监督评估工作的，由第三方机制管委会宣告第三方组织解散。

第三十八条　第三方组织组成人员系律师、注册会计师、税务师（注册税务师）等中介组织人员的，在履行第三方监督评估职责期间不得违反规定接受可能有利益关系的业务；在履行第三方监督评估职责结束后二年以内，上述人员及其所在中介组织不得接受涉案企业、人员或者其他有利益关系的单位、人员的业务。

第三十九条　第三方机制管委会或者负责办理案件的人民检察院发现第三方组织或其组成人员故意提供虚假报告或者提供的报告严重失实的，应当依照《指导意见》的规定及时向有关主管机关、协会等提出惩戒建议，涉嫌违法犯罪的，及时向有关机关报案或者举报，并将其列入第三方机制专业人员名录库禁入名单。

第四十条　负责办理案件的人民检察院应当要求知悉案情的第三方组织组成人员，参照执行防止干预司法“三个规定”，严格做好有关事项填报工作。

第七章　附　　则

第四十一条　试点地方第三方机制管委会可以结合本地实际，

参照《指导意见》及本实施细则制定具体实施办法，并按照试点工作要求报送备案。

第四十二条 本实施细则由最高人民检察院、国务院国资委、财政部、全国工商联会同司法部、生态环境部、税务总局、市场监管总局、中国贸促会等部门组建的第三方机制管委会负责解释，自印发之日起施行。

涉案企业合规建设、评估和审查办法（试行）

（2022 年 4 月 19 日）

为深入学习贯彻习近平新时代中国特色社会主义思想，全面贯彻习近平法治思想，完整、准确、全面贯彻新发展理念，认真落实最高人民检察院、司法部、财政部、生态环境部、国务院国资委、税务总局、市场监管总局、全国工商联、中国贸促会《关于建立涉案企业合规第三方监督评估机制的指导意见（试行）》（以下简称《指导意见》）及其实施细则，依法推进企业合规改革试点工作，规范第三方监督评估机制（以下简称第三方机制）相关工作有序开展，结合工作实际，制定本办法。

第一章 总 则

第一条 涉案企业合规建设，是指涉案企业针对与涉嫌犯罪有密切联系的合规风险，制定专项合规整改计划，完善企业治理结构，健全内部规章制度，形成有效合规管理体系的活动。

涉案企业合规评估，是指第三方监督评估组织（以下简称第三方组织）对涉案企业专项合规整改计划和相关合规管理体系有效性进行了解、评价、监督和考察的活动。

涉案企业合规审查，是指负责办理案件的人民检察院对第三方组织的评估过程和结论进行审核。

针对未启动第三方机制的小微企业合规，可以由人民检察院对其提交的合规计划和整改报告进行审查。

第二条　对于涉案企业合规建设经评估符合有效性标准的，人民检察院可以参考评估结论依法作出不批准逮捕、变更强制措施、不起诉的决定，提出从宽处罚的量刑建议，或者向有关主管机关提出从宽处罚、处分的检察意见。

对于涉案企业合规建设经评估未达到有效性标准或者采用弄虚作假手段骗取评估结论的，人民检察院可以依法作出批准逮捕、起诉的决定，提出从严处罚的量刑建议，或者向有关主管机关提出从严处罚、处分的检察意见。

第二章　涉案企业合规建设

第三条　涉案企业应当全面停止涉罪违规违法行为，退缴违规违法所得，补缴税款和滞纳金并缴纳相关罚款，全力配合有关主管机关、公安机关、检察机关及第三方组织的相关工作。

第四条　涉案企业一般应当成立合规建设领导小组，由其实际控制人、主要负责人和直接负责的主管人员等组成，必要时可以聘请外部专业机构或者专业人员参与或者协助。合规建设领导小组应当在全面分析研判企业合规风险的基础上，结合本行业合规建设指引，研究制定专项合规计划和内部规章制度。

第五条　涉案企业制定的专项合规计划，应当能够有效防止再次发生相同或者类似的违法犯罪行为。

第六条　涉案企业实际控制人、主要负责人应当在专项合规计划中作出合规承诺并明确宣示，合规是企业的优先价值，对违规违法行为采取零容忍的态度，确保合规融入企业的发展目标、发展战略和管理体系。

第七条 涉案企业应当设置与企业类型、规模、业务范围、行业特点等相适应的合规管理机构或者管理人员。

合规管理机构或者管理人员可以专设或者兼理,合规管理的职责必须明确、具体、可考核。

第八条 涉案企业应当针对合规风险防控和合规管理机构履职的需要,通过制定合规管理规范、弥补监督管理漏洞等方式,建立健全合规管理的制度机制。

涉案企业的合规管理机构和各层级管理经营组织均应当根据其职能特点设立合规目标,细化合规措施。

合规管理制度机制应当确保合规管理机构或者管理人员独立履行职责,对于涉及重大合规风险的决策具有充分发表意见并参与决策的权利。

第九条 涉案企业应当为合规管理制度机制的有效运行提供必要的人员、培训、宣传、场所、设备和经费等人力物力保障。

第十条 涉案企业应当建立监测、举报、调查、处理机制,保证及时发现和监控合规风险,纠正和处理违规行为。

第十一条 涉案企业应当建立合规绩效评价机制,引入合规指标对企业主要负责人、经营管理人员、关键技术人员等进行考核。

第十二条 涉案企业应当建立持续整改、定期报告等机制,保证合规管理制度机制根据企业经营发展实际不断调整和完善。

第三章 涉案企业合规评估

第十三条 第三方组织可以根据涉案企业情况和工作需要,制定具体细化、可操作的合规评估工作方案。

第十四条 第三方组织对涉案企业专项合规整改计划和相关合规管理体系有效性的评估,重点包括以下内容:

（一）对涉案合规风险的有效识别、控制；

（二）对违规违法行为的及时处置；

（三）合规管理机构或者管理人员的合理配置；

（四）合规管理制度机制建立以及人力物力的充分保障；

（五）监测、举报、调查、处理机制及合规绩效评价机制的正常运行；

（六）持续整改机制和合规文化已经基本形成。

第十五条　第三方组织应当以涉案合规风险整改防控为重点，结合特定行业合规评估指标，制定符合涉案企业实际的评估指标体系。

评估指标的权重可以根据涉案企业类型、规模、业务范围、行业特点以及涉罪行为等因素设置，并适当提高合规管理的重点领域、薄弱环节和重要岗位等方面指标的权重。

第四章　涉案企业合规审查

第十六条　第三方机制管委会和人民检察院收到第三方组织报送的合规考察书面报告后，应当及时进行审查，重点审查以下内容：

（一）第三方组织制定和执行的评估方案是否适当；

（二）评估材料是否全面、客观、专业，足以支持考察报告的结论；

（三）第三方组织或其组成人员是否存在可能影响公正履职的不当行为或者涉嫌违法犯罪行为。

经第三方机制管委会和人民检察院审查，认为第三方组织已经完成监督评估工作的，由第三方机制管委会宣告第三方组织解散。对于审查中发现的疑点和重点问题，人民检察院可以要求第三方组织或其组成人员说明情况，也可以直接进行调查核实。

第十七条　人民检察院对小微企业提交合规计划和整改报告的审查，重点包括合规承诺的履行、合规计划的执行、合规整改的实效等内容。

第十八条 第三方机制管委会收到关于第三方组织或其组成人员存在行为不当或者涉嫌违法犯罪的反映、异议，或者人民检察院收到上述内容的申诉、控告的，双方应当及时互相通报情况并会商提出处理建议。

第十九条 第三方机制管委会或者人民检察院经审查合规考察书面报告等材料发现，或者经对收到的反映、异议或者申诉、控告调查核实确认，第三方组织或其组成人员存在违反《指导意见》及其实施细则规定的禁止性行为，足以影响评估结论真实性、有效性的，第三方机制管委会应当重新组建第三方组织进行评估。

第五章 附 则

第二十条 本办法所称涉案企业，是指涉嫌单位犯罪的企业，或者实际控制人、经营管理人员、关键技术人员等涉嫌实施与生产经营活动密切相关犯罪的企业。

对与涉案企业存在关联合规风险或者由类案暴露出合规风险的企业，负责办理案件的人民检察院可以对其提出合规整改的检察建议。

第二十一条 涉案企业应当以全面合规为目标、专项合规为重点，并根据规模、业务范围、行业特点等因素变化，逐步增设必要的专项合规计划，推动实现全面合规。

第二十二条 大中小微企业的划分，根据国家相关标准执行。

第二十三条 本办法由国家层面第三方机制管委会负责解释。自印发之日起施行。

中小企业合规管理体系有效性评价

（2022 年 5 月 23 日）

前　　言

本文件按照 GB 或 T 1. 1—2020《标准化工作导则　第 1 部分：标准化文件的结构和起草规则》的规定起草。

请注意本文件的某些内容可能涉及专利。本文件的发布机构不承担识别专利的责任。

本文件由中国中小企业协会提出并归口。

本文件起草单位：中国中小企业协会企业合规专业委员会、中国标准化研究院、上海之合网络科技有限公司、江苏淮海科技城管理委员会、国信优易数据股份有限公司、海德智库（北京）咨询有限公司、天九共享控股集团有限公司、中联资产评估集团有限公司、九源（北京）国际建筑顾问有限公司、南京冠佳科技有限公司、网智天元科技集团股份有限公司、北京联合信任技术服务有限公司、普瑞纯证医疗科技（广州）有限公司、上海信公科技集团股份有限公司、北京之合网络科技有限公司、上海律行教育科技有限公司、上海律觉网络科技有限公司、北京善要合规管理咨询有限公司、北京羽鲲教育科技有限公司、中瑞诚会计师事务所（特殊普通合伙）、北京东卫律师事务所、北京和昶律师事务所、北京恒都律师事务所、北京市海勤律师事务所、北京浩天律师事务所、北京市康达律师事务所、北京市中伦文德（深圳）律师事务所、北京天达共和律师事务所、北京盈科（杭州）律师事务所、北京中银律师事务所、国浩律师（深圳）事务所、湖北得伟君尚律师事务所、吉林功承律师事务所、江苏品川律师事务所、山西中吕律师事务所、陕西丰瑞律师事务所、陕西永嘉信律师事务所、上海邦信阳中建中汇律师事务所、上海博和汉商律师事务所、上海靖予霖律师事务所、上海市百汇律师事务所、上海问道有诚律师事务所、上海小城律师事务所、上海瀛泰律师事务所、四川恒和信律师事务所、天津大有律师事务所、云南八谦律师事务所、云南天外天律师事务所、浙江金道律师事务所。

本文件主要起草人：谢鹏程、王益谊、陈瑞华、李近宇、刘红霞、杜晓燕、丁继华、徐永前、程晓璐、李勇、苏云鹏、潘燕、谭洁、洪绍泉、戈峻、程文、洪祖运、洪钧、刘启铭、林楠楠、翟艺、毛姗姗、林戈、吴剑霞、赵琪彦、金辰、聂佳彤、朱彩云、彭亚娟、王珍璐、金姗、李玲、王玉、洪祖良、丁少华、丁西歧、丁华、丁学明、丁建春、丁亮、丁彬、于小强、于天成、于佃伦、于晓昆、于娟娟、于智亮、于策、于谨源、万力、万倩、卫霞、习战鹏、马子伟、马友泉、马东晓、马西蒙、马军、马征、马清泉、马翔翔、马静、马赛、王一川、王小军、王小荣、王小峰、王小涛、王云、王艺、王文、王以成、王允健、王书瀚、王玉顺、王东、王东、王东盛、王立、王成鹏、王刚、王伟、王伟、王华、王庆生、王兴春、王兴桃、王宇、王军、王红雷、王志农、王志坚、王志勇、王志强、王芳、王良、王玥美、王坤、王枫、王杰、王国强、王咏静、王岩飞、王佳、王欣、王欣、王波涛、王诗诣、王函、王春平、王春红、王星、王思远、王钢、王钢、王秋芳、王秋杨、王衍康、王剑锋、王恒俊、王冠、王娜、王盈、王勇、王晋艳、王晓一、王晓莺、王竞、王海刚、王海波、王海荣、王骋远、王铮、王偕林、王淑焕、王超强、王超毅、王辉、王锋、王媛媛、王楠、王雷、王盟超、王鹏飞、王福云、王蔓、王霁雯、王瑾、王德昌、王燕燕、王薇婷、王耀华、王巍、王露、韦维、太玉兰、尤武军、尤健、尤磊、牛清宗、毛丽英、仇少明、卞灵霞、文颖、文黎照、方芳、方忠宏、方亮、方娴、方富贵、方懿、尹庆、尹谷良、孔峰辉、孔敏、巴琦、邓云龙、邓华、邓向龙、邓志福、邓晨、邓喆舒、邓雷、邓燕、邓鹰、艾阳阳、艾建华、艾宪松、左皓、石凯思、石钛戈、石艳田、龙卫星、龙成、占荔荔、卢丁、卢心忠、卢雨洋、卢晓天、卢璟、卢霞、叶帅帅、叶立明、叶秉光、叶建荣、叶唯扬、叶涵、申姗义、田永志、田利平、田荣、田荣江、田银行、田维桢、田震、史军、史炜、史俊明、史燕羚、冉静、付世德、付成、付鹏、付毅、白洋铭、白琳、丛恒、丛钰、卯敏、包清越、冯国亮、冯欣、冯忞、冯晓鹏、冯爱武、冯海花、冯琳、闪涛、兰珊、宁向东、边瑞鹏、邢茹、邢越、邢鑫、巩志芳、巩燕楠、权国霖、成武利、毕似恩、毕芸、毕宝胜、师广波、曲成武、曲雯、吕芊璇、吕昌模、吕洲、吕斯达、年珂、朱中辉、朱以林、朱永红、朱永胜、朱宇倩、朱红兰、朱昌祥、朱玲、朱政、朱彦辉、朱晓芳、朱峰、朱靓、朱媛媛、朱赫、朱璟、乔若瑶、乔佳平、乔峤、乔培斌、仲涛、任忠孙、任艳、任爱军、任家骅、任智健、任鑫、华小榕、伊向明、伊兵、向飞、向旭家、庄汉都、庄永宏、庄新月、庄燕君、刘小鸥、刘子平、刘子昂、刘习良、刘天翔、刘以沫、刘东、刘立文、刘华英、刘旭东、刘兴、刘丽莎、刘秀峰、刘兵、刘国军、刘畅、刘明银、刘定阳、刘建强、刘孟孟、刘政伟、刘树梅、刘威、刘钢、刘钢、刘洪国、刘勇、刘艳洁、刘艳艳、刘哲、刘桂华、刘晓明、刘笑宇、刘海涛、刘葳、刘惠民、刘锋、刘智、刘祺、刘媛媛、刘婷、刘靖晟、刘碧华、刘耀秀、闫飞、闫军、闫丽萍、闫宏伟、闫颢、关国芳、关春艳、关程徽、江亮、江海亮、江曼、江锋涛、汤敏志、安然、安筱琼、许凤亚、许英仕、许明、许建斌、许雅玲、许智明、阮成霖、孙大光、孙开宏、孙汉训、孙宇、孙昕、孙秉南、孙彦臣、孙洁、孙艳春、孙艳辉、孙振兴、孙钻、孙晨荻、孙瑜、孙箐燐、寿文溢、寿东森、苍月、严艺、严乐、严丽丽、严锦、严瑾丽、苏小军、苏扬、苏其、苏泽、苏诗逸、苏航宇、杜明哲、杜娟、杜鹏、杜遵廷、杜橙、李一帆、李大伟、李小琴、李广俊、李义、李飞、李丰刚、李方正、李尹、李玉玲、李世涛、李冬霞、李兰兰、李亚杰、李有贵、李伟、李伊苓、李冰心、李冰浩、李安庆、李军勤、李玛林、李志远、李志嘉、李辰光、李秀莲、李坤、李坤、李若黎、李杰、李述、李国强、李明星、李波、李宗泰、李建国、李玲、李茜茹、李杜文、李贵军、李科、李俊杰、李彦军、李洪灯、李洪斌、李艳红、李莉、李晓光、李晓琤、李健伟、李涛、李梦楠、李雪辉、李晨红、李跃军、李笛鸣、李章虎、李章渊、李清、李鸿博、李婕、李超凡、李紫微、李嵘辉、李婷、李颐平、李想、李磊、李颛泽、李德均、李毅、杨天、杨礼仲、杨伟良、杨传圣、杨阳、杨旸、杨宝东、杨定洁、杨保飞、杨保全、杨俊、杨晓丽、杨晓倩、杨倩、杨海峰、杨海强、杨骏祺、杨菲非、杨鸿飞、杨雅涵、杨皓明、杨婷婷、杨锡锋、杨锦文、杨瑾煜舟、杨霞、杨馥溢、连艳、肖远江、肖建国、肖剑、肖硕彬、吴卫明、吴少博、吴冰晖、吴宇欣、吴芙蓉、吴坚平、吴秀尧、吴宏敏、吴林俊、吴杰江、吴科、吴爽、吴银书、吴琦、吴超、吴惠金、吴鹏飞、吴巍、里晓天、岑斌、邱祖靖、邱梦赟、何天宏、何亚玲、何宇、何阳、何肖龙、何其昌、何郁宁、何念寒、何春园、何莹、何雪峰、何晨夫、何源泉、何蕊、余凡、余羽、余波、余勇刚、余哲、余静芳、谷丽娟、邹志卿、邹甫文、邹佳铭、邹海涛、邹梦涵、冷家豪、辛文鹏、汪小青、汪卫东、汪泳艳、汪蕴青、沙海涛、沈翰婷、宋帅、宋仲春、宋冰心、宋欢、宋汶骏、宋国华、宋婉凝、宋雷昌、迟秀明、张一洎、张小丰、张小伟、张卫东、张卫峡、张元恺、张云燕、张云霞、张少君、张长春、张文华、张文灿、张文青、张玉英、张玉明、张本良、张平、张冉、张仕明、张冬梅、张达音、张吕、张伟、张伟、张传文、张自强、张合、张庆华、张红、张志华、张杜超、张丽、张丽蓉、张旸、张昆、张昌利、张金才、张建国、张弢、张绍飞、张南宁、张栋栋、张树升、张奎、张思星、张彦立、张洪波、张洪源、张恒瑞、张宪忠、张勇、张艳、张振祖、张莉、张莉萍、张晟、张晓军、张晓玲、张晓烽、张玺、张烜、张浩、张海水、张海斌、张雪敏、张崇源、张婧、张淼、张皓、张普、张强、张瑞宏、张蓉、张楠、张鹏、张鹏万、张颖、张静、张慧、张慧、张毅、张霞、张镭、陆兆文、陆利平、陆洋、陈三营、陈万莉、陈天伟、陈云开、陈水湖、陈丹、陈文伟、陈玉忠、陈冬梅、陈立、陈立彤、陈永兴、陈加、陈华平、陈会、陈宇、陈芳云、陈秀玲、陈沈峰、陈陆敏、陈其维、陈若剑、陈杰丽、陈明皓、陈岭、陈宗坪、陈建兵、陈春燕、陈茹凌、陈栋、陈皆喜、陈映川、陈昱、陈适平、陈胜利、陈亮、陈洁、陈洁、陈洁涛、陈娜、陈铁、陈凌、陈高勇、陈益亭、陈海彪、陈娟、陈娟、陈涵杰、陈朝、陈雄飞、陈锐、陈翔、陈福中、陈静、陈静、陈蔚倩、陈德宁、陈燕红、陈曦、邵开俊、邵男、邵迎歌、邵琛、武冬秀、武学谦、武海艳、武婷、范月霞、范相玉、范莉莉、范海文、范培红、茅红星、林东姝、林红福、林杨、林晓露、林倩、林清赟、林键、欧阳锐、尚淑莉、易怀炯、易依妮、罗云、罗传钰、罗欢、罗育、罗泽文、罗建军、罗淇予、罗联军、罗穗芳、季厌庸、季猛、岳丹丹、岳雪玲、岳韶华、金文、金芙蓉、金作鹏、金迎春、金鑫、周文娟、周付生、周旭锋、周克非、周连勇、周奋强、周和敏、周依若、周金艳、周俊龙、周美华、周娜、周艳、周桥山、周晓莉、周玺、周菡、周游、周群策、周瑶婷、周蔚、周毅、周鑫、鱼剑锋、庞春云、庞傑玮、郑小林、郑世杰、郑东东、郑华友、郑严凯、郑建丰、郑钦文、郑海波、郑盛平、郑筱卉、郑德运、单志超、宗耀、官振鸣、房华、居嘉旻、孟戈弋、孟竹、孟军、孟宪领、孟祥龙、孟睿良、项振华、赵卫峰、赵光、赵旭、赵冲、赵宇峰、赵红蕊、赵志梅、赵昕煜、赵轶凡、赵祖磊、赵原、赵晔、赵钰涛、赵笳、赵鸿祥、赵德铭、赵耀、郝仕湖、郝运清、郝浩、胡长华、胡仁兵、胡龙、胡礼新、胡安明、胡丽、胡旻华、胡轶、胡贵明、胡晓玲、胡啸、胡媛、胡静、胡曙雁、南龙龙、南芳、柯婷婷、钟扬民、钟凯萍、钟浩荣、钟雷、段洁云、段超男、段聪越、禹龙国、俞延彬、俞起、俞敏、施争荣、施睿隆、姜才林、姜华丽、姜卓飞、姜赫、洪艳、宦焕、姚飞、姚岑、姚宝欣、姚宗锋、姚栋月、姚树晓、姚晶鑫、骆文龙、骆恩新、秦开洪、秦必顺、秦英、秦英、秦承敏、袁苏芹、袁浩霖、袁野、袁璐、袁灏、耿丽、聂磊、贾丽丽、贾昆、贾承斌、贾艳、贾辉、贾颖、贾磊、夏存民、夏青、夏树伟、顾伟、顾陈斌、顾蕾、钱志伟、钱松、徐小军、徐飞、徐飞、徐戈、徐长乐、徐巧月、徐成军、徐仲锋、徐红梅、徐学智、徐宗新、徐荐土、徐钦层、徐振宇、徐晓明、徐润、徐敏、徐婕、徐瑞聪、徐新宇、徐煜、徐慧、徐磊、徐蕾、徐赟、殷之铬、殷慧娟、奚庆、奚维、凌凌、凌赛、栾丽、高亚、高利、高明月、高迪、高佳、高金、高俊、高峰、高强、高登立、高瑞霞、高慧、高增涛、高鑫、郭长星、郭丹丹、郭永生、郭亚湾、郭庆彬、郭青红、郭其桓、郭杰、郭国中、郭昕、郭明明、郭宝年、郭建华、郭炳慧、郭素颐、郭璐璐、唐米兰、唐克勤、唐妙云、唐尚婉、唐宗队、唐建明、唐勇、唐海、唐新波、诸国忠、诸韬韬、陶礼宁、陶峰英、陶然、姬少光、桑志杰、菁晶、黄天云、黄少云、黄巧婷、黄世刚、黄英龙、黄建明、黄茜、黄晓行、黄晓燕、黄润生、黄悦峰、黄梁林、黄婧、黄绮媚、黄超焕、黄鹏、黄鹏达、黄露清、梅贵琴、曹一川、曹小寅、曹英、曹鸣、戚仁兵、龚顺荣、龚琳、盛芝然、盛海亮、常青、常青、常亮、常益华、常银焕、崔晓文、崔海燕、崔鹏程、崔磊、符敬贞、康鹏、康源弘、鹿斌、章文巍、章海、章琼妮、章超凡、章煦春、盖晓萍、添先进、梁延昊、梁灯、梁佳丽、梁波、梁圆圆、梁爽、梁晨、梁崇铭、梁雅丽、隋蔚、彭夫、彭汉英、彭阳俊、彭芳芳、彭杰、彭逸豪、葛似兰、葛宏、葛晓威、葛蔓、葛霞青、董再强、董志武、董留生、董益钢、董海龙、董雪梅、蒋立新、蒋莉、蒋海军、蒋敏、蒋琪、韩丹英、韩永安、韩江、韩旸、韩晏元、韩家芳、韩瑞、韩蔚薇、韩馨漪、覃华炜、景炜、喻胜云、嵇伟、嵇颖、程久余、程宇豪、程阳、程珂昵、程晓凤、程海群、程喆、程晶磊、程渝、程瑾、傅长煜、傅苗青、傅直德、傅建伟、焦祎薇、曾小华、曾旻辉、曾峥、温国彪、游江南、谢向英、谢红、谢红、谢尚誓、谢国辉、谢晨、靳晓辉、蓝丽丝、赖宇博、赖姿羽、赖洁纯、甄书琦、甄灵宇、路祯、詹定东、詹锐、鲍炜炜、窦荣刚、窦醒亚、蔡方友、蔡江天、蔡学恩、蔡敏、蔡毓、裴素艳、裴臻清、廖衍玲、廖冠、廖翀、廖敏、阚惠、谭坤、谯梁、熊平、熊绍山、熊晓军、颜勇、潘月华、潘乐、潘永建、潘良、潘跃海、潘瑞翔、潘静涛、薛伟、薛捷、薛慧芳、霍正欣、穆东、穆颖、戴风友、戴勤、魏东、魏冬冬、魏永振、魏来、魏宏岩、魏旻。

引　言

为规范中小企业合规管理体系有效性评价活动，引导和促进其合规管理体系建设，提升合规管理能力，识别和防范合规风险，建设合规文化，根据《中小企业促进法》等相关法律和《关于促进中小企业健康发展的指导意见》《"十四五"促进中小企业发展规划》等政策，参照 ISO 37301:2021《合规管理体系　要求及使用指南》等规定，结合我国实际，制定本标准。

中小企业合规管理体系有效性评价

1　范围

本标准确立了中小微企业合规管理体系有效性评价的总体原则和方法，规定了评价机制和评价指标。

本标准适用于中小微企业自身开展合规管理体系有效性评价，也适用于国家机关、行业协会、认证机构等相关方面对中小微企业合规管理体系有效性的评价。

2　规范性引用文件

下列文件中的内容通过文中的规范性引用而构成本文件必不可少的条款。其中，注日期的引用文件，仅该日期对应的版本适用于本文件；不注日期的引用文件，其最新版本（包括所有的修改单）适用于本文件。

ISO 37301 合规管理体系　要求及使用指南

3　术语和定义

ISO 37301 界定的以及下列术语和定义适用于本文件。

3.1 合规管理体系有效性 effectiveness of compliance management system

识别、监控和处置合规风险(3.2),形成合规文化(3.6)的实效及其程度,包括合规计划制定、合规计划执行和合规计划实施结果的有效性。

3.2 合规风险 compliance risk

因未遵守组织合规义务(3.3)而发生不合规(3.5)的可能性及其后果。

3.3 合规义务 compliance obligations

组织强制性地必须遵守的要求,以及组织自愿选择遵守的要求。

3.4 合规 compliance

履行组织的全部合规义务(3.3)。

3.5 不合规 noncompliance

未履行合规义务(3.3)。

3.6 合规文化 compliance culture

贯穿整个组织的价值观、道德规范、信仰和行为,并与组织结构和控制系统相互作用,产生有利于合规(3.4)的行为规范。

注:价值观是组织所崇尚的文化的核心,是组织行为的基本原则。

4 总体原则

合规管理体系有效性评价应遵循以下原则:

a)全面性原则。评价内容和结果能够反映企业合规管理体系建设、运行的整体情况,包括建立、实施、运行、维护、持续改进等过程,这些过程依托或者包含于一套具有持续改进和自我强化能力的合规管理体系中,且与企业内的其他管理体系协同。

b)差异性原则。针对不同行业中小企业的特点,设定不同的评价内容、指标以及指标权重。权重的设置根据中小企业的合规风险、经营规模、业务范围、行业特点等因素决定。

c)明确性原则。对于每项评价内容和指标确立明确的评价准则，给出一致的评价方法，以确保评价结果的相对稳定，且具有可比性。

d)可证实性原则。所设置的评价机制和评价指标，便于理解和采集，能够通过客观的追溯方法或溯源材料得到证实，且评价的过程和结论也能够得到客观证实。

e)引导性原则。坚持缺陷查找与合规价值观引领相结合，评价结果既能反映中小企业合规管理取得的成效和存在的不足，又能引导中小企业树立良好的合规价值观，持续改进合规管理体系。

5　评价方法、内容和流程

5.1　评价方法

合规管理体系有效性评价可以根据评价内容和指标的具体情况，采用文件审阅、问卷调查、访谈调研、飞行检查、穿行测试、感知测试、模拟运行等评价方法。

5.2　评价内容

合规管理体系有效性评价包括对合规管理机构设置和职责配置（见第6章）、合规风险识别（见第7章）、合规风险应对和持续改进（见第8章）、合规文化建设（见第9章）等方面的评价。具体评价指标见附录A、附录B和附录C。

5.3　评价流程

5.3.1　合规管理体系有效性评价一般包括评价准备、评价实施和评价报告三个阶段。

5.3.2　在评价准备阶段，组建评价小组，制定评价方案，明确评价目的、范围、评价方法、需要收集的信息和数据、分工、进程等要求。

评价小组应由具备被评价企业所属行业的专业知识、经验和技能的人员与具备实施评价活动所需要的合规知识、经验和技能的人员组成。评价机构及其评价人员应具有相应资质。

5.3.3　在评价实施阶段，评价小组按照评价机制和评价指标实施评价。

对于评价实施过程中发现的重大问题及重要评价结论,评价小组应当与被评价的企业主要负责人进行沟通,就相关问题进行核实。

5.3.4 评价报告阶段,评价小组根据评价实施情况,撰写评价报告。评价报告至少包括以下内容:

a)评价活动的组织者、评价小组相关信息;

b)被评价企业的基本信息;

c)评价目的、范围和依据;

d)评价的程序和方法;

e)评价所依据的信息及其来源;

f)评价结论;

g)合规管理问题和改进建议。

6 机构设置和职责配置

6.1 合规管理机构设置和职责配置的有效性评价应当以合规管理机构的适当性、独立性和权威性作为基本标准。

6.2 企业应根据业务、规模和行业特点设置适当的合规管理机构,包括以下方面:

a)设置合规领导机构。有董事会的企业设合规管理委员会,没有董事会的企业设合规领导小组。

b)确定合规管理第一责任人。法定代表人或实际控制人是企业合规的第一责任人,并作为合规管理委员会或合规领导小组的成员。各业务部门的负责人在其领域内也负有相应的合规管理责任。

c)设置合规管理机构。中型企业一般应设合规管理部门,小微企业应配备至少一名合规专员,合规专员应由具备合规管理资质或相关专业能力的人员担任,可以聘请兼职的企业合规师或者律师等。

6.3 合规领导机构确定企业合规目标,配置合理资源支持合规管理工作,监督和协调合规管理体系运行。

合规管理部门或合规专员应及时有效识别企业合规义务，制订合规政策与管理流程，管控合规风险，保障合规目标的实现。

企业各业务部门应设置合规联络员，协助合规管理部门或者合规专员工作。

6.4　合规领导机构履行企业合规领导职能，包括以下方面：

a）设定合规绩效指标，评价合规目标达到程度；

b）监督企业合规管理体系运行情况；

c）定期听取合规管理部门或者合规专员的专题汇报；

d）对违规行为及时作出适当的处理决定并予以公示；

e）确保合规管理部门、合规专员、合规联络员在企业内部开展合规工作不受阻碍；

f）确保合规管理部门、合规专员、合规联络员能够获取开展合规工作需要的员工信息、文件信息和所需要的数据。

6.5　合规管理部门或合规专员独立履行合规管理职能，表现在以下方面：

a）合规管理部门或合规专员应获得合规领导机构的正式授权，获得必要的人员配备和经费保障；

b）合规管理部门或合规专员有权直接向合规领导机构汇报合规工作，必要时可直接向法定代表人或实际控制人汇报合规工作；

c）合规管理部门或合规专员保持合规工作的独立性。

6.6　合规管理部门或合规专员应在企业内部具有一定权威，表现在以下方面：

a）在信息知情、参与决策、关键岗位控制、重点经营活动、重要经营管理文件审查等方面发挥作用；

b）企业经营的重要决策工作应经过合规评审程序，并经合规领导机构签署意见；

c）合规管理部门认为企业的重要决策存在重大风险的，有权向合规领导机构报告；

d)经营范围单一的小微企业，合规专员应当对上述事项进行审查并出具合规审查意见。

6.7　合规管理部门或合规专员职责主要有以下方面：

a)合规工作的计划、执行、检查、监督、整改和报告；

b)合规义务的收集、识别、汇编、转化为内部规章制度；

c)合规风险的评估、监控、处置；

d)开展合规培训，弘扬合规文化。

6.8　各业务部门的合规联络员具有明确的合规管理职责，表现在以下方面：

a)对本部门合规工作的执行情况实施监控；

b)及时向部门负责人、合规管理部门或合规专员报告疑虑或不合规行为；

c)及时向部门传递企业的合规政策及其变更。

7　合规风险识别

7.1　合规义务的梳理和辨别是合规风险识别的基础。

7.2　合规义务识别机制，包括能够识别与企业业务活动、产品和服务相关的自愿性义务和强制性义务的机构、方法、制度和流程。

7.3　合规义务识别机制的实施，包括配备人员，规定方法，落实制度，实施流程，形成识别合规义务的文件化信息。

7.4　合规义务识别机制的实施保障，包括领导支持、人力资源、预算、必备物项工具，开展培训与交流等。

7.5　合规义务识别机制的实施效果，包括识别出重要合规义务、合规风险，并将这些合规义务与业务活动、产品和服务相关联，确保识别合规义务的机制与管理措施更新相结合。

7.6　合规风险的评估和分级机制，包括根据风险发生概率和影响程度，对合规风险进行评估和分级的机构、方法、制度和流程。

7.7　合规风险评估和分级机制的实施,包括配备人员,规定方法,落实制度,实施流程,形成合规风险评估、分级的文件化信息。

7.8　合规风险评估和分级机制的实施保障,包括领导支持、人力资源、预算、必备物项工具,开展合规培训与交流,关注并培育合规文化等方面。

7.9　合规风险评估和分级机制的实施效果,包括确定合规风险等级和优先管理顺序,并将这些排序、分级的合规风险与业务活动、产品和服务相关联,确保合规风险评估和分级与管理措施更新相结合。

8　合规风险应对和持续改进

8.1　合规风险应对

8.1.1　合规风险应对机制,包括企业根据合规评估和分级结果,设置合规风险应对责任人、应对措施、应对流程,记录与沟通机制、监督与检查机制,以及针对突发合规事件的应对预案。

8.1.2　企业合规风险应对机制的实施,包括配备人员,落实应对措施,实施应对流程或应对预案,开展第三方、雇员等相关方的合规尽职调查,形成合规风险应对的文件化信息,以及对合规风险应对机制有效性进行定期或不定期评审。

8.1.3　合规风险应对机制的实施保障,包括领导支持、人力资源、预算、必备物项工具,开展合规培训与交流,关注并培育合规文化等方面。

8.1.4　合规风险应对机制的实施效果,包括合规风险应对机制与业务活动、产品和服务结合,嵌入业务流程,并与企业其他机制协同,有效预防或处置了中高等级的合规风险。

8.2　日常监测

8.2.1　合规风险日常监测机制,包括日常监测合规风险的机构、方法、措施、频率、信息来源、结果运用、操作流程等,以及明确监控重点人员、重点岗位及重点环节。

8.2.2 日常监测措施包括监控计划、预警指标、合规审计、管理层合规评审、合规调查等。

8.2.3 合规风险日常监测机制的实施，包括配备人员，针对新制度和流程、新业务、新产品、新市场启动管理层合规评审，实施合规审计，对违规行为启动调查，形成日常监测的文件化信息，以及对日常监测机制的有效性进行定期或不定期评审。

8.2.4 合规风险日常监测机制的实施保障，包括领导支持、人力资源、预算、必备物项工具，开展合规培训与交流，关注并培育合规文化等方面。

8.2.5 合规风险日常监测机制的实施效果，包括日常监测程度与业务活动、产品和服务匹配，监控范围覆盖重点人员、重点岗位和重点环节，监控主体及时发现违规预警信号并启动合规调查，监控结果作为合规管理持续改进的依据。

8.3 举报机制

8.3.1 违规行为举报机制，包括受理举报的机构、举报渠道、举报信息保密制度、举报人保护制度、举报处置流程以及合规疑虑与咨询程序等。

8.3.2 举报机制的实施，包括配备人员，受理并处置举报，形成举报的文件化信息，以及对举报及其处理结果进行分析，包括在未接到举报的情形下对举报机制的有效性进行分析。

8.3.3 举报机制的实施保障，包括领导支持、人力资源、预算、必备物项工具，开展合规培训与交流，关注并培育合规文化等方面。

8.3.4 举报机制的实施效果，包括员工信任并愿意使用举报渠道，接收到举报，通过举报发现违规行为和合规管理漏洞，并采取持续改进措施。

8.4 报告机制

8.4.1 合规报告机制，包括有关合规报告的对象、内容、形式、周期、流程等制度以及有关合规报告真实性、客观性和全面性的要求。

8.4.2　合规报告机制的实施，包括配备人员，该人员依照制度和流程向最高管理层提交了合规报告，合规报告受到充分保护、未被篡改。

8.4.3　合规报告机制的实施保障，包括领导支持、人力资源、预算、必备物项工具，开展合规培训与交流，关注并培育合规文化等方面。

8.4.4　合规报告机制的实施效果，包括最高管理层收到合规报告，合规报告信息真实、客观、全面，基于合规报告信息优化合规管理。

8.5　持续改进

8.5.1　持续改进机制，包括制定合规整改措施和违规问责制度，指定人员跟踪和评估合规风险的变化，持续调整或更新管控措施，具备相关机制以对管控措施与合规管理目标的偏离进行原因分析，采取相应措施确保合规管理与企业的实际情况相适应。

8.5.2　持续改进机制的实施，包括对具体不合规行为进行整改和问责，具有实施持续改进机制的文件化信息，定期或不定期对持续改进机制有效性进行评审。

8.5.3　持续改进机制的实施保障，包括领导支持、人力资源、预算、必备物项工具，开展合规培训与交流，关注并培育合规文化等方面。

8.5.4　持续改进机制的实施效果，包括具体不合规行为得到整改，违规事件责任人被问责，相同或类似的不合规事件得到有效防范、尽早发现或避免，系统性漏洞或责任缺失得到补救，公司员工及利益相关方认可企业在合规管理改善方面的尝试和努力。

9　合规文化建设

9.1　合规文化建设的有效性评价应以各个层级、各领域员工所具备的合规知识、合规意识、合规信念和合规行为为基本标准。

9.2　主要负责人和管理层的合规承诺和表率作用对合规文化

的形成和提升具有重要作用。

9.3 各层级员工都作出合规承诺,并对其合规职责进行绩效考核。

9.4 合规信息的沟通与传达,包括合规知识和观念的宣传、培训、沟通等。

9.5 合规文化的形成,包括对不合规行为的反应、行为习惯的改变、顾客或者客户对其合规形象的印象。

附录 A
(规范性)
合规管理机构设置和职责配置评价指标

表 A.1 给出了合规管理机构设置与职责配置的评价指标。

表 A.1 合规管理机构设置和职责配置评价指标

一、合规机构设置评价	
(一)合规领导机构设置	
中型企业	企业制定某个机构作为企业合规领导机构(如合规管理委员会或者合规领导小组)
	合规领导机构有明确定位和职责
	合规领导机构人员构成与结构合理
	企业法定代表人或实际控制人应是企业合规的第一责任人
	企业的法定代表人或实际控制人是合规管理委员会或合规领导小组成员
小微企业	企业负责人监督合规管理体系有效运行
	无法组建领导机构的,企业管理最高层为合规领导机构
	企业法定代表人或实际控制人应是企业合规第一责任人

续表

（二）合规管理部门设置	
中型企业	企业有专门合规管理部门
	合规管理机构配备了合规专员
小微企业	有内部或者外聘的合规专员负责合规管理工作
	合规专员具备相应合规管理资质或者相关专业能力
二、合规职责配置评价	
（一）合规领导机构的职责	
中型企业	依据企业合规目标实现情况对企业进行评价
	能够监督和协调企业合规管理体系运行
	定期听取合规管理部门汇报
	对违规行为及时作出适当的处理决定并适当公开
	支持合规管理部门工作不受阻碍
	支持合规管理部门获取企业员工信息、文件信息和所需要的数据
	支持合规管理部门能力获取来自外部有关部门的专业意见
	对合规管理部门及人员实施合规绩效考核
	合规管理部门有合理经费保障
	合规管理人员具备相应的专业能力
小微企业	依据企业合规目标实现情况对企业进行评价
	支持合规专员工作不受阻碍
	对合规人员实施合规绩效考核
（二）合规管理部门的职责评价	
1. 合规管理部门的独立性	

续表

中型企业	获得合规领导机构特别授权
	获得必要的人员配备和经费保障
	产生利益冲突的,应主动提出回避,另由他人担任
小微企业	同上
2. 合规管理部门的权威性	
中型企业	对信息知情、参与决策、关键岗位控制、重点经营活动进行审查
	对产品立项、发布等关乎企业经营的重要决策工作开展合规评审
	合规管理部门报告合规领导机构后,对合规评审事项具有否决权
小微企业	合规专员对信息知情、参与决策、关键岗位控制、重点经营活动进行审查
	合规专员对产品立项、发布等关乎企业经营的重要决策工作开展合规评审
	合规专员报告企业管理机构后,对合规评审事项具有否决权
三、合规人员职责配置评价	
(一)合规专员	
中小微企业	计划、执行、检查、整改企业合规工作
	收集、识别、转化合规义务
	评估、监控、预防合规风险
	开展合规培训、弘扬合规文化

续表

(二)合规联络员	
中小微企业	对企业合规工作的执行情况实施把控
	及时向合规管理部门或合规专员报告不合规行为

附录 B
(规范性)
合规风险识别、应对和持续改进评价指标

表 B.1 给出了合规风险识别、应对和持续改进的评价指标。

表 B.1　合规风险识别、应对和持续改进的评价指标

一、合规风险识别	
(一)强制性义务的识别	
中型企业	有人员或部门识别与其业务活动、产品和服务相关的重要强制性义务
	具备识别与其业务活动、产品和服务相关的强制性义务的方法或举措
	具备识别与其业务活动、产品和服务相关的强制性义务制度或流程
	具有评估必须遵守的义务要求报告或其他载体
	具备表明已实施识别强制性义务机制的工作事例或其他信息
	领导支持识别强制性义务
	具备识别强制性义务的人力资源、预算、必备物项工具等
	进行合规培训与交流

续表

	关注并培育合规文化
	识别到强制性义务、合规风险 强制性义务与业务活动、产品和服务相关联
	识别强制性义务的机制与现有管理措施相匹配
小微企业	有人员或部门识别与其业务活动、产品和服务相关的重要强制性义务
	具有评估必须遵守的义务要求的报告或其他载体 或具备表明已实施该机制的工作事例或其他信息
	领导支持识别强制性义务
	具备识别强制性义务的人力资源、预算、必备物项工具等 或进行合规培训与沟通 或关注并培育合规文化
	识别到强制性义务、合规风险 或强制性义务与业务活动、产品和服务相关联 或识别强制性义务的机制与现有管理措施相匹配
(二)自愿性义务的识别	
中型企业	有人员或部门识别与其业务活动、产品和服务相关的重要自愿性义务
	具备识别与其业务活动、产品和服务相关的自愿性义务的方法或举措
	具备识别与其业务活动、产品和服务相关的自愿性义务的制度或流程
	具有评估自愿性义务的报告或其他载体
	具备表明已实施识别自愿性义务机制的工作事例或其他信息
	领导支持识别自愿性义务

续表

	具备识别自愿性义务的人力资源、预算、必备物项工具等
	进行合规培训与沟通
	关注并培育合规文化
	识别到自愿性义务、合规风险
	自愿性义务与业务活动、产品和服务相关联
	识别自愿性义务的机制与现有管理措施相匹配
小微企业	有人员或部门识别与其业务活动、产品和服务相关的重要自愿性义务
	具有评估自愿性义务要求的报告或其他载体 或具备表明已实施该机制的工作事例或其他信息
	领导支持识别自愿性义务
	具备识别自愿性义务的人力资源、预算、必备物项工具等 或进行合规培训与沟通 或关注并培育合规文化
	识别到自愿性义务、合规风险 或自愿性义务与业务活动、产品和服务相关联
	或识别自愿性义务的机制与现有管理措施相匹配
（三）合规风险评估、分级	
中型企业	有人员或部门根据风险发生概率和影响程度对与其业务活动、产品和服务相关的合规风险进行评估、分级
	具备对上述不同等级合规风险进行评估、分级的方法或举措
	具备对上述不同等级合规风险进行评估、分级的制度或流程
	具备对合规风险进行评估、分级的静态或动态载体
	领导支持识别强制性义务

续表

	具备识别强制性义务的人力资源、预算、必备物项工具等
	进行合规培训与沟通
	关注并培育合规文化
	识别出了优先级的合规风险
	合规风险评估与分级的合规风险与业务活动、产品和服务相关联
	合规风险评估与分级机制与现有管理措施相匹配
小微企业	有人员或部门根据风险发生概率和影响程度对与其业务活动、产品和服务相关的合规风险进行评估、分级
	具备对合规风险进行评估、分级的静态或动态载体
	领导支持进行合规风险评估与分级
	识别出优先级的合规风险
二、合规风险应对与优化管理	
(一)合规风险应对	
中型企业	确定相关人员制定并实施合规风险应对措施
	有基于合规评估、分级结果的应对措施
	具备实施合规风险应对措施的流程
	具备突发合规事件的应对预案
	具备对第三方、雇员的合规尽职调查机制
	具有实施风险应对机制的报告或其他载体
	具备表明已实施风险应对机制的工作事例或其他信息
	定期或不定期对合规风险应对机制有效性进行评审
	领导支持合规风险应对机制
	具备合规风险应对机制的人力资源、预算、必备物项工具等

续表

	进行合规培训与沟通 或关注并培育合规文化
	有效处置了优先级的合规风险
	合规风险应对机制与业务活动、产品和服务等有关的商业场景相结合
	合规风险应对机制嵌入业务流程 或合规风险应对机制与企业其他机制协同
小微企业	有基于合规评估、分级结果的应对措施
	具有实施风险应对机制的报告或其他载体 或具备表明已实施风险应对机制的工作事例或其他信息
	领导支持合规风险应对机制
	有效处置了优先级的合规风险
	合规风险应对机制与业务活动、产品和服务等有关的商业场景相结合
	合规风险应对机制嵌入业务流程
(二)日常监测	
中型企业	有专门人员或部门进行日常监测
	具备日常监测的方法或举措或重要节点
	具备日常监测的制度或流程
	具有日常监测的报告或其他载体 或具备表明已实施日常监测机制的工作事例或其他信息
	定期或不定期对合规风险和管理措施有效性进行评审
	领导支持日常监测
	具备日常监测的人力资源、预算、必备物项工具等

续表

	进行合规培训与沟通 或关注并培育合规文化
	具备日常监测计划
	定期或不定期实施审计
	定期或不定期实施管理层审核
	日常监测程度与业务活动、产品和服务匹配
	日常监测程度与现有管理措施匹配
	针对合规疑虑、合规风险信号，必要时启动合规调查
小型企业	有专门人员或部门进行日常监测
	具备日常监测的方法或举措或重要节点
	定期或不定期对合规风险和管理措施有效性进行评审
	日常监测程度与业务活动、产品和服务匹配
	领导支持日常监测
	定期或不定期进行管理层评审
微型企业	有专门人员或部门进行日常监测
	领导支持日常监测
	定期或不定期进行管理层评审
(三)举报机制	
中型企业	具备举报制度或流程
	具备举报的渠道
	有特定人员负责举报信息的处理
	明确对举报人保护的措施，比如对举报信息的保密和反打击报复
	有特定人员实施举报机制
	有举报信息的记录

续表

	有对举报事项进行处置的记录
	领导支持举报机制
	具备举报机制的人力资源、预算、必备物项工具等
	进行合规培训与沟通 或关注并培育合规文化
	员工信任并愿意使用举报渠道
	接收到举报
	如在一个财年内未接到任何举报,启动举报机制的有效性分析
	对举报处理结果进行分析,发现漏洞并为优化合规管理提供依据
小型企业	有特定人员负责举报信息的处理
	具备举报的渠道
	有特定人员实施举报机制 或有举报信息的记录 或有对举报事项进行处置的记录
	领导支持举报机制
	具备举报机制的人力资源、预算、必备物项工具等
	员工信任并愿意使用举报渠道
微型企业	有特定人员负责举报信息的处理
	具备举报的渠道(鼓励或强调及时举报,包括正式或非正式的投诉渠道,不要求建立专门的举报机制)
	有特定人员实施举报机制 或有举报信息的记录 或有对举报事项进行处置的记录
	领导支持举报机制
	员工信任并愿意使用举报渠道

续表

(四)报告机制	
中型企业	有明确的合规报告人、接收报告人
	具备或规定了合规报告内容
	具备或规定了合规报告形式
	具备或规定了合规报告周期
	确保报告信息真实、客观、全面
	最高管理层定期或不定期收到报告
	或具备表明已实施报告机制的工作事例或其他信息
	领导支持报告机制
	具备报告机制的人力资源、预算、必备物项工具等
	进行合规培训与沟通 或关注并培育合规文化
	对报告内容进行研判以为提升合规管理提供依据
小微企业	有明确的合规报告人、接收报告人
	具备或规定了合规报告内容
	确保报告信息真实、客观、全面
	最高管理层定期或不定期收到报告
	领导支持报告机制
	对报告内容进行研判以为提升合规管理提供依据
(五)持续改进	
中型企业	确定相关人员跟踪评估相应风险的变化及管控措施的持续调整或更新
	定期或不定期对制度措施与合规管理目标的偏离分析的制度或方法

续表

	采取相应措施确保合规管理的适应性
	具有实施持续改进机制的报告或其他载体
	具备表明已实施持续改进机制的工作事例或其他信息
	定期或不定期对持续改进机制有效性进行评审
	对具体违规、不合规事件进行整改和问责
	领导支持持续改进
	具备持续改进的人力资源、预算、必备物项工具等
	进行合规培训与沟通 或关注并培育合规文化
	相同或类似的违规、不合规事件得到有效防范、尽早发现或避免
	系统性漏洞或责任缺失得到弥补
	或公司员工及利益相关方认可企业在合规管理改善方面的尝试和努力
小微企业	确定相关人员跟踪评估相应风险的变化及管控措施的持续调整或更新
	具备表明已实施持续改进机制的工作事例或其他信息
	对具体违规、不合规事件进行整改和问责
	领导支持持续改进
	相同或类似的违规、不合规事件得到有效防范、尽早发现或避免

附录 C
（规范性）
合规文化建设评价指标

表 C.1 给出了合规文化建设的评价指标。

表 C.1　合规文化建设的评价指标

(一)最高管理层的重视	
中小微企业	最高管理层倡导合规的价值和理念
	最高管理层从自身做起，践行合规理念，率先垂范
(二)合规承诺	
中小微企业	最高管理层承诺自上而下建设合规文化
	最高管理层利用各种时机、场合推广合规文化
	企业员工认同企业合规文化，并作出认同的承诺
	在招聘新员工、员工晋升时，将合规文化作为考察因素
	奖励符合企业合规文化的行为，树立典型、模范或榜样
	惩戒不遵守合规文化的员工和行为，包括管理层为了实现业务目标鼓励或默许员工实施不合规行为、阻止合规人员有效履行职责等行为，面对竞争利益时违反合规承诺的行为等
(三)合规文化沟通与传达	
中小微企业	最高管理层以明确且毫不含糊的措辞传达、传播并通过实例表明企业尊重合规文化
	通过日常培训、刊物、网络平台等多种方式宣传和推广合规文化
	对社会进行必要的合规文化传播，使社会和公众了解企业的合规文化

续表

(四)合规文化的形成	
中型企业	企业员工从行为和习惯上自觉践行、互相传递合规理念
	当本企业或同行业企业出现不合规行为时,能够主动进行自我反思
	合规管理体系运行后,定期开展员工合规行为习惯的调查和分析
	顾客或客户感知和体验到企业的合规文化
小微企业	企业员工从行为和习惯上自觉践行、互相传递合规理念
	合规管理体系运行后,适时开展员工合规行为习惯的调查和分析

中央企业合规管理办法

（2022 年 8 月 23 日国务院国有资产监督管理委员会令第 42 号公布　自 2022 年 10 月 1 日起施行）

第一章　总　　则

第一条　为深入贯彻习近平法治思想，落实全面依法治国战略部署，深化法治央企建设，推动中央企业加强合规管理，切实防控风险，有力保障深化改革与高质量发展，根据《中华人民共和国公司法》《中华人民共和国企业国有资产法》等有关法律法规，制定本办法。

第二条　本办法适用于国务院国有资产监督管理委员会（以下简称国资委）根据国务院授权履行出资人职责的中央企业。

第三条　本办法所称合规，是指企业经营管理行为和员工履职行为符合国家法律法规、监管规定、行业准则和国际条约、规则，以及公司章程、相关规章制度等要求。

本办法所称合规风险，是指企业及其员工在经营管理过程中因违规行为引发法律责任、造成经济或者声誉损失以及其他负面影响的可能性。

本办法所称合规管理，是指企业以有效防控合规风险为目的，以提升依法合规经营管理水平为导向，以企业经营管理行为和员工履职行为为对象，开展的包括建立合规制度、完善运行机制、培育合规文化、强化监督问责等有组织、有计划的管理活动。

第四条　国资委负责指导、监督中央企业合规管理工作，对合规管理体系建设情况及其有效性进行考核评价，依据相关规定对违规行为开展责任追究。

第五条　中央企业合规管理工作应当遵循以下原则：

（一）坚持党的领导。充分发挥企业党委（党组）领导作用，落实全面依法治国战略部署有关要求，把党的领导贯穿合规管理全过程。

（二）坚持全面覆盖。将合规要求嵌入经营管理各领域各环节，贯穿决策、执行、监督全过程，落实到各部门、各单位和全体员工，实现多方联动、上下贯通。

（三）坚持权责清晰。按照“管业务必须管合规”要求，明确业务及职能部门、合规管理部门和监督部门职责，严格落实员工合规责任，对违规行为严肃问责。

（四）坚持务实高效。建立健全符合企业实际的合规管理体系，突出对重点领域、关键环节和重要人员的管理，充分利用大数据等信息化手段，切实提高管理效能。

第六条　中央企业应当在机构、人员、经费、技术等方面为合规管理工作提供必要条件，保障相关工作有序开展。

第二章　组织和职责

第七条　中央企业党委（党组）发挥把方向、管大局、促落实的领导作用，推动合规要求在本企业得到严格遵循和落实，不断提升依法合规经营管理水平。

中央企业应当严格遵守党内法规制度，企业党建工作机构在党委（党组）领导下，按照有关规定履行相应职责，推动相关党内法规制度有效贯彻落实。

第八条　中央企业董事会发挥定战略、作决策、防风险作用，主要履行以下职责：

（一）审议批准合规管理基本制度、体系建设方案和年度报告等。

（二）研究决定合规管理重大事项。

（三）推动完善合规管理体系并对其有效性进行评价。

（四）决定合规管理部门设置及职责。

第九条 中央企业经理层发挥谋经营、抓落实、强管理作用，主要履行以下职责：

（一）拟订合规管理体系建设方案，经董事会批准后组织实施。

（二）拟订合规管理基本制度，批准年度计划等，组织制定合规管理具体制度。

（三）组织应对重大合规风险事件。

（四）指导监督各部门和所属单位合规管理工作。

第十条 中央企业主要负责人作为推进法治建设第一责任人，应当切实履行依法合规经营管理重要组织者、推动者和实践者的职责，积极推进合规管理各项工作。

第十一条 中央企业设立合规委员会，可以与法治建设领导机构等合署办公，统筹协调合规管理工作，定期召开会议，研究解决重点难点问题。

第十二条 中央企业应当结合实际设立首席合规官，不新增领导岗位和职数，由总法律顾问兼任，对企业主要负责人负责，领导合规管理部门组织开展相关工作，指导所属单位加强合规管理。

第十三条 中央企业业务及职能部门承担合规管理主体责任，主要履行以下职责：

（一）建立健全本部门业务合规管理制度和流程，开展合规风险识别评估，编制风险清单和应对预案。

（二）定期梳理重点岗位合规风险，将合规要求纳入岗位职责。

（三）负责本部门经营管理行为的合规审查。

（四）及时报告合规风险，组织或者配合开展应对处置。

（五）组织或者配合开展违规问题调查和整改。

中央企业应当在业务及职能部门设置合规管理员，由业务骨干担任，接受合规管理部门业务指导和培训。

第十四条 中央企业合规管理部门牵头负责本企业合规管理工

作，主要履行以下职责：

（一）组织起草合规管理基本制度、具体制度、年度计划和工作报告等。

（二）负责规章制度、经济合同、重大决策合规审查。

（三）组织开展合规风险识别、预警和应对处置，根据董事会授权开展合规管理体系有效性评价。

（四）受理职责范围内的违规举报，提出分类处置意见，组织或者参与对违规行为的调查。

（五）组织或者协助业务及职能部门开展合规培训，受理合规咨询，推进合规管理信息化建设。

中央企业应当配备与经营规模、业务范围、风险水平相适应的专职合规管理人员，加强业务培训，提升专业化水平。

第十五条　中央企业纪检监察机构和审计、巡视巡察、监督追责等部门依据有关规定，在职权范围内对合规要求落实情况进行监督，对违规行为进行调查，按照规定开展责任追究。

第三章　制度建设

第十六条　中央企业应当建立健全合规管理制度，根据适用范围、效力层级等，构建分级分类的合规管理制度体系。

第十七条　中央企业应当制定合规管理基本制度，明确总体目标、机构职责、运行机制、考核评价、监督问责等内容。

第十八条　中央企业应当针对反垄断、反商业贿赂、生态环保、安全生产、劳动用工、税务管理、数据保护等重点领域，以及合规风险较高的业务，制定合规管理具体制度或者专项指南。

中央企业应当针对涉外业务重要领域，根据所在国家（地区）法律法规等，结合实际制定专项合规管理制度。

第十九条　中央企业应当根据法律法规、监管政策等变化情况，及时对规章制度进行修订完善，对执行落实情况进行检查。

第四章 运行机制

第二十条 中央企业应当建立合规风险识别评估预警机制，全面梳理经营管理活动中的合规风险，建立并定期更新合规风险数据库，对风险发生的可能性、影响程度、潜在后果等进行分析，对典型性、普遍性或者可能产生严重后果的风险及时预警。

第二十一条 中央企业应当将合规审查作为必经程序嵌入经营管理流程，重大决策事项的合规审查意见应当由首席合规官签字，对决策事项的合规性提出明确意见。业务及职能部门、合规管理部门依据职责权限完善审查标准、流程、重点等，定期对审查情况开展后评估。

第二十二条 中央企业发生合规风险，相关业务及职能部门应当及时采取应对措施，并按照规定向合规管理部门报告。

中央企业因违规行为引发重大法律纠纷案件、重大行政处罚、刑事案件，或者被国际组织制裁等重大合规风险事件，造成或者可能造成企业重大资产损失或者严重不良影响的，应当由首席合规官牵头，合规管理部门统筹协调，相关部门协同配合，及时采取措施妥善应对。

中央企业发生重大合规风险事件，应当按照相关规定及时向国资委报告。

第二十三条 中央企业应当建立违规问题整改机制，通过健全规章制度、优化业务流程等，堵塞管理漏洞，提升依法合规经营管理水平。

第二十四条 中央企业应当设立违规举报平台，公布举报电话、邮箱或者信箱，相关部门按照职责权限受理违规举报，并就举报问题进行调查和处理，对造成资产损失或者严重不良后果的，移交责任追究部门;对涉嫌违纪违法的,按照规定移交纪检监察等相关部门或者机构。

中央企业应当对举报人的身份和举报事项严格保密,对举报属实的举报人可以给予适当奖励。任何单位和个人不得以任何形式对举报人进行打击报复。

第二十五条　中央企业应当完善违规行为追责问责机制,明确责任范围,细化问责标准,针对问题和线索及时开展调查,按照有关规定严肃追究违规人员责任。

中央企业应当建立所属单位经营管理和员工履职违规行为记录制度,将违规行为性质、发生次数、危害程度等作为考核评价、职级评定等工作的重要依据。

第二十六条　中央企业应当结合实际建立健全合规管理与法务管理、内部控制、风险管理等协同运作机制,加强统筹协调,避免交叉重复,提高管理效能。

第二十七条　中央企业应当定期开展合规管理体系有效性评价,针对重点业务合规管理情况适时开展专项评价,强化评价结果运用。

第二十八条　中央企业应当将合规管理作为法治建设重要内容,纳入对所属单位的考核评价。

第五章　合 规 文 化

第二十九条　中央企业应当将合规管理纳入党委(党组)法治专题学习,推动企业领导人员强化合规意识,带头依法依规开展经营管理活动。

第三十条　中央企业应当建立常态化合规培训机制,制定年度培训计划,将合规管理作为管理人员、重点岗位人员和新入职人员培训必修内容。

第三十一条 中央企业应当加强合规宣传教育,及时发布合规手册,组织签订合规承诺,强化全员守法诚信、合规经营意识。

第三十二条 中央企业应当引导全体员工自觉践行合规理念,遵守合规要求,接受合规培训,对自身行为合规性负责,培育具有企业特色的合规文化。

第六章 信息化建设

第三十三条 中央企业应当加强合规管理信息化建设,结合实际将合规制度、典型案例、合规培训、违规行为记录等纳入信息系统。

第三十四条 中央企业应当定期梳理业务流程,查找合规风险点,运用信息化手段将合规要求和防控措施嵌入流程,针对关键节点加强合规审查,强化过程管控。

第三十五条 中央企业应当加强合规管理信息系统与财务、投资、采购等其他信息系统的互联互通,实现数据共用共享。

第三十六条 中央企业应当利用大数据等技术,加强对重点领域、关键节点的实时动态监测,实现合规风险即时预警、快速处置。

第七章 监督问责

第三十七条 中央企业违反本办法规定,因合规管理不到位引发违规行为的,国资委可以约谈相关企业并责成整改;造成损失或者不良影响的,国资委根据相关规定开展责任追究。

第三十八条 中央企业应当对在履职过程中因故意或者重大过失应当发现而未发现违规问题,或者发现违规问题存在失职渎职行为,给企业造成损失或者不良影响的单位和人员开展责任追究。

第八章 附 则

第三十九条 中央企业应当根据本办法,结合实际制定完善合规管理制度,推动所属单位建立健全合规管理体系。

第四十条 地方国有资产监督管理机构参照本办法,指导所出资企业加强合规管理工作。

第四十一条 本办法由国资委负责解释。

第四十二条 本办法自2022年10月1日起施行。

附:国务院国资委政策法规局负责人就《中央企业合规管理办法》答记者问

(文章来源:国务院国有资产监督管理委员会网站 http://www.sasac.gov.cn/n2588030/n16436141/c26039888/content.html,发布时间:2022-09-19)

近日,国务院国资委发布了《中央企业合规管理办法》(国资委令第42号,以下简称《办法》),《办法》出台后,国务院国资委政策法规局负责人就《办法》回答了记者提问。

问:请介绍一下《办法》起草背景。

答:习近平总书记强调,守法经营是任何企业都必须遵守的一个大原则,企业只有依法合规经营才能行稳致远。党的十九大后,党中央明确提出习近平法治思想,把全面依法治国提升到前所未有的新高度。《法治中国建设规划(2020-2025年)》《法治社会建设实施纲要(2020-2025年)》等中央文件对企业依法合规经营提出明确要求。落实党中央部署要求,国务院国资委高度重视合规管理工作,2018年印发《中央企业合规管理指引(试行)》(以下简称《指引》),组织编制一系列重点领域合规指南,并将今年确定为中央企业"合规管理强化年",进一步加大推动力度。中央企业认真落实有关要求,合规管理工作取得积极进展和明显成效,为企业改革发展提供了有力支撑保障。

党中央明确提出加快建设世界一流企业的目标，一流的企业必须要有一流的法治工作为保障。在当前国际竞争越来越体现为规则之争、法律之争的大背景下，中央企业面临的国内外环境和风险挑战日趋复杂严峻，必须加快提升依法合规经营管理水平，确保改革发展各项任务在法治轨道上稳步推进。为此，国务院国资委深入贯彻落实习近平法治思想，在总结中央企业合规管理实践、借鉴国际大企业先进做法的基础上起草了《办法》，广泛征求了中央企业意见，并向社会公开征求意见建议，经由国资委党委会、委务会审议通过后印发。

问：与此前印发的《指引》相比，此次出台的《办法》主要有哪些变化？

答：《办法》以国资委令的形式印发，通过部门规章对中央企业进一步深化合规管理提出明确要求，与《指引》相比更加突出刚性约束，内容更全、要求更高、措施更实。具体来讲，一是明确合规管理相关主体职责。按照法人治理结构，规定了企业党委（党组）、董事会、经理层、首席合规官等主体的合规管理职责，进一步明确了业务及职能部门、合规管理部门和监督部门合规管理“三道防线”职责。二是建立健全合规管理制度体系。要求中央企业结合实际，制定合规管理基本制度、具体制度或专项指南，构建分级分类的合规管理制度体系，强化对制度执行情况的检查。三是全面规范合规管理流程。对合规风险识别评估预警、合规审查、风险应对、问题整改、责任追究等提出明确要求，实现合规风险闭环管理。四是积极培育合规文化。要求中央企业通过法治专题学习、业务培训、加强宣传教育等，多方式、全方位提升全员合规意识，营造合规文化氛围。五是加快推进合规管理信息化建设。推动中央企业运用信息化手段将合规要求嵌入业务流程，利用大数据等技术对重点领域、关键节点开展实时动态监测，实现合规风险即时预警、快速处置。

问:我们注意到《办法》中明确规定中央企业设立首席合规官,请介绍一下有关情况。

答:在中央企业设立首席合规官,是强化合规管理工作的一项重要举措。从国际大企业实践看,设立首席合规官是世界一流企业的普遍做法,首席合规官作为企业核心管理层成员,全面领导合规管理体系建设与运行,发挥了积极作用。从中央企业实际看,近年来中央企业合规管理工作取得积极进展,但顶层设计和统筹依然不够,工作协同有待进一步强化。为此,一些企业已经设置了首席合规官并取得良好效果。2021 年国际标准化组织印发的《合规管理体系　要求及使用指南》(ISO 37301:2021)明确规定,应当指定一人对合规管理体系运行负有职责、享有权限。世界银行、经合组织等国际组织鼓励企业设立首席合规官,并作为评估合规管理水平的重要指标。因此,在中央企业设立首席合规官,既有利于进一步明确合规管理职责、落实责任,统筹各方力量更好推动工作,也展现了中央企业对强化合规管理的高度重视和积极态度,对推动各类企业依法合规经营具有重要示范带动作用。综合以上考虑,我们在《办法》中提出,中央企业应当结合实际设立首席合规官,领导合规管理部门组织开展相关工作,指导所属单位加强合规管理。

问:《办法》中对合规审查作了明确规定,请问有哪些具体要求?

答:加强合规审查是规范经营行为、防范违规风险的第一道关口,合规审查做到位就能从源头上防住大部分合规风险。对此,我们在《办法》中对合规审查提出了更高要求:一是明晰各部门合规审查职责和界限。业务及职能部门负责本部门经营管理行为的合规审查,合规管理部门负责规章制度、经济合同、重大决策等重要事项的合规审查,进一步明确各自分工,便于职责落地。二是进一步提升合规审查的刚性。企业应当将合规审查作为必经程序嵌入流程,重大决策事项的合规审查意见应当由首席合规官签字,对决策事项的合规性提出明确意见，进一步突出合规审查的刚性约束，确保“应审必审”。三是完善合规审查闭环管理。参考部分企业的经验做法，业务及职能部门、合规管理部门依据职责权限，不断完善审查标准、流程、重点等，定期对审查情况开展后评估以及合规评价，通过闭环管理不断提升审查质量，更好支撑保障中心工作。

问：《办法》对合规管理信息化建设专章作出规定，请介绍下有关情况。

答：《法治中国建设规划（2020－2025年）》首次提出，运用大数据、云计算、人工智能等现代科技手段，全面建设“智慧法治”，推进法治中国建设的数据化、网络化、智能化。这为企业法治建设搭乘数字化快车、实现加速发展带来新机遇，也提出了更高要求。目前，超过半数中央企业建立了法治工作信息化管理系统，但合规管理信息化建设方面还有一些差距。我们体会，世界一流企业之所以合规管理做得好，一个重要原因就是充分运用大数据、人工智能等现代科技手段，真正将合规要求嵌入经营管理流程，并通过数据分析、智能控制等方式，实现即时预警、快速处置，切实提高了管理效能。因此，适应这一发展趋势，《办法》专章对合规管理信息化建设作出规定，从明确主要功能、推进与其他信息系统互联互通、加强重点领域和关键节点实时动态监测等提出要求。

问：请介绍国资委下一步的工作安排。

答：下一步，国务院国资委将推动中央企业认真落实《办法》各项要求，完善制度机制，细化工作措施，将各项任务落实落地。加强对《办法》贯彻落实的督促指导，组织开展企业间互学互鉴，加快补齐短板。同时，指导各省级国资委参照《办法》，积极推进所出资企业合规管理工作，加快提升国有企业依法合规经营管理整体水平，为深化改革与高质量发展提供更加有力的支撑保障，以实际行动迎接党的二十大胜利召开。

后　记

2022 年 5 月 8 日，在中国政法大学组织召开的“企业合规改革视野下刑事实体法的修改与完善”研讨会上，我说：“我是最早关注企业合规的基层检察官，没有之一”，此言不虚。我 2017 年开始研究企业合规，2018 年 5 月 24 日发表《“合规计划”中须有刑法担当》，这也是国内第一篇检察官发表的关于企业合规的文章。我在 2022 年 5 月 8 日研讨会的演讲中提道：“合规计划设计的指导思想是改造企业治理结构和重塑企业文化”，“即使是研究企业合规的人，如果不懂企业管理学也不可能懂得如何设计合规计划”，并就设计合规计划的基本要素和步骤进行了阐述。演讲过程中，弹幕中不断弹出“合规实践第一人”“一看就是实操过合规的顶级专家”。过于夸奖了，但这些鼓励加快了本书的写作进程，也更加坚定了我一直以来的“第三条道路”研究方法，就是从实践中的问题出发，与前沿的理论对话，总结提炼出科学的方法和路径，“反哺”实践。2018 年前后，关于企业合规的国内资料匮乏，主要靠阅读大量英文文献，把阅读的国外最前沿的理论与实践结合，运用到办理的企业合规案件中，形成一些经验和方法，不断碰撞出火花，写成文章，写成本书的下篇。这个脉络决定了本书的内容必须是“干货”——从原理到实操。

本书上篇的形成过程与下篇几乎如出一辙。2014 年南京作为首批速裁程序试点，我身处基层第一线，同样也是最早研究和实践速裁程序的基层检察官之一，接着是 2016 年认罪认罚从宽制度改革。边试点实践,边总结研究,同样也是坚持走“第三条道路”的研究方法,不断地写成文章,写成本书的上篇。就是因为研究和实践认罪认罚从宽制度,才较早地关注企业合规。有人问过我,一个检察官为什么这么早就关注企业合规,抢占先机进而在合规研究领域占有一席之地? 企业合规在 2018 年“中兴事件”之前,法律界关注较少,但是金融领域早已关注。南京市建邺区是省市重点打造的金融产业核心聚集区,我当时所在的建邺区人民检察院在 2016 年就组建金融检察办案团队,我是该团队的领导者也是建设者之一,该团队的重点工作之一就是如何防范金融犯罪风险。2017 年 5 月 26 日,我操办了第一届金融检察论坛,第一单元研讨主题就是“金融创新与风险防范”。研究金融风险防范,企业合规是一个绕不开的话题,这是契机。直接原因是认罪认罚与企业合规具有天然的趋同性,研究和实践认罪认罚从宽制度,与关注金融风险相互交织,可谓“无巧不成书”,巧了就成就了本书。这个脉络同样决定了本书的风格必然是“干货”——从原理到实操。

2021 年至 2022 年,回望来时的路,我确实写了很多东西,修订了《刑事证据审查三步法则》,撰写了 20 余万字的博士毕业论文(预计不久将会以《互殴与防卫——从实体到程序》出版),主编了《企业合规司法实务人员读本》(预计很快出版),撰写了这本《认罪认罚与企业合规——从原理到实操》。总感觉有太多的东西想写出来,也总感觉时间不够用。在写本书的最后 1/5 时,我的工作岗位调动,上班的路程更远了,工作杂事更多了。每天上下班的往返路途共计耗时近 2 个小时,在地铁上往返“净”时间共计约 80 分钟! 如果每天浪费这 80 分钟,简直是“谋杀”! 怎么办? 拿出电脑开始写! 所以本书的很多内容是在地铁上写成的,错过车站、乘错方向的事情都发生过。

我是一个喜欢创作但极讨厌校对的人;在工作中,我也是喜欢出主意、想创意、做方案,而不喜欢校对的人。由于使用拼音打字,我写的很多材料都容易出现错别字,公文中又不能容忍错别字,所以每次都让同事帮忙校对。我写完本书的上篇就在微信朋友圈招募校对“志愿者”。在国家检察官学院培训班上听过我讲课的张希梅检察官、组织培训班并顺便“偷听”我讲课的江苏省检察官学院的许文婷老师,以“志愿者”的身份帮我校对了书稿,在此,对他们二位的辛苦付出深表谢意。法律出版社的许睿编辑,编辑了我的很多作品,我们合作默契,对她严谨而专业的付出深表谢意。我的家人,因为我见缝插针写书稿而承担了更多家务,在此深表愧疚和谢意。

李　勇

2022 年 5 月 15 日

于金陵